公司治理落地指南

公司治理
实务操作手册

杭东霞　　陈颖芳 / 著

中国法制出版社
CHINA LEGAL PUBLISHING HOUSE

引　言

《公司的历史》的作者约翰米·米克勒斯维特和阿德里安·伍尔德里奇曾指出，有限责任制公司是当今世界最伟大的发明。而科学、合规和有效的公司治理则是这项最伟大的发明实现稳健和长期经营的基础。无论是对于公司的股东、董事、监事、高级管理人员、员工，还是公司债权人、债务人、监管机构和其他利益相关者而言，公司治理都是其利益的基本保障机制。

公司治理如此重要，却依然有一些读者觉得公司治理"假、大、空"，还有一些读者领会到了公司治理的重要性，但依旧对公司治理工作无从下手。笔者在与众多读者深入交流中发现，其对公司治理工作的无力感更多地来源于以下三种工作状态的限制：第一，需要从无到有地建立公司治理的相关制度和运行文件，但是日常工作经验和知识储备无法支持上述工作要求；第二，当公司形态发生变化时，比如有限责任公司改制为股份有限公司的时候，需要立刻切换公司治理思路，更新公司治理制度，但以往的公司治理经验往往源于原形态公司，无法立刻具备大型公司或股份有限公司的公司治理工作经验；第三，公司治理工作要求相关人员具备丰富的专业知识和很强的综合能力，其中，专业知识包括法律知识、战略规划知识、人力管理知识以及和公司所在领域有关的行业知识等，而综合能力则包括文书能力、沟通协调能力、纠纷解决能力、舆情管理能力和会议组织能力等多项实务工作能力，但是完美兼备上述专业知识和综合能力的人并不多见。

本书的写作初衷就是帮助各种能力水平的读者快速上手公司治理工作。本书从读者的需求出发，主要由两部分组成：一部分是公司治理实务工作中需要使用的各种模板，这些模板基本涵盖了公司治理工作中可能需要的主要文书类型；另一部分就是模板之外的内容，这一部分是笔者多年公司治理经验的总结，抛弃了授课型的内容介绍，结合案例对抽象的公司治理原理、规则和机制按照公司治理现实运行角度做了系统和实务的分析，读者通过阅读可以对抽象的公司治理工作内容有清晰的认知，掌握搭建完整公司治理体系的结构安排，并从工作实务角度出发体会公司治理不同机制的运行特点和利益格局。本书还通过案例形式向读者提供了公司治理实务工作难点的解决方案，可以有效帮助读者深刻理解公司治理原理，快速提升公司治理工作能力。

具体而言，本书以有限责任公司和股份有限公司为讨论场景，从公司治理的本质和使命出发，从公司战略、章程、"三会一层"、绩效考核、奖惩措施等方面来全面拆解公司治理的实务内容和实操工作，把公司治理的价值体系、运作机制和种种文件模板展现给读者，以期解决公司治理实务难题，使读者既达到一定高度的战略认知，又掌握具体工作的方法要领。

推荐序一

2022 年 2 月中央全面深化改革委员会通过的《关于加快建设世界一流企业的指导意见》和 10 月党的二十大报告，都要求加快建设一批产品卓越、品牌卓著、创新领先、治理现代的"世界一流企业"。我国创建世界一流企业，没有现成可用的经济理论的母版，不能简单套用跨国公司的模板，也不是世界一流企业的翻版，而是着力建设中国特色现代企业制度，持续完善企业治理体系，把中国特色现代企业制度优势转化为公司治理效能。

杭东霞、陈颖芳的专著《公司治理实务操作手册》既完整地梳理了中国特色现代企业制度的理论架构，又充分展示了公司治理的操作实务，是一本不可多得的工具书。

改革开放 40 多年来，企业改革和公司治理始终是经济体制改革的主要内容。尤其是在企业治理方式改革上，先后经历了从所有权与经营权分离、厂长（经理）负责制、全民所有制向以法人财产权为基石的公司制改制，到党委前置研究讨论、董事会决策和党组织进入企业法定治理结构等不同阶段。建立中国特色现代企业制度，推进企业治理体系现代化，任重道远。

《公司治理实务操作手册》用"公司治理的本质"专节阐述了公司治理的核心内容。公司治理体系本质上就是企业制度体系和制度运行，是以产权为基础的企业经营管理决策、执行、监督的权责配置和运行机制，以及由此形成的组织架构、制度流程、运行方式等。公司治理就是要聚焦社会主义市场经济，进一步解放和发展生产力，遵循企业资产保值增值和价值创造的本质要求，破除观念性障碍、制度性缺陷、机制性梗阻，提升管理效能、创效能力，构建科学高效的现代企业管理模式。

《公司治理实务操作手册》专节探讨"双向进入交叉任职"的领导体制、"三重一大"前置研究讨论决策机制等国有企业的治理模式，抓住了中国特色现代企业制度的本质，更显其时代意义和时代价值。中国特色现代企业制度，既有现代企业制度普遍适用的权责配置、组织架构和运行规则，更有适应中国国情的历史逻辑、理论逻辑、实践逻辑的必然要求。"双向进入、交叉任职"实现了党的领导与企业治理相统一。在国有独资和国有控股公司中，符合条件的党委（党组）成员通过法定程序、按照章程规定进入董事会、监事会、经理层，董事会、监事会、经理层成员中符合条件的党员，按照党的组织程序进入党委（党组）。党委（党组）书记、董事长（执行董事）一般由一人担任，党员总经理担任党委（党组）副书记。国有企业党组织实行集体领导和个人分工负责相结合的制度，进入董事会、监事会、经理层的党组织领导班子成员必须落实党组织决定。在完善公司治理中加强党的领导，反映了中国特色现代企业制度的本质特征，是社会主义市场经济条件下国有企业公司治理现代化的新境界。

章程是企业治理的基础和载体，在企业治理制度体系中处于最高位阶，决定企业的组织架构和其他所有有关公司治理的管理制度和规范。《公司治理实务操作手册》在"公司章程"一章中，既从公司法理论阐述了公司章程的特征，又从实践角度把党建入章、党的领导进入公司治理结构等如何在公司章程的制修订程序中落实作了安排。公司治理是理论的，更是实践的。章程就是"活"的治理机制。在企业章程中突破一般性现代企业制度中的"三会一层"治理主体架构格局，在明确党组织"议"和"定"基础上，做好党组织"议"和"定"事项范围与股东会、出资人、出资人代表、董事会、执行董事、经理层及其他监督机构之间的"定"和"行"事项范围的衔接。配置好"党组织前置研究企业重大经营事项清单""企业'三重一大'决策事项清单""董事会决策重大经营事项清单""董事会授权董事长决策事项清单""董事会专门委员会审议事项清单"之间的逻辑关系和勾稽关系。

《公司治理实务操作手册》用大量篇幅阐述了董事会制度，尤其是董事会的运行规则和保障机制。在社会化大生产和现代化分工体系下，在资产的所有权和经营权之间，还存在治理权。当出资人对出资的所有权转换为对企业的股权后，企业也同时获得了法人财产权。董事会就成为出资人和企业的治理中枢，既要受出资人委托维护股权，又要代表企业行使法人财产权。董事会是现代企业制度的集中体现，董事会的规范高效运作决定了企业治理水平和治理能力。董事会规范化建设和运作是完善现代企业制度重要的基础性工作，这是公司治理体系现代化建设的"牛鼻子"。而目前董事会建设中还存在董事会与党组织、董事会与其他治理主体之间职权界限不明晰，董事会议事规则和工作流程不落地，董事会专门委员会支撑和监督作用不够强，董事（包括外部董事和独立董事）履职能力和保障机制不到位等诸多问题。《公司治理实务操作手册》通过董事会及其专门委员会的组成、职权、议事规则的设计，把董事会规范高效运作的重心放在董事会将应有的职权全面落实到位上，在此基础上，确立董事会与股东、出资人代表、董事长、监事会和经理层等治理主体的职能定位、权限配置和行为准则。

国有独资、国有控股公司充分发挥董事会监督作用与监事会改革正在推进。我们深信，《公司治理实务操作手册》中探讨的内部人控制、大股东操纵等公司治理中的痛点问题，也将随着治理体系的完善而消除。随着时代的发展，中国特色现代企业制度和公司治理体系也将不断走向现代化。

中国石油化工集团有限公司总法律顾问、首席合规官

杜江波

推荐序二

公司治理是确保企业稳健运营、规范决策的关键要素。在复杂多变的商业环境中，健康、透明和高效的公司治理体系对于企业提高核心竞争力和实现可持续增长至关重要。

关于公司治理的书籍和文章不计其数，但兼具理论价值和实务指导作用的并不多见，《公司治理实务操作手册》便是其中之一，两位作者丰富的职业经验和深厚的专业知识为本书增添了重要的价值。杭东霞女士拥有23年的法律职业经历，曾在不同类型的企业担任法务负责人和高级管理职位，深入理解公司治理的实践挑战和解决方案。陈颖芳先生则拥有15年的金融行业职业经验，擅长金融科技、审计稽核、风险管理和公司治理等领域。两位作者的合作使得本书能够从多个角度深入探讨公司治理的核心和本质问题，为读者提供全面、实用的指导。

《公司治理实务操作手册》以两位作者的专业背景为基础，结合他们丰富的实践经验，深入探讨了公司治理的各个关键领域，将他们多年的专业经验和深入研究公司治理领域的见解融入其中。

本书论述了公司治理的各个关键方面，包括公司战略、公司章程、股东会/股东大会、董事会、监事会、高级管理层、考核以及其他相关问题，深入剖析了这些组织结构的职责和运作方式，以及如何确保它们的高效运行和有效监督。本书从实用的角度出发，通过清晰的语言和具体的案例，提供了宝贵的知识和指导。书中将复杂的法律和治理概念转化为易于理解和操作的指南，突出了实务操作的重要性。本书不仅提供了理论框架和实践指南，还注重分享案例和经验，为探索公司治理领域的人士提供全面深入的公司治理指导，帮助企业管理者建立高效、透明和负责任的公司治理结构。

在本书的每一个章节中，作者都以清晰的逻辑和简练的语言介绍了公司治理的关键要素和实践技巧，深入探讨了董事会的角色和责任，解释了如何建立有效的内部控制和风险管理机制，以及如何与利益相关者进行有效的互动，提供了新的视角和思考。作者特别关注公司治理的两个痛点问题：董事会决策和股东关系，深入分析了这些问题的根源和解决方法，并提供了具体的案例和实践经验。强调了董事会的决策透明度和合规性，在董事会运作中加强沟通和合作的重要性。强调了股东关系的维护和管理，建议公司积极与股东进行沟通和互动，保护股东权益，促进股东的长期参与和支持。此外，本书还涉及公司治理的其他相关问题，如高级管理层的考核、公司治理的监督机制等。提供了一系列实用的工具和方法，帮助读者更好地理解和应对这些问题，实现公司治理的有效运作。无论您是企业的管理人员、董事会成员，还是投资者或股东，本书都将为您提供有价值的信息和指导。通过了解公司治理的核心原则和操作要点，您能够更好地参与和推动公司的决策，提高投资决策的准确性和风险控制的能力。

愿您在阅读《公司治理实务操作手册》时获得宝贵的知识和启示，体会作者对法律法规的深入研究和对市场动态的敏锐洞察，将公司治理的理念融入到自己的工作中，共同追求公司治理的卓越，推动企业的稳健发展。

通力律师事务所联合创始合伙人
上海仲裁协会会长
中华全国律师协会涉外法律服务专业委员会主任

俞卫锋

推荐序三

杭东霞女士是我在法佬汇的朋友。法佬汇聚集了国有企业、外资企业和民营企业的总法律顾问，是法律共同体中的一支重要力量，而杭东霞女士是其中的佼佼者。

杭东霞女士有23年的法律职业经历，历任专职律师、大型国有企业法务负责人、外资企业法务部总经理、大型民营企业法务证券部总经理，以及民营银行董事会秘书，现任均瑶医疗科技板块副董事长。

我认真阅读了杭东霞女士之前的两本法务专著《法务之术》和《法务之道》，受益匪浅。从《法务之术》到《法务之道》，再到《公司治理实务操作手册》，不仅是作者23年法务职业生涯之结晶，而且是公司法务成长的最佳实践。

本书另一位作者陈颖芳先生曾与杭东霞女士共事多年。陈颖芳先生毕业于中国科学技术大学，是国际信息系统审计师、国际注册内部审计师，具有15年金融行业职业经历，先后在中外资银行总行担任审计部负责人等职务，金融科技、审计稽核、风险管理和公司治理的经验丰富。陈颖芳先生作为本书的主要作者，为读者贡献了金融业公司治理的实务经验、深层分析并从IT科技角度提供了公司治理的特殊论证。

《公司治理实务操作手册》延续了前两本书的务实风格：全书共有十章，从理论到实践，覆盖了公司治理的各个方面，具有很强的实操性。特别值得称道的是，作者将"公司战略"放在第二章，凸显了作者对公司治理的深刻洞见，而全书的结构与内容则反映出作者以公司业务为起点研究公司治理问题的方法论。

董事会治理是公司治理的核心，一个伟大的公司一定有一个伟大的董事会。能够成为董事会的顾问，为董事会的决策贡献智慧，是公司法务工作的最高境界。杭东霞女士从公司法务转型为首批民营银行的董事会秘书，继而担任医疗科技板块的副董事长，是我非常推崇的公司法务的成长之路。

治理区别于管理，更侧重于协同，以及与利益相关者的沟通。公司治理更是综合协同和治理的典范，其内容常会与时俱进，如ESG（环境、社会和公司治理）就已经成为公司治理的新任务，也是全球共识中所有成功企业优先处理的治理事项。

无论是公司法务，还是公司投融资部门，抑或董事会办公室等职能部门，都应该深度参与公司的投资与融资项目，对公司所处行业、市场和发展战略提供独特的见解，理解公司管理层的期望以及董事会的运作模式。要达到上述标准，我们更应当加强公司治理知识的学习，积极参与公司的商业决策，以公司的商业成功为己任。同时，复杂的外部环境，严格的监管政策，以及多样化的利益相关者的诉求，必然促使市场对公司治理专业人士的需求日益迫切。我个人所理解的职业新趋势是，具有法律和公司治理方面的知识与经验的人士将会更有能力和机会加入公司管理层和董事会，这不仅有利于公司的商业成功，也有利于新的商业文明的建立。

杭东霞女士和陈颖芳先生为我们树立了榜样！

相信杭东霞女士和陈颖芳先生的新书可以有效地帮助公司法务、董事会办公室等职能部门，以及所有对公司治理感兴趣的人士尽早走上公司治理之路。

能够为本书作序，倍感荣幸！

香港公司治理公会（原香港特许秘书公会）理事、副会长
国联证券股份有限公司独立董事

高　伟

目录
contents

第一章 公司治理的现实概述

第二章 公司战略

第三章　公司章程

第四章　股东会/股东大会

第五章　董事会

第六章　监事会

第七章　高级管理层

第八章　考核

第九章　公司治理的两个痛点

第十章　公司治理其他相关问题

· 第一章 ·

公司治理的现实概述

公司所有权和经营权的分离使公司治理成为刚需。当股东没有时间、没有能力或者没有公司董事、监事和高级管理人员任职资格的时候，必然会由不同的人来行使所有权和经营权；也就是说，由出资人或股东来行使对股权的所有权，由董事会和高级管理人员来行使公司的经营权。现代公司需要完成多重目标也是公司治理成为刚需的现实原因：公司既要稳健经营，又要实现发展；既要考虑股东的投资回报，又要防止股东把公司当提款机从而损害其他利益相关者；既要激励职业经理人发挥专业经营优势，又要防范他们利用信息不对称而进行逆选择，损害股东和公司利益；既要满足公司自身、员工和股东的内部利益，又要实现顾客、债权人、监管机构和社会公众等外部利益相关者所代表的社会效益。所以，简单而言，公司治理的使命就是通过公司治理机制实现上述目的和需求，使公司建立科学有效的决策机制和管理机制，从而使公司良性发展，在获得经济利益的同时又完成其社会责任。

公司治理是一个较为抽象的概念，不但架构复杂而且内容庞多；在实务工作中，无论是股东还是董事、监事和高级管理人员，都仅从自身职位角度体验了公司治理的某一个部分；不同的利益相关者都在不同层面提出了公司治理诉求；公司治理往往以会议和制度文件的方式体现，并不直观展现其运作机制。公司治理的上述特征，使读者不易掌握公司治理的全局、不易从整体性高度完成公司治理工作，容易"雾里看花"或者"盲人摸象"。本章拟从公司治理的本质、结构、党的领导和公司治理评价四个方面来完整解析公司治理，使读者可以从整体高度和各个模块全方位地掌握公司治理的本质和精要，领会公司治理机制运行的方式。

一、公司治理的本质

（一）公司治理的本质

公司治理，这个词本身就相对抽象，使人难以精确地抓住其本质和核心；不同人群从不同角度看公司治理，都可以归纳出不同的本质要素来。比如，有人认为公司治理是权利和财产的分配机制；有人则认为公司治理是公司内部的一种利益安排；还有人认为公司治理是公司"三会一层"的运营机制。而

《二十国集团/经合组织公司治理原则》(G20/OECD Principles of Corporate Governance)中，对公司治理做了如下表述：公司治理是涉及公司管理层、董事会、股东和其他一些利益相关者之间的一系列的关系。此外，公司基于公司治理架构来设定公司目标，并确定实现这些目标的手段和绩效管控方式。

本书从公司治理的使命角度来理解公司治理。公司治理最初是为了解决委托人（股东）和代理人（经营者）之间由于信息不对称而导致的逆向选择和道德风险；随着社会经济的发展和公司规模的变化，除上述股东和经营者之间的关系外，公司治理还需要解决围绕公司的所有利益相关者的冲突和平衡，比如向公司提供借款的金融机构及公司的员工、供应商、客户甚至公司所处的社区和自然环境。

所以实质上公司治理就是公司运营的基本规则，是公司解决内外部利益冲突的具体方案，是保证公司作为一个独立法人正常运作的基石。

（二）公司治理的三大机制

公司治理在上述使命的推动下，需要制定长期的战略目标，同时确定实现战略目标的制度安排，比如公司章程，董事会议事规则；通过契约化的制度安排来实现公司内部责、权、利的分配，科学决策、合规经营，达到各个利益相关者的平衡和公司的长期稳健发展。

公司治理的使命和实践需要建立公司治理机制来予以保证，公司治理机制可以粗略分为三个部分：决策机制、监督机制和激励机制。

1. 决策机制

公司的组织架构一般为"三会一层"：股东会或股东大会、董事会、监事会和经营管理层。哪些事项由哪个会或层来决策、负责并最终承担责任，"三会一层"相互之间可否授权，怎么授权，就是公司治理决策机制所要解决的问题。

决策机制若设置得当，公司"三会一层"将会各司其职、各尽其责，并形成有效的相互监督和约束制衡体系。比如，股东会或股东大会对公司的重大事务按照股东会或股东大会的议事规则进行决策；董事会则根据章程规定和股东会或股东大会的授权对董事会职责范围的事务进行决策；管理层则根据章程和董事会的授权，对具体的经营管理事务进行决策，并实施董事会和股东会或股东大会的决议。

构成决策机制的主要制度和文件体系为：公司章程、股东会或股东大会议事规则、董事会议事规则、授权管理制度和专门事项的制度规定，如关联交易管理办法，等等。

在现行公司实践中，由于决策机制权限规定模糊、程序规定不可行，或者未按决策机制要求实施决策程序而导致的公司治理纠纷较为多见。典型情形为管理层内部控制，如果决策机制没有明确地把决策权限在"三会一层"中做分割，就很有可能会出现高级管理层基于自身业绩等因素考虑，尽量包揽公司大部分事项的决策，导致股东会/股东大会和董事会被架空。

2. 监督机制

在所有权和经营权分离的情况下，现行常见的公司场景中，存在两层委托代理关系：股东会或股东大会—董事会、董事会—管理层；董事会和管理层才是公司日常运营和实际经营的决策和管理机构，所以公司治理监督机制的对象是董事会和管理层，如扩大而言，还包含股东及公司本身。

监督机制中，股东会/股东大会、董事会、监事会和高级管理层处于交叉监督中：股东会/股东大会可以通过审议董事会各项报告、聘任和解聘董事、独立董事等方式来对董事会进行监督；董事会可以通过审议高级管理层的报告、内外部审计、选举高级管理人员、决定高级管理人员的薪酬、对高级管理人员进行考核和对董事会决议执行情况进行跟踪评价等手段来监督高级管理层。除上述监督机制外，监事会在公司治理监督机制中处于核心地位；一个运作有效、有所作为的监事会可以依据法律法规、公司章程对公司的经营情况、财务情况、风险控制、人力资源等公司情况进行监督；还可以对不适格的董事和高级管理人员提出罢免建议，对公司违法违规行为进行调查；监事会可以对内部审计部门的工作进行指导，并通过与外部审计机构的沟通来发现公司所存在的风险事项，实施监督职能；监事会监督股东，主要防止股东借助与公司的不当交易行为，掏空公司、转移公司资产；监事会还可以发起各项检查，如对公司的相关决策和管理制度情况的年度检查、对股东会/股东大会和董事会决议落实执行情况的跟踪检查。

构成监督机制的主要制度和文件体系为：公司章程、监事会议事规则、公司监察制度、授权管理制度、审计制度、监事会诉讼制度等。

在我国公司治理的实践中，一些公司的监事会没有独立的经费来源，进行公司内部调查还要向总经理申请费用；同时监事会也没有设立工作机构，没有独立人员开展日常的监督工作；类似情况就会使监事会徒有其表，成为可有可无的花架子，丧失了监督职能，监事会运作成为空谈。一旦监事会无法正常履职，那么必然无法对股东、董事会和高级管理人员进行监督，公司的合规性无法得到保障，对于公司外部利益相关者而言，与公司交易的风险会增加，公司治理因为缺少监督机制也会陷入紊乱和失效中。

3. 激励机制

激励机制的本质是达到"上下同欲"，主要是将高级管理人员的利益与公司、股东的利益进行捆绑。激励机制是通过制定激励政策，给予管理人员在某种条件下的物质和精神激励，将管理人员的根本利益和股东利益、公司利益一致化，尽量避免管理人员为追求个人利益和短期利益而损害公司利益、股东利益的情况。

激励机制因为公司情况不同而有所差异，比较常见的为物质激励，如薪酬激励和股权激励。公司一般会制订一整套的激励计划，激励计划覆盖的对象，不一定仅包括高级管理人员，执行董事和员工有的时候也会包含其中。薪酬激励和股权激励有短期激励和中长期激励或者二者相配套的方式，主要通过设定短期或中长期业绩目标、战略目标和管理目标等来引导对被激励对象的经营管理行为，通过被激励对象的薪酬和股权激励的兑现来形成公司与被激励对象的共赢。除此之外，福利计划、退休金安排、职务升迁、培训机会和公司荣誉等也是给予激励的方式。公司激励机制需要制度化、确定性，要通过董事会或股东会/股东大会的决议。制定激励制度时需要考虑激励政策覆盖人员范围的适当性和合理性，并预判激励方案的执行效果，同时还要根据激励方案实际实施情况评估激励措施对被激励对象的影响，并根据公司战略和薪酬制度等基础情况做适度调整。

二、公司治理的结构

公司治理结构，简单言之，就是构成公司治理体系的各个机构和相应的机制，最常见的公司治理结构就是"三会一层"即股东大会/股东会、董事会、监事会和高级管理层，本章节拟按照"三会一层"来开展讨论。需要另外说明的

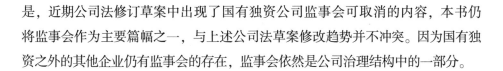

是，近期公司法修订草案中出现了国有独资公司监事会可取消的内容，本书仍将监事会作为主要篇幅之一，与上述公司法草案修改趋势并不冲突。因为国有独资之外的其他企业仍有监事会的存在，监事会依然是公司治理结构中的一部分。

（一）"三会一层"

公司治理结构的建立源于公司权力的分解，公司内部权利可以分为决策权、执行权和监督权。从现行"三会一层"的结构中可以得出以下权力分解现状：股东大会或股东会集中了公司内部重大事项的决策权，也可以说是所有事项的最终决策权，同时股东大会或股东会还有对董事会和高级管理人员的监督权；董事会则根据公司章程拥有部分事项的决策权，拥有对股东会/股东大会决议事项和董事会决议事项的执行权，同时还有权对高级管理层进行监督，即监督权；监事会则主要行使对公司、股东、董事会和高级管理层的监督权；高级管理层则拥有权责范围内尤其是具体经营事项的决策权和对股东大会/股东会和董事会要求高级管理层执行的事项和高级管理层自行决策事项的执行权。

（二）公司治理结构全景

除了"三会一层"，公司治理结构全景包括了由上至下的很多方面，即向上追溯的股权安排和向下查看的董事会专门委员会和管理层部门设置。

1. 向上

股东大会或股东会之上是股东之间的股权安排；股东之间的股权安排会直接影响到董事会的组成和高级管理人选的聘任和解聘。同时党的领导也是我国公司治理结构中重要的决定性部分，党建载入公司章程后，党组织在公司治理结构中具有法定地位，形成了对于重大事项的党委事前沟通和研究的决策机制。

2. 向下

董事会和监事会下设了不同专门委员会的细分结构。如图1所示，董事会和监事会一般会根据业务要求设置不同的专门委员会，这些专门委员会在董事会和监事会决策前，先对一些专门事项做出讨论并提供建议，从而帮助董事会和监事会进行决策。董事会和监事会的各个专门委员会的职责和议事规则，会在本书第五章和第六章进行详细阐述。同时需要说明的是，并不是所有的公司治理结构全景中，都需要设置董事会和监事会专门委员会；即使设置专门委员会，也并不需要设置图1所列的全部专门委员会；专门委员会的设置，应依据公司治理的现实需要而定。

除了专门委员会，董事会和监事会还会有下设日常工作机构的安排，如董事会办公室是董事会的日常工作机构，监事会办公室是监事会的日常工作机构；同样，董事会办公室和监事会办公室都由公司按照公司治理实际情况来设置。

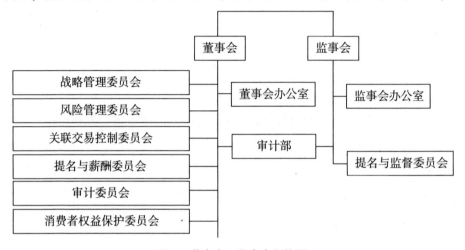

图1　董事会、监事会架构图

3. 再向下

高级管理层作为公司具体经营事项的决策和执行部门，同样下设了较多部门，而这些部门的设置会根据行业不同、公司规模差异和监管要求等存在个性化的表现。但是公司高级管理层的部门设置基本可以分为前台业务部门和后台辅助部门，前台业务部门，比如销售部、商务部、市场部、生产部、质量检测部和仓储部等；后台辅助部门，比如财务部、运营部、人力部、客户服务部、法律部和办公室等。

建议读者在阅读本章后，自行手动画一张所在公司的公司治理结构图并思考现有公司治理结构是否与公司的战略规划和经营现状相匹配。这将很有效地帮助读者深入了解目前公司的治理状态和治理结构与其使命的差距。

（三）公司治理结构的使命

设置合理的公司治理结构的目的在于完善公司治理的运行体系，使公司治理机制可以稳健地运作，使"三会一层"分工合作、切实履职；目的和使命不可分割，除了上述目的，公司治理仍需通过合理的结构来完成公司经营中的如下使命。

1. 获得更好的市场资源配置

合理完善的公司治理结构包含了信息披露等有助于提高公司在外部市场的透明度和公司信用的机制，这些机制的有效运行可以帮助公司从外部市场获得更多的资金和交易机会等资源配置。而合理完善的公司治理结构本身是外部机构和市场主体评价公司市场透明度和公司是否具有良好信用的主要因素和指标。

（1）市场透明度和融资能力

公司在外部市场的透明度高有助于其获得投资人的青睐和并购等市场交易机会，使公司获得更多的资本和资金补充。比如，上市公司比非上市公司更容易得到融资机会，其重要原因之一是上市公司的信息较非上市公司更透明，更有助于降低投资人由于信息不对称而带来的投资风险，所以投资人也更愿意参与到上市公司的股票发行等融资行为中。信息披露完整、市场透明度高的公司，其交易中的违约风险要远低于没有信息披露或信息披露不真实、市场透明度低的公司，后者作为交易方在一定交易条件下，更愿意与前者进行交易。

（2）公司信用和资金成本

公司信用的提升，可以形成与其他竞争对手的比较优势，还可以获得更低成本的资金和资源。公司信用与资金成本、经营成本息息相关；目前市场化的评级机构对公司的各种评级，就体现了公司信用。市场信用高的公司其违约的可能性往往被认定为很低，所以其往往可以以较低的资金成本如利率，来获得市场融资；如银行对不同信用等级的公司就采取了不同的借贷利率，不同的利率其实是各个公司信用等级的价格。

2. 稳定股权结构，保证全体股东利益

公司实务中，大股东过度行权，导致小股东利益受损的情况并不少见；此种情况下往往表现为，小股东无法在股东会/股东大会上通过表决维护自身权利；而董事会和高级管理层沦为大股东的"工具人"；监事会无法行使对大股东、董事会和高级管理层的监督职能；长此以往小股东只能采取转让股权或者要求公司回购等方式来退出公司，这无疑不利于公司的稳定和资本积累。

良好的公司治理结构可以保护全体股东，使股东平等行使权利，从而稳定股权结构；良好的公司治理结构会平衡大股东和其他股东的权利，通过机制排除个别股东来行使全体股东权利，即排除某一股东"一言堂"，在董事会、监事会独立客观履职的基础上，保障全体股东都可以平等行使权利。良好的公司治理是股权结构稳定的基石，是股东尤其是小股东权利受到侵害时获得有效救济的制度保证。只有如此，股东才不会"用脚投票"，退出公司。

3. 保证信息披露水平，维护相关者利益

信息披露分为对公司内部和公司外部两种披露范围。公司内部的信息披露是指公司战略、规划和各项决策的"上情下达"，公司内部信息提供、共享和汇总等；公司外部的信息披露已经是很成熟的理论和实践，对外信息披露是一个公司保证市场透明度和对外信用必不可少的手段。信息披露的内容覆盖了公司治理情况、财务情况、年度经营成果、战略规划、现行股权架构、"三会一层"成员、高管薪酬福利、关联交易情况、重大风险提示、各项考核评价和员工情况，等等。

良好的公司治理结构可以保障公司完整、准确、及时地披露公司关键信息，因为公司治理中包含了信息披露的制度要求、披露标准、披露责任人、披露范围和披露方式等。对于公司利益相关者而言，信息披露的内容是其了解、评价公司的重要途径，无论是内部利益相关者还是外部利益相关者都会根据公司披露的内容来进行与公司相关事项的决策。在利益相关者与公司的互动中，可以基于信息披露的内容来要求公司通过内部协议或者内部规则的方式，确定利益相关者的范围、权利和权利保护机制，如公司对员工利益的保护，以及由此而产生的员工通过职工代表大会等制度参与公司治理的机制。

三、党的领导

中国特色现代企业制度在于把党的领导融入公司治理各环节，把党组织内嵌到公司治理结构之中，明确和落实党组织在公司法人治理结构中的法定地位，做到组织落实、干部到位、职责明确、监督严格。党建进入公司章程，把党组织的法定地位、"三重一大"决策机制、权利和边界、双向进入交叉任

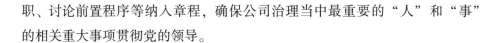

职、讨论前置程序等纳入章程，确保公司治理当中最重要的"人"和"事"的相关重大事项贯彻党的领导。

（一）双向进入交叉任职

加强党的领导和完善公司治理主要体现在坚持"双向进入、交叉任职"的领导体制，即党委成员同时担任"三会一层"的职务，符合条件的"三会一层"发展进入党委，党委通过"三会一层"本身法定的决策、监督、执行机制来体现党的领导。

以银行业为例，近几年在监管机构的大力推动下，党的领导和公司治理有机融合，目前大部分银行都已经建立了"双向进入、交叉任职"的领导体制，主要的党委（党组）班子成员进入了管理层，党委书记担任银行董事长，纪委书记担任银行监事长，副党委书记或党委委员担任银行行长，其他执行董事或高级管理层人员一般都是党委委员。

（二）"三重一大"前置讨论

"三重一大"事项具体指重大决策事项、重要人事任免事项、重大项目安排事项和大额资金运作事项，需提交党委进行前置讨论。笔者草拟了在公司实务当中通常意义上的"三重一大"事项，读者可以根据各公司实际情况使用。

1. 重大决策事项

重大决策事项，是指依照国家法律法规和党内法规规定的应当由党委会、股东大会、董事会、经理办公会和职工代表大会（或职工大会）决定的事项，主要包括：公司贯彻落实党和国家的路线方针政策、法律法规以及上级重要决定、工作部署的意见和措施；公司关于党的建设、党风建设和反腐倡廉建设、企业文化建设的重要决定和部署；公司发展方向、发展战略、方针政策、中长期发展规划（包括总体规划及各专项规划）等重大战略管理事项；公司年度计划、年度工作报告、财务计划、决算等重大运营管理事项；公司主营业务方案的审定与调整以及产业结构、资本结构的批准与调整；公司及全资、控股及行使实际控制权的企业改制、兼并、重组、破产、合并、分立、解散或者变更、对外投资、参股、国有产权转让、出让或购买上市公司股票、关联交易等重大资本运营管理事项；公司领导人员队伍、人才队伍及后备人员队伍建设方针、政策和规划的批准与调整；公司及全资、控股及行使实际控制权的企业的国有产权变更、利润分配和弥补亏损等重大资产（产权）管理事项；公司管理机制、管控模式等重大改革方案的批准与调整；绩效考核、薪酬分配、福利待遇等涉及职工切身利益的重要事项；公司重大安全、质量等事故及突发性事件的调查处理；公司总部内部机构设置、部室职能调整方案及重要管理制度的制订、修改；公司向上级请示、报告的重大事项；其他有关公司全局性、方向性、战略性的重大决策事项。

2. 重要人事任免事项

重要人事任免事项，是指董事、监事、高级管理人员和关键岗位的人员选聘、解聘及职务调整事项，主要包括：一定级别以上管理人员的任免；公司各级后备干部的推荐、管理；公司向上级组织推荐后备干部人选；涉及上述人员的重要奖惩；公司领导班子成员分工、调整；其他重要人事任免事项。

3. 重大项目安排事项

重大项目安排事项，是指对企业资产规模、资本结构、盈利能力以及生产装备、技术状况等产生重要影响的项目的设立和安排，主要包括：公司年度投资计划和融资项目的制订与实施；公司对外投资项目、经营开发项目、投资计划外追加投资项目、预算外融资，债券类融资以及其他中长期融资方案；公司大额资产处置及资产损失核销、重要设备和技术引进、大宗物资采购及购买服务；公司重大工程和技术改造项目；公司或所属公司所有的对外担保项目，关联交易；其他重大项目安排事项。

4. 大额资金运作事项

大额资金运作事项主要包括：超过公司有关制度中规定资金限额的资金调度和使用；其他大额资金调度和使用事项。

（三）党委与公司治理决策的结合

"三重一大"事项决策前，党委领导班子成员要通过多种方式对有关议题进行充分调研、酝酿，经过必要的研究论证程序，充分吸收各方意见。公司董事会研究"三重一大"事项时，须听取党委的意见，党委不同意的，不提交会议研究。党委在决定专业性、技术性较强的事项时，应进行专家论证、技术咨询、决策评估；对于与职工利益密切相关的事项，应扩大职工参与，征求意见和建议；对于重要的经营管理活动，在决策事项提交会议决策前，党委还应征询法律顾问的意见，进行合法性论证。"三重一大"事项决策一般要有计划性，避免临时动议。党委在"三重一大"事项集体决策时应坚持少数服从多数原则。会议讨论决定多个事项的，应逐项表决，参与决策人员应当充分发表意见，对于意见分歧较大的事项，原则上暂缓作出决定。

四、公司治理评价

公司治理评价，是指公司设置一些评价参数为指标或开发某种系统为工具，对公司治理的运行情况做分析、整改、统计和评分。公司治理评价不但是对公司一年的治理情况进行打分评估，更是公司治理价值观树立的过程。在公司治理评价的过程中，公司会去分析哪种公司治理模式是适合本公司的，是有助于提高公司经营、财务管理等各项能力的，是有助于公司稳健发展的；公司治理中的哪些现象或者做法对公司是有害的，是会导致公司运作程序的不合规、不理性，会导致各方权利的失衡，导致公司结构不稳定、业绩下滑、业务方向错误，甚至使公司对社会产生危害的。公司治理评价也向社会释放了对抽象公司治理的具体评价结果，社会上所有看到公司治理评价结果的人都可以以此作为衡量公司价值、判断公司风险程度和是否值得投资等事项的判断标准。

公司治理评价以年度为时间单位，多由董事会或监事会牵头完成，并出具公司治理评价报告；公司治理评价会应用于公司外部和公司内部两种场景。在公司外部，公司治理评价是外部人员考察评估公司价值的重要内容：比如公司外部的投资者，除查看公司的业绩指标外，公司治理评价可以提供更为多元化的公司实际运营的考察维度，以及公司整体的合规程度和风险的判断。公司治理评价的结果和内容反映了标的公司的治理水平，而此结果往往与投资人的投资风险和财务风险直接相关；所以公司治理评价是投资者对标的公司整体情况进行评估的主要手段，是投资决策时分析和测量标的公司主要风险的重要标准。在公司内部，公司治理评价可以真实地发现公司治理中的问题和缺陷，通过对评价报告中的缺陷进行整改，促进公司治理水平的提高。公司治理评价也是公司股东大会/股东会、董事会和监事会掌握公司治理的真实实施情况的主要途径；通过对公司治理评价的反馈可以帮助调整决策，修正公司治理相关制度和流程。

（一）评价体系

1. 国际主要评价体系

国际公司治理评价体系主要为三类：标准普尔公司治理评价体系、戴米诺公司治理评级、里昂证券评价系统。标准普尔公司治理评价体系采取分值制，对所有权结构及其影响、金融相关者关系、财务透明与信息披露和董事会结构及运作四方面的内容进行打分，得出公司治理的总体分值。戴米诺公司治理评级则从股东权利和义务、经营风险防范、公司治理披露和董事会结构与功能四个维度来考评公司治理等级。里昂证券评价系统以公司透明度、管理层约束、董事会独立性、小股东保护、核心业务、债务管控、股东回报和社会责任八个方面为评价要素，并设置了 57 个评价指标，公司治理的最终评价结果以总分数体现，满分为 100 分，分数越高治理情况越佳。

2. 国内主要评价体系

国内比较知名的公司治理评价体系为南开大学公司治理研究中心开发的公司治理评价指标体系：该体系主要以股东权益和控股股东行为、董事与董事会、监事与监事会、经理层、信息披露和利益相关者为评价维度。对其指标体系的具体内容，笔者进行了归纳，为方便阅读，以表格形式展现，见表 1。

表 1　公司治理评价指标体系

大类指标	细化指标
股东权益和控股股东行为	股东大会
	上市公司独立性
	中小股东权益保护
	关联交易
董事与董事会	董事权利和义务
	董事会运作效率
	董事会构成
	董事薪酬
	独立董事

续表

大类指标	细化指标
监事与监事会	监事能力保证性
	监事会运行有效性
经理层	经理层人员的选拔
	执行保障
	激励与约束
信息披露	真实性
	及时性
	完整性
利益相关者	公司员工参与程度
	公司社会责任履行状况
	公司投资者管理
	公司与监督管理部门的关系
	诉讼与仲裁事项

南开大学公司治理研究中心还开发了公司治理指数模型，通过综合指数法对公司治理进行评分。但需要提示的是，该研究中心开发上述公司治理评价体系主要是为了应用于 A 股上市公司。该中心连续多年发布上市公司公司治理评价结果。读者可以借鉴其评价体系和评价方法，制定所在公司适用的评价指标体系，根据评价的目的来完善评价方法。

3. 特定行业的公司治理评价体系

在处于特定监管的行业中，公司治理的评价标准和体系，会有特定的监管要求，以持牌的金融机构为例，就必须遵守银保监会的相关要求。比如，银行保险业已经形成了良好公司治理的总体定性的评价标准，即《银行保险机构公司治理准则》第四条规定的："银行保险机构应当持续提升公司治理水平，逐步达到良好公司治理标准。良好公司治理包括但不限于以下内容：（一）清晰的股权结构；（二）健全的组织架构；（三）明确的职责边界；（四）科学的发展战略；（五）高标准的职业道德准则；（六）有效的风险管理与内部控制；（七）健全的信息披露机制；（八）合理的激励约束机制；（九）良好的利益相关者保护机制；（十）较强的社会责任意识。"

又如,《银行保险机构公司治理监管评估办法(试行)》就明确规定了商业银行、信托公司、保险机构、证券公司、期货公司、企业集团财务公司、非银行支付机构以及银行业金融机构等金融行业的监管评级和行业评级的相关事项。上述评估办法中体现了对公司治理评估的评价思路,即主要考察公司治理的基本机构、决策机制、执行机制、监督机制和约束激励机制;在公司治理能力方面关注董事会和监事会的履职情况、员工持股比例和信息披露情况。最终在不同持牌机构,划分不同的评价结果,以 A、B、C、D 不同等级来进行最终呈现。

(二)评价报告示范模板

在良好公司治理的框架要求下,公司每年都应该进行公司治理评价工作并形成正式的公司治理评价报告。报告的内容组成包括评估工作组织和开展情况、公司基本情况、公司治理整体性评价、具体评价内容和指标得分、公司治理过程中采取的良好措施及效果、评估过程中发现的主要问题、下一步拟采取措施等。报告组成当中评价指标和分值是较复杂的内容,需要精心设计。

以如下商业银行公司治理评价模板为例,评价指标包括得分项、扣分项和加分项三类;实务中各公司针对评价内容和指标可以参照模板进行调整,以形成符合本公司实际情况的评价表。总的来说,评价的结果可以以分值的方式呈现,并辅以等级判定。例如,公司治理评估总分值为 100 分,评估等级分为五级:90 分以上为 A 级,80 分以上至 90 分以下为 B 级,70 分以上至 80 分以下为 C 级,60 分以上至 70 分以下为 D 级,60 分以下为 E 级。对应分值的整体性评价如下:

• 评估等级为 A 级(优秀),表示公司治理各方面健全,未发现明显的合规性及有效性问题,公司治理机制运转有效。

• 评估等级为 B 级(较好),表示公司治理基本健全,同时存在一些弱点,相关机构能够积极采取措施整改完善。

• 评估等级为 C 级(合格),表示公司治理存在一定缺陷,公司治理合规性或有效性需加以改善。

• 评估等级为 D 级(较弱),表示公司治理存在较多突出问题,合规性较

差，有效性不足，公司治理基础薄弱。

● 评估等级为 E 级（差），表示公司治理存在严重问题，合规性差，有效性严重不足，公司治理整体失效。

表 2 为公司治理评价表的模板，主要由评价内容、评价维度、评价指标与参考选项组成，该模板主要以银行业为背景，非银行业公司可以从中选取公司治理评价共性部分参考。

表 2　公司治理评价表

评价内容	评价维度	评价指标	参考选项	参考分值
股东治理	股东大会	按时召开股东（大）会年度会议	是否按时召开股东（大）会年度会议；股东（大）会会议是否实行律师见证制度，并由律师出具法律意见书	1
		股东（大）会会议通知符合法律法规要求	股东是否能够充分、及时地得到关于股东（大）会召开的日期、地点和议程的信息，以及将在股东（大）会上作出决议的议题的全部信息，股东是否有充分的时间进行思考和咨询	1
	股权结构	同一投资人及其关联方、一致行动人持股比例符合监管规定	同一投资人及其关联方、一致行动人持股比例是否符合《商业银行股权管理暂行办法》等监管规定	1
	股东行为	主要股东能够按照规定向商业银行提供信息	主要股东是否按照《商业银行股权管理暂行办法》等相关监管规定向商业银行提供信息	1
		主要股东能够按照相关监管要求出具书面承诺	主要股东是否按照《商业银行股权管理暂行办法》等相关监管要求出具书面承诺	1
	股权管理	拥有董事、监事席位的股东，或直接、间接、共同持有或控制商业银行 2% 以上股份或表决权的股东，出质商业银行股份前向银行董事会申请备案。在董事会审议相关备案事项时，由拟出质股东委派的董事能够回避	拥有董事、监事席位的股东，或直接、间接、共同持有或控制商业银行 2% 以上股份或表决权的股东，出质商业银行股份前是否向银行董事会申请备案	1
			在董事会审议相关备案事项时，由拟出质股东委派的董事是否回避	

续表

评价内容	评价维度	评价指标	参考选项	参考分值
股东治理	股权管理	商业银行股东及其关联方、一致行动人单独或合计持有商业银行资本总额或股份总额1%、5%以下能够按照规定向中国银保监会或其派出机构报告	商业银行股东及其关联方、一致行动人单独或合计持有商业银行资本总额或股份总额1%以上、5%以下是否按照规定向中国银保监会或其派出机构报告	1
		商业银行董事会每年对主要股东资质情况、履行承诺事项情况、落实公司章程或协议条款情况以及遵守法律法规、监管规定情况进行评估，并及时将评估报告报送中国银保监会或其派出机构	商业银行董事会是否每年对主要股东资质情况进行评估	1
			商业银行董事会是否每年对主要股东履行承诺事项情况进行评估	
			商业银行董事会是否每年对主要股东落实公司章程或协议条款情况进行评估	
			商业银行董事会是否每年对主要股东遵守法律法规、监管规定情况进行评估	
			商业银行是否及时将评估报告报送中国银保监会或其派出机构	
		商业银行按规定向监管部门报告股权质押等相关信息	商业银行是否按规定向监管部门报告股权质押等相关信息	1
		商业银行能够加强对股东资质的审查，对主要股东及其控股股东、实际控制人、关联方、一致行动人、最终受益人信息进行核实并掌握其变动情况，就股东对商业银行经营管理的影响进行判断，依法及时、准确、完整地报告或披露相关信息	商业银行是否能够加强对股东资质的审查	1
			商业银行是否能够加强对主要股东及其控股股东、实际控制人、关联方、一致行动人、最终受益人信息进行核实并掌握其变动情况	
			商业银行是否能够就股东对商业银行经营管理的影响进行判断，依法及时、准确、完整地报告或披露相关信息	

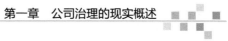

续表

评价内容	评价维度	评价指标	参考选项	参考分值
股东治理	公司章程	在公司章程中对股东（大）会职责和议事规则等作出制度安排	相关职责是否明确具体，议事规则是否完备	1
		商业银行将关于股东管理的相关监管要求、股东的法定权利义务完整明确地写入公司章程	商业银行是否将关于股东管理的相关监管要求、股东的法定权利义务完整明确地写入公司章程	1
		在公司章程中明确董事和监事提名规则	是否在公司章程中明确：同一股东及其关联人不得同时提名董事和监事人选；同一股东及其关联人提名的董事（监事）人选已担任董事（监事）职务，在其任职期届满或更换前，该股东不得再提名监事（董事）候选人；同一股东及其关联人提名的董事原则上不得超过董事会成员总数的三分之一。是否在公司章程中规定，已经提名董事的股东不得再提名独立董事	1
董事会治理	董事会	依法设立董事会	是否依法设立董事会	1
		董事会人数及构成符合法律及监管要求	董事会人数及构成是否符合法律及监管要求	1
		公司章程或董事会议事规则对董事会采取通讯表决的条件和程序进行规定	公司章程或董事会议事规则是否对董事会采取通讯表决的条件和程序进行规定	1
		建立董事履职档案	是否建立董事履职档案，完整记录董事参加董事会会议次数、独立发表意见和建议及被采纳情况等，作为对董事评价的依据	1
		董事会例会按规定召开	董事会例会是否每季度至少召开一次	1
		商业银行能够按照要求将监管意见及整改情况在董事会上通报	商业银行是否能够按照要求将监管意见及整改情况在董事会上通报	1

续表

评价内容	评价维度	评价指标	参考选项	参考分值
董事会治理	董事会	商业银行董事在取得监管机构任职资格核准后方可任职	商业银行是否未经任职资格审查任命（变更）董事，或授权不具备资格人员实际履行董事职权	1
		及时将股东（大）会、董事会和监事会的会议记录和决议等文件报送中国银保监会备案	是否及时将股东（大）会、董事会、监事会的会议记录和决议等文件报送中国银保监会备案	1
	董事会/专门委员会	董事会应当根据商业银行情况单独或合并设立其专门委员会	董事会是否根据商业银行情况单独或合并设立其专门委员会，如战略委员会、审计委员会、风险管理委员会、关联交易控制委员会、提名委员会、薪酬委员会	1
		董事会专门委员会成员的专业知识和工作经验符合要求	审计委员会成员应当具有财务、审计和会计等某一方面的专业知识和工作经验。风险管理委员会负责人应当具有对各类风险进行判断与管理的经验	1
		董事会各专门委员会按照规定定期召开会议，参会人数及会议表决方式符合规定。董事会召开董事会会议，应当事先通知监事会派员列席	董事会各专门委员会是否按照规定定期召开会议	1
	董事会/独立董事	董事会审计委员会人员构成符合监管要求	董事会审计委员会成员是否少于三人，是否多数成员为独立董事，主任委员是否为独立董事	1
		董事会关联交易控制委员会人员构成符合监管要求	董事会关联交易控制委员会是否由独立董事担任负责人	1
		董事会提名委员会、薪酬委员会、合规委员会人员构成符合监管要求	董事会提名委员会、薪酬委员会是否由独立董事担任负责人。董事会合规委员会或承担合规管理职责的专业委员会是否至少有一名独立董事成员	1
		独立董事同时任职商业银行不超过两家	独立董事同时任职商业银行是否不超过两家	1

续表

评价内容	评价维度	评价指标	参考选项	参考分值
董事会治理	董事会／独立董事	独立董事在同一家商业银行任职时间累计不超过六年	独立董事在同一家商业银行任职时间是否累计不超过六年	1
		独立董事每年在商业银行工作的时间符合监管要求	独立董事每年在商业银行工作的时间是否不少于十五个工作日	1
	发展战略	发展战略内容及关注重点等符合监管要求	发展战略是否涵盖中长期发展规划、战略目标、经营理念、市场定位、资本管理和风险管理等方面的内容	1
			在关注总体发展战略基础上，是否重点关注人才战略和信息科技战略等配套战略	
			商业银行是否在制定发展战略时体现在经济、环境和社会公益事业等方面履行社会责任	
		高级管理层在商业银行发展战略框架下制订科学合理的年度经营管理目标与计划	高级管理层是否能够在商业银行发展战略框架下，制订科学合理的年度经营管理目标与计划	1
		发展状况、市场变化、自身发展战略和风险偏好等因素，审批确定审慎、可行的年度经营计划。董事会及相关专业委员会应当充分论证年度经营计划的科学性	董事会是否根据国民经济发展状况、市场变化、自身发展战略和风险偏好等因素，审批确定审慎、可行的年度经营计划	1
			董事会是否充分论证年度经营计划的科学性	
			董事会相关专业委员会是否充分论证年度经营计划的科学性	
		董事会监督、检查年度经营计划的执行情况	董事会是否监督、检查年度经营计划的执行情况	1
		董事会制定董事会自身和高级管理层应当遵循的职业规范与价值准则。高级管理层制定全行各部门管理人员和业务人员的职业规范，明确具体的问责条款，建立相应处理机制	董事会是否制定董事会自身和高级管理层应当遵循的职业规范与价值准则	1
			高级管理层是否制定全行各部门管理人员和业务人员的职业规范，明确具体的问责条款，建立相应处理机制	

续表

评价内容	评价维度	评价指标	参考选项	参考分值
监事会和高管层治理	监事会	监事会人数、构成及其专业委员会负责人符合规定。监事长专业知识和工作经验符合要求	监事会成员是否为三人至十三人，职工监事、外部监事的比例是否均不应低于三分之一	1
		监事会能够对监管要求的财务活动、风险管理、内部控制、内部审计等事项进行监督，按规定提出意见。监事会能够按规定向股东（大）会报告工作	是否符合相关规定	1
		商业银行重大决策事项事前告知监事会，及时向监事会提供经营状况、财务状况等重要情况及其他监事会要求提供的信息，监事会派员列席董事会会议	商业银行重大决策事项是否事前告知监事会	1
		监事会能够按照规定对董事会和高管层及其成员开展履职评价，对监事会工作情况进行自我评价，并对监事履职情况进行评价，评价结果及时报告监管部门及股东（大）会	是否符合相关规定	1
		监事出席会议次数、在行工作时间符合监管规定	监事出席会议次数、在行工作时间是否符合监管规定。外部监事在商业银行任职时间是否不超过六年。外部监事同时任职商业银行是否不超过两家，是否在可能发生利益冲突的金融机构兼任外部监事	1
		不存在监事连续两次未能亲自出席，也不委托其他监事代为出席会议的情形	是否存在相关情况	1
		职工监事参与制定涉及员工切身利益的规章制度，并积极参与制度执行情况的监督检查	职工监事是否参与制定涉及员工切身利益的规章制度，并积极参与制度执行情况的监督检查	1

续表

评价内容	评价维度	评价指标	参考选项	参考分值
监事会和高管层治理	管理层	高级管理人员设置符合监管规定	首席风险官、首席合规官等高级管理人员设置是否符合相关监管规定	1
		高级管理人员在任期间始终符合相应的任职资格条件	高级管理人员在任期间是否始终符合相应的任职资格条件	1
		不存在董事长和总经理长期缺位的情形	是否存在董事长、总经理长期缺位（一年以上）的情形	1
	薪酬考核	对于发生案件的考评对象，调低绩效考评等级	对于发生案件的考评对象，是否调低绩效考评等级	1
		在确定考评指标权重时，合规经营类指标和风险管理类指标权重应当明显高于其他类指标	在确定考评指标权重时，合规经营类指标权重是否明显高于其他类指标	1
			在确定考评指标权重时，风险管理类指标权重是否明显高于其他类指标	
		内部审计部门应当每年对绩效考核及薪酬机制和执行情况进行专项审计，并履行相关报送程序	内部审计部门是否每年对绩效考核及薪酬机制和执行情况进行专项审计，审计结果是否向董事会和监事会报告，并报送监管部门	1
		建立规范的绩效考评管理流程，确保绩效考评指标体系和实施过程公开透明，并与考评对象及其员工进行有效沟通	是否建立规范的绩效考评管理流程，确保绩效考评指标体系和实施过程公开透明	1
			是否与考评对象及其员工进行有效沟通	
		商业银行的基本薪酬不高于其薪酬总额的35%	商业银行的基本薪酬是否不高于其薪酬总额的35%	1
		商业银行主要负责人的绩效薪酬根据年度经营考核结果，在其基本薪酬的三倍以内确定	商业银行主要负责人的绩效薪酬是否根据年度经营考核结果，在其基本薪酬的三倍以内确定	1

续表

评价内容	评价维度	评价指标	参考选项	参考分值
监事会和高管层治理	薪酬考核	商业银行高级管理人员以及对风险有重要影响岗位上的员工，其绩效薪酬实行延期支付，延期支付期限及分配方式符合监管要求	商业银行高级管理人员以及对风险有重要影响岗位上的员工，其绩效薪酬的40%以上是否采取延期支付的方式，其中主要高级管理人员绩效薪酬的延期支付比例是否高于50%	1
			延期支付期限是否少于三年	
			延期支付时段中是否遵循等分原则	
		专职股东监事的薪酬执行延期支付，绩效薪酬延期支付比例不低于40%，且延期支付期限一般不少于三年	专职股东监事的薪酬执行延期支付，绩效薪酬延期支付比例是否不低于40%	1
			专职股东监事的薪酬延期支付期限是否不少于三年	
风险内控	风险管理	商业银行董事会能够根据银行风险状况、发展规模和速度，建立全面的风险管理战略、政策和程序，判断银行面临的主要风险，确定适当的风险容忍度和风险偏好，督促高级管理层有效地识别、计量、监测、控制并及时处置商业银行面临的各种风险	商业银行董事会是否能够根据银行风险状况、发展规模和速度，建立全面的风险管理战略、政策和程序，判断银行面临的主要风险，确定适当的风险容忍度和风险偏好	1
			商业银行董事会是否能够督促高级管理层有效地识别、计量、监测、控制并及时处置商业银行面临的各种风险	
		商业银行董事会及其风险管理委员会定期听取高级管理层关于商业银行风险状况的专题报告，对商业银行风险水平、风险管理状况、风险承受能力进行评估，并提出全面风险管理意见	商业银行董事会是否定期听取高级管理层关于商业银行风险状况的专题报告，对商业银行风险水平、风险管理状况、风险承受能力进行评估，并提出全面风险管理意见	1
			商业银行董事会风险管理委员会是否定期听取高级管理层关于商业银行风险状况的专题报告，对商业银行风险水平、风险管理状况、风险承受能力进行评估，并提出全面风险管理意见	

续表

评价内容	评价维度	评价指标	参考选项	参考分值
风险内控	合规内控	商业银行建立与其经营范围、组织结构和业务规模相适应的合规风险管理体系，体系要素符合监管要求	商业银行是否建立与其经营范围、组织结构和业务规模相适应的合规风险管理体系	1
			商业银行的合规风险管理体系的要素是否符合监管要求	
		董事会及其下设专门委员会、监事会、高管层能够积极履行合规管理职责	董事会是否积极履行合规管理职责	1
			董事会专门委员会是否能够积极履行合规管理职责	
			监事会是否能够积极履行合规管理职责	
			高管层是否能够积极履行合规管理职责	
	内部审计	制定内部审计章程，由董事会批准并报监管部门备案	是否制定内部审计章程并报董事会批准	1
			内部审计章程是否报监管部门备案	
		内部审计人员不少于员工总数的1%	内部审计人员是否不少于员工总数的1%	1
		内部审计结果和整改情况作为审计对象绩效考评的重要依据	内部审计结果和整改情况是否作为审计对象绩效考评的重要依据	1
		内部审计人员的薪酬水平不低于本机构其他部门同职级人员平均水平	内部审计人员的薪酬水平是否不低于本机构其他部门同职级人员平均水平	1
		董事会对总审计师的履职尽责情况进行考核评价，内部审计部门定期对内部审计人员的专业胜任能力进行评价	董事会是否对总审计师的履职尽责情况进行考核评价	1
			内部审计部门是否定期对内部审计人员的专业胜任能力进行评价	
	关键部门	建立独立的风险管理部门	是否建立独立的风险管理部门，明确设立或者指定部门负责全面风险管理	1
		指定专门部门作为内控管理职能部门	是否指定专门部门作为内控管理职能部门；是否设立合规管理部门，明确负责合规管理工作部门为案防工作牵头部门	1
		建立独立垂直的内部审计体系	是否建立独立垂直的内部审计体系，设立独立的内部审计部门	1

续表

评价内容	评价维度	评价指标	参考选项	参考分值
关联交易治理	制度建设	建立并完善关联交易管理制度，关联交易管理制度报监管部门备案	是否建立并完善关联交易管理制度	1
			关联交易管理制度是否报监管部门备案	
		对关联自然人、关联法人等关联方以及关联交易的认定标准符合监管要求，建立全面、动态的关联方名单。商业银行按照穿透原则将主要股东及其控股股东、实际控制人、关联方、一致行动人、最终受益人作为自身的关联方进行管理	对关联自然人、关联法人等关联方以及关联交易的认定标准是否符合监管要求	1
			是否建立全面、动态的关联方名单	
			是否按照穿透原则将主要股东及其控股股东、实际控制人、关联方、一致行动人、最终受益人作为自身的关联方进行管理	
	审批和报告	董事、总行的高级管理人员及主要非自然人股东按照规定向商业银行报告关联情况	董事是否按照规定向商业银行报告关联情况，同时以书面形式向商业银行保证其报告的内容真实、准确、完整，并承诺如因其报告虚假或者重大遗漏给商业银行造成损失的，负责予以相应的赔偿	1
			总行的高级管理人员是否按照规定向商业银行报告关联情况，同时以书面形式向商业银行保证其报告的内容真实、准确、完整，并承诺如因其报告虚假或者重大遗漏给商业银行造成损失的，负责予以相应的赔偿	
			主要非自然人股东是否按照规定向商业银行报告关联情况，同时以书面形式向商业银行保证其报告的内容真实、准确、完整，并承诺如因其报告虚假或者重大遗漏给商业银行造成损失的，负责予以相应的赔偿	
		计算一个关联方的交易余额时，关联自然人的近亲属已合并计算，关联法人或其他组织的集团客户已合并计算	计算一个关联方的交易余额时，关联自然人的近亲属是否已合并计算	1
			计算一个关联方的交易余额时，关联法人或其他组织的集团客户是否已合并计算	

续表

评价内容	评价维度	评价指标	参考选项	参考分值
关联交易治理	审批和报告	重大关联交易按照规定程序审批，并及时报告监事会和监管部门	重大关联交易是否按照规定程序审批	1
			重大关联交易是否及时报告监事会和监管部门	
		对关联交易进行表决或决策时，与该关联交易有关联关系的人员应回避	对关联交易进行表决或决策时，与该关联交易有关联关系的人员是否回避	1
	监督机制	内审部门每年对关联交易开展专项审计并将审计结果报董事会和监事会	内审部门是否每年对关联交易开展专项审计	1
			内审部门是否将审计结果报董事会	
			内审部门是否将审计结果报监事会	
		董事会每年向股东（大）会就关联交易管理制度的执行情况以及关联交易情况做出专项报告	董事会是否每年向股东（大）会就关联交易管理制度的执行情况以及关联交易情况做出专项报告	1
		关联交易的信息披露及时、充分、准确	关联交易的信息披露是否及时、充分、准确	1
市场约束	信息披露	按照有关法律法规、会计制度和监管规定建立信息披露管理制度	是否按照有关法律法规、会计制度和监管规定建立信息披露管理制度	1
		应当按照监管要求，通过年度报告、互联网站等方式及时披露信息	是否按照监管要求及时披露公司基本信息	4
			是否按照监管要求及时披露公司治理信息	
			是否按照监管要求及时披露股权管理信息	
			是否按照监管要求及时披露财务会计报告	
			是否按照监管要求及时披露风险管理信息	
			是否按照监管要求及时披露关联交易信息	
			是否按照监管要求及时披露年度重大事项等	
		董事、高级管理人员对年度报告签署书面确认意见；监事会提出书面审核意见	董事是否对年度报告签署书面确认意见	1
			高级管理人员是否对年度报告签署书面确认意见	

评价内容	评价维度	评价指标	参考选项	参考分值
市场约束	信息披露	董事、高级管理人员对年度报告签署书面确认意见；监事会提出书面审核意见	监事会是否提出书面审核意见，说明报告的编制和审核程序是否符合法律法规和监管规定，报告的内容是否能够真实、准确、完整地反映商业银行的实际情况	1
		年度报告于每个会计年度终了后的四个月内披露，因特殊原因不能按时披露的，需要至少提前十五日向监管部门申请延迟	年度报告是否于每个会计年度终了后的四个月内披露，因特殊原因不能按时披露的，是否至少提前十五日向监管部门申请延迟	1
		对于监管要求十日内披露的事项，商业银行能够及时披露。因特殊原因不能按时披露的，需要提前向监管部门提出申请	对于监管要求十日内披露的事项，商业银行是否及时披露。因特殊原因不能按时披露的，是否提前向监管部门提出申请	1
	外部审计	聘请外部审计机构对年度财务报告进行审计	是否聘请外审机构对年度财务报告进行审计	1
		公司聘用、解聘承办公司审计业务的会计师事务所，依照公司章程的规定，由股东（大）会或者董事会决定	是否严格按照规定履行决策程序	1
		委托具有独立性、专业胜任能力和声誉良好的外部审计机构从事审计业务	外审机构资质是否达标	1
		商业银行应当对外部审计报告质量及审计业务约定书的履行情况进行评估	是否对外部审计报告质量及审计业务约定书的履行情况进行评估	1
其他利益相关者治理	利益相关者参与程度	为员工提供有效途径参与公司的重大决策和日常经营管理	是否为员工提供有效途径	1

续表

评价内容	评价维度	评价指标	参考选项	参考分值
其他利益相关者治理	利益相关者参与程度	鼓励员工通过合法渠道对有关违法、违规和违反职业道德的行为予以报告，并充分保护员工合法权益	是否建立相关制度或渠道	1
		建立职工代表大会制度、职工监事制度	是否建立职工代表大会制度、职工监事制度	1
		涉及职工切身利益的重大问题经过职代会审议	职代会是否审议相关重大问题	1
		建立完善的投资者关系维护制度，指定专人或专门机构负责投资者关系维护	是否指定专人或部门负责投资者关系维护	1
	利益相关者协调程度	未发生因损害消费者合法权益被投诉、举报并查证确有相关事实的情况	是否发生相关投诉、举报情形并被查实	1
		公司应适用严格的职业道德标准，坚持以客户为中心的经营理念，通过为客户提供更好的服务实现利益最大化	是否在公司内部适用以客户为中心的职业道德标准	1
		商业银行是否最大限度维护债权人等利益相关者利益	是否维护债权人利益	1
			是否维护同业利益	
		未发生与公司主营业务相关的诉讼与仲裁事项（被告）	是否发生相关情况	1
	社会责任	董事会能够制定绿色信贷发展战略，审批高级管理层制定的绿色信贷目标和提交的绿色信贷报告，监督、评估本机构绿色信贷发展战略执行情况	是否制定绿色信贷发展战略，并符合可持续发展战略目标	1

续表

评价内容	评价维度	评价指标	参考选项	参考分值
其他利益相关者治理	社会责任	高级管理层能够根据董事会的决定，制定绿色信贷目标，建立机制和流程，明确职责和权限，开展内控检查和考核评价，每年度向董事会报告绿色信贷发展情况，并及时向监管机构报送相关情况	高管层是否根据董事会要求开展绿色信贷相关工作，并向董事会报告	1
		高级管理层能够明确一名高管人员及牵头管理部门，配备相应资源，组织开展并归口管理绿色信贷各项工作	是否指定高管人员和牵头部门组织绿色信贷各项工作	1
		商业银行应当在经济、环境和社会公益事业方面履行社会责任，并在制定发展战略时予以体现，同时定期向公众披露社会责任报告	商业银行是否有效履行相关社会责任，并定期披露社会责任报告	1
合计				100

　　除上述得分指标外，部分公司可以考虑纳入下述指标为减分项，对不利于公司治理有效性的行为进行减分，具体见表3。同样仍以银行业为表3背景，非银行业公司可以从中选取共性部分使用。

表3 公司治理评价减分表

评价内容	评价维度	评价指标	参考选项	参考分值
党的领导	党的领导与公司治理机制	将党建工作要求纳入公司章程	是否在公司章程中明确党建工作总体要求	2
		"双向进入、交叉任职"要求落实到位	"双向进入、交叉任职"要求是否落实	2
		党委前置研究机构重大问题要求落实到位	党委前置研究的重大问题范围是否明确	6
			重大问题是否经党委会研究讨论后,再提交董事会或高管层决策	
股东治理	股东行为	投资人以委托资金、债务资金等非自有资金入股商业银行	投资人是否以委托资金、债务资金等非自有资金入股商业银行	5
		投资人及其关联方、一致行动人未经批准单独或合计持有商业银行资本总额或股份总额5%以上	投资人及其关联方、一致行动人是否未经批准单独或合计持有商业银行资本总额或股份总额5%以上	3
		存在委托持股的情形	股东是否委托他人持股	5
			股东是否接受他人委托持有商业银行股权	
		主要股东以发行、管理或通过其他手段控制的金融产品持有商业银行股份。单一投资人、发行人或管理人及其实际控制人、关联方、一致行动人控制的金融产品持有同一商业银行股份合计超过该商业银行股份总额的5%	主要股东是否以发行、管理或通过其他手段控制的金融产品持有商业银行股份	3
			单一投资人、发行人或管理人及其实际控制人、关联方、一致行动人控制的金融产品持有同一商业银行股份合计是否超过该商业银行股份总额的5%	
		主要股东越过董事会和高管层直接干预公司经营管理,或进行利益输送,或滥用股东权利损害利益相关者的合法权益	是否存在相关情况	5

续表

评价内容	评价维度	评价指标	参考选项	参考分值
股东治理	股东行为	主要股东不支持银行董事会制订的合理的资本规划，存在阻碍其他股东对银行补充资本或合格新股东进入的情况	主要股东是否支持银行董事会制订的合理的资本规划	2
			是否存在主要股东阻碍其他股东对银行补充资本或合格新股东进入的情况	
		股东未按监管规定质押商业银行股份	股东是否未经商业银行董事会备案通过出质银行股份	3
			股东是否在商业银行借款余额超过其持有经审计的商业银行上一年度股权净值的，仍将其持有商业银行股权进行质押	
			商业银行被质押股权是否达到或超过全部股权的20%	
			主要股东质押商业银行股权数量是否达到或超过其持有商业银行股权的50%	
			商业银行被质押股权涉及冻结、司法拍卖，是否依法限制表决权或者受到其他权利限制	
		股东质押商业银行股权数量达到或超过其持有商业银行股权50%时，商业银行未对其在股东（大）会和派出董事在董事会上的表决权进行限制	股东质押商业银行股权数量达到或超过其持有商业银行股权50%时，商业银行是否对其在股东（大）会和派出董事在董事会上的表决权进行限制	3
		商业银行直接或变相接受本行股权质押并提供授信服务	商业银行是否直接接受本行股权质押并提供授信服务	3
			商业银行是否变相接受本行股权质押并提供授信服务	
		股权结构不清晰或存在权属纠纷，以及针对股东股权问题投诉举报较为集中	是否存在相关情况	4
		长期多次委托其他股东代为参加股东（大）会	是否存在相关情况	4

续表

评价内容	评价维度	评价指标	参考选项	参考分值
董事会治理	董事会／董事会运作	董事会的职权未按法定程序由董事或其他个人、机构行使	是否将董事会的法定职权授予董事或其他个人、机构行使	5
			是否存在"一言堂"或内部人控制的情形	
		董事会采取通讯表决方式审议利润分配方案、重大投资、重大资产处置方案、聘任或解聘高级管理人员、资本补充方案、重大股权变动以及财务重组等重大事项	董事会是否采取通讯表决方式审议利润分配方案	3
			董事会是否采取通讯表决方式审议重大投资、重大资产处置方案	
			董事会是否采取通讯表决方式审议聘任或解聘高级管理人员	
			董事会是否采取通讯表决方式审议资本补充方案、重大股权变动以及财务重组等重大事项	
		董事会对监管通报、监管意见、现场检查意见书等监管文书提出的问题，未能督促整改并及时审议整改进展	监管部门对商业银行的监管意见及商业银行整改情况是否在董事会上予以通报	2
			董事会对监管通报、监管意见、现场检查意见书等监管文书提出的问题，是否能督促整改并及时审议整改进展	
		董事会成员未能忠诚、尽职、谨慎地开展工作，未能最大限度地维护公司和股东的利益	是否存在相关情况	5
		商业银行保障相关董事特别是股权董事和独立董事能够获取准确的、相关的、及时的信息	商业银行是否保障相关董事特别是股权董事和独立董事能够获取准确的、相关的、及时的信息	5
		商业银行未规定董事在商业银行的最低工作时间。董事每年亲自出席董事会会议次数不足三分之二。因故不能出席会议，也不委托同类别其他董事代为出席	商业银行是否规定了董事在商业银行的最低工作时间	3
			董事是否每年亲自出席三分之二以上的董事会会议	
			因故不能出席会议的董事，是否能够委托同类别其他董事代为出席	

续表

评价内容	评价维度	评价指标	参考选项	参考分值
董事会治理	董事会	董事在履职过程中谋取私利；董事本职、兼职与其在商业银行的任职存在利益冲突；董事未按规定履行回避义务。高级管理人员为自己或他人谋取属于本行的商业机会，接受与本行交易有关的利益，徇私向亲属、朋友发放贷款或者提供担保	董事是否在履职过程中谋取私利	4
			董事本职、兼职与其在商业银行的任职是否存在利益冲突	
			董事是否按规定如实向董事会报告关联关系	
			董事是否按规定如实向监事会报告关联关系	
			董事是否按规定履行回避义务	
			高级管理人员是否为自己或他人谋取属于本行的商业机会	
			高级管理人员是否接受与本行交易有关的利益	
			高级管理人员是否徇私向亲属、朋友发放贷款或者提供担保	
	董事会／独立董事	董事任期届满未及时改选	董事任期届满，是否在半年内产生董事候选人	4
		存在故意隐瞒影响独立董事独立性的相关情况	独立董事是否丧失监管要求的独立性	3
		独立董事未按监管要求发表独立意见	独立董事是否对重大关联交易的公允性以及内部审批程序履行情况发表书面意见	2
	发展战略	发展战略盲目激进影响商业银行稳健经营	业务发展、投资等方面是否存在激进行为	5
监事会和管理层治理	监事会	监事任期届满未及时改选	监事任期届满，是否在半年内产生监事候选人	2
		外部监事与商业银行及其主要股东之间存在影响其独立判断的关系	外部监事与商业银行之间，是否存在影响其独立判断的关系	3
			外部监事与商业银行主要股东之间，是否存在影响其独立判断的关系	

续表

评价内容	评价维度	评价指标	参考选项	参考分值
监事会和管理层治理	管理层	董事长和总经理等高管人员存在明显矛盾，引发公司治理风险的	董事长和总经理是否存在明显矛盾，对商业银行重大事项缺乏应有沟通；是否因董事长和总经理存在矛盾，造成商业银行决策、管理流程混乱，甚至产生对抗性冲突等情况	5
		高级管理层超越董事会授权开展业务	高级管理层是否超越董事会授权开展业务	3
	薪酬考核	考评指标设置违反审慎经营和与自身能力相适应的原则	是否设立时点性规模考评指标	3
			是否在综合绩效考评指标体系外设定单项或临时性考评指标	
			是否设定没有具体目标值、单纯以市场份额或市场排名为要求的考评指标	
			分支机构是否自行制定考评办法或提高考评标准及相关要求	
		除履职评价的自评环节外，董事、监事参与本人履职评价和薪酬的决定过程。高级管理人员参与本人绩效考核标准和薪酬的决定过程	除履职评价的自评环节外，董事是否参与本人履职评价和薪酬的决定过程	3
			除履职评价的自评环节外，监事是否参与本人履职评价和薪酬的决定过程	
			高级管理人员是否参与本人绩效考核标准和薪酬的决定过程	
		薪酬延期支付期限内，相关经营风险已实际暴露，但商业银行未对相关责任人延期支付部分薪酬根据风险责任进行调整	是否对相关责任人绩效薪酬进行调整、扣回	3
风险内控	内部审计	对审计发现问题，商业银行未及时组织整改，未按规定追究相关责任人的责任；对未按照要求及时整改的情况，商业银行未对相关负责人予以问责	内部审计部门是否跟进审计发现问题整改情况	3
			董事会、高管层是否采取有效措施，确保内部审计结果得到充分利用，整改措施得到及时落实	
			对未按要求整改的，董事会、高级管理层是否追究相关人员责任	

评价内容	评价维度	评价指标	参考选项	参考分值
关联交易治理	关联交易违规行为	关联交易价格不公允，交易条件优于非关联方同类交易	关联交易价格是否公允	4
			交易条件是否优于非关联方同类交易	
			是否通过直接或间接融资方式对关联方进行利益输送	
			股东是否与商业银行进行不当的关联交易，利用其对商业银行经营管理的影响力获取不正当利益	
		违规向关联方发放无担保贷款	是否违规向关联方发放无担保贷款	3
		违规向关系人发放信用贷款	是否违规向关系人发放信用贷款	2
		关控委未及时审查和批准关联交易，控制关联交易风险	是否存在相关情况	3
		商业银行内部审计部门未对商业银行的关联交易进行专项审计，并将审计结果报商业银行董事会和监事会	是否存在相关情况	3
		商业银行为关联方的融资行为违规提供显性或隐性担保	商业银行是否为关联方的融资行为违规提供显性或隐性担保	3
		商业银行对关联方的授信余额超过监管规定	商业银行对关联方的授信余额是否超过监管规定	3
		商业银行重大关联交易和一般关联交易未按照监管要求进行审批	商业银行重大关联交易是否按照监管要求进行审批	3
			商业银行一般关联交易是否按照监管要求进行审批	
市场约束	股价表现	市盈率、市净率等指标严重低于行业平均水平	是否存在相关情况	2
		近三个月内，股价下降幅度严重偏离行业板块整体波动幅度	是否存在相关情况	2

续表

评价内容	评价维度	评价指标	参考选项	参考分值
市场约束	股价表现	发生严重影响股价的负面信息，包括但不限于证券监管部门的质询、市场警告、处分或诉讼	是否存在相关情况	2
	外部审计	商业银行与外审机构存在关联关系，影响审计独立性	是否存在相关情况	2
		外审机构同一签字注册会计师对同一家银行进行外部审计年限超过五年	是否存在相关情况	2
		年报近三年内被出具非标准无保留意见	是否存在相关情况	2
	市场声誉	存在负面舆情，造成不良市场影响并经查属实	是否存在相关情况	2
	信息披露	商业银行公开披露的信息存在明显遗漏	是否存在相关情况	2
		商业银行公开披露的信息不及时	是否存在相关情况	2
		商业银行公开披露的信息虚假，或存在误导的情况	是否存在相关情况	2
其他对公司治理有效性产生影响的因素	风险问题	发生重大案件或实际控制人、董事、高管等人员涉及刑事案件对公司治理产生较大影响	是否存在相关情况	10
		公司业绩长期不佳，连续三年亏损	是否存在相关情况	
		对前期治理评估发现问题整改严重不到位	是否存在相关情况	
		中国银保监会认定的其他影响公司治理有效性的情形	是否存在相关情况	
合计				170

在现代公司治理理念下，部分优秀的公司可以考虑纳入一些综合指标为额外加分项（见表4），为提高公司治理有效性的优秀实践加分，表4未以银行业为背景，为共性指标评价表。

表4 特殊评价表

评价内容	评价维度	评价指标	参考选项	参考分值
公司治理	现代公司治理理念	有高质量发展的公司愿景	是否有高质量发展的公司愿景	1
		有诚实守信的企业文化	是否有诚实守信的企业文化	1
		有稳健合规的经营理念	是否有稳健合规、符合可持续发展目标的经营理念	1
		企业文化中有开拓进取的创新精神	企业文化中是否有开拓进取的创新精神	1
		开展提升公司治理有效性的管理创新（包括制度安排、机构设置、管理模式、业务流程等方面）	是否开展提升公司治理有效性的管理创新	1
		为客户提供产品和服务方式的创新	是否为客户提供产品和服务方式的创新，提升为客户提供可持续金融服务的能力	1
		制定金融创新发展战略及与之相适应的风险管理体系	是否制定金融创新发展战略及与之相适应的风险管理体系，并符合可持续发展战略目标	1
		公平发展的职业规划	是否保障女性员工享有平等的晋升发展环境	1
			是否保障少数民族员工享有平等的晋升发展环境	
		董事会中有女性成员	董事会中是否有女性成员	1
		和谐良好的社会关系（同供应商、社区、政府等利益相关者和谐相处，有良好的社会声誉）	是否同供应商和谐相处，推动可持续发展	1
			是否同社区和谐相处，推动可持续发展	
			是否同政府和谐相处，推动可持续发展	
合计				10

· 第二章 ·
公司战略

公司战略容易给人以抽象、空中楼阁的刻板印象，其实公司战略是公司很重要的管理内容，且在公司经营中被反复使用。小规模企业的公司战略可能就存在于企业主的脑海中，企业主对于增加机器、扩大产能、发展客户、提高质量、拓宽分销商等的计划和安排都是公司战略；此公司战略确定后，企业所有资源将按照公司战略来分配。对于大公司而言，公司战略就会比较复杂，公司战略的价值所在、制定过程、分解执行和后期评估都将成为专门的体系化的工作，本章拟向读者展示上述内容，使读者清晰地认识到公司战略是公司的指路明灯，也是公司治理非常重要的内容之一。

一、公司战略的价值

公司战略的价值，一言以蔽之，就是帮助公司看清自我的资源禀赋，坚持对的发展道路，提前预判风险，制定实施步骤。不制定或者忽视公司战略，公司将处于一种无未来规划的经营状态中，同时公司上下在战略上没有共识，在发展上很难形成合力。笔者认为公司战略是公司治理的重要组成部分，公司战略的制定一般由董事会牵头完成，需要"三会一层"的共同努力；一旦公司战略确定，那么以"三会一层"的公司治理机制在运作的时候就应处处符合公司战略的要求。

（一）公司战略的实务定义

加拿大管理学教授明茨伯格给公司战略下了 5P 定义：计划（plan）、计策（ploy）、模式（pattern）、定位（position）、观念（perspective）。在我国，公司制定公司战略基本包含上述模块，但是内容更为丰富；公司战略体现了不同公司的行业特点、行业环境，公司自身经营特征，公司对自身未来经营的设想和战略实施计划等。

不同公司的公司战略虽然各有差异，但是公司战略要解决的核心问题主要有如下几个：第一是公司的发展问题，在未来的五年内甚至更长时间内，用何种方式来实现公司的发展；第二是公司未来要实现的目标，即战略目标；第三是为了达成目标所做的战略实施计划，即如何达成战略目标。

综上所述，在我国企业的经营实务中，公司战略的实务定义包含如下内容：公司战略是对公司未来的商业模式和经营目标的规划，通过公司战略的实施可以保证公司未来五年或更长期利益的实现；公司战略是一种稳定的公司总体决策，公司具体经营决策均需符合公司战略。公司战略一般包含经营环境分析，战略愿景、定位和目标，业务发展战略，战略执行计划等内容。

（二）公司战略推动变革

公司战略的价值除上文所述的可以帮助公司解决未来发展的问题外；更重要的价值在于其可以促进公司自我发现和自我改变，而公司可持续发展的竞争优势就来源于公司与时俱进、不断保持自我的变革。

公司在做公司战略的时候会详尽分析自身所处的外部环境，详细拆解自身的实际情况，评估行业的动态和趋势；在对内外部现实的解构中，公司可以发掘自身的短板、发现风险因素，获得自身情况的正确认知。

由于公司战略在制定中，会经历从股东大会/股东会、董事会向高级管理层，高级管理层向中层管理者再向基层员工的多次讨论、意见传导、跨部门交流等过程，客观上会形成公司内部对于公司战略所包含内容的思考、辩论、意见表达、扩宽思路、思想统一和战略贯彻，有助于公司广开言路、激发员工主动性和凝聚战斗力。

通过公司战略的实施可以完成公司自发的变革，改变公司的经营管理模式以更加适应业务发展和市场竞争；更有效率地配置公司资源，战略业务将获得有效的资源配置；提高经营团队责权利的匹配程度；最终实现公司价值的提升和核心竞争力的打造。

二、公司战略的制定

公司战略的制定是一个系统工程，涉及公司组织架构内的所有人员，应按照一定的程序和方法来完成此项工作。本章中，笔者或通过公司战略制定方法论，并模拟制定程序来向读者展示公司战略制定的主要步骤和方法。值得说明的是，虽然公司战略工作是全公司参与的事项，但是都会由专门的部门来牵头落实，笔者认为比较合适的牵头部门是董事会办公室，牵头部门通过制定工作时间表、确定工作流程来使公司所有部门和管理层有序地参与公

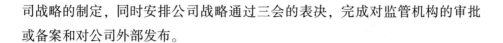

司战略的制定，同时安排公司战略通过三会的表决，完成对监管机构的审批或备案和对公司外部发布。

（一）战略报告框架

公司战略的最终表现形式是公司战略报告或者公司战略规划（报告），一份完整的战略报告一般都包含如下内容：公司战略制定的背景、环境分析、战略总体目标、业务战略、战略执行计划；有的战略报告还会包含前一份战略报告的执行情况和战略计划的保障措施等内容。公司战略报告是公司整体对未来一定时期内战略目标设定、战略实施计划和自身分析的书面呈现。笔者认为，好的战略报告可以让公司内外部人员清晰地了解公司的未来经营方向、管理重点和公司所处的竞争局面，以及公司的优劣势所在。所以，战略报告切忌"假大空"，应该客观真实、言之有物、言之有理、逻辑清晰、观点明确、数据翔实、内容完备、分析到位，同时还应匹配公司所处行业的特殊性，并且整个报告应具备可执行性。

为了帮助读者直观地理解公司战略报告的主要样式和内容，笔者草拟了表5，前三列是公司战略报告的目录，最后一列是笔者对该行目录主要内容做的解释。

表5 公司战略报告目录

序号	章节	子章节	主要内容
第一章	前言和编制方法	背景和目的	编制本次公司战略的背景和目的
		规划任务	公司战略所应包含的战略规划
第二章	发展回顾	主要成绩	对前次公司战略的执行情况回顾，分别分析前次各战略规划的实施情况
		战略目标达成情况	
		战略提升方向	
第三章	战略环境分析	宏观环境分析	地理区域和经济情况分析
		行业环境分析	整体行业、细分行业分析
		客户分析	现有客户、未来客户分析
第四章	战略远景、定位和目标	愿景定位	总体的战略定位
		战略目标体系	具体的战略目标

续表

序号	章节	子章节	主要内容
第五章	业务发展规划	销售规划	根据公司业务情况作出的具体战略规划。业务战略规划是公司战略的业务具体实施路径
		运营规划	
		产品规划	
		渠道规划	
		市场规划	
		品牌规划	
第六章	职能发展规划	数据规划	公司从业务和非业务角度可以分为业务发展规划和职能发展规划；职能发展规划，主要是非业务部分的战略规划；这部分内容同样是公司战略的具体实施路径
		财务规划	
		人力规划	
		风险管理规划	
		科技规划	

虽然从表5看起来，公司战略报告的章节并不是很复杂，但是要编制一份干货满满的战略报告并不容易。公司战略报告体现的是对公司所处经济环境、行业环境的细致分析；捕捉对公司正面和负面的影响；对于公司的自我分析必须客观真实，抛开管理层的述职顾虑（所以公司战略工作由董事会来实施是很合理的架构安排，如果由管理层来实施，则容易出现道德逆选择，无法正视公司的短板，无法得到正确的结论）；而战略定位体现的是公司对于未来商业经营的前瞻性判断，战略目标则是公司通过战略的具体规划所要达到的未来状态的清晰表述；具体的发展战略规划，都是达到战略目标的具体路径，战略规划本身必须可分解、可执行、可对照、可评价。

（二）制定工作程序

公司战略的制定需要经历股东大会/股东会、董事会向高级管理层，高级管理层向管理中层，管理中层向基层员工的多次讨论、意见传导、跨部门交流等环节，经历自上而下，再自下而上的过程。在公司战略制定工作开始时即需要先规划好工作程序，按图施工，保证工序和时间的充分完成。笔者根据股份有限公司的背景和董事会办公室为牵头部门的设定草拟了表6，供读者参考。

表6 战略制定工作时间表

工作阶段	时间	工作计划	工作目标	完成部门
准备阶段	2023.1	公司战略立项	建立工作小组、制定工作流程	董事会办公室
		战略委员会会议	通过战略委员会立项决策	董事会战略委员会
	2023.2	工作启动	明确分工和流程	所有部门
	2023.3	部门研讨会	讨论公司发展方向和节奏、梳理出战略目标体系结构	所有部门
	2023.3	管理层访谈	获得中层管理者对战略业务规划的设想与意见	董事会办公室
			获得高层管理者整体战略构想与目标体系的建议	
			获得对"十四五"规划整体方向、目标体系和编制方案的确认	
启动阶段	2023.3	行业和监管访谈	获得行业最新分析和监管要求	董事会办公室
	2023.4	战略报告规划讨论会	明确战略报告总体架构和战略子规划安排	所有部门
			通过战略规划工作方案	
	2023.4	战略委员会会议	通过战略报告架构安排	董事会战略委员会
执行阶段	2023.4	编制工作	各部门编制公司战略规划内容	所有部门
	2023.4	专项规划沟通会议	各部门召开子规划讨论会议	相关部门
			各部门形成子规划草案	
	2023.5	战略报告定稿	交叉征求各部门对子规划的修改意见	工作小组
			汇总子规划，出具战略报告初稿	
			征求"三会一层"和各部门对战略报告初稿的意见	
			战略报告定稿	
完成阶段	2023.6	通过公司战略	董事会和股东大会决策通过公司战略	"三会"
	2023.6	披露	向外部披露和报备	董事会办公室

读者可以根据自己所在公司的情况来安排公司战略的工作流程和时间计划。总体而言，就是先确定牵头部门，由牵头部门成立工作小组，再制订整体工作计划，由工作小组按照工作计划有序推进相关工作。在公司战略报告编制工作中，先确定公司战略报告的目录和架构，同时确定战略报告中重要的战略子规划项目；再由各部门分别编制战略子规划；工作小组合成各部门工作成果后，形成公司战略报告的初稿，多次征求各部门和"三会"的意见，对初稿进行修改和完善，最终经董事会和股东大会的决策通过；对外进行披露，对内还需要进行战略规划的分解和执行。

（三）战略解构

公司战略从出台到执行，中间还需要进行战略解构，就是对公司战略进行分析解码，帮助战略的执行者深刻理解战略。如果不对战略进行解构，战略可能仅是一纸空文。做战略解构的目的在于通过战略解构实现公司目标、组织目标与个人目标的匹配，实现上下同欲，推动战略目标的实现。

1. 战略解构定义

战略愿景向所有人展示了战略方向即"公司未来会是谁"，战略规划是告诉大家"做什么"，而战略解构则是解决"怎么做"。战略解构是面向管理层的公司战略分解和说明，帮助公司战略的执行层去理解战略并对照制订以部门为单位的执行计划。

战略解构一般由如下步骤组成：向高管和各部门描绘战略并达成共识—各部门梳理业务流程及总结战略目标差距—提炼关键任务并设定部门战略工作目标—各部门出具部门战略计划并申报相应预算—拟订考核计划和奖惩方案。

2. 战略解构难点

难点一：总体目标部门化。公司战略作为公司整体最大的行动纲领文件，其战略目标是公司整体需要完成的目标，但是在战略目标达成过程中，需要解构为不同部门和条线的部门战略规划目标。比如，公司业务部门需要将公司战略中报告的销售战略规划进行分解，不但要给不同的业务部门、销售团队和子公司制定各自不同的战略目标；还需要拟定达到目标的实现年度计划；同时在制定每年绩效考核业绩指标的时候也要与销售战略规划相吻合。

难点二：长期规划年度化。公司战略往往是 3—5 年的大规划，而公司战略解构则必须细化到每年的战略规划执行计划，所以战略解构要解决长短期发展平衡问题，明确不同时间段的关键任务、成果及相应的资源配置；工作计划和完成进度要和谐匹配。

难点三：责任特定化。公司战略并没有将具体的工作责任落实到不同层级，战略解构很重要的内容就是要通过高管的绩效考核表和部门的经营绩效计划，将责任层层落实到位，没有对应的约束考核，公司战略将很难落地。所以战略目标的解构是通过形成各类主体的绩效考核表，并通过绩效管理的后续实施、监控、分析、改进及落实来对战略执行做到有效的闭环管理。解构的一般路径为：公司战略绩效指标体系—公司关键绩效考核指标（公司KPI）—各部门各条线分管领导关键绩效指标（高管业绩 KPI）—各部门组织绩效计划（部门 KPI+MBO[①]）—员工绩效考核表。

难点四：多项任务的平衡。公司战略报告在解构时，要完成战略规划之间的动态平衡：如财务目标与非财务目标之间的平衡、长期目标与短期目标之间的平衡、所要求的成果和成果的执行动因之间的平衡、考核指标定量衡量与定性衡量之间的平衡。

（四）公司战略报告示范模板

根据表 5 公司战略报告目录的编排，笔者草拟了下述模板，供读者参考。

第一章　前言和编制方法

主要概述本次规划的大体背景、主要依据、涉及的主要内容、规划实施的动态调整机制等内容。

第二章　发展回顾

一、主要成绩

文字总结并分条（3—6 条）叙述公司上一个战略执行期间经营管理主要成就。

二、战略目标达成情况

文字总结并分条（3—6 条）叙述公司上一个战略执行期间战略目标达成情况。

---

① 目标管理（Management by Objectives）。

三、战略提升方向

结合未来发展需要，通过盘点资源能力基础、审视自身内部经营管理现状，文字总结并分条叙述公司目前的主要优势（3—6条）与不足（3—6条）。

文字总结并分条（3—6条）叙述公司上一个战略执行期间经营管理面临的主要问题，以及后续的战略提升方向。

第三章 战略环境分析

一、宏观环境分析

通过综合公司发展相关的国际、国内、区域的政治法律环境、经济环境、社会文化环境、科学技术环境、行业发展环境等方面信息，文字总结并分条叙述本次战略执行期间对公司而言的主要机遇（3—6条）与挑战（3—6条）。

二、客户分析

结合公司的资源禀赋，分析现有客户群体的特征，未来计划获取的目标客户群体。如何获客是商业盈利模式中重要的考量部分，也是公司战略中必须明确的观点和表述。

三、标杆发展启示

文字总结并分条（3—6条）叙述标杆企业成功经验及其对自身发展的参考借鉴价值。

四、综合研判

通过上述前期发展回顾、经营环境分析、对标分析，总结并阐述企业当前所处的发展阶段、本次战略期间的战略核心要点/议题，以及明确的转型发展方向，并提炼本次规划的主题词。

第四章 战略远景、定位和目标

一、指导思想

文字概述本战略的指导思想，一般会浓缩成一个简短语句，如"以企业文化为引领，聚集全体人的智慧"等。

二、愿景定位

文字叙述，高度概括企业愿景、使命、核心价值观，阐明企业的根本任务与存在理由。

三、战略定位

文字叙述公司在行业中的定位，在行业内或市场上的位置。如对于建筑

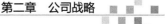

行业公司来说——全球知名工程承包商、城市综合开发运营商、特色房地产商、基础设施综合投资商、海洋重工与港机装备制造集成商等。

四、战略思路

文字叙述，对本次战略期间的战略核心内容进行总结提炼并阐述。

五、业务布局

文字叙述公司的主要业务，各个板块之间的关系。如对于交通行业公司，"一主两翼"——交通基础设施为主，金融投资与"交通+"为两翼等。

六、战略目标体系

文字叙述，对本次战略期间公司的核心战略目标进行总结提炼并阐述。

1. 目标一

一般是发展类目标，针对公司业务规模制定目标，包括客户数、交易量、品牌知名度等。

2. 目标二

一般是财务类目标，包括主营业务收入、净利润、成本等。

3. 目标三

......

第五章　战略目标及实施步骤

一、远景规划目标

文字叙述企业中期和远期的发展追求，是一种展望，是对未来发展的预期。

二、五年规划目标

（一）总体目标

文字叙述与表格展示相结合，展示企业五年的发展追求。

表1　××公司主要经济指标预测（基本目标）

单位：万元

指标体系	2021 年	2022 年	2023 年	2024 年	2025 年	复合增长率
资产总额						
收入总额						
利润总额						
净利润						

续表

指标体系	2021 年	2022 年	2023 年	2024 年	2025 年	复合增长率
经济增加值						
资产负债率						
净资产收益率						
营业收入利润率						
资产证券化率						
国有资本保值增值率						
研发经费收入比率						
控股上市公司数量						
经营性现金流净额						
关键假设：（文字说明） 1. 2. ……						

表2　××公司主要经济指标预测（奋斗目标）

单位：万元

指标体系	2021 年	2022 年	2023 年	2024 年	2025 年	复合增长率
资产总额						
收入总额						
利润总额						
净利润						
经济增加值						
资产负债率						
净资产收益率						
营业收入利润率						
资产证券化率						
国有资本保值增值率						
研发经费收入比率						
控股上市公司数量						
经营性现金流净额						

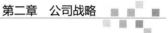

续表

关键假设：（文字说明）
1.
2.
……

（二）各业务板块目标

这一部分内容要对各个业务板块或业务子公司的目标给出明晰的安排，此部分内容以财务预算为基本内容。基本目标与奋斗目标是对业务要求的上限与底线的区别设定。

表3　××公司2025年业务构成表（基本目标）

单位：万元

业务名称		资产总额		收入总额		净利润	
		数额	比重	数额	比重	数额	比重
业务板块1	业务1						
	业务2						
	……						
	合计						
业务板块2	业务1						
	业务2						
	……						
	合计						
业务板块N	业务1						
	业务2						
	……						
	合计						
关键假设：（文字说明） 1. 2. ……							

表 4 ××公司 2025 年业务构成表（奋斗目标）

单位：万元

业务名称		资产总额		收入总额		净利润	
		数额	比重	数额	比重	数额	比重
业务板块 1	业务 1						
	业务 2						
	……						
	合计						
业务板块 2	业务 1						
	业务 2						
	……						
	合计						
业务板块 N	业务 1						
	业务 2						
	……						
	合计						
关键假设：（文字说明） 1. 2. ……							

（三）资本布局目标

从企业自身特性角度出发，文字阐述企业在产业资本布局结构方面的目标（达到怎样的产业格局，进而实现资本布局结构趋于合理，更好地平衡风险与收益）。考虑的因素主要包括资本规模、资本来源、资金结构以及产业的周期性与政策扶持力、渗透难度（垄断性）与成长性、利润率与现金流情况、重资产与轻资产模式等。

由于资本的重要性，此章内容要结合公司自身情况做多元化的安排。

（四）融投资目标

文字叙述和表格说明本次战略期间各板块重点项目投资计划、各板块融资计划。

表5　××公司融投资目标

单位：万元

业务板块	投资规模	比例（%）	融资资金来源			年度投资规模				
			自有资金	股权融资	债权融资	2021年	2022年	2023年	2024年	2025年
业务1										
业务2										
业务3										
……										
总计										

备注：（文字说明）

（五）科技创新目标

文字叙述和表格说明科技研发和科技应用相关的技术突破主攻方向、研发平台与人才团队建设目标、研发创新投入目标、新增自主知识产权及高技术企业目标等情况。同时，科技与业务、经营等如何结合也是该部分的重要内容。

表6　××公司科技创新总体目标

	目标任务	数量
知识产权获取情况	申请专利	
	发明专利	
	实用新型专利	
奖励获取情况	国家级科技奖励	
	省部级奖励	
	社会奖励	
平台建设情况	省部级平台	
	厅局级平台	
	企业平台	
人才引进与培养情况	人才引进	
	人才培养	

表 7　××公司科技创新项目研发与经费投入规划目标

类别	目标任务	2021 年	2022 年	2023 年	2024 年	2025 年	合计
课题	课题/项目总数量						
	国家级项目数量						
	省部级项目数量						
	厅局级项目数量						
经费投入	投入总额						
	占主营业务收入百分比						

三、规划实施步骤

（一）一阶段（＿＿＿年）：××阶段

文字及图表叙述。

展示财务目标、重点工作（各子公司视情况确定）表格。

表 8　××公司一阶段目标

单位：万元

指标体系	2021 年基本目标	2021 年奋斗目标
资产总额		
收入总额		
利润总额		
净利润		
经济增加值		
资产负债率		
净资产收益率		
营业收入利润率		
资产证券化率		
国有资本保值增值率		
研发经费收入比率		
控股上市公司数量		
经营性现金流净额		
关键假设	1. 2. ……	1. 2. ……

表9　××公司一阶段重点工作分解

重点工作	实施分解
重点工作 1	
重点工作 2	
重点工作 3	
……	

（二）二阶段（＿＿＿—＿＿＿年）：××阶段

文字或图表叙述。

展示财务目标、重点工作（各子公司视情况确定）表格。

表10　××公司二阶段目标

单位：万元

指标体系	基本目标		奋斗目标	
	2022 年	2023 年	2022 年	2023 年
资产总额				
收入总额				
利润总额				
净利润				
经济增加值				
资产负债率				
净资产收益率				
营业收入利润率				
资产证券化率				
国有资本保值增值率				
研发经费收入比率				
控股上市公司数量				
经营性现金流净额				
关键假设	1. 2. ……		1. 2. ……	

表 11　××公司二阶段重点工作分解

重点工作	实施分解
重点工作 1	
重点工作 2	
重点工作 3	
……	

（三）三阶段（＿＿—＿＿年）：××阶段

文字或图表叙述。展示财务目标、重点工作（各子公司视情况确定）表格。

表 12　××公司三阶段目标

单位：万元

指标体系	基本目标		奋斗目标	
	2024 年	2025 年	2024 年	2025 年
资产总额				
收入总额				
利润总额				
净利润				
经济增加值				
资产负债率				
净资产收益率				
营业收入利润率				
资产证券化率				
国有资本保值增值率				
研发经费收入比率				
控股上市公司数量				
经营性现金流净额				
关键假设	1. 2. ……		1. 2. ……	

表 13　××公司三阶段重点工作分解

重点工作	实施分解
重点工作 1	
重点工作 2	
重点工作 3	
……	

第六章　业务战略规划

公司制定好了整体战略，除了分阶段实施，还要切分到各个子公司或业务板块去落地，本章节就是对战略在各业务板块之间如何落地和分解进行阐述。各业务板块要制定自身的业务组合、发展模式和核心策略，为整体战略目标的实现服务。

一、A 板块

（一）战略定位

1. 板块总体定位

文字叙述。

2. 相关子公司定位

公司 1：文字叙述。

公司 2：文字叙述。

……

（二）业务组合

文字叙述构成该板块的主要子业务。

（三）发展模式

文字叙述为主，可配合图形展示。

（四）核心策略

文字叙述。

二、B 板块

（一）战略定位

1. 板块总体定位

文字叙述。

2. 相关权属公司定位

公司 1：文字叙述。

公司 2：文字叙述。

……

（二）业务组合

文字叙述构成该板块的主要子业务。

（三）发展模式

文字叙述为主，可配合图形展示。

（四）核心策略

文字叙述。

第七章　职能战略规划

该部分内容主要围绕公司各职能部门在完成战略规划过程中的职责、任务和要求展开，相当于将公司整体战略规划进行了部门层面的切分和进一步细化。整体战略的实现还要落实到各职能部门，然后落实到每一位具体员工。

一、党的建设

（一）发展思路

文字叙述。

（二）总体目标

文字叙述。

（三）重大战略任务

1. 任务一：

2. 任务二：

……

二、组织管控

（一）发展思路

文字叙述。

（二）总体目标

文字叙述。

（三）重大战略任务

1. 任务一：

2. 任务二：

……

三、科创研发

（一）发展思路

文字叙述。

（二）总体目标

文字叙述。

（三）重大战略任务

1. 任务一：

2. 任务二：

……

四、市场营销

（一）发展思路

文字叙述。

（二）总体目标

文字叙述。

（三）重大战略任务

1. 任务一：

2. 任务二：

……

五、国际化（按需撰写）

（一）发展思路

文字叙述。

（二）总体目标

文字叙述。

（三）重大战略任务

1. 任务一：

2. 任务二：

……

六、财务资金

（一）发展思路

文字叙述。

（二）总体目标

文字叙述。

（三）重大战略任务

1. 任务一：

2. 任务二：

......

七、资本运营

（一）发展思路

文字叙述。

（二）总体目标

文字叙述。

（三）重大战略任务

1. 任务一：

2. 任务二：

......

八、人才发展

（一）发展思路

文字叙述。

（二）总体目标

文字叙述。

（三）重大战略任务

1. 任务一：

2. 任务二：

......

九、风险控制

（一）发展思路

文字叙述。

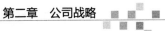

（二）总体目标

文字叙述。

（三）重大战略任务

1. 任务一：

2. 任务二：

……

十、企业文化

（一）发展思路

文字叙述。

（二）总体目标

文字叙述。

（三）重大战略任务

1. 任务一：

2. 任务二：

……

第八章　战略实施保障

一个公司战略规划的落地实施离不开相应的各种支持保障，主要是费用与人力的安排。

一、战略规划实施费用安排

文字叙述。行业调研、引进外部咨询机构、标杆公司走访等都会产生一定的费用，由于战略规划是公司的方向性工作，这部分费用应予以充分保障，以尽量避免战略的失败或不科学从而增加公司成本。

二、战略实施人力安排

文字叙述。公司应安排资深骨干组成战略规划工作组，一般要一把手作为组长，组织自上而下、自下而上的多轮讨论、沟通和宣贯。

三、战略规划调整

文字叙述。在战略规划定稿过程中，会经过多轮的讨论和沟通，将产生规划调整事项，相关的调整应制定正式的流程控制，以确保战略规划的科学性、合理性和稳健性。

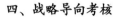

四、战略导向考核

文字叙述。战略规划稿当中，也可以预先规定好战略考核事宜，有助于以终为始地考虑战略规划，也可以有效地避免产生"假大空"的战略规划，保障严肃性和可考核性。

第九章　战略规划变更、终止

对于战略规划，每年都需要定期进行评估和纠偏，形成定期机制。根据实际情况对战略规划进行校准，也是确保战略不走偏的重要环节。在特别重大的内外部环境变化情况下，不排除对整个战略规划中止或终止进行重新制定。

一、战略规划变更

文字叙述。一般而言，随着内外部环境的变化，每年需要定期对战略规划进行回顾，并形成变更稿作为初始战略规划的补充件。公司应维护变更记录，形成战略调整的可追溯痕迹。

二、战略规划中止或终止

文字叙述。公司发生重大变更，例如主业发生变化、不可抗力等因素，将导致原战略规划不可持续，这时候需要进行战略规划中止或终止。应特别注意的是，战略规划中止或终止属于公司经营管理的重大变化，应按照相关授权体系进行审批。

三、公司战略的执行

公司战略的执行是由公司所有部门、所有员工按照既定的公司战略规划和战略规划解构的具体计划来实施战略的过程。公司战略究竟是不是一纸空文，就看是否执行和执行的效果。公司战略的执行需要有使工作顺利展开的保证条件和对工作成果的后续评估，本章节拟从这两个方面展开论述。

（一）执行保证

"人财物"是工作得以展开的基本条件，公司战略作为一个公司的整体战略规划，工作量和复杂程度都显著大于单体项目和阶段性项目，这使公司战略得以顺利执行的前提条件会比一般工作更多一些，主要有以下几方面。

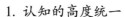

1. 认知的高度统一

公司战略在制定过程中之所以要集思广益，历经从"三会一层"到基层员工、从部门到高管层的多次往返讨论，一方面是为了明确方向和重点，另一方面也是为了通过调研、访谈、讨论和汇总在更大范围内统一大家的认识和理解。所以，公司战略报告出台后的全员宣导工作是公司战略执行的重要前提保证：通过全员宣导要让公司全员对公司战略报告有很高的熟悉度和深刻的认识；同时也要深化全员对战略解构的认知，掌握公司战略并转化为部门战略规划，进而制定规划执行计划的方法论；最终达到公司全员高度认同公司战略，明晰执行方案，统一管理语言的效果。

2. 资源的合理分配

要保证公司战略执行到位，资源就必须围绕公司战略做合理的分配。公司共性的资源为人力资源、财务资源；不同行业的公司有个性化的资源，比如银行业，存款就是一种资源，所有资产业务（贷款等）都依靠存款金额的资源分配；再如互联网行业，销售的产品均需要通过软件开发取得，软件开发就是销售的重要资源。为确保公司战略得到切实执行，首先要盘点公司现有资源的质量和数量；其次要分析达成公司战略需要具备哪些资源；再次对于不具备但又必不可少的资源进行配置；最后考虑所有资源如何在公司内部进行分配。资源的分配对象最终都是部门，所以在做资源分配的时候，要结合部门年度预算来管理。

（1）资源分配与业务战略契合度

对有助于完成公司战略并有盈利的业务，应加大资源分配；对有助于完成公司战略但尚未取得盈利的业务，应分析其不盈利的原因，持续一段时间的资源分配，帮助尽快盈利；与完成公司战略无关也没有盈利的业务，应该不予分配资源并尽快退出；不支持战略但有一定盈利及不符合公司战略但仍有明显利润的业务，应视公司利润情况决定，可以保持其资源分配。

（2）人力资源分配

人力资源是所有公司最重要的资源，围绕战略而做的人力资源分配要注意：明确公司战略对人力资源的需求；设置战略岗位并匹配管理和技术人才；安排战略实施中缺少的人才的引入，并适当进行战略人才储备；跟踪人力资源匹配情况，及时调整战略人才配置；对现有员工进行战略技能培养。

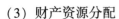

（3）财产资源分配

财产性资源包括资金、机器、房屋等内容，财产资源的分配要根据公司战略来调整，使公司预算足够支持公司战略执行。当公司无法对既有财产资源和预算做新增的时候，就会面临财产资源重新分配的过程，减少甚至停止对公司战略完成不利的资源供给，增加对公司战略完成有利甚至至关重要的资源供给。

（二）执行后评估

公司战略的执行后评估是一项非常必要的行为，通过一定时间内对公司战略执行情况的评估工作，可以保证公司战略在执行过程中没有走偏走样，保证执行行为都聚焦在公司战略上，没有分散或者模糊战略规划。公司战略执行后评估的内容一般包含对公司战略执行效果的评估、对公司战略执行程序的评估。

1. 执行后评估的程序

负责制定公司战略的工作机构要同时负责公司战略执行后评估制度和流程的制定和实施。首先，要明确执行后评估的具体流程，即在什么时间点，年中还是年末；开展执行后评估工作，该项工作的频次如何安排，是半年一次还是一年一次；执行后评估工作本身时长设定，是15天完成还是1个月完成。其次，要明确数据采集和对照数据设置，即反映公司战略和战略规划完成情况的数据如何采集，如何保证数据准确、真实、充分；作为对照组的公司战略目标的数据如何设置，如何保证具备可比对性。再次，要明确执行后评估工作的职责分工，即该项工作由哪个部门牵头安排，哪些部门参与落实，哪个部门出具最后的评估报告。最后，要制定执行后评估报告出具后的整改措施，即对于未完成公司战略目标的应如何整改，数据存在偏差的应如何改进。

所以，执行后评估其实也是一次复盘的机会，通过回顾目标、评价结果、分析原因和总结经验来进一步推动公司战略的实际落地；通过对战略在经营中实施情况、高管战略业绩的完成进度、部门战略绩效的完成进度、关键员工战略业务的完成情况，来对整个公司战略和战略规划的进展做复盘和推动。公司战略的执行后评估的重要性无须多言，没有执行后评估来发现执行的真

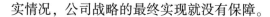

实情况，公司战略的最终实现就没有保障。

2. 对公司战略执行效果的评估

对公司战略执行效果的评估是对公司战略所设定的目标的实现程度的评估。如上文所言，公司战略报告中会将公司战略方向目标化，形成目标指标体系。比如制造业的公司，其战略的目标体系就大概率会包括：战略转型目标，其子目标为业务结构调整目标、产品结构调整目标等；市场或行业地位目标，其子目标为行业排名目标、细分行业排名目标、市场份额占比目标等；经营业绩目标，其子目标为年度营收总额、年度利润总额、年度净利润总额、年度销售合同总额、年度经营成本总额等；管理目标，其子目标为人才资源结构目标、技术研发成果目标、产品质量通过率目标、安全事故目标、风险管理目标、公司品牌和公司文化建设目标等。如果对上述制造业的公司战略进行执行效果评估，就要对公司战略目标与执行结果进行逐一对比：根据不同对比结果来分析原因并制定整改措施。公司战略目标和执行结果存在差异，无外乎是公司内外部原因造成的：执行后评估中要关注公司外部是否存在政策环境、市场环境、竞争环境发生重大变化的情况，并导致了对公司战略执行的不利影响；同时公司内部资源分配和能力建设是否存在无法支持完成公司战略目标的情况。

3. 对公司战略执行程序的评估

对公司战略执行程序进行评估，主要是对公司战略规划的具体执行工作进行分析评价，公司战略规划只有在具体化为执行计划和实施方案后才能真正落地，而执行计划和实施方案主要列明了公司实现战略目标的具体手段、措施、方法。对执行程序的评估：应考察初期所设计的执行计划和实施方案是否得到真实有效的操作和贯彻；执行计划和实施方案是否存在无法操作或者可操作性不强的情况；执行计划和实施方案是否存在提升和优化的空间。公司战略执行程序的评估往往需要充分考虑公司现有的管理体系、组织架构、人员素质、资源分配、约束与激励制度、核心部门能力和公司文化等因素，这些因素往往会交错起效，影响到公司战略执行计划和实施方案的具体操作。

（三）战略评估报告示范模板

对战略执行定期评估，可以根据内外部实际情况进行校准，这也是确保战略不走偏的重要环节。战略评估可以在战略执行过程中定期进行，也可以在战略执行完成后进行，以年为评估周期来实施战略评估的较为多见。

下面以某保险公司的战略评估为例说明，读者可以下述模板为基础结合自身公司战略执行情况来安排战略评估的进度，把握战略执行评估的要点。

第一部分　报告摘要

1　总结有关战略和战术性计划的主要发现

1.1　市场沿革

1.2　保险价值链和信息技术战略

1.3　"最佳实践"的范例

1.4　行业 IT 和业务运作组织模式趋向于链接式和集中式

1.5　公司业绩的关键驱动力

1.6　总结：支持新业务命令的应用系统和数据体系

第二部分　外部评估

2　保险行业综述

2.1　中国市场——沿革

2.2　地区性人寿保险行业综述

2.3　中国保险市场概况

2.4　市场发展的步伐

2.5　分销发展的步伐

2.6　主要的监管问题和趋势

2.7　客户细分和形态综述——引言

2.8　客户细分和形态综述

2.9　竞争环境综述：金融服务市场的演变——客户/产品/分销

2.10　金融服务市场的演变

2.11　变化的主要驱动力——以澳大利亚为例

2.12　最佳实践：对分销监管的影响

2.13　中介分销的演变——英国

2.14　中介分销的发展——澳大利亚

2.15　产品的演变——澳大利亚

· 第三章 ·

公司章程

　　章程是公司最高制度文件，是股东之间关于公司运行的合意，是公司组织和行为的基本准则，是公司治理的主要依据，是公司纠纷解决的最基础标准，也是公司记载重要经营战略和核心思路的最高效力文件。《上市公司章程指引》（2022 年）第十条给出了公司章程的明确定义："本公司章程自生效之日起，即成为规范公司的组织与行为、公司与股东、股东与股东之间权利义务关系的具有法律约束力的文件，对公司、股东、董事、监事、高级管理人员具有法律约束力的文件。依据本章程，股东可以起诉股东，股东可以起诉公司董事、监事、经理和其他高级管理人员，股东可以起诉公司，公司可以起诉股东、董事、监事、经理和其他高级管理人员。"

　　同时，公司章程也是公司最高战略文件。比如华为公司就在章程中把技术投入的金额确定在总收入的 10%。要注意的是，基数是"总收入"而不是"利润"，华为公司之所以长期以来保持了技术的资金投入，就是因为技术投入的比例和来源写入了该公司的"基本法"（章程），任何股权变化、董事会重组和高管变迁都不可以改变此项根本性的约定，彻底保证了华为公司的技术属性。

　　虽然章程如此重要，实务中却并没有给予与其重要性相匹配的关注和投入：照抄公司法来制定章程的现象依旧多见；章程规定过于原则性，又没有根据章程规定制定细化的决策制度，导致章程可行性缺失；公司运营中超越章程规定行使权利，授权体系与章程规定相冲突；没有根据法律的废止、新设和公司运营情况的变化来修订章程；在募资或引入投资人过程中，忽视或放弃章程权利；股东和管理层发生争议纠纷，章程规定过于原则无法作为解决矛盾的依据。

　　本章将介绍如何设计章程的架构，并在章程架构中介绍各个架构的主要内容；向读者展示章程所要解决的包括股东、"三会一层"、外部利益相关者和员工等各方利益安排；介绍章程修订事由和程序；展示具有典型性的有限责任公司和股份有限公司章程示范模板。

一、章程架构

　　讨论章程架构是为了帮助读者提纲挈领地理解章程由哪些部分组成，哪些部分是必不可少的内容，哪些部分可以根据公司情况"私人定制"；章程不同部分的勾稽关系如何组成，哪些部分需要另列其他细则和实施办法等配套文件。

（一）党委

在公司中，可以根据实际情况设立党委，党委可以设书记1名，副书记1名至3名，其他党委成员若干名。符合条件的党委成员可以通过法定程序进入董事会、监事会、管理层；董事会、监事会、管理层成员中符合条件的党员可以依照有关规定和程序进入党委。这就是所称的"双向进入，交叉任职"。党委根据《中国共产党章程》等党内法规及相关监管文件要求来履行相关职责，主要为：充分发挥党委的领导核心和政治核心作用，把党的领导和完善公司治理有机统一起来，保证监督党和国家方针政策在公司的贯彻执行，落实党中央、国务院重大战略决策，以及上级党组织有关重要工作部署；充分发挥党委在"把方向、谋战略、抓改革、促发展、控风险"等方面的作用，研究讨论公司改革发展稳定、重大经营管理事项、选人用人和涉及职工切身利益的重大问题，并提出意见建议。支持股东大会、董事会、监事会、管理层依法履职，支持职工代表大会开展工作；承担全面从严治党主体责任。领导公司思想政治工作、统战工作、精神文明建设、企业文化建设和工会、共青团等群团工作。领导党风廉政建设，支持纪委切实履行监督责任；加强公司党组织的自身建设，发挥基层党组织战斗堡垒作用和党员先锋模范作用，团结带领干部职工积极投身公司改革发展。

在公司中党委与"三会一层"有机结合，成为公司治理的重要机构和领导力量，明确党委的组织架构与职权也是公司章程中的重要内容。

（二）"三会一层"的建制

由于是否设董事会和监事会的差异，会影响公司章程的具体表述和架构设置，所以在理解章程架构前，先必须确定"三会一层"的结构安排。笔者以有限责任公司为例，将一人有限责任公司和多人有限责任公司的具体安排类别以表7展示。就有限责任公司而言，其"三会一层"的主要差别是是否设立董事会和监事会，如果不设立董事会的，那么仅有一名执行董事，而不设监事会的，就仅设一名监事。我们以一人有限责任公司来举例：如果一人有限责任公司的股东是自然人的，那么董事会和监事会均不设立的情况就会大量存在，也可以说一人有限责任公司的股东、执行董事可能是同一人；但是如果一人有限责任的股东是法人的，那么董事会和监事会的设立情况就会比较多样，比如国有独资公司，董事会和监事会一般都会设立，监事会的成员也会包含股东监事和职工监事，根据现行公司法在国有独资公司的场景下，股东监事一般是国资委委派的专职监事。

表 7 有限责任公司董事会和监事会结构安排

公司性质	董事会和监事会结构安排	备注
一人有限责任公司	设董事会也设监事会	较少见
	设董事会不设监事会	仅设监事
	不设董事会设监事会	仅设执行董事，此种情形不多见
	不设董事会也不设监事会	设执行董事和监事，较多见
多人有限责任公司	设董事会也设监事会	多见于规模较大的公司
	设董事会不设监事会	仅设监事
	不设董事会设监事会	仅设执行董事，此种情形不多见
	不设董事会也不设监事会	设执行董事和监事，规模小的公司较多见

（三）章程必备条款

从法律角度并根据公司法规定，公司章程的条款可以分为强制性条款和任意性条款。所谓强制性条款是指必须依法约定，不得由公司股东通过协商作出自行约定的部分；所谓任意性条款是公司股东可以自行协商并通过公司章程自行约定的条款。本文拟从公司章程制定者的角度来对条款进行分类，既分为必备条款和定制条款；必备条款是指法律法规要求公司章程中必须包含的条款；反之则是定制条款，定制条款可以由不同公司自行约定定制。必备条款和定制条款构成了章程的架构，公司章程制定者在协商和拟定上述两种条款时应有所差别。

从公司法看有限责任公司和股份有限公司章程的必备条款项，所谓必备条款就是任何公司的章程都必须包含的条款；如果不具备这些条款，可能导致章程的效力存疑。

1. 公司法之公司章程必备条款

笔者通过表 8 将公司法规定的有限责任公司和股份有限公司的必备条款项做一个对比展示。

表 8 章程必备条款项对比表

公司性质	有限责任公司	股份有限公司
公司法规定的章程应当具备的条款	公司名称和住所	公司名称和住所
	公司经营范围	公司经营范围
	公司注册资本	公司设立方式
	股东的姓名或者名称	公司股份总数、每股金额和注册资本
	股东的出资方式、出资额和出资时间	发起人的姓名或者名称、认购的股份数、出资方式和出资时间
	公司的机构及其产生办法、职权、议事规则	董事会的组成、职权和议事规则
	公司法定代表人	公司法定代表人
	股东会会议认为需要规定的其他事项	监事会的组成、职权和议事规则
		公司利润分配办法
		公司的解散事由与清算办法
		公司的通知和公告办法
		股东大会会议认为需要规定的其他事项

2. 其他法律法规之公司章程必备条款。

除了公司法之外，还有一些法律法规也对特定性质公司章程的必备条款作了规定，比如《非上市公众公司监管指引第 3 号——章程必备条款》（证监会公告〔2013〕3 号，以下简称 3 号文），旨在通过规定公司章程必备条款来引导非上市公众公司完善公司治理。为何通过章程必备条款可以完善公司治理？因为章程是公司治理的基础，只有在章程中做出具体安排才可以使公司治理机制运作得到最有力的制度支持。具体而言，3 号文与公司法不同，对于必备条款的规定更加具体，尤其对必备条款约定的法律目的做了要求。笔者在此用表 9 来展示，即使读者所处的公司并非非上市公众公司，亦可借鉴 3 号文的约定和表述，并理解章程架构设置的完备性。

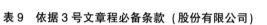

表9　依据3号文章程必备条款（股份有限公司）

条款大类	表述要求
章程效力	章程总则应当载明章程的法律效力，规定章程自生效之日起，即成为规范公司的组织和行为、公司与股东、股东与股东之间权利义务关系的具有约束力的法律文件，对公司、股东、董事、监事、高级管理人员具有法律约束力
股票记名	章程应当载明公司股票采用记名方式，并明确公司股票的登记存管机构以及股东名册的管理规定
股东知情权	章程应当载明保障股东享有知情权、参与权、质询权和表决权的具体安排
股东占款	章程应当载明公司为防止股东及其关联方占用或者转移公司资金、资产及其他资源的具体安排
控股股东和实际控制人义务	章程应当载明公司控股股东和实际控制人的诚信义务。明确规定控股股东及实际控制人不得利用各种方式损害公司和其他股东的合法权益；控股股东及实际控制人违反相关法律、法规及章程规定，给公司及其他股东造成损失的，应承担赔偿责任
股东大会审议重大事项	章程应当载明须提交股东大会审议的重大事项的范围，及须经股东大会特别决议通过的重大事项的范围
重大担保	章程应当载明重大担保事项的范围
董事会公司治理义务	章程应当载明董事会须对公司治理机制是否给所有的股东提供合适的保护和平等权利，以及公司治理结构是否合理、有效等情况，进行讨论、评估
报告	章程应当载明公司依法披露定期报告和临时报告
信息披露责任人	章程应当载明公司信息披露负责机构及负责人。如公司设置董事会秘书的，则应当由董事会秘书负责信息披露事务
利润分配	章程应当载明公司的利润分配制度。章程可以就现金利润分配的具体条件和比例、未分配利润的使用原则等政策作出具体规定
投资者关系	章程应当载明公司关于投资者关系管理工作的内容和方式
股票交易	股票不在依法设立的证券交易场所公开转让的公司应当在章程中规定，公司股东应当以非公开方式协议转让股份，不得采取公开方式向社会公众转让股份，并明确股东协议转让股份后，应当及时告知公司，同时在登记存管机构办理登记过户

续表

条款大类	表述要求
纠纷解决	公司章程应当载明公司、股东、董事、监事、高级管理人员之间涉及章程规定的纠纷,应当先行通过协商解决。协商不成的,通过仲裁或诉讼等方式解决。如选择仲裁方式的,应当指定明确具体的仲裁机构进行仲裁
累积投票制	公司股东大会选举董事、监事,如实行累积投票制的,应当在章程中对相关具体安排作出明确规定
独立董事	公司如建立独立董事制度的,应当在章程中明确独立董事的权利义务、职责及履职程序
回避	公司如实施关联股东、董事回避制度,应当在章程中列明需要回避的事项

(四)章程定制条款项

本文所称的定制条款,是指公司可以根据自身情况在公司章程中记载这些条款,也可以不记载这些条款,并且可以就条款内容、表述做协商安排,完全体现股东之间的意志和共识,同时这些条款的法律效果、实现目的也可以由股东协商确定。所以从法律角度分类为任意性条款,对于这些条款(以2018年修订的《公司法》为准)笔者在此以表10进行展示,通过表格备注分析该条款的"任意"程度。

表 10　定制条款

条款序号	条款内容	"任意"程度
第十二条第一款	公司的经营范围由公司章程规定,并依法登记。公司可以修改公司章程,改变经营范围,但是应当办理变更登记	自行约定经营范围;但是需要事先审批的业务种类要进行市场监督局登记的前置审批;所有经营范围变更都需要进行变更登记
第十三条	公司法定代表人依照公司章程的规定,由董事长、执行董事或者经理担任,并依法登记。公司法定代表人变更,应当办理变更登记	"任意"程度有限,法定代表人的有限选择权

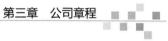

条款序号	条款内容	"任意"程度
第十四条	公司可以设立分公司。设立分公司，应当向公司登记机关申请登记，领取营业执照。分公司不具有法人资格，其民事责任由公司承担。公司可以设立子公司，子公司具有法人资格，依法独立承担民事责任	可以自行设立分公司，没有地点、数量的限制 设立分公司和子公司需要事先取得行政许可的除外
第十五条	公司可以向其他企业投资；但是，除法律另有规定外，不得成为对所投资企业的债务承担连带责任的出资人	可以在章程中自行约定对外投资事项和决策程序；不限制投资项目、金额和次数
第二十七条第一款	股东可以用货币出资，也可以用实物、知识产权、土地使用权等可以用货币估价并可以依法转让的非货币财产作价出资；但是，法律、行政法规规定不得作为出资的财产除外	较大有限选择权，在合法的、可估价的、可转让的非货币财产中约定出资财产
第三十四条	股东按照实缴的出资比例分取红利；公司新增资本时，股东有权优先按照实缴的出资比例认缴出资。但是，全体股东约定不按照出资比例分取红利或者不按照出资比例优先认缴出资的除外	红利分配方案可以由股东约定，在有约定的情况下，不限制分配基数、分类比例等 增资方案可以由股东约定，不限制增资比例、金额和增资人数等
第四十一条第一款	召开股东会会议，应当于会议召开十五日前通知全体股东；但是，公司章程另有规定或者全体股东另有约定的除外	有限责任公司股东会通知时间可以自行约定
第四十二条	股东会会议由股东按照出资比例行使表决权；但是，公司章程另有规定的除外	有限责任公司股东会表决权可以自行约定
第四十三条第一款	股东会的议事方式和表决程序，除本法有规定的外，由公司章程规定	有限责任公司除了修改公司章程、增加或者减少注册资本的决议，以及公司合并、分立、解散或者变更公司形式的决议，必须经代表三分之二以上表决权的股东通过。其他表决比例可自行约定

续表

条款序号	条款内容	"任意"程度
第四十四条第三款	董事会设董事长一人，可以设副董事长。董事长、副董事长的产生办法由公司章程规定	有限责任公司的董事长、副董事长的产生办法可以自行约定
第四十六条	董事会对股东会负责，行使下列职权：……（十一）公司章程规定的其他职权	有限责任公司除公司法规定的董事会职权外，还可以自行约定其他职权
第四十八条第一款	董事会的议事方式和表决程序，除本法有规定的外，由公司章程规定	有限责任公司可以约定法定之外的议事方式和表决程序
第四十九条第一款、第二款	有限责任公司可以设经理，由董事会决定聘任或者解聘。经理对董事会负责，行使下列职权：……（八）董事会授予的其他职权。公司章程对经理职权另有规定的，从其规定	有限责任公司俗称的总经理职权，除公司法规定的外还可以由董事会授权和章程自行约定
第五十条第二款	执行董事的职权由公司章程规定	有限责任公司仅设执行董事的，由公司章程自行约定职权
第五十三条	监事会、不设监事会的公司的监事行使下列职权：……（七）公司章程规定的其他职权	有限责任公司可以自行约定监事会和监事的法定职权外的其他职权
第五十五条第二款	监事会的议事方式和表决程序，除本法有规定的外，由公司章程规定	有限责任公司的监事会自行约定除法定程序外的议事方式和表决程序
第七十条第一款	国有独资公司监事会成员不得少于五人，其中职工代表的比例不得低于三分之一，具体比例由公司章程规定	国有独资公司对监事会中的职工监事比例可以由章程自行约定
第七十一条	有限责任公司的股东之间可以相互转让其全部或者部分股权……公司章程对股权转让另有规定的，从其规定	有限责任公司可以由章程自行约定股权转让方式，可以不同于公司法的规定
第七十五条	自然人股东死亡后，其合法继承人可以继承股东资格；但是，公司章程另有规定的除外	有限责任公司可以通过章程排除股权的继承。

条款序号	条款内容	"任意"程度
第八十一条	股份有限公司章程应当载明下列事项：……（十二）股东大会会议认为需要规定的其他事项	股份有限公司章程记载事项的自行约定选择权
第九十九条	本法第三十七条第一款关于有限责任公司股东会职权的规定，适用于股份有限公司股东大会	股份有限责任公司的章程可以自行约定股东大会法定职权外的其他职权
第一百条	股东大会应当每年召开一次年会。有下列情形之一的，应当在两个月内召开临时股东大会：……（六）公司章程规定的其他情形	股份有限公司可以自行约定临时股东大会的召开
第一百零四条	本法和公司章程规定公司转让、受让重大资产或者对外提供担保等事项必须经股东大会作出决议的，董事会应当及时召集股东大会会议，由股东大会就上述事项进行表决	股份有限公司可以就公司转让、受让重大资产或者对外提供担保等事项，自行约定股东大会决议程序
第一百零五条第一款	股东大会选举董事、监事，可以依照公司章程的规定或者股东大会的决议，实行累积投票制	股份有限公司可以就选举董事、监事，进行自行约定
第一百零八条第四款	本法第四十六条关于有限责任公司董事会职权的规定，适用于股份有限公司董事会	股份有限责任公司的章程可以自行约定董事会法定职权外的其他职权
第一百一十三条第二款	本法第四十九条关于有限责任公司经理职权的规定，适用于股份有限公司经理	股份有限责任公司的章程可以自行约定经理（俗称总经理）法定职权外的其他职权
第一百一十七条第五款	本法第五十二条关于有限责任公司监事任期的规定，适用于股份有限公司监事	股份有限责任公司的章程可以自行约定监事任期
第一百一十八条第一款	本法第五十三条、第五十四条关于有限责任公司监事会职权的规定，适用于股份有限公司监事会	股份有限责任公司的章程可以自行约定监事会法定职权外的其他职权

续表

条款序号	条款内容	"任意"程度
第一百四十一条第二款	公司董事、监事、高级管理人员应当向公司申报所持有的本公司的股份及其变动情况，在任职期间每年转让的股份不得超过其所持有本公司股份总数的百分之二十五；所持本公司股份自公司股票上市交易之日起一年内不得转让。上述人员离职后半年内，不得转让其所持有的本公司股份。公司章程可以对公司董事、监事、高级管理人员转让其所持有的本公司股份作出其他限制性规定	股份有限责任公司的章程可以对董事、监事和高级管理人员的股票交易制定更严格的要求
第一百四十九条	董事、监事、高级管理人员执行公司职务时违反法律、行政法规或者公司章程的规定，给公司造成损失的，应当承担赔偿责任	章程可以自行规定董事、监事和高级管理人员的行为准则和赔偿责任
第一百六十九条第一款	公司聘用、解聘承办公司审计业务的会计师事务所，依照公司章程的规定，由股东会、股东大会或者董事会决定	有限责任公司和股份有限责任公司对于会计师事务所的决定权限，可以由章程规定

（五）公司章程制定规则指引

在我国的公司治理实务中，有一些行业和特定公司的监管机构制定了相应的公司章程规则指引，很大程度上加强了这些公司公司章程的规范性和全面性；受相关指引调整的企业主要为国有企业、金融机构和上市公司。

1. 国有企业公司章程的制定指引

国务院国有资产管理委员会和财政部于 2020 年 12 月 31 日发布了《国有企业公司章程制定管理办法》，在此管理办法中，对国有企业的公司章程制定做了概括性的要求。

（1）《国有企业公司章程制定管理办法》的适用范围

国家出资并由履行出资人职责的机构监管的国有独资公司、国有全资公司和国有控股公司章程制定过程中的制订、修改、审核、批准等管理行为适

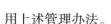

用上述管理办法。

（2）国有企业公司章程的价值观

国有企业公司章程的制定管理应当坚持党的全面领导、坚持依法治企、坚持权责对等原则，切实规范公司治理，落实企业法人财产权与经营自主权，完善国有企业监管，确保国有资产保值增值。

（3）国有企业公司章程的主要架构

国有企业公司章程一般应当包括但不限于以下主要内容：①总则；②经营宗旨、范围和期限；③出资人机构或股东、股东会（包括股东大会，下同）；④公司党组织；⑤董事会；⑥经理层；⑦监事会（监事）；⑧职工民主管理与劳动人事制度；⑨财务、会计、审计与法律顾问制度；⑩合并、分立、解散和清算；⑪附则。

2. 其他公司章程的制定指引

中国银保监会于 2021 年 6 月 2 日发布了《银行保险机构公司治理准则》；中国证券监督管理委员会于 2022 年 1 月 5 日发布了《上市公司章程指引》（修订版）。除上述应用于整体的法律法规外，还有规范"三会一层"的具体规则指引，如《上市公司股东大会规则》《上海证券交易所上市公司股东大会网络投票实施细则》《银行保险机构董事监事履职评价办法（试行）》等。

这些公司起草公司章程应事先研究上述文件，公司章程的结构、"三会一层"设置、机构权责和各方利益安排应符合上述法律法规和规范指引的倡导方向；在议事规则和决策机制方面也应符合上述法律法规和规范指引的细节要求；结合公司和股东的实际诉求来完成公司章程的主旨安排；最后还需要通过监管部门的章程审批备案，公司章程方发生法律效力。

（六）国有企业公司章程的制定程序

国有独资公司章程由出资人机构负责制定，或者由董事会制定报出资人机构批准。出资人机构可以授权新设、重组、改制企业的筹备机构等其他决策机构制定公司章程草案，报出资人机构批准。国有全资公司、国有控股公司的股东会负责修改公司章程。国有全资公司、国有控股公司的董事会应当按照法律、行政法规及公司实际情况及时制定章程的修正案，经与出资人机构沟通后，报股东会审议。

综合上述章节的内容，建议读者在撰写公司章程的时候，先确定公司章程架构：哪些是必备条款，并且是强制性条款，不可以由股东协商来约定；哪些是定制条款，是任意性条款，可以由股东协商进行约定的内容，定制条款的"任意性"范围也要明确。确定公司章程架构后，就可以安排股东逐项进行讨论和协商，分类型分条款的起草、讨论、符合和定稿。

二、各方权责和利益保护

华为公司官网的公司治理概述中介绍公司"三会"的权责设定："股东会是公司权力机构，对公司增资、利润分配、选举董事/监事等重大事项作出决策。董事会是公司战略、经营管理和客户满意度的最高责任机构，承担带领公司前进的使命，行使公司战略与经营管理决策权，确保客户与股东的利益得到维护。公司董事会及董事会常务委员会由轮值董事长主持，轮值董事长在当值期间是公司最高领袖。监事会是公司的最高监督机构，代表股东行使监督权，其基本职权包括领袖管理、业务审视和战略前瞻。"[1] 华为公司明确客户利益是最重要的："公司存在的唯一理由是为客户服务。多产粮食，增加土壤肥力是为了更有能力为客户服务。'以客户为中心，为客户创造价值'是公司的共同价值。"[2] 上述公司治理概述也是华为公司制定公司章程的基准和原则，在华为公司的章程条款中体现了以客户利益为先和集体决策的"三会一层"的运作模式。

上述案例表明，公司章程是体现一家公司治理理念和实践的主要文件，公司治理运行机制的依据都基于公司章程的相关规定。一家公司中参与公司治理或者对公司治理存在较大影响的主体有很多，主要是：股东、董事、监事、高级管理人员、职工、外部利益相关者以及"三会一层"体系；在此统称上述主体为"各方"。各方在公司中所应行使的职权和承担的义务都应在章程中得以分配和落实；而对于各方的利益保护制度和各方利益冲突时的解决方案，也应在公司章程中加以建立和明确。本节拟从股东、外部利益相关者和员工三个维度来探讨公司章程制定过程中的权责设定和利益保护。

---

① 参见华为官网：http://www.huawei.com/cn/corporate-governance。

② 参见华为官网：http://www.huawei.com/cn/corporate-governance。

（一）股东

股东是公司的所有者，公司章程是在各股东达成合意的基础上诞生的；股东在制定公司章程时会自然地对股东进行权利安排和利益保护；但是公司还有很多其他利益相关者，所以法律法规也强调了股东对公司的义务和利益边界，并要求在公司章程中予以明确规定。本节拟从股东的类型、股东的一般性权利、对小股东的特别保护、资本市场对中小股东的保护、对控股股东的利益制约和金融机构股东的特定义务六个方面来探讨公司章程中应如何设定股东权责。

1. 股东的类型

按照不同的标准，对股东可以做出很多种分类，不同股东的义务和利益边界不同。股东有自然人股东和法人股东之分；也可以分为控股股东和非控股股东；如果考虑是否合并财务报表，还可以粗略分为持股比例20%以上和持股20%以下的股东；根据股东自身的企业性质，可以分为国有企业、外国企业和非国有企业的股东；从是否登记在股东名册上可以分为隐名股东和显名股东；从股东自身公司形式可以分为有限责任公司、股份有限责任公司和合伙企业等的股东；从是否上市可以分为上市公司和非上市公司的股东；从进入公司的时间可以分为创始股东和后期股东。

分析股东类型差异，是为了理解其不同的诉求，进而思考股东要求将其诉求诉诸公司章程的对应安排。比如合伙企业制的私募股权投资机构，其入股标的公司的时候很可能承担了以净资产为基数的很多倍数的每股定价，并以入股的标的公司上市后一定时间的减持股票为入股目的，如无法满足上述预期，则原股东应按照一定条件完成回购；在这种情况下，其除了要享有股东的一般性权利外，还会要求在章程中体现与其股权退出和股权回购有关的相关条款。再如自身为国有独资公司的股东，其持有的标的公司的股权在发生转让等处置事项时，要按照国有资产的相关法律法规的规定，经过公开竞价程序完成。此种情况下，该国有独资公司的股东必会要求章程中对股权转让一项做出特别约定；尤其是有限责任公司，国有独资公司股东的股权转让和优先购买权要在章程中安排合理的转让程序。

读者在编写公司章程时，请先对股东背景情况做基本尽调，从不同股东角度考虑其可能需要满足的诉求，对相关法律法规做预先的熟悉理解，对于一些公司章程中成熟的解决方案有所了解和解构；当股东提出对公司章程的相关诉求后，结合上文的定制性条款授权情况，有效地对各股东就特定的差异和焦点问题进行汇总、分析，将之提供给各股东作为讨论和协商的基础，尽量缩短各股东之间的差距，形成一致意见。

2. 股东的一般性权利

所谓股东的一般性权利，是指所有股东均有的共性权利；股东会在公司章程中记载股东权利以达到保护的目的。股东的一般性权利根据行权的对象可分为三种：财产权利、决策权利和其他权利。财产权利如股权或股票的转让权、股权或股票的质押权、利润分配权等；决策权利如组建"三会一层"的权利（"组阁"）、推荐和选举"三会一层"任职人员以及投票权等；其他权利是无法归类到上述权利类型中的内容，比如知情权、代位诉讼权、会议召集权等。《公司法》列举了股东主要的一般性权利，在管理实践中就是"人、财、物"的相关权利。

为了帮助理解，笔者在此以表 11 来展示上述权利的法律依据和权利内容，法条来源为现行《公司法》。

表 11　股东一般性权利

权利内容	法律依据
有限责任公司	
权利概况	公司股东依法享有资产收益、参与重大决策和选择管理者等权利
决策权	有限责任公司股东会由全体股东组成。股东会是公司的权力机构，依照《公司法》行使职权
	股份有限公司股东大会由全体股东组成。股东大会是公司的权力机构，依照《公司法》行使职权
	股东会会议由股东按照出资比例行使表决权；但是，公司章程另有规定的除外
取得回报和增加投资	股东按照实缴的出资比例分取红利；公司新增资本时，股东有权优先按照实缴的出资比例认缴出资。但是，全体股东约定不按照出资比例分取红利或者不按照出资比例优先认缴出资的除外

权利内容	法律依据
知情权	股东有权查阅、复制公司章程、股东会会议记录、董事会会议决议、监事会会议决议和财务会计报告。股东可以要求查阅公司会计账簿。股东要求查阅公司会计账簿的，应当向公司提出书面请求，说明目的。公司有合理根据认为股东查阅会计账簿有不正当目的，可能损害公司合法利益的，可以拒绝提供查阅，并应当自股东提出书面请求之日起十五日内书面答复股东并说明理由。公司拒绝提供查阅的，股东可以请求人民法院要求公司提供查阅
财报取得权	有限责任公司应当依照公司章程规定的期限将财务会计报告送交各股东
财产处置权	有限责任公司的股东之间可以相互转让其全部或者部分股权
优先购买权（有限责任公司）	经股东同意转让的股权，在同等条件下，其他股东有优先购买权。两个以上股东主张行使优先购买权的，协商确定各自的购买比例；协商不成的，按照转让时各自的出资比例行使优先购买权
股份有限公司	
"组阁"权	发起人认足公司章程规定的出资后，应当选举董事会和监事会，由董事会向公司登记机关报送公司章程以及法律、行政法规规定的其他文件，申请设立登记
临时议案提出权	单独或者合计持有公司百分之三以上股份的股东，可以在股东大会召开十日前提出临时提案并书面提交董事会；董事会应当在收到提案后二日内通知其他股东，并将该临时提案提交股东大会审议。临时提案的内容应当属于股东大会职权范围，并有明确议题和具体决议事项
选举权	股东大会选举董事、监事，可以依照公司章程的规定或者股东大会的决议，实行累积投票制
知情权	股东有权查阅公司章程、股东名册、公司债券存根、股东大会会议记录、董事会会议决议、监事会会议决议、财务会计报告，对公司的经营提出建议或者质询
	公司应当定期向股东披露董事、监事、高级管理人员从公司获得报酬的情况
临时会议召开权	代表十分之一以上表决权的股东、三分之一以上董事或者监事会，可以提议召开董事会临时会议。董事长应当自接到提议后十日内，召集和主持董事会会议
财产处置权	股东持有的股份可以依法转让

权利内容	法律依据
	有限责任公司和股份有限公司
质询权	股东会或者股东大会要求董事、监事、高级管理人员列席会议的，董事、监事、高级管理人员应当列席并接受股东的质询
代位诉讼权	董事、高级管理人员有《公司法》第一百四十九条规定的情形的，有限责任公司的股东、股份有限公司连续一百八十日以上单独或者合计持有公司百分之一以上股份的股东，可以书面请求监事会或者不设监事会的有限责任公司的监事向人民法院提起诉讼；监事有《公司法》第一百四十九条规定的情形的，前述股东可以书面请求董事会或者不设董事会的有限责任公司的执行董事向人民法院提起诉讼
	监事会、不设监事会的有限责任公司的监事，或者董事会、执行董事收到前款规定的股东书面请求后拒绝提起诉讼，或者自收到请求之日起三十日内未提起诉讼，或者情况紧急、不立即提起诉讼将会使公司利益受到难以弥补的损害的，前款规定的股东有权为了公司的利益以自己的名义直接向人民法院提起诉讼
	他人侵犯公司合法权益，给公司造成损失的，有限责任公司的股东、股份有限公司连续一百八十日以上单独或者合计持有公司百分之一以上股份的股东可以依照《公司法》第一百五十一条第一款、第二款的规定向人民法院提起诉讼
诉讼权	董事、高级管理人员违反法律、行政法规或者公司章程的规定，损害股东利益的，股东可以向人民法院提起诉讼
财报取得权	股份有限公司的财务会计报告应当在召开股东大会年会的二十日前置备于本公司，供股东查阅；公开发行股票的股份有限公司必须公告其财务会计报告

在草拟公司章程的时候，要注意梳理股东的一般性权利，在公司章程中完成权利约定；对于一般性权利的具体约定和文字表述，要做详细的内容约定和权利安排；不应该照抄《公司法》的相关法条规定，因为《公司法》的法条规定比较原则，应根据股东之间的协商在公司章程中明确权利本身、权利边界和行使权力的相关程序。

3. 对小股东的特别保护

（1）小股东保护的法理基础

小股东在公司运营中往往不参与公司的具体运营，也不推荐相关的高级管理层；在公司运营中，公司治理不完善，公司的小股东很有可能会陷入行权不利和被侵害的尴尬情况：如无法具体了解公司经营情况、在公司决议过程中无法发表意见、大股东通过关联交易等损害公司和小股东利益、无法实际行使收益权等权利被侵害的情况。所以保护小股东是完善公司治理结构的必要条件，同时也是公司治理的重要内容，只有在公司治理中实现小股东权利的保护，才能解决股东之间不履行契约、推翻契约的纠纷；达到大股东与小股东之间的利益协调和平衡。

但是过度保护小股东的利益，使其享有与大股东一致的权利，显然将影响公司的经营决策权，因为缺乏必要的集权将导致公司运营中决策能力和反应能力的延迟。因此，控股股东和小股东之间利益平衡的解决能力和实施效果，将直接影响到公司治理结构的构建与完善，也将最终影响到盈利绩效和社会责任的实现。实务中，平衡大股东权利，保证小股东退出公司等财产性权利的保护为主要的小股东保护方式。

（2）小股东法定权利

笔者在此通过表12来展示现行《公司法》中规定的小股东可以用来保证自身权力的相关条款。

表12 小股东权利保护相关条款

权利	内容	法条
累积投票权	是小股东在股份有限责任公司的股东大会选举董事或者监事时，有表决权的每一股份拥有与所选出的董事或者监事人数相同的表决权，股东拥有的表决权可以集中使用。即应选几个，每一股就有多少表决权，小股东可以集中表决权向其中一名候选人投票，增加其当选机会，也可以分配给数名候选人，以得票多者当选	第一百零五条第一款：股东大会选举董事、监事，可以依照公司章程的规定或者股东大会的决议，实行累积投票制

权利	内容	法条
股东代位诉讼权	有限责任公司的任意小股东和股份有限公司的小股东（必须连续180日以上单独或者合计持有公司1%以上股份），对董事、高级管理人员的特定违法违规或者违反公司章程并给公司造成损失的行为，有权督促监事或监事会提起相关诉讼、有权在监事或监事会不作为是自行提起诉讼	第一百五十一条：董事、高级管理人员有本法第一百四十九条规定的情形的，有限责任公司的股东、股份有限公司连续一百八十日以上单独或者合计持有公司百分之一以上股份的股东，可以书面请求监事会或者不设监事会的有限责任公司的监事向人民法院提起诉讼；监事有本法第一百四十九条规定的情形的，前述股东可以书面请求董事会或者不设董事会的有限责任公司的执行董事向人民法院提起诉讼。监事会、不设监事会的有限责任公司的监事，或者董事会、执行董事收到前款规定的股东书面请求后拒绝提起诉讼，或者自收到请求之日起三十日内未提起诉讼，或者情况紧急、不立即提起诉讼将会使公司利益受到难以弥补的损害的，前款规定的股东有权为了公司的利益以自己的名义直接向人民法院提起诉讼。他人侵犯公司合法权益，给公司造成损失的，本条第一款规定的股东可以依照前两款的规定向人民法院提起诉讼
	股东对董事和高级管理人员的诉讼	第一百五十二条：董事、高级管理人员违反法律、行政法规或者公司章程的规定，损害股东利益的，股东可以向人民法院提起诉讼
临时提案权	股份有限责任公司的小股东可以通过向股东大会提交提案，影响公司的经营管理事项的决策；淡化控股股东主导股东大会，提高小股东话语权	第一百零二条第二款：单独或者合计持有公司百分之三以上股份的股东，可以在股东大会召开十日前提出临时提案并书面提交董事会；董事会应当在收到提案后二日内通知其他股东，并将该临时提案提交股东大会审议。临时提案的内容应当属于股东大会职权范围，并有明确议题和具体决议事项

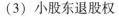

（3）小股东退股权

上述权利其实所有股东均有，但在实务中多为小股东运用；和前述权利相似的还有一项典型的权利，即异议股东的退股权或称回购股权请求权。此项权利的行使多见于小股东不同意控股股东的重大公司决策，从而通过此条款寻求退出公司的情形。

有限责任公司小股东的异议股东退股权具体是指：在《公司法》第七十四条规定的情形内，请求公司收购其股权，从而保证小股东的股权可以顺利退出，达到自由处置股权资产的权利。该法条所规定情形为：①公司连续五年不向股东分配利润，而公司该五年连续盈利，并且符合本法规定的分配利润条件的；②公司合并、分立、转让主要财产的；③公司章程规定的营业期限届满或者章程规定的其他解散事由出现，股东会会议通过决议修改章程使公司存续的。该条同时规定：自股东会会议决议通过之日起六十日内，股东与公司不能达成股权收购协议的，股东可以自股东会会议决议通过之日起九十日内向人民法院提起诉讼。而在股份有限公司，股东因对股份有限公司股东大会做出的公司合并、分立决议持异议，要求公司收购其股份的，公司必须收购该股东持有的本公司股份。

读者在草拟公司章程的时候，建议充分考虑小股东的诉求，理解上述法律条款，并将小股东的权利保护落实到公司章程的具体条款和"三会"议事规则中。

4. 资本市场对中小股东的保护

我国资本市场对中小股东的保护，很有代表性：第一，以法律规定为基础，明确了中小股东法律权利，对控股股东和实际控制人权利进行限制；第二，成立了证券投资者的专门保护机构，来代表众多的中小股东行使权利。

基于上述情况，本书特将资本市场对中小股东的保护内容单列一小节，供上市公司的读者参考，读者在草拟公司章程时，同样必须考虑证券投资者专门保护机构的相关权利和行权实践。《证券法》于2019年做了修订，自2020年3月1日起施行，新增了"投资者保护"一章，建立了证券投资者保护法律体系。实务中我国资本市场的中小股东投资者的专门保护机构主要有三家：中国证券投资者保护基金有限责任公司、中证中小投资者服务中心有限责任公司和深圳证券期货业纠纷调解中心。上述三家专门保护机构通过特

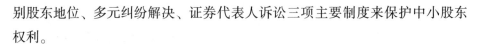

别股东地位、多元纠纷解决、证券代表人诉讼三项主要制度来保护中小股东权利。

（1）特别股东地位

实践中，中证中小投资者服务中心有限责任公司已持有沪深交易所超过3700家上市公司的一手股票/每家，并以其特别股东地位来行使质询、建议、表决、诉讼等股东权利。

（2）多元纠纷解决

中小股东投资者的专门保护机构作为纠纷解决机构已经有了相关法律依据。第一，最高人民法院、证监会于2016年5月发布了《关于在全国部分地区开展证券期货纠纷多元化解机制试点工作的通知》，规定证券期货合同和侵权责任纠纷适用多元化解机制，包含上述三家保护机构在内的八家单位作为试点调解主持的先行赔付等程序可与司法诉讼对接，达成的调解协议也具有民事合同性质。第二，《证券法》第九十三条明确了先行赔付制度中投资者保护机构接受委托与投资者达成赔偿协议的主体地位。《证券法》第九十四条第一款规定："投资者与发行人、证券公司等发生纠纷的，双方可以向投资者保护机构申请调解。普通投资者与证券公司发生证券业务纠纷，普通投资者提出调解请求的，证券公司不得拒绝。"

（3）支持诉讼制度和证券代表人诉讼制度

《证券法》第九十四条第二款规定："投资者保护机构对损害投资者利益的行为，可以依法支持投资者向人民法院提起诉讼。"《证券法》第九十五条第三款规定，投资者保护机构受五十名以上投资者委托，可以作为诉讼代表人，按照"默示加入、明示退出"的诉讼原则，依法为受害投资者提起民事损害赔偿诉讼。我国首单"支持诉讼"已结案落地，该案件为深圳美某生态股份有限公司（以下简称美某公司）因在收购八某园林重大资产重组过程中存在误导性陈述、重大遗漏和虚假记载的虚假陈述违法行为，于2019年8月2日被证监会处罚。2020年12月，中证中小投资者服务中心有限责任公司支持方某某、梁某某两位投资者向美某公司、八某园林、王某年、王某杰和贾某辉提起诉讼，并委派公益律师担任诉讼代理人，请求法院确认各被告共同证券虚假陈述侵权行为成立，判令五位被告共同赔偿两位原告合计8万余元。

5. 对控股股东的利益制约

章程应体现对控股股东的利益安排，但是不能仅体现对其利益的保护；

从我国公司治理实践来看，为了保证公司的稳健经营和独立地位，平衡控股股东、中小股东和外部利益相关者的利益，以及保证公司履行其社会责任，在章程中对控股股东的一些权利加以约束是较为通行的做法。对控股股东利益的制约主要是为了防止控股股东利用其控股地位操纵董事会，从公司获取不当利益，甚至掏空公司，给其他股东和利益相关者造成损失。从此目的出发，公司治理中应有相关制度和机制来制约控股股东的权利。

控股股东能在章程起草之初就主动在章程中记载制约自身条款的，可能是因为控股股东对公司治理有着深刻理解，愿意进行自我约束；也有可能是因为中小股东提出了明确的诉求并获得了谈判的胜利，约束了部分控股股东的权利；更多见的是因为监管机构存在制约控股股东的法规要求，控股股东必须按照相关法律法规规定在章程中约束自己的权利。银保监会就出台了《银行保险机构大股东行为监管办法（试行）》《保险公司控股股东管理办法》等法规。上述法规中包含了对控股股东权利制约的具体条款。如《中国银保监会关于印发银行保险机构公司治理准则的通知》第七十四条第三款规定："银行保险机构的控股股东、实际控制人及其关联方不得干预高级管理人员的正常选聘程序，不得越过董事会直接任免高级管理人员。"这一条款就是对控股股东人事权利的制约。

读者可以检索相关规定根据具体情况来草拟章程的相关内容，尤其公司在建立之初是以上市为战略计划或本身是金融机构的，更应在章程中明确控股股东的权利边界，章程的相关条款应更多参考上市公司章程指引。对于一些关键事项，如关联交易的决策程序和披露事项、担保事项以及减持股权的限制等，最终使章程成为控股股东规范行为并善意行使控股权的主要依据。

6. 金融机构股东的特定义务

我国金融机构的股东，和其他行业的股东相比，因其持有股权的标的公司为"持牌金融机构"即银保监批准设立的金融公司，其还负有一些特定的义务。

比如，2021 年 1 月 6 日通过的《银行保险机构公司治理准则》规定："银行保险机构股东除按照公司法等法律法规及监管规定履行股东义务外，还应当承担如下义务：（一）使用来源合法的自有资金入股银行保险机构，不得以委托资金、债务资金等非自有资金入股，法律法规或者监管制度另有规定的除外；（二）持股比例和持股机构数量符合监管规定，不得委托他人或者接受他人委托持有银行保险机构股份；（三）按照法律法规及监管规定，如实向银行保险机构告知财务信息、股权结构、入股资金来源、控股股东、实际控制人、关联方、一致行动人、最终受益人、投资其他金融机构情况等信息；（四）股东的控股股东、实际控制人、关联方、一致行动人、最终受益人发生变化的，相关股东应当按照法律法规及监管规定，及时将变更情况书面告知银行保险机构；（五）股东发生合并、分立，被采取责令停业整顿、指定托管、接管、撤销等措施，或者进入解散、清算、破产程序，或者其法定代表人、公司名称、经营场所、经营范围及其他重大事项发生变化的，应当按照法律法规及监管规定，及时将相关情况书面告知银行保险机构；（六）股东所持银行保险机构股份涉及诉讼、仲裁、被司法机关等采取法律强制措施、被质押或者解质押的，应当按照法律法规及监管规定，及时将相关情况书面告知银行保险机构；（七）股东转让、质押其持有的银行保险机构股份，或者与银行保险机构开展关联交易的，应当遵守法律法规及监管规定，不得损害其他股东和银行保险机构利益；（八）股东及其控股股东、实际控制人不得滥用股东权利或者利用关联关系，损害银行保险机构、其他股东及利益相关者的合法权益，不得干预董事会、高级管理层根据公司章程享有的决策权和管理权，不得越过董事会、高级管理层直接干预银行保险机构经营管理；（九）银行保险机构发生风险事件或者重大违规行为的，股东应当配合监管机构开展调查和风险处置；（十）法律法规、监管规定及公司章程规定股东应当承担的其他义务。"

同时，《银行保险机构公司治理准则》还规定："银行保险机构应当在公司章程中列明上述股东义务，并明确发生重大风险时相应的损失吸收与风险抵御机制。"

（二）外部利益相关者

公司治理整体框架中，外部利益相关者是公司在经营过程中所发生利益关系的外部主体，外部利益相关者的利益会被公司所影响。外部利益相关者主要有银行及其他债权人、上下游供应商、客户、服务于公司的中介机构、监管机构的管理人员、竞争对手、外部工会、外部行业协会、媒体和自媒体、慈善公益组织，更广义的范围还包含社会。

公司需要识别自己的外部利益相关者；外部利益相关者的情况和意见是公司经营决策的重要参考因素，比如竞争对手的市场策略往往会影响公司的定价方案和销售逻辑。外部利益相关者对公司的决策和政策也会对公司经营产生很大影响，比如银行对公司所实施的利率价格就构成了公司资金成本的重要因素，进而影响到公司整体的成本构成；同时银行作为公司的主要债权人，对公司章程中的变动事项也会提出及时对其信息披露和有权变更贷款合同的要求。公司对外部利益相关者的协作原则和权益保护，也体现了公司社会责任的理念和履行。

公司与外部利益相关者的关系需要以公司自治文件的方式来固定，形成对外部利益相关者的机制保护，公司章程是记载上述保护机制的重要文件。比如《上市公司治理准则》（中国证券监督管理委员会公告〔2018〕29 号）中就要求：上市公司应当尊重银行及其他债权人、员工、客户、供应商、社区等利益相关者的合法权利，与利益相关者进行有效的交流与合作，共同推动公司持续健康发展。上市公司应当为维护利益相关者的权益提供必要的条件，当其合法权益受到侵害时，利益相关者应当有机会和途径依法获得救济。上市公司应当积极践行绿色发展理念，将生态环保要求融入发展战略和公司治理过程，主动参与生态文明建设，在污染防治、资源节约、生态保护等方面发挥示范引领作用。上市公司在保持公司持续发展、提升经营业绩、保障股东利益的同时，应当在社区福利、救灾助困、公益事业等方面，积极履行社会责任。鼓励上市公司结对帮扶贫困县或者贫困村，主动对接、积极支持贫困地区发展产业、培养人才、促进就业。

公司章程在草拟和修改的时候应考虑外部利益相关者的权益保护问题，并通过机制假设和章程条款加以固定；比如章程可以规定董事会下设专门委员会中专设消费者保护委员会，同时制定消费者保护委员会的工作规则和报告制度；章程还可以把社会责任作为其重要篇章，详细阐述公司对于履行社会责任的认知和计划；章程还应设置外部利益相关者在利益受到公司侵害的时候，有哪些救济途径，比如破产机制、重整机制等。

（三）员工

员工是公司最重要的利益相关者，虽然员工没有对公司进行出资，但是员工构成了公司的人力资源，深入地参与了公司的管理；而公司经营的好坏、公司治理程度的高低都会直接给员工的利益带来很大的影响。工会作为员工在公司内部的独立组织，也是公司重要的利益相关者，工会与员工相比，以内部机构的形式在公司治理过程中发挥了更大的作用。

1. 国际做法

经济合作发展组织特别强调发挥员工在公司治理中的重要作用。该组织于 2004 年颁布的《公司治理准则》中明确规定："员工具有重要且非关股权的合法权力"；"在公司治理的环境中，提高参与程度的机制使得员工掌握公司特殊技能的途径更简化便捷，从而使公司直接和间接地得益"。"股东，包括个体雇员及他们的代表者，应当能够就董事会的违法的或者是不道德的行为进行自由的沟通，而且他们的权利不能因此而受减损"。同时经济合作发展组织下属机构"公司治理指导小组"专门针对国有企业颁布了《国有企业公司治理指引》，规定："企业员工代表被任命为董事会成员，应该产生相应机制来确保这一权力的有效行使，从而有利于增强董事会的技能、信息和独立性。"

2. 我国实践

我国《公司法》等法律法规均规定了员工在公司治理中的地位和作用，而在实践中员工以职工董事和职工监事参与"三会一层"的日常运作，工会对涉及员工利益的公司经营事项有事先决策的权利。笔者将现行《公司法》等相关法律法规中关于员工参与公司治理的条文进行了梳理，见表 13。

表 13　员工参与公司治理法条部分展示

名称	条文表述
《公司法》第十八条	公司职工依照《中华人民共和国工会法》组织工会，开展工会活动，维护职工合法权益。公司应当为本公司工会提供必要的活动条件。公司工会代表职工就职工的劳动报酬、工作时间、福利、保险和劳动安全卫生等事项依法与公司签订集体合同。公司依照宪法和有关法律的规定，通过职工代表大会或者其他形式，实行民主管理。公司研究决定改制以及经营方面的重大问题、制定重要的规章制度时，应当听取公司工会的意见，并通过职工代表大会或者其他形式听取职工的意见和建议
《公司法》第四十四条第二款	两个以上的国有企业或者两个以上的其他国有投资主体投资设立的有限责任公司，其董事会成员中应当有公司职工代表；其他有限责任公司董事会成员中可以有公司职工代表。董事会中的职工代表由公司职工通过职工代表大会、职工大会或者其他形式民主选举产生

名称	条文表述
《公司法》第五十一条第一款、第二款	有限责任公司设监事会……监事会应当包括股东代表和适当比例的公司职工代表，其中职工代表的比例不得低于三分之一，具体比例由公司章程规定。监事会中的职工代表由公司职工通过职工代表大会、职工大会或者其他形式民主选举产生
《公司法》第六十七条第一款、第二款	国有独资公司设董事会，依照本法第四十六条、第六十六条的规定行使职权。董事每届任期不得超过三年。董事会成员中应当有公司职工代表。董事会成员由国有资产监督管理机构委派；但是，董事会成员中的职工代表由公司职工代表大会选举产生
《公司法》第七十条第一款、第二款	国有独资公司监事会成员不得少于五人，其中职工代表的比例不得低于三分之一，具体比例由公司章程规定。监事会成员由国有资产监督管理机构委派；但是，监事会成员中的职工代表由公司职工代表大会选举产生。监事会主席由国有资产监督管理机构从监事会成员中指定
《公司法》第一百零八条第一款、第二款	股份有限公司设董事会，其成员为五人至十九人。董事会成员中可以有公司职工代表。董事会中的职工代表由公司职工通过职工代表大会、职工大会或者其他形式民主选举产生
《公司法》第一百一十七条第一款、第二款	股份有限公司设监事会，其成员不得少于三人。监事会应当包括股东代表和适当比例的公司职工代表，其中职工代表的比例不得低于三分之一，具体比例由公司章程规定。监事会中的职工代表由公司职工通过职工代表大会、职工大会或者其他形式民主选举产生
《上市公司治理准则》第八十五条	上市公司应当加强员工权益保护，支持职工代表大会、工会组织依法行使职权。董事会、监事会和管理层应当建立与员工多元化的沟通交流渠道，听取员工对公司经营、财务状况以及涉及员工利益的重大事项的意见
《关于上市公司实施员工持股计划试点的指导意见》	（二）自愿参与原则 上市公司实施员工持股计划应当遵循公司自主决定，员工自愿参加，上市公司不得以摊派、强行分配等方式强制员工参加本公司的员工持股计划
	（四）员工持股计划 是指上市公司根据员工意愿，通过合法方式使员工获得本公司股票并长期持有，股份权益按约定分配给员工的制度安排。员工持股计划的参加对象为公司员工，包括管理层人员

续表

名称	条文表述
《中国银保监会关于印发银行保险机构公司治理准则的通知》第二十五条、第六十七条、第七十八条	银行保险机构董事为自然人，由股东大会选举产生、罢免。鼓励银行保险机构设立职工董事，职工董事由职工民主选举产生、罢免
	银行保险机构监事会成员不得少于三人，其中职工监事的比例不得低于三分之一，外部监事的比例不得低于三分之一。银行保险机构应当在公司章程中明确规定监事会构成，包括股权监事、外部监事、职工监事的人数。监事会人数应当具体、确定
	银行保险机构应当尊重金融消费者、员工、供应商、债权人、社区等利益相关者的合法权益，与利益相关者建立沟通交流机制，保障利益相关者能够定期、及时、充分地获得与其权益相关的可靠信息。银行保险机构应当为维护利益相关者合法权益提供必要的条件，当权益受到损害时，利益相关者有机会和途径依法获得救济

员工是公司内部利益相关者最重要的组成部分，员工参与公司治理，有助于完善公司治理机制。员工从与股东和管理人员不一样的视角来参与公司的重大决策事项，有助于公司树立正确的战略规划、培育良好的公司文化；员工参与公司治理还可以有效地监督董事、监事和高级管理人员的合法合规履职，提升公司治理质量。建议读者在公司章程的草拟过程中，充分考虑员工以及工会的相关地位和作用并在公司章程条款中予以体现。

三、章程的修订

公司修订章程如同国家修订法律，是一个谨慎而全面的工作，要高质量地完成，必须保证实体内容正确和程序没有瑕疵。由于章程涉及股东之间的协商和"三会一层"权责分配，所以章程修订工作一般由董事会来牵头为宜，由董事会办公室具体经办，而非由管理层负责。章程修订工作可以分成以下流程：充分考虑修订背景—征集修订意见—进行条款具体修订—向股东征求条款修订意见—通过章程修订表决程序—新章程披露和备案或审批。

（一）修订事由

章程的修订不会空穴来风，一般都是在一定的背景下发生的，实务中比较多见的是法律的重大修改和经营情况的重大变化。

1. 法律的重大修改

法律的重大修改是触发公司章程修订的重要因素，法律法规中的强制性规范条款一旦修改，公司章程也需要随之修订，否则章程便与法不合；有时法律修改的结果改变了原有的法律和政府管理体系，公司章程也应与时俱进，与新的法律和管理体系保持一致。

在我国《公司法》《合伙企业法》尚未出台前的很长一段时间内，大多数"三资"企业的公司治理和实际运营规则均比照"外商三资企业法"，即《中外合资经营企业法》《外资企业法》《中外合作经营企业法》来制定。① 即使在1993年《公司法》出台后，"外商三资企业法"仍未废止，且相较于《公司法》而言处于特殊规定优先于一般规定的状况的层面，导致实践中外资企业的公司治理和运营规则与《公司法》规定不相同。

直到2020年1月1日，我国《外商投资法》生效改变了原有的外商投资管理政策体系，"外商三资企业法"也最终废止，包括外资企业公司治理在内的所有条款均无法适用。根据《外商投资法》第三十一条的规定，外商投资企业的组织形式、组织结构及其活动准则，适用《公司法》《合伙企业法》等法律的规定；而于《外商投资法》生效前设立的外商投资企业则需要在五年过渡期内按照新的法律要求来完成包括公司治理在内的所有转型，以符合《公司法》对公司治理结构的规定。

此种情况下，"三资"企业都需要根据《公司法》较大程度地修订章程；甚至在修订章程过程中，解决企业形式的改制，比如中外合作经营企业中不具有法人地位的中外合作企业就需要进行企业形式的改制，即按照《公司法》或《合伙企业法》改制为公司或合伙企业，同时建立符合相关法律的公司章程或者合伙人协议。

2. 经营情况的重大变化

由于章程约定了公司内部很多事关经营的关键事项，所以当这些事项发生变化的时候，章程修订就成了必然。比如：新股东的加入、原股东的退出、股东之间的股权转让；注册资本的增加或者减少、债转股、资本公积转增股本；董事、监事人选的变化、董事会、监事会组成人数的增加或减少、法定代表人的变更；经营战略的重大调整、关联交易决策程序的调整；利润分配

---

① 《中外合资经营企业法》《外资企业法》《中外合作经营企业法》现均已废止。

机制的更新、上市安排、股权激励；注册地址的更改、经营范围的变化、行政许可事项的变更。

在公司存续期间，会需要根据市场情况来调整公司业务范围和经营方针，这些变化会导致公司盈利模式的改变，而盈利模式的改变会进而推动公司改变其组织架构和决策体系；如果种种改变与章程原规定冲突，就势必需要按实际情况来修订章程，对新情况下的公司治理重新做出安排。

在以公司为标的进行并购重组的场景下，章程的修订也是收购方与原股东、原管理层等发生重大博弈的场合。收购方往往希望大幅修订章程，通过修订章程改组股东大会和董事会、重新聘任高管层、改变标的公司的主要经营方案和盈利模式，最终实现控制标的公司的目的。而未退出的原股东或原管理层往往不希望根本性修订章程，修订章程就是改变原有的权责利分配和利益安排，使得原股东在缩减股权比例的同时逐步丧失对标的公司的控制权。

（二）修订程序

章程的修订工作纷繁复杂：首先涉及方比较多，上有各方股东，下有管理层团队，外有监管机构，内有职工大会；其次所涉及的内容、版本也会比较复杂，各方面会提出完全相反和利益冲突的修订意见；最后章程修订内容确定后，还需要经过一定的程序决策才能生效。鉴于上述情况，建议章程修订的经办部门，先制定考虑充分的修订工作时间表，请各方参与人员按照工作时间表来"打卡"完成，力争协调各方意见，完成工作。

1. 章程修订决策时间表

表 14 是笔者模拟的章程修订决策时间表，背景设定是一家股份有限公司，章程修订的原因是相关法律发生了重大修改。笔者拟通过表 14 体现章程修订内容确定后，章程生效的决策工作流程和时间安排。

表 14　章程修订决策时间表

时间	工作安排	配合部门
8 月 18 日	章程修正案定稿征求股东意见，形成章程修正案议题	各股东
8 月 31 日	章程修正案提交董事会专委会审议	专委会成员
9 月中旬	章程修正案提交董事会审议	各董事、独立董事

时间	工作安排	配合部门
10月中旬	章程修正案提交股东大会审议	各股东代表
10月下旬	章程修正案报监管审议	公文报送部门
监管审批通过后预计11月前	工商备案	法务部门

读者可以考虑一下，在章程未定稿前，应该拟定怎样的工作时间表：从章程条款的修订开始，如何征求各方修订意见；是一起开会逐条过修订条款，还是每家股东分别讨论条款；律师建议在何时加入最合适；等等。读者可以根据所处工作环境，思考一下，如何先理出一个头绪来，列一张明确的工作时间表、获得各方共识、"按表施工"。

2. 修订汇报

（1）修订汇报一般原则

由于章程条款众多，写一个修订汇报更有利于帮助决策者领会修订要旨，促进决策。修订汇报一般可以包括以下内容：修订背景、修订依据、主要修订内容、修订条款汇总，其中修订条款汇总建议用新旧条款对照表的方式，列明新旧条款原文，并加以备注修订依据。在章程修订工作中，尤其要注意对不同版本的归集，由于章程修订涉及各方利益，所以各方对于修订条款会有多次讨论和更新的过程，不免会出现各个时期的不同版本，在上会决策前，务必先达成各方对修订版本的一致意见，并确定最后协商一致的版本，以免在决策的董事会和股东大会上出现意见不一，修订议案无法通过的局面。

（2）公司章程修订议案示范模板

章程修订的议案也可以包括上述内容。下文是笔者拟定的修订章程的议案模板，其中内容和法律规定均为模拟，修订条款汇总表仅列示表头部分，供读者参考。

关于《××股份有限公司章程》修订建议的议案

各位董事：

根据相关法律法规的要求，本公司进行了章程修订，具体情况如下。

一、修订依据

（一）《××公司治理准则》（以下简称《准则》）；

（二）《××关联交易管理办法》。

二、主要修订内容

（一）《准则》中必改内容

根据《准则》要求，章程中共有五项内容必须予以修订：一是明确股东与本公司关联交易的权利限制；二是明确股东应向本公司告知的事项；三是完善股东大会职权，约束股东大会授权；四是明确董事会人数构成；五是完善董事会职权，调整董事会授权总经理事项。

（二）修订关联交易相关内容

《××关联交易管理办法》对关联方的范围、关联交易的认定口径做了更新。我公司需对照更新章程中涉及重大关联交易的审批条款，即根据《××关联交易管理办法》对章程十五项条款，章程附件董事会议事规则十项条款予以修订。主要内容：一是根据《××关联交易管理办法》调整"资本总额"时间节点的计算口径，由"最近一期经审计"修改为"上季末"。二是修订章程中重大关联交易、一般关联交易、关联方、授信等定义的表述。三是董事会审议关联交易的决议由过半数通过修订为三分之二以上通过。四是完善我公司不得为股东及其关联方融资行为提供担保的表述。

（三）修订董事履职相关内容

主要内容：一是明确统计董事出席会议以"亲自出席现场会议"为标准。二是将董事无法亲自出席"可以"书面委托的表述修订为"应当"书面委托。三是独立董事每年在本公司工作的时间，由"不得少于二十个工作日"调整为"不得少于二十五个工作日"。

同时，相应修订《××股份有限公司章程》附件《××股份有限公司董事会议事规则》对应条款。章程具体修订条款详见附件。

以上议案，请予审议。

（3）公司章程修订条款汇总表示范模板

表15既可以作为上述议案附件，也可以作为股东讨论材料，读者可以根据该表格设计进行新旧公司章程修订条款的对照汇总，并提供修改依据，供股东讨论和会议审议之用。

表15　××股份有限公司章程修订条款汇总

序号	原条款	拟修改条款	修改依据

四、章程示范模板

（一）股份有限公司章程

××股份有限公司章程
第一章　总则

第一条　为维护本公司、股东和相关利益者的合法权益，规范本行的组织和行为，根据《中华人民共和国公司法》（以下简称《公司法》）和其他有关规定，制定本章程。

第二条　本公司系依照《公司法》和其他有关规定成立的股份有限公司。

第三条　本公司注册名称：（中文全称）＿＿＿＿＿＿＿＿股份有限公司，简称＿＿＿＿＿。

第四条　本公司住所：＿＿＿＿＿＿。

第五条　本公司注册资本为人民币＿＿＿＿＿元（RMB ＿＿＿＿＿）。

第六条　本公司为永久存续的股份有限公司，贯彻历久恒新的治理理念。

本公司应依据《公司法》等法律、法规的规定，根据实际需要设置相应的治理制度和内部机构。

第七条　董事长为本公司的法定代表人。

第八条　本公司发行的股份总数为＿＿＿＿＿股，每股面值为人民币壹元。

第九条　本章程自生效之日起，即成为规范本公司的组织与行为，本公司与股东、股东与股东之间权利义务关系的具有法律约束力的文件，对本公司、股东、董事、监事、高级管理人员具有法律约束力的文件。各治理主体及其成员应当依照法律、法规和本章程规定享有权利和承担义务，共同维护本公司整体利益，不得损害本公司利益或将自身利益置于本公司利益之上。依据本章程，股东可以起诉股东，股东可以起诉本公司董事、监事、高级管理人员，股东可以起诉本公司，本公司可以起诉股东、董事、监事、高级管理人员。

前款所称起诉，包括向人民法院提起诉讼或向仲裁机构申请仲裁。

第十条　本章程所称高级管理人员是指，本公司的总经理、董事会秘书、财务负责人、首席信息官，以及监督管理机构确定的其他人员。

本公司的董事（独立董事）、高级管理人员应具备监督管理机构规定的任职资格并经其审核。

第二章　经营宗旨和范围

第十一条　本公司的经营宗旨为：＿＿＿＿＿＿。

第十二条　本公司以效益性、安全性、流动性为经营原则，实行自主经营，自担风险，自负盈亏，自我约束。

第十三条　经公司登记机关核准，本公司经营范围是：＿＿＿＿＿＿。

第三章　股份

第一节　股份发行

第十四条　本公司的股份采取股票的形式。

本公司发行的股票，应当为记名股票。本公司的股票应当载明下列主要事项：

（一）本公司名称；

（二）本公司成立日期；

（三）股东的姓名或名称及住所；

（四）股票种类、票面金额及代表的股份数；

（五）股票的编号；

（六）《公司法》及其他法律、行政法规规定必须载明的其他事项。

第十五条　本公司股份的发行，实行公开、公平、公正的原则，同种类的每一股份享有同等权利。

本公司发行的股票，以人民币标明面值。

第十六条　本公司股份总数为＿＿＿＿股，全部股份均为普通股。本公司发行的股份，在××股权交易托管中心统一托管。

第十七条　本公司设立时的发起人及出资情况：

序号	发起人名称	认购股份数（万股）	股份比例（%）	出资方式	出资时间（年/月/日）
1					
2					
3					
合计					

第十八条　本公司股份全部由股东以货币资金认缴，股份总数符合《公司法》等有关规定。

第二节　股份增减和回购

第十九条　本公司依照法律、法规、部门规章、规范性文件和本章程的规定，经股东大会决议，报经银行业监督管理机构批准后，可变更注册资本。

第二十条　本公司根据经营和发展的需要，依照法律、法规的规定，经股东大会分别作出决议，可以采用下列方式增加资本：

（一）发行股份；

（二）向现有股东派送红股；

（三）以公积金转增股本。

本公司按照上述第一项规定，以发行股份方式增加资本的，全体股东有权按照各自持股比例认购本公司的新增股份。

第二十一条　本公司股东应当支持董事会制定合理的资本规划。

第二十二条　根据本章程的规定，本公司可以减少注册资本。本公司减少注册资本，按照《公司法》以及其他有关法律、法规和本章程规定的程序办理。

第二十三条　本公司在下列情况下，可以依照法律、法规和本章程的规定，收购本公司的股份：

（一）减少本公司注册资本；

（二）与持有本公司股票的其他公司合并；

（三）股东因对股东大会作出的公司合并、分立决议持异议，要求本公司收购其股份的；

（四）法律、法规规定所允许的其他情况。

第二十四条 本公司因本章程第二十三条第一项至第三项的原因收购本公司股份的，应当经股东大会决议。本公司依照第二十三条规定收购本公司股份后，属于第一项情形的，应当自收购之日起十日内注销；属于第二项、第四项情形的，应当在六个月内转让或者注销。

本公司依照第二十三条第三项规定收购的本公司股份，合计将不超过本公司已发行股份总额的百分之五；用于收购的资金应当从本公司的税后利润中支出；所收购的股份应当在三年内转让给激励对象。

第三节 股份转让和质押

第二十五条 本公司的股份可以依法转让，但本章程另有规定的除外。

第二十六条 除第一大股东外的本公司其他股东转让股份时，转让方应就其股份转让事项书面告知大股东。

第二十七条 因司法判决、仲裁裁决、强制执行、赠与、承继等非转让方式导致持有本公司股份或增持本公司股份的，且所持本公司股份数量达到或超过本公司股份总额百分之五的，因前述任何非转让原因所持有（或增持）的本公司股份（以下简称该股份），均应于前述非转让情形发生之日起三个月内，按照本章程第二十六条的规定进行转让。在转让完成前，股东对持有的该股份不享有表决权，且该股份不计入出席股东大会有表决权的股份总数。

第二十八条 凡本公司股东发生变更并达到下述任一情形的，应向本公司董事会报告：

（一）股东持有或合并持有本公司股份总额达到百分之五；

（二）变更持有本公司股份总额百分之五以上的股东。

第二十九条 本公司不接受以本公司的股票作为质押权的标的。

股东以本公司股票出质为自己或他人担保的，应当严格遵守法律、法规和监管部门的要求，并事前告知本公司董事会。董事会办公室或董事会指定的其他部门负责承担本公司股权质押信息的收集、整理和报送等日常工作。

担任本公司董事、监事的股东，或直接、间接、共同持有或控制本公司百分之二以上股份或表决权的股东出质本公司股份，事前须向本公司董事会申请备案，说明出质的原因、股份数额、质押期限、质权人等基本情况。凡董事会认定对本公司股权稳定、公司治理、风险与关联交易控制等存在重大不利影响的，应不予备案。在董事会审议相关备案事项时，与拟出质股东有关联关系的董事应当回避。

股东完成股权质押登记后，应配合本公司风险管理和信息披露需要，及时向本公司提供涉及质押股份的相关信息。

股东在本公司借款余额超过其持有经审计的上一年度股权净值的，不得将本公司股票进行质押。

股东质押本公司股权数量达到或超过其持有本公司股份的百分之五十时，应当对其在股东大会和派出董事在董事会上的表决权进行限制。

对已质押本公司股份的股东，应在质押后每自然季的最后十日内向本公司提供其财务报表，并应在质押股份涉及诉讼、仲裁、查封、冻结、折价、拍卖或者其他权利受限情形发生后五日内及时告知本公司。

第三十条 发起人持有的本公司股份，自本公司成立之日起一年内不得转让，但持有股份比例达到或超过本公司股份总额百分之五的发起人，自本公司成立之日起五年内不得转让所持有的本公司股份。

本公司董事、监事、高级管理人员应当向本公司申报所持有的本公司股份及其变动情况，在任职期间每年转让的股份分别不得超过其所持有本公司股份总数的百分之二十五；上述人员离职后半年内，不得转让其所持有的本公司股份。

第三十一条 依照法律、法规及本章程规定，本公司股东发生变更后，本公司应将变更后的股东姓名或名称及住所记载于股东名册。

依照法律、法规及本章程规定，股东将所持本公司股份出质后，本公司应及时将出质股份、质权人的情况记载于股东名册。

第四章 股东和股东大会

第一节 股东

第三十二条 本公司股东为依法持有本公司股份的自然人、法人或其他组织。

股东按其所持有股份的种类享有权利，承担义务。

持有同种类股份的股东享有同等权利，承担同种义务。

第三十三条 本公司建立股东名册，股东名册是证明股东持有本公司股份的充分证据。股东名册载明下列事项：

（一）股东的姓名或名称、住所；

（二）股东所持股份数；

（三）股东所持股票的编号；

（四）股东取得股份的日期；

（五）股权转让、质押情况；

（六）法律、法规规定需载明的其他事项。

第三十四条 本公司股东依照法律、法规及本章程的规定享有下列权利：

（一）按其所持有的股份份额获得股利和其他形式的利益分配；

（二）依法请求、召集、主持、参加或者委派股东代理人参加股东大会，并按照本章程的规定行使相应的表决权；

（三）对本公司的经营进行监督，提出建议或者质询；

（四）依照法律、法规及本章程规定转让、赠与或质押其所持有的股份；

（五）查阅本章程、股东名册、公司债券存根、股东大会决议和会议记录、董事会会议决议和会议记录、监事会会议决议和会议记录、财务会计报告；

（六）本公司终止或者清算时，按其所持有的股份类别和份额参加本公司剩余财产的分配；

（七）对股东大会作出的本公司合并、分立决议持异议的股东，要求本公司收购其股份；

（八）法律、法规和本章程规定的其他权利。

第三十五条 经本公司董事会认定，当股东存在下列情形时，其在本公司的权利应受限制：

（一）应经但未经监管部门批准或未向监管部门报告的股东，不得行使股东大会召开请求权、表决权、提名权、提案权、处分权等权利；

（二）对于存在虚假陈述、滥用股东权利或其他损害本公司利益行为的股东，股东大会可以限制或禁止本公司与其开展关联交易，限制其持有本公司股权的限额、股权质押比例等，并可限制其股东大会召开请求权、表决权、提名权、提案权、处分权等权利。

第三十六条 股东按照本章程第三十四条第五项规定，提请查阅有关信息或者索取有关资料的，应当向本公司提供证明其持有本公司股份的种类以及持股数量的文件，并提交书面申请文件。

第三十七条 本公司股东大会、董事会决议内容违反法律、法规的，股东有权请求人民法院认定无效。

本公司股东大会、董事会的会议召集程序、表决方式违反法律、法规或者本章程的，或者决议内容违反本章程的，股东有权自决议作出之日起六十日内，请求人民法院撤销。

第三十八条 董事、高级管理人员执行本公司职务时违反法律、法规或者本章程的规定，给本公司造成损失的，连续一百八十日以上单独或合并持有本公司百分之一以上股份的股东有权书面请求监事会向人民法院提起诉讼；监事执行本公司职务时违反法律、法规或者本章程的规定，给本公司造成损失的，前述股东可以书面请求董事会向人民法院提起诉讼。

监事会、董事会收到前款规定的股东书面请求后拒绝提起诉讼，或者自收到请求之日起三十日内未提起诉讼，或者情况紧急、不立即提起诉讼将会使本公司利益受到难以弥补的损害的，前款规定的股东有权为了本公司的利益以自己的名义直接向人民法院提起诉讼。

他人侵犯本公司合法权益，给本公司造成损失的，本条第一款规定的股东可以依照前两款的规定向人民法院提起诉讼。

第三十九条 董事、高级管理人员违反法律、法规或者本章程的规定，损害股东利益的，股东可以向人民法院提起诉讼。

第四十条 本公司股东承担下列义务：

（一）遵守法律法规、监管规定和本章程；

（二）依其所认购的股份和入股方式缴纳股金；

（三）除法律、法规规定的情形外，不得退股；

（四）若发生法定代表人、公司名称、注册地址、业务范围、联系地址和联系方式等重大事项变更，应当及时告知本公司；

（五）根据本章程相关规定，如需以本公司股份出质的，应当事前向本公司董事会备案，并自出质发生后三日内，再次向本公司董事会作出书面报告；

（六）应及时、真实、完整地向本公司董事会报告与本公司其他股东的关联关系，以及除本公司股东外的其他关联企业情况；

（七）维护本公司的利益和信誉，支持本公司依法合规地开展各项业务；

（八）严格按照法律、法规及本章程规定行使股东权利，不得谋取不当利益，不得干预董事会、高级管理层根据本章程享有的决策权和管理权，不得越过董事会和高级管理层直接干预本公司的经营管理；

（九）不得滥用股东权利损害本公司或者其他股东的利益；不得滥用公司法人独立地位和股东有限责任损害本公司债权人的利益；

（十）法律、法规、监管规定及本章程规定应当承担的其他义务。

第四十一条 本公司股东不得利用其关联关系损害本公司利益。违反前述规定，给本公司造成损失的，应当承担赔偿责任。

本公司股东应严格依法行使出资人的权利，本公司股东不得利用关联交易、利润分配、资产重组、对外投资、资金占用、借款担保等方式损害本公司和其他股东的合法权益。

第二节　股东大会的一般规定

第四十二条 股东大会是本公司的权力机构，依法行使下列职权：

（一）审议批准本公司的发展规划，决定本公司的经营方针和投资计划；

（二）选举和更换董事、股东监事和外部监事，决定有关董事、监事的报酬事项；

（三）审议批准董事会的报告；

（四）审议批准监事会的报告；

（五）审议批准本公司的年度财务预算方案、决算方案；

（六）审议批准本公司的利润分配方案和弥补亏损方案；

（七）审议批准本公司与一个关联方之间单笔交易金额超过本公司最近一期经审计资本净额百分之二且与一个关联方发生交易后本公司与该关联方的交易余额超过本公司最近一期经审计资本净额百分之三的关联交易；

（八）审议批准单笔交易金额超过人民币二千万元的股权投资及其处置；

（九）审议批准单笔交易金额超过人民币一千万元的固定资产购置与处置，包括不限于固定资产、无形资产、知识产权和土地使用权；

（十）审议批准年度资产投资计划；

（十一）对本公司聘用、解聘会计师事务所作出决议；

（十二）审议批准股权激励计划；

（十三）审议批准本公司回购股份方案；

（十四）审议批准本章程第四十三条规定的担保事项；

（十五）对本公司增加或者减少注册资本作出决议；

（十六）对本公司发行债券作出决议；

（十七）对本公司合并、分立、解散和清算或变更公司形式作出决议；

（十八）审议批准第一大股东的变更；

（十九）审议批准本公司名称的变更；

（二十）审议批准董事会关于对董事的评价及独立董事的相互评价结果的报告；

（二十一）审议批准监事会关于对监事的评价及外部监事的相互评价结果的报告，以及监事会关于对董事和高级管理人员的履职评价结果的报告；

（二十二）审议批准本公司股东大会议事规则、董事会议事规则、监事会议事规则；

（二十三）修改本章程；

（二十四）审议法律、法规和本章程规定应当由股东大会决定的其他事项。

第四十三条　下列担保行为须经股东大会审议通过：

（一）经批准经营性担保外的其他担保。

（二）单笔担保额超过最近一期经审计的净资产百分之五的担保，但被担保方以银行存单或国债提供足额反担保的除外。

（三）本公司的对外担保总额，达到或超过最近一期经审计总资产百分之二十以后提供的任何担保。

第四十四条　股东大会分为股东年会和临时股东大会。股东大会年会应当由董事会在每一会计年度结束后六个月内召集和召开。因特殊情况需延期召开的，应当向银行业监督管理机构报告，并说明延期召开的事由。

第四十五条　有下列情形之一的，本公司于相关情形发生之日起两个月以内召开临时股东大会：

（一）董事人数不足本章程所定人数的三分之二时；

（二）本公司未弥补的亏损达股本总额的三分之一时；

（三）单独或者合并持有本公司股份总数百分之十以上的股东书面请求时；

（四）董事会认为必要时；

（五）监事会提议召开时；

（六）本章程规定的其他情形。

前述第三项持股股数按股东提出书面要求日计算。

第四十六条 本公司召开股东大会时将聘请律师对以下问题出具法律意见：

（一）会议的召集、召开程序是否符合法律、法规、本章程；

（二）出席会议人员的资格、召集人资格是否合法有效；

（三）会议的表决程序、表决结果是否合法有效；

（四）应本公司要求对其他有关问题出具的法律意见。

第三节 股东大会的召集

第四十七条 股东大会会议由董事会召集。

董事会不能履行或者不履行召集股东大会会议职责的，监事会应当及时召集；监事会不召集的，应当由第一大股东召集；第一大股东不召集的，连续九十日以上单独或者合计持有本公司百分之十以上股份的股东可以自行召集。

第四十八条 董事会应在本章程第五十条和第五十一条规定的期限内，召集股东大会。董事会决议召开股东大会的，应在作出董事会决议后的五日内发出召开股东大会的通知。

第四十九条 监事会有权向董事会提议召开临时股东大会，并应当以书面形式向董事会提出。董事会应当根据法律、法规和本章程的规定，在收到提议后十日内提出同意或不同意召开临时股东大会的书面反馈意见。

董事会同意召开临时股东大会的，将在作出董事会决议后的五日内发出召开股东大会的通知，通知中对原提议的变更，应征得监事会的同意。

董事会不同意召开临时股东大会，或者在收到提议后十日内未作出反馈的，视为董事会不能履行或者不履行召集股东大会会议职责，监事会可以自行召集。

第五十条 连续九十日以上单独或者合计持有本公司百分之十以上股份的股东有权向董事会请求召开临时股东大会，并应当以书面形式向董事会提出。董事会应当根据法律、法规和本章程规定，在收到请求后十日内提出同意或不同意召开临时股东大会的书面反馈意见。

董事会同意召开临时股东大会的，应当在作出董事会决议后的五日内发出召开股东大会的通知，董事会变更原提案的，应当征得相关股东的同意。

董事会不同意召开临时股东大会，或者在收到请求后十日内未作出反馈的，单独或者合计持有公司百分之十以上股份的股东有权向监事会提议召开临时股东大会，并应当以书面形式向监事会提出请求。

监事会应当根据法律、法规和本章程规定，在收到请求后十日内提出同意或不同意召开临时股东大会的书面反馈意见。监事会同意召开临时股东大会的，应在收到请求五日内发出召开股东大会的通知，监事会变更原提案的，应当征得相关股东的同意。

监事会不同意召开临时股东大会，或监事会未在规定期限内发出召开股东大会通知的，单独或者合计持有本公司百分之十以上股份的股东有权向第一大股东提议召开临时股东大会，并应当以书面形式向第一大股东提出请求。第一大股东同意召开临时股东大会的，应在收到请求五日内发出召开股东大会的通知。

第一大股东不同意召开临时股东大会，或第一大股东不召集的，连续九十日以上单独或者合计持有本公司百分之十以上股份的股东可以自行召集临时股东大会。

第五十一条　对于监事会或第一大股东或连续九十日以上单独或者合计持有本公司百分之十以上股份的股东自行召集的临时股东大会，董事会和董事会秘书应予配合。董事会应当提供股权登记日的股东名册。

第五十二条　监事会或第一大股东或连续九十日以上单独或者合计持有本公司百分之十以上股份的股东自行召集的临时股东大会，会议所必需的费用由本公司承担。

第四节　股东大会的提案与通知

第五十三条　股东大会的提案内容应当属于股东大会职权范围，有明确的议题和具体决议事项，并且符合法律、法规和本章程的有关规定。提案应以书面形式提交董事会或送达股东大会的召集人。

股东大会召集人应当以本公司和股东的最大利益为行为准则，按照前款规定对股东大会的提案，依法、公正、合理地进行审查，并确保股东大会能够对每个议案进行充分的讨论。

股东大会召集人决定不将股东大会提案列入会议议程的，应当在该次股东大会上说明。

第五十四条 本公司召开股东大会，董事会、监事会以及单独或者合并持有本公司百分之三以上股份的股东，有权向本公司提出提案。

单独或者合计持有本公司百分之五以上股份的股东，可以在股东大会召开十日前提出临时提案并书面提交召集人。召集人应当在收到提案后三日内发出股东大会补充通知，告知临时提案的内容。

除前款规定的情形外，召集人在发出股东大会通知后，不得修改股东大会通知中已列明的提案或增加新的提案。

在股东大会通知中未列明的提案或不符合本章程第五十三条第一款规定的提案或不符合本章程第八十八条、第八十九条规定的提案，股东大会不得进行表决并作出决议。

第五十五条 股东大会召集人应在年度股东大会召开二十日前通知各股东，临时股东大会应于会议召开十五日前通知各股东。

第五十六条 股东大会会议通知应包括以下内容：

（一）会议的时间、地点和会议期限；

（二）提交会议审议的事项；

（三）有权出席股东大会股东的股权登记日；

（四）会务常设联系人姓名、电话号码。

股东大会通知和补充通知中应当充分、完整地披露所有提案的全部具体内容。拟讨论的事项需要独立董事发表意见的，发布股东大会通知或补充通知的将同时披露独立董事的意见及理由。

第五十七条 股东大会拟讨论董事、监事选举事项的，股东大会通知中将充分披露董事、监事候选人的详细资料，至少包括以下内容：

（一）教育背景、工作经历、兼职等个人情况；

（二）与本公司是否存在关联关系；

（三）披露持有本公司股份数量；

（四）是否受过国务院银行业监督管理机构及其他有关部门的处罚；

（五）国务院银行业监督管理机构要求披露的其他详细资料。

每位董事、监事候选人应当以单项提案提出。

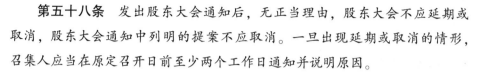

第五十八条　发出股东大会通知后，无正当理由，股东大会不应延期或取消，股东大会通知中列明的提案不应取消。一旦出现延期或取消的情形，召集人应当在原定召开日前至少两个工作日通知并说明原因。

第五节　股东大会的召开

第五十九条　股东大会召集人将采取必要措施，保证股东大会的正常秩序。对于干扰股东大会、寻衅滋事和侵犯股东合法权益的行为，将采取措施加以制止并及时报告有关部门查处。

第六十条　股权登记日登记在册的所有股东均有权出席股东大会。出席股东大会的股东均有权行使表决权，但依照有关法律、法规及本章程不享有表决权的股东除外。

股东可以亲自出席股东大会，也可以委托代理人代为出席和表决。

第六十一条　个人股东亲自出席会议的，应出示本人身份证或其他能够表明其身份的有效证件或证明；委托代理他人出席会议的，应出示本人有效身份证件、股东授权委托书。

法人股东应由法定代表人或法定代表人委托的代理人出席会议。法定代表人出席会议的，应出示本人身份证、能证明其具有法定代表人资格的有效证明；法人股东委托代理人出席会议的，代理人应出示本人身份证及该法人股东依法出具的股东授权委托书。

第六十二条　股东出具的委托他人出席股东大会的授权委托书应当载明下列内容：

（一）代理人的姓名；

（二）是否具有表决权；

（三）分别对列入股东大会议程的每一审议事项投赞成票、反对票或弃权票的指示；

（四）委托书签发日期和有效期限；

（五）委托人签名（或盖章），委托人为法人股东的，应加盖法人单位印章。

委托书应当注明如果股东不作具体指示，应视为股东代理人可以按自己的意思表决，由委托人承担由此造成的法律后果。

第六十三条　股东授权委托书由委托人授权他人签署的，授权签署的授权书或者其他授权文件应当经过公证。经公证的授权书或者其他授权文件需备置于本公司住所或者召集会议的通知中指定的地方。

第六十四条　出席会议人员的登记册由本公司负责制作。登记册应载明参加会议股东的名称（或姓名）、股东代理人的姓名、股东持有或者代表有表决权的股份数额等事项。

第六十五条　股东大会召集人和本公司聘请的律师将依据股东名册共同对股东资格的合法性进行验证，并登记股东姓名（或名称）及其所持有表决权的股份数。在会议主持人宣布现场出席会议的股东和股东代理人人数及所持有表决权的股份总数之前，会议登记应当终止。

第六十六条　股东大会召开时，本公司董事、监事、高级管理人员应列席会议。

第六十七条　除本条另有规定外，股东大会由董事长主持。董事长不能履行职务或不履行职务时由半数以上董事共同推举的一名董事主持。

监事会自行召集的股东大会，由监事会主席主持。监事会主席不能履行职务或不履行职务时，由半数以上监事共同推举的一名监事主持。

第一大股东或连续九十日以上单独或者合计持有本公司百分之十以上股份的股东自行召集的股东大会，由召集人推举的代表主持。

第六十八条　本公司制定股东大会议事规则，详细规定股东大会的召开和表决程序，包括通知、登记、提案的审议、投票、计票、表决结果的宣布、会议决议的形成、会议记录及其签署等内容。股东大会议事规则应作为本章程的附件，由董事会拟定，经股东大会批准，修改时亦同。股东大会议事规则与本章程不一致的，以本章程规定为准。

第六十九条　在年度股东大会上，董事会、监事会应当就其过去一年的工作向股东大会作出报告。每名独立董事也应作出述职报告。

第七十条　董事、监事、高级管理人员在股东大会上就股东质询和建议应作出解释和说明。

第七十一条　会议主持人应当在表决前宣布现场出席会议的股东和股东代理人人数及所持有表决权的股份总数，现场出席会议的股东和股东代理人人数及所持有表决权的股份总数以会议登记为准。

第七十二条　股东大会应有会议记录，由董事会秘书负责。会议记录记载以下内容：

（一）会议时间、地点、议程和召集人姓名或名称；

（二）会议主持人以及列席会议的董事、监事、高级管理人员姓名；

（三）出席会议的股东和股东代理人人数、所持有表决权的股份总数及占本公司股份总数的比例；

（四）对每一提案的审议经过、发言要点和表决结果；

（五）股东的质询意见或建议以及相应的答复或说明；

（六）律师及计票人、监票人姓名；

（七）法律、法规和本章程规定应当载入会议记录的其他内容。

第七十三条　股东大会召集人应当保证会议记录内容真实、准确和完整。出席会议的董事、监事、董事会秘书、召集人或其代表、会议主持人应当在会议记录上签名。会议记录应当与现场出席股东的签名册及代理出席的授权委托书等有效资料一并永久保存。

第七十四条　股东大会召集人应当保证股东大会连续举行，直至形成最终决议。因不可抗力等特殊原因导致股东大会中止或不能作出有效决议的，应采取必要措施尽快恢复召开股东大会或直接终止本次股东大会，并及时通知股东。

第六节　股东大会的表决和决议

第七十五条　股东以其所持股份行使表决权，每一股份享有一票表决权，但法律、法规和本章程规定没有表决权的股份除外。

本公司持有的本公司股份，以及法律、法规和本章程规定没有表决权的股份不计入出席股东大会有表决权的股份总数。

第七十六条　股东大会决议分为普通决议、特别决议和重大决议。

股东大会作出普通决议，应当由出席股东大会的股东所持表决权过半数通过。

股东大会作出特别决议，应当由出席股东大会的股东所持表决权的三分之二以上通过。

股东大会作出重大决议，应当由出席股东大会的股东所持表决权的四分之三以上通过。

第七十七条　下列事项由股东大会以普通决议通过：

（一）审议批准本公司的发展规划，决定本公司的经营方针和投资计划；

（二）选举和更换董事、股东监事和外部监事，决定有关董事、监事的报酬事项；

（三）审议批准董事会的报告；

（四）审议批准监事会的报告；

（五）审议批准本公司的年度财务预算方案、决算方案；

（六）审议批准本公司的利润分配方案和弥补亏损方案；

（七）审议批准本公司与一个关联方之间单笔交易金额超过本公司最近一期经审计资本净额百分之二且与一个关联方发生交易后本公司与该关联方的交易余额超过本公司最近一期经审计资本净额百分之二的关联交易；

（八）审议批准单笔交易金额超过人民币二千万元且不超过人民币二亿元的股权投资及其处置；

（九）审议批准单笔交易金额超过人民币一千万元的固定资产购置与处置，包括不限于固定资产、无形资产、知识产权和土地使用权；

（十）审议批准年度资产投资计划；

（十一）对本公司聘用、解聘会计师事务所作出决议；

（十二）听取董事会对制订、更新和执行恢复计划和处置计划等有关风险管理机制的报告；

（十三）审议批准董事会关于对董事的评价及独立董事的相互评价结果的报告；

（十四）审议批准监事会关于对监事的评价及外部监事的相互评价结果的报告；

（十五）审议批准监事会关于对董事和高级管理人员履职评价结果的报告；

（十六）审议批准本公司股东大会议事规则、董事会议事规则、监事会议事规则；

（十七）除法律、法规或者本章程规定应当以特别决议、重大决议通过以外的其他事项。

第七十八条 下列事项由股东大会以特别决议通过：

（一）审议批准股权激励计划；

（二）审议批准本公司回购股份方案；

（三）审议批准本章程第四十三条规定的担保事项；

（四）审议批准单笔交易金额超过人民币五千万元的股权投资及其处置；

（五）对本公司增加或者减少注册资本作出决议；

（六）对本公司发行债券作出决议；

（七）对本公司合并、分立、解散和清算或变更公司形式作出决议；

（八）审议批准本公司与董事、高级管理人员以外的人订立将本公司全部或者重要业务交与该人管理的合同；

（九）修改本章程。

第七十九条　下列事项由股东大会以重大决议通过：

（一）审议批准第一大股东的变更；

（二）审议批准本公司名称的变更；

（三）修改本章程第八十四条。

第八十条　股东大会审议有关关联交易事项时，有关联关系的股东不应当参与投票表决，其所代表的有表决权股份数不计入有效表决权股份总数；股东大会决议应当充分披露无关联关系股东的表决情况。

第八十一条　除本公司处于危机等特殊情况外，非经股东大会以特别决议批准，本公司不得与董事、高级管理人员以外的人订立将本公司全部或者重要业务的管理交与该人负责的合同。

第八十二条　股东大会选举董事、股东监事和外部监事的提案，应当适用本条之规定。同一股东及与其有关联关系的其他股东不得同时提名董事和监事人选，已经提名董事的股东不得再提名独立董事；同一股东及与其有关联关系的其他股东提名的董事（监事）人选已担任董事（监事）职务的，在其任职期届满或更换前，该股东不得再提名监事（董事）候选人；同一股东及与其有关联关系的其他股东提名的董事原则上不得超过董事会成员总数的三分之一，但国家另有规定的除外；因股东之间的责任不同，承担主要风险责任的股东可作出适当安排。审议选举董事、股东监事和外部监事的提案，应当由股东大会对每个董事候选人、监事候选人逐一进行表决。

（一）在本公司第一百二十七条规定的董事会人数范围内，按照拟选任人数，可以由董事会提名与薪酬委员会提出董事候选人名单；单独或者合计持有本公司发行的有表决权股份总数百分之五以上股东的亦可以向董事会提出董事候选人,但单独或者合计持有本公司发行的有表决权股份总数百分之一以上的股东可以向董事会提出独立董事候选人,第一大股东对董事提名承担协调责任。

(二)董事会提名与薪酬委员会对董事候选人的任职资格和条件进行初步审核,合格人选提交董事会审议,经董事会审议通过后,以书面提案方式向股东大会提出董事候选人,并由股东大会选举;遇有临时增补董事的,由董事会提名与薪酬委员会或符合提名条件的股东提出董事候选人,经董事会审议后,由股东大会选举、罢免和更换。

(三)董事会应当在股东大会召开前按照本章程相关规定,向股东披露董事候选人详细资料,保证股东在投票时对候选人有足够的了解。

(四)在符合相关法律、法规规定的基础上,单独或合计持有本公司有表决权股份百分之二以上的股东可以提名非职工代表出任的监事,第一大股东对非职工代表出任的监事提名承担协调责任。

(五)股东监事和外部监事的提名及选举程序参照董事和独立董事的提名及选举程序。监事会提名与监督委员会在本章程规定的监事会人数范围内,应对股东提名的非职工代表出任的监事候选人的任职资格和条件进行初步审核,并将合格的人选提交监事会审议;经审议通过后,监事会应以书面提案方式向股东大会提出非职工代表出任的监事候选人;股东监事和外部监事由股东大会选举、罢免和更换。

(六)职工代表出任的监事由本公司职工民主选举、罢免和更换。

(七)董事会提名与薪酬委员会和监事会提名与监督委员会应当协助董事会、监事会、股东大会充分了解被提名人职业、学历、职称、工作经历、兼职等情况,并对担任董事或监事的被提名人的资格发表意见。被提名人应在股东大会召开之前作出书面承诺,同意接受提名,确认其披露的个人资料真实、准确、完整,并保证当选后切实履行董事或监事的义务。

第八十三条 股东大会将对所有提案进行逐项表决,对同一事项有不同提案的,将按提案提出的时间顺序来进行表决。除因不可抗力等特殊原因导致股东大会中止或不能作出决议外,股东大会将不会对提案进行搁置或不予表决。

第八十四条　股东大会审议提案时，不应对提案进行修改，否则，有关变更应当被视为一个新的提案，且不能在本次股东大会上进行表决。

第八十五条　股东大会采取记名方式投票表决。

第八十六条　股东大会对提案进行表决前，应当确定两名股东代表与监事参加计票和监票。审议事项与股东有利害关系的，相关股东及股东代理人不得参加计票、监票。

第八十七条　股东大会会议主持人应当现场宣布每一个提案的表决情况和结果，并根据表决结果宣布提案是否通过。

在正式公布表决结果前，相关各方对表决情况均负有保密义务。

第八十八条　出席股东大会有表决权的股东，应当对提交表决的提案发表以下意见之一：同意、反对或弃权。

未填、错填、字迹无法辨认的表决票、未投的表决票均视为投票人放弃表决权利，其所持股份数的表决结果应计为"弃权"。

第八十九条　会议主持人如果对提案表决结果有任何怀疑，都可以对所投票数进行点票；如果会议主持人未进行点票，出席会议的且持有表决权股份总数百分之一以上的股东及股东代理人对会议主持人宣布结果有异议的，有权在宣布表决结果后立即要求点票，会议主持人应当即时点票。

第九十条　股东大会决议应当列明出席会议的股东及股东代理人人数、所持有表决权的股份总数及占本公司有表决权股份总数的比例、表决方式、每项提案的表决结果。

第九十一条　提案未获通过，或者本次股东大会变更前次股东大会决议的，股东大会应在决议中作出特别提示。

第九十二条　股东大会通过有关董事、监事选举提案的，新当选董事、监事应于国务院银行业监督管理机构核准其任职资格之日起就任。

第九十三条　股东大会通过有关向股东派现、送股或资本公积转增股本提案的，本公司将在股东大会结束后两个月内实施具体方案。

第五章　党组织（党委）

第九十四条　在本公司中，设立中国共产党某股份有限公司委员会（以下简称党委），隶属于中国共产党 AAA 有限公司委员会。本公司党委设书记 1 名，副书记 1—3 名，其他党委成员若干名。符合条件的党委成员可以通过法定程序进入董事会、监事会、管理层，董事会、监事会、管理层成员中符合条件的党员可以依照有关规定和程序进入党委。按规定设立纪律检查委员会。

第九十五条 党委根据《中国共产党章程》等党内法规及监管文件要求履行以下职责：

（一）充分发挥党委的领导核心和政治核心作用，把党的领导和完善公司治理有机统一起来，保证监督党和国家方针政策在本公司的贯彻执行，落实党中央、国务院重大战略决策，以及上级党组织有关重要工作部署。

（二）充分发挥党委在"把方向、谋战略、抓改革、促发展、控风险"等方面的作用，研究讨论本公司改革发展稳定、重大经营管理事项、选人用人和涉及职工切身利益的重大问题，并提出意见建议。支持股东大会、董事会、监事会、管理层依法履职；支持职工代表大会开展工作。

（三）承担全面从严治党主体责任。领导本公司思想政治工作、统战工作、精神文明建设、企业文化建设和工会、共青团等群团工作。领导党风廉政建设，支持纪委切实履行监督责任。

（四）加强本公司党组织的自身建设，发挥基层党组织战斗堡垒作用和党员先锋模范作用，团结带领干部职工积极投身本公司改革发展。

（五）党委职责范围内的其他事项。

第六章　董事会
第一节　董事

第九十六条 本公司董事为自然人，并由本公司股东大会选举产生。董事的任免应以其实际履职能力为主要考量依据。

第九十七条 依据《公司法》等规定，不得担任董事的人员，不得担任本公司的董事。

违反本条规定选举的本公司董事，该选举无效。

董事因严重失职被股东大会罢免的，其董事职务自其任职资格取消之日起当然解除。

第九十八条 董事由股东大会选举或更换，任期三年，可连选连任。董事在任期届满以前，股东大会不得无故解除其职务。独立董事的任职时间累计不得超过六年。

第九十九条 如因以下任一情形导致本公司的董事人数不符合本章程规

定的最低人数或导致董事会中独立董事的比例不符合相关监管要求的，本公司应当及时召开股东大会改选董事。

（一）董事严重失职；

（二）董事在任期内提出辞职申请；

（三）董事任期届满未及时改选。

除董事因严重失职取消任职资格情形外，在改选出的董事就任前，原任董事应当依照法律、法规和本章程的规定继续履行董事职责。

第一百条　董事会由执行董事和非执行董事（含独立董事）组成。

执行董事是指在本公司担任除董事职务外的其他高级经营管理职务的董事。非执行董事是指在本公司不担任经营管理职务的董事。独立董事是指不在本公司担任除董事外其他职务，并且与本公司及其主要股东不存在任何可能影响其进行独立、客观判断关系的董事。

第一百零一条　本公司董事不得在可能发生利益冲突的其他公司或企业中兼任董事职务。

第一百零二条　董事应当遵守法律、法规和本章程的规定，在其职责范围内行使权利，并对本公司负有下列忠实义务：

（一）不得利用职权收受贿赂或者其他非法收入，不得侵占本公司的财产；

（二）不得挪用本公司资金或者将本公司资金借贷给他人；

（三）不得将本公司资产或者资金以其个人名义或者其他个人名义开立账户存储；

（四）不得违反本章程的规定，未经股东大会或董事会同意，将本公司资金借贷给他人或者以本公司财产为他人提供担保；

（五）不得违反本章程的规定或未经股东大会同意，与本公司订立合同或者进行交易；

（六）不得在境内自营或者为他人经营与本公司同类业务或者从事损害本公司利益的活动；

（七）不得将本公司交易的佣金归为己有；

（八）不得擅自披露本公司秘密，但因法律规定、公众利益需要或为董事自身的合法权益，向法院或其他有权监管部门进行披露的情形除外；

（九）不得利用内幕信息为自己或他人谋取利益；

（十）不得利用其关联关系损害本公司利益；

（十一）在其职权范围内行使权利，不得超越董事职权；

（十二）法律、法规及本章程规定的其他忠实义务。

董事违反本条规定所得的收入，应当归本公司所有；给本公司造成损失的，应当承担赔偿责任。

本条有关董事忠实义务的规定，同样适用于本公司的监事和高级管理人员。

第一百零三条　董事应当遵守法律、法规和本章程，对本公司负有下列勤勉义务：

（一）应谨慎、认真、勤勉地行使本公司赋予的权利，以保证本公司的商业行为符合国家法律、法规以及国家各项经济政策的要求。

（二）应根据权责一致的原则，公平对待所有股东。

（三）应认真阅读本公司各项经营、财务会计报告，及时了解本公司业务经营管理状况。

（四）应当对本公司定期报告签署书面确认意见。保证本公司所披露的信息真实、准确、完整。

（五）应当如实向监事会提供有关情况和资料，不得妨碍监事会或者监事行使职权。

（六）亲自行使被合法赋予的本公司管理权，不得受他人操纵；非经法律、法规允许或者得到股东大会批准，不得将其管理权转授他人行使。

（七）法律、法规及本章程规定的其他勤勉义务。

本条有关董事勤勉义务的规定，同样适用于本公司的监事和高级管理人员。

第一百零四条　董事在履行本节规定的义务时，应将有关情况向董事会作出书面陈述。

第一百零五条　董事应以认真负责的态度出席董事会会议，对所议事项表达明确的意见。董事应当投入足够的时间履行职责，且每年亲自出席三分之二以上的董事会会议。董事确实无法亲自出席董事会的，可以书面形式委托同类别其他董事按其意愿代为出席董事会并行使表决权，并独立承担相应的法律后果。

董事连续两次未能亲自出席会议，也不委托其他董事出席董事会会议，或者一年内亲自参加董事会会议的次数少于董事会会议总数的三分之二，视为不能履行职责，董事会应当建议股东大会予以撤换。

第一百零六条 董事可以在任期届满以前提出辞职，董事辞职应当向董事会提交书面辞职报告。董事会将在二日内披露有关情况。

董事辞职自辞职报告送达董事会时生效。

第一百零七条 董事离任前，应向董事会办妥所有移交手续，其对本公司和股东负有的义务在其任职结束后的合理期间内并不当然解除，其中其对本公司商业秘密所负的保密义务应持续至该商业秘密成为公开信息为止，其对本公司所负的其他义务的持续期间应当根据公平原则、事件发生与其离任之间的时间跨度，以及所负义务的性质和具体内容视情况而定。

第一百零八条 未经本章程规定或者董事会合法授权，任何董事不得以个人名义代表本公司或者董事会行事。董事以其个人名义行事时，如第三方有合理理由认为其系代表本公司或者董事会行事的，该董事应事先声明其立场和身份。

第一百零九条 本公司应建立董事履职档案，完整记录董事参加董事会会议的次数、独立发表的意见和建议，及意见和建议被采纳的情况等，并将董事履职档案作为对董事评价的依据。

第二节 独立董事

第一百一十条 本公司独立董事人数应不少于三人，且至少包括一名会计专业人士。

第一百一十一条 独立董事应当符合下列条件：

（一）具有完全民事行为能力；

（二）具有良好的守法合规记录；

（三）具有良好的品行、声誉；

（四）具有担任拟任职务所需的相关知识、经验及能力；

（五）具有良好的相关行业从业记录；

（六）个人及家庭财务稳健；

（七）具有担任拟任职务所需的独立性；

（八）履行董事的忠实义务与勤勉义务；

（九）具有五年以上的法律、经济、财务或其他有利于履行董事职责的工作经历；

（十）了解本公司的公司治理结构、章程和董事会职责。

除上述所列条件外，独立董事还应当是法律、经济、金融或财会方面的专家。

第一百一十二条 独立董事不得存在下述情形：

（一）本人合并持有本公司百分之一以上股份。

（二）本人在持有本公司百分之一以上股份的股东单位任职。

（三）本人在本公司、本公司控股股东或控股股东控制的机构任职。

（四）本人就任前三年内曾经在本公司或本公司控股或者实际控制的企业任职。

（五）本人不能按期偿还本公司贷款的。

（六）本人任职的机构与本公司之间存在因法律、会计、审计、管理咨询、担保合作等方面的业务联系或债权债务等方面的利益关系，以至于妨碍其履职独立性的。

（七）本人可能被本公司的股东、高级管理层控制或施加重大影响，以至于妨碍其履职独立性的其他情形。

（八）符合上述情形人员的近亲属。本章程所称近亲属是指夫妻、父母、子女、祖父母、外祖父母、孙子女、外孙子女、兄弟姐妹。

第一百一十三条 独立董事每年为本公司工作的时间不得少于十五个工作日。

担任风险管理委员会、关联交易控制委员会、审计委员会主任的独立董事每年在本公司工作的时间不得少于二十五个工作日。

第一百一十四条 独立董事履行职责时应当独立对董事会审议事项发表客观、公正的意见，并重点关注以下事项：

（一）重大关联交易的合法性和公允性；

（二）利润分配方案；

（三）高级管理人员的聘任和解聘；

（四）可能造成本公司重大损失的事项；

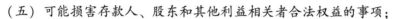

（五）可能损害存款人、股东和其他利益相关者合法权益的事项；

（六）外部审计机构的聘请。

第一百一十五条　独立董事应当以认真的负责态度按时出席董事会会议，了解本公司的经营和运作情况，主动调查、获取作出决策所需要的情况和资料。独立董事应当在本公司股东年会提交独立董事年度报告书，对其履行职责的情况进行说明。

股东大会审议的独立董事年度报告书应当至少包括各位独立董事参加董事会会议次数、历次参加董事会会议的主要情况，独立董事提出的反对意见及董事会所作处理等内容。

第一百一十六条　独立董事任期届满前，无正当理由不得被免职。

第一百一十七条　独立董事按照本章程第一百一十二条辞职的，应向董事会提交书面辞职报告，并应当向最近一次召开的股东大会提交书面声明，对任何与其辞职有关或其认为有必要引起本公司股东和债权人注意的情况进行说明。

第一百一十八条　独立董事有下列情形之一的，由监事会提请股东大会予以罢免：

（一）因职务变动不符合独立董事任职资格条件且本人未提出辞职申请的；

（二）法律、法规及本章程规定不适合继续担任独立董事的其他情形。

但独立董事在监事会提出罢免提案前，可以向监事会解释有关情况，进行陈述和辩解。

第一百一十九条　独立董事除适用本节有关规定外，本章程第六章第一节有关董事的规定均应一并适用。

第三节　董事会

第一百二十条　本公司设董事会，对股东大会负责。董事会是股东大会的执行机构和本公司的经营决策机构。

第一百二十一条　本公司董事会由五名至十五名董事组成。

除非股东大会表决同意，董事会任期届满后，最迟应当在一个月内召开股东大会进行换届选举。在改选出的董事就任前，原董事仍应当依照法律法规的规定，履行董事职责。

第一百二十二条　董事会行使下列职权：

（一）负责召集股东大会，并向股东大会报告工作；

（二）执行股东大会的决议；

（三）拟订本公司中长期发展规划和经营发展战略；

（四）决定本公司年度经营考核指标，批准本公司的年度经营计划和投资方案；

（五）拟订本公司的年度财务预算方案、决算方案、风险资本分配方案、利润分配方案和弥补亏损方案；

（六）拟订本公司增加或减少注册资本、发行债券或其他证券及上市方案；

（七）拟订本公司重大收购、回购本公司股票或者合并、分立、解散、清算或者变更公司形式的方案；

（八）拟订本公司股权激励计划；

（九）拟订本章程的修改方案；

（十）以书面提案方式向股东大会提出董事候选人；

（十一）向股东大会提请聘请或更换为本公司审计的会计师事务所；

（十二）审议批准单笔交易金额超过人民币五千万元的经营性担保事项；

（十三）审议批准本公司与一个关联方之间单笔交易金额超过本公司最近一期经审计资本净额百分之一或与一个关联方发生交易后本公司与该关联方的交易余额超过本公司最近一期经审计资本净额百分之一的关联交易；

（十四）审议批准单笔交易金额不超过人民币二千万元的股权投资及其处置；

（十五）审议批准单笔交易金额超过人民币一千万元但不超过人民币三千万元的固定资产购置与处置，包括但不限于固定资产、知识产权、土地使用权；

（十六）审议批准本公司股东出质本公司股份前备案申请；

（十七）审议批准、修改董事会各专门委员会的工作规则，确定董事会各专门委员会的主任及委员；

（十八）制定本公司的基本管理制度；

（十九）审议批准总经理工作规则；

（二十）决定本公司内部管理机构和分支机构的设置；

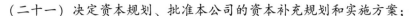

（二十一）决定资本规划、批准本公司的资本补充规划和实施方案；

（二十二）建立符合本公司发展战略和风险管理需要的公司治理架构和内部控制体系，定期评估并完善本公司的公司治理状况；

（二十三）定期评估本公司股东承诺事项的履行情况，并于股东已经发生或可能发生不履行承诺事项时，及时开展专项评估；

（二十四）审议批准本公司中长期信息科技战略，建立健全组织架构和技术成熟、运行安全稳定、应用丰富灵活、管理科学高效的信息科技体系，确保信息科技建设对本公司经营和风险管控的有效支持；

（二十五）审查批准本公司信息科技战略，制定本公司可接受的信息科技风险级别，建立和完善数据外包风险管理体系，评估重大信息系统项目的风险；

（二十六）负责本公司的信息披露，对本公司的会计和财务报告体系的完整性、准确性承担最终责任；

（二十七）监督高级管理层的履职情况，确保高级管理层有效履行管理职责；

（二十八）听取本公司总经理的工作汇报并检查总经理的工作；

（二十九）审议批准本公司年度内部审计工作报告；

（三十）选举产生董事长；

（三十一）聘任或解聘高级管理人员和内审部门负责人，并确定其职权范围；

（三十二）决定高级管理人员其报酬事项和奖惩事项；

（三十三）决定本公司经营管理者奖励基金按利润总额提取的比例；

（三十四）决定本公司员工福利基金和奖励基金提取的方法；

（三十五）法律、法规或本章程规定，以及股东大会确定的其他职权。

董事会可在董事会闭会期间，在必要、合理、合法前提下，授权董事长、董事会专门委员会行使董事会的部分职权。董事长可在前述授权范围内授权其他董事、高级管理人员行使部分职权。

董事会可以在职权范围内，授权总经理审议批准本公司日常经营活动相关的关联交易、股权投资及其处置、固定资产购置和处置、担保等事项。

第一百二十三条　董事会应当接受监事会监督，对监事会提出的质询应当及时予以回复，不得阻挠、妨碍监事会进行的检查、审计等活动。

第一百二十四条 本公司制定内容完备的董事会议事规则，内容应包括会议通知、召开方式、文件准备、表决形式（包括董事会采取通讯表决的条件和程序）、提案机制、会议记录、董事会授权规则等。董事会议事规则为本章程的附件，并报股东大会批准，修改时亦同。董事会议事规则与本章程不一致的，以本章程规定为准。

第一百二十五条 董事会在本章程规定权限范围内，运用本公司资产进行股权投资或固定资产购置、处置的，董事会应当建立严格的审查和决策程序及授权制度。

第一百二十六条 董事会按照股东大会的有关决议，设立战略管理、审计、风险管理、关联交易控制、提名与薪酬等专门委员会。

董事会的相关拟决议事项应先提交相应的专门委员会进行审议，由该专门委员会提出审议意见，并向董事会报告。除董事会依法授权外，专门委员会的审议意见不能代替董事会的表决意见。

战略管理委员会主任由董事长担任，其他专门委员会主任由董事长提名，董事会选举产生，其中风险管理委员会主任应当具有对各类风险进行判断与管理的经验，审计委员会、关联交易控制委员会、提名与薪酬委员会应当由独立董事担任主任。审计委员会主任由第一大股东以外的其他股东向董事会推荐，其应当具有财务、审计和会计等某一方面的专业知识和工作经验。

各专门委员会对董事会负责。专门委员会成员应是具有与专门委员会职责相适应的专业知识和工作经验的董事，其中审计委员会、关联交易控制委员会多数成员应为独立董事。

第一百二十七条 战略管理委员会的主要职责是：

（一）对本公司的经营目标、中长期发展规划和发展战略提出建议；

（二）对本公司发展战略的实施情况，年度经营计划、投资方案、资产经营等方案的执行情况，进行检查、监督和评估并提出建议；

（三）对本章程规定须经董事会或股东大会批准的重大投融资、资本运作、资产经营等方案进行研究并提出建议；

（四）对本章程规定须经董事会批准的其他影响本公司发展的重大事项进行研究并提出建议；

（五）对本公司的信息科技战略提出建议；

（六）董事会授权的其他事项。

第一百二十八条　审计委员会的主要职责是：

（一）检查本公司的风险及合规状况、会计政策、财务状况和财务报告程序并提出建议；

（二）对本公司年度审计工作提出建议，提议聘请或更换外部审计机构；

（三）监督本公司内部审计制度及其实施情况；

（四）负责内部审计与外部审计之间的沟通；

（五）审核本公司财务信息及其披露，并就审计后的财务报告信息的真实性、完整性和准确性作出判断性报告，提交董事会审议；

（六）定期评估本公司股东承诺事项的履行情况，并于股东已经发生或可能发生不履行承诺事项时，及时开展专项评估，提交董事会审议；

（七）董事会授权的其他事项。

第一百二十九条　风险管理委员会的主要职责是：

（一）对本公司高级管理层关于市场风险、操作风险和声誉风险等风险控制情况进行监督并提出建议；

（二）建立健全组织架构和技术成熟、运行安全稳定、应用丰富灵活、管理科学高效的信息科技体系，确保信息科技建设对本公司经营和风险管控的有效支持，并对本公司信息系统建设情况进行评估并提出建议；

（三）对本公司股东履行本章程项下的义务进行监督并提出建议；

（四）制定可接受的风险水平，保证高级管理层采取必要的风险控制措施；

（五）监督高级管理层对内部控制体系的充分性与有效性进行监测和评估；

（六）审查总经理关于本公司重大业务政策、规章制度和操作流程的报告并提出建议；

（七）审查对外担保等有关事项并提出建议；

（八）董事会授权的其他事项。

第一百三十条　关联交易控制委员会的主要职责是：

（一）拟订本公司有关关联交易的规章及管理制度；

（二）依据有关法律、法规确认本公司的关联方；

（三）接受一般关联交易按照本公司内部授权程序审批后的备案；

（四）检查、监督、审核重大关联交易，控制关联交易风险；

（五）负责审核股东股权质押备案申请，并向董事会提出建议；

（六）有关法律、法规、本公司章程规定的及董事会授权的其他相关事宜。

本章程所称一般关联交易是指，本公司与一个关联方之间单笔交易金额占本公司最近一期经审计资本净额百分之一以下，且该笔交易发生后本公司与该关联方的交易余额占本公司最近一期经审计资本净额百分之三以下的交易。

本章程所称重大关联交易是指，本公司与一个关联方之间单笔交易金额超过本公司最近一期经审计资本净额百分之一，或本公司与一个关联方发生交易后本公司与该关联方的交易余额超过本公司最近一期经审计资本净额百分之三的交易。

第一百三十一条 提名与薪酬委员会的主要职责是：

（一）根据本公司经营情况、资产规模和股份结构对董事会组成向董事会提出建议；

（二）拟订董事、高级管理人员的选任标准和程序，并向董事会提出建议；

（三）对董事和高级管理层成员的候选人进行初步审核，并向董事会提出建议；

（四）拟订、审议本公司薪酬管理制度和政策；

（五）拟订董事和高级管理人员任职管理制度方案，向董事会提出建议，并对董事和高级管理人员履职情况进行监督；

（六）拟订董事、高级管理人员的薪酬方案，向董事会提出建议，并监督方案实施；

（七）董事会授权的其他事项。

第一百三十二条 各专门委员会可以聘请中介机构提供专业意见，有关费用由本公司承担。

各专门委员会对董事会负责，各专门委员会的提案应提交董事会审查决定。

各专门委员会会议议事规则和工作程序由董事会制定。各专门委员会应当制订年度工作计划并定期召开会议。

第一百三十三条　董事会会议分为定期会议和临时会议。董事会每季度至少应当召开一次定期会议。董事会会议由董事长召集，并应于会议召开十日前，书面通知全体董事参加，通知监事会派员列席。

第一百三十四条　有下列情形之一的，董事长应在十个工作日内召集临时董事会会议：

（一）董事长认为必要时；

（二）三分之一以上董事或二分之一以上独立董事联名提议时；

（三）代表十分之一以上表决权股份的股东提议时；

（四）监事会提议时。

第一百三十五条　董事会召开临时董事会会议应于会议召开五日前书面通知全体董事，并通知监事会派员列席。情况紧急，需要尽快召开董事会临时会议的，可以随时通过电话或者其他口头方式发出会议通知，但召集人应当在会议上作出说明。

第一百三十六条　董事会会议通知包括以下内容：

（一）会议日期和地点、期限；

（二）会议召开方式；

（三）拟审议的事项（会议提案）；

（四）会议材料；

（五）发出通知的日期。

第一百三十七条　董事会由董事长召集和主持，但法律、法规另有规定的除外。董事会会议应当由全体董事过半数出席方可举行。每一董事享有一票表决权。董事会作出决议，必须经全体董事的过半数通过。

董事会会议可以采用会议表决（包括视频会议）和通讯表决两种表决方式。采用通讯表决方式的，至少应在表决前五日将通讯表决事项及相关背景资料送达全体董事。董事会会议采取通讯表决方式时应当说明理由。

第一百三十八条　董事会审议利润分配方案、重大股权投资及其处置（第一百二十二条第十四项）、重大资产购置和处置方案（第一百二十二条第十五项)、聘任和解聘高级管理人员、资本补充方案等重大事项时不得采取通讯表决方式，且应当由董事会三分之二以上董事通过方可有效。

第一百三十九条　董事的关联企业直接或者间接与本公司进行已有或者计划中的合同、交易、安排的，该董事（以下简称关联董事）应当将关联关系的性质和程度及时告知董事会关联交易控制委员会，并在审议相关事项时进行回避，不得对该项决议行使表决权。关联董事可以自行回避，也可以由其他参加董事会的董事提出回避请求。该董事会会议应当由无关联关系的董事过半数出席方可举行；董事会会议作出的批准关联交易的决议应当由无关联关系的董事过半数通过。出席董事会的无关联关系董事人数不足三人的，应将该事项提交股东大会审议。

第一百四十条　董事会会议应当由董事本人出席，董事因故不能出席的，可以书面委托同类别其他董事代为出席。

代为出席会议的董事应当在授权范围内行使董事的权利，委托董事仍应对董事会决议承担相应法律责任。董事未出席董事会会议，亦未委托符合本章程规定的其他董事出席的，视为放弃在该次会议上的投票权。

第一百四十一条　董事会应当将会议所议事项的决定做成会议记录，出席会议的董事应当在会议记录上签名。出席会议的董事有权要求在记录上对其在会议上的发言作出说明性记载。董事会会议记录作为本公司档案由董事会秘书保存，保存期限为永久。

第一百四十二条　董事会会议记录包括以下内容：

（一）会议召开的日期、地点和召集人姓名；

（二）出席董事的姓名以及受他人委托出席董事会的董事（代理人）姓名；

（三）会议议程；

（四）董事发言要点；

（五）每一决议事项的表决方式和结果（表决结果应载明赞成、反对或弃权的票数）。

第一百四十三条　董事应当对董事会的决议承担责任。董事会决议违反法律、法规或者本章程，致使本公司遭受损失的，参与决议的董事对本公司负赔偿责任。但经证明在表决时曾表明异议并记载于会议记录的，该董事可以免除责任。

第一百四十四条　董事会设办公室，负责股东大会、董事会、董事会各专门委员会会议的筹备、信息披露，以及董事会、董事会各专门委员会及投资者关系管理等其他日常事务。

第四节　董事长

第一百四十五条　本公司设董事长一名，由本公司董事担任。董事长由第一大股东提名，由全体董事过半数选举产生。

董事长每届任期三年，连选可连任，离任时须进行离任审计。

董事长和总经理应当分设。

第一百四十六条　董事长行使本章程授予的下列职权：

（一）主持股东大会，召集和主持董事会会议；

（二）督促、检查董事会决议的执行情况；

（三）行使法定代表人的职权；

（四）签署本公司股票、本公司债券及其他有价证券的法律文书；

（五）在发生不可抗力的紧急情况下，对本公司事务行使符合法律、法规和本章程规定，且符合本公司利益的特别处置权，并在事后向本公司董事会和股东大会报告；

（六）认为必要时召集召开临时董事会；

（七）在董事会闭会期间行使董事会授予的其他职权；

（八）提请董事会聘任或者解聘总经理、董事会秘书和财务负责人；

（九）本章程规定的其他职权。

第一百四十七条　董事长不能履行职务或者不履行职务的，由半数以上董事共同推举一名董事履行职务。

第五节　董事会秘书

第一百四十八条　董事会设一名董事会秘书。

董事会秘书对董事会负责并报告工作。任期与董事任期相同，任满可以续聘。董事会如发现董事会秘书有失职或不称职行为，经考核属实的，可以将其解聘。

本公司监事、总经理以及本公司聘请的会计师事务所的会计师不得兼任董事会秘书。

第一百四十九条 董事会秘书应当具有良好的素质和职业道德，能够忠实地履行职责，并具有良好的处理公共事务的能力。

本章程规定不得担任本公司董事的情形适用于董事会秘书。

第一百五十条 董事会秘书的主要职责是：

（一）筹备董事会会议和股东大会，并负责会议的记录和会议文件、记录的保管；

（二）协助有权得到本公司有关文件和记录的人及时得到有关文件和记录；

（三）负责保管股东名册、董事会印章及相关资料，负责处理本公司股权管理及相关方面的事务；

（四）处理本公司信息披露事务，拟定并执行信息披露制度和重大信息内部报告制度，促使本公司和相关当事人依法履行信息披露义务，并按照有关规定向监督管理机构及其派出机构进行定期报告和临时报告的披露工作，保证本公司信息披露的合法、及时、真实和完整；

（五）负责与本公司信息披露有关的保密工作，制定保密措施，促使董事、监事和其他高级管理人员以及相关知情人员在信息披露前保守秘密，并在内幕信息泄露时及时采取补救措施，同时向监督管理机构或其派出机构报告；

（六）负责本公司与监督管理机构或其派出机构之间的沟通和联络，准备和递交有权监管部门要求的董事会和股东大会出具的报告和文件；

（七）协调本公司与股东的关系，接待股东来访，回答股东咨询，向股东提供本公司信息披露资料；

（八）法律、法规和本章程规定的其他职责。

本公司应为董事会秘书履行上述职责提供条件。

第七章 高级管理人员

第一百五十一条 本公司设总经理一人，副总经理（总经理助理）若干人。总经理、董事会秘书、财务负责人由董事长提名，由董事会聘任或解聘；副总经理（总经理助理）、首席风险官、首席信息官和其他高级管理人员由总经理提名，由董事会聘任或解聘。内审部门负责人由监事会主席提名，由董事会聘任或解聘。

第一百五十二条 本章程关于不得担任董事的情形，同时适用于高级管理人员。

本章程关于董事的忠实义务和勤勉义务的规定，同时适用于高级管理人员。

第一百五十三条 总经理、副总经理（总经理助理）每届任期三年，连聘可以连任。

第一百五十四条 总经理对董事会负责，行使下列职权：

（一）主持本公司的经营管理工作，并向董事会报告工作；

（二）组织实施董事会决议、本公司年度计划和投资方案；

（三）拟订本公司的基本管理制度，制定本公司具体业务操作办法；

（四）提请董事会聘任或者解聘非由董事长提名聘任或解聘的其他高级管理人员；

（五）聘任或者解聘除应由董事会聘任或者解聘外的，本公司内部各职能部门及分支机构负责人，按照董事会批准的方案决定其工资、福利、奖惩；

（六）决定本公司员工的聘用和解聘；

（七）授权高级管理层成员、内部各职能部门及分支机构负责人从事经营活动；

（八）拟订本公司内部管理机构和分支机构的设置与撤并方案；

（九）决定本公司员工的工资、福利、奖惩事项；

（十）董事会授予的其他职权。

第一百五十五条 经董事会会议召集人同意，不担任董事职务的高级管理人员，可以列席董事会会议，但没有表决权。

第一百五十六条 总经理应制定总经理工作规则，报董事会批准后实施。

第一百五十七条 总经理工作规则包括下列内容：

（一）总经理会议召开的条件、程序和参加的人员；

（二）总经理、副总经理（总经理助理）及其他高级管理人员各自具体的职责及其分工；

（三）本公司资金、资产运用，签订重大合同的权限，以及向董事会、监事会的报告制度；

（四）董事会认为必要的其他事项。

第一百五十八条　副总经理（总经理助理）及其他高级管理人员应当协助总经理工作，总经理不能履行职权时，由董事长指定的副总经理（总经理助理）行使职权，董事长不能指定的，由总经理授权的副总经理（总经理助理）行使职权。

第一百五十九条　高级管理人员可以在任期届满以前提出辞职。高级管理人员辞职的具体程序和办法由其与本公司之间的聘用合同规定。高级管理人员必须完成离任审计方可离任。

第一百六十条　高级管理层应当保持相对稳定，在任期内不应随意调整。但三分之一以上董事或二分之一以上独立董事联名提议时（如只有二名独立董事的，须经全体独立董事共同提议），即可发起对总经理的解聘程序。

高级管理人员对董事会违反任免规定的行为，有权请求监事会提出异议。

第八章　监事会
第一节　监事

第一百六十一条　本公司监事为自然人，分别为职工代表监事、外部监事和股东监事。股东监事和外部监事由股东大会选举产生或更换，职工代表监事由本公司职工代表大会或其他民主程序选举产生或更换。外部监事是指，不在本公司担任除监事外的其他职务，其与本公司及其主要股东不存在任何可能影响其独立、客观判断关系的监事。

第一百六十二条　本章程关于不得担任董事的情形，同时适用于监事。

本章程有关不得担任独立董事人员的规定，以及独立董事撤换的规定，同时适用于本公司的外部监事。

董事、高级管理人员不得兼任监事。

第一百六十三条　本章程关于董事任期和连任的规定，适用于监事，但外部监事应当适用本章程关于独立董事任期和连任的特别规定。监事可以在任期届满前提出辞职，本章程关于董事辞职的规定，适用于监事。

如发生下述任一情形，导致本公司监事人数达不到本章程规定的最低人数，本公司应当及时召开股东大会、职工代表大会以改选监事：

（一）监事严重失职而被股东大会、职工代表大会罢免；

（二）监事任期届满未及时改选；

（三）监事在任期内辞职。

除前述第一项情形外，在改选的监事就任前，原任监事仍应当依照法律、法规和本章程的规定履行监事职责。

第一百六十四条 本章程关于董事的忠实义务和关于勤勉义务的规定，同时适用于监事。

监事连续两次未能亲自出席，也不委托其他同类别监事代为出席监事会会议，或每年未能亲自出席的监事会会议达三分之二以上的，视为不能履职，监事会应当建议股东大会或职工代表大会等予以罢免。

股东监事和外部监事每年在本公司工作的时间不得少于十五个工作日。

职工代表监事享有参与制定涉及员工切身利益的规章制度的权利，并应当积极参与制度执行情况的监督检查。

第一百六十五条 全部外部监事一致同意，可以书面提议监事会召开临时股东大会，监事会应当在收到提议后以书面形式反馈同意或不同意的意见。

第一百六十六条 监事应当保证公司披露的信息真实、准确、完整。

第一百六十七条 监事可以列席董事会会议，并对董事会决议事项提出质询或者建议。

第一百六十八条 监事有以下情形之一的应当认定为严重失职，监事会应当建议股东大会、职工代表大会等予以罢免：

（一）泄露本公司秘密，损害本公司合法利益；

（二）在履行职责过程中接受不正当利益；

（三）在监督检查中应当发现问题而未能发现或发现问题隐瞒不报，导致本公司重大损失的。

监事连续两次不能亲自出席也不委托其他同类别监事出席监事会会议的，视为不能履行职责，股东大会或职工代表大会应当予以撤换。

第二节 监事会

第一百六十九条 本公司设监事会。监事会由五名以上十三名以下的监事组成。监事会设主席一人，由第二大股东向监事会推荐。

监事会主席由监事会全体监事过半数选举产生和罢免，其应具备财务、审计、金融、法律、管理等某一方面的专业知识和工作经验。监事会主席应为专职担任监事的人士。

监事会主席应当履行以下职责：

（一）召集、主持监事会会议；

（二）组织履行监事会职责；

（三）签署监事会报告和其他重要文件；

（四）代表监事会向股东大会报告工作；

（五）向董事会提名内审部门负责人；

（六）法律、法规及本章程规定的其他职责。

监事会主席不能履行职务或不履行职务时，由半数以上监事共同推举的一名监事主持。

第一百七十条 监事会行使下列职权：

（一）对本公司的定期报告进行监督，对报告的真实性、准确性和完整性提出书面审核意见；

（二）根据本章程规定，以书面提案方式向股东大会提出监事候选人；

（三）监督聘用、解聘、续聘外部审计机构的合规性，聘用条款和酬金的公允性，外部审计工作的独立性和有效性；

（四）检查本公司的财务，并重点监督董事会和高级管理层的重要财务决策和执行情况；

（五）对本公司利润分配方案进行监督，并对利润分配方案的合规性、合理性发表意见；

（六）对董事、高级管理人员执行本公司职务的行为进行监督，对违反法律、法规、本章程或者股东大会决议的董事、高级管理人员提出罢免的建议；

（七）当董事、总经理和其他高级管理人员的行为损害本公司的利益时，要求其予以纠正，必要时向股东大会报告；

（八）应当建立健全对董事和高级管理人员的履职评价制度，明确评价内容、标准和方式等，对董事和高级管理人员的履职情况进行评价，并将评价结果向股东大会报告；

（九）监督本公司内部控制治理架构的建立和完善情况，以及相关各方的职责划分及履职情况；

（十）对本公司业务，尤其是新业务、新产品的管理制度、操作流程、关键风险环节和相关管理信息系统等内部控制情况的监督；

（十一）对本公司内控合规工作进行监督，指导有关部门对内部控制的有关岗位和各项业务实施全面的监督和评价；

（十二）审阅本公司内部控制检查报告和自我评价报告，对内部控制检查和自我评价中发现的问题，要求董事会和高级管理层在规定的时限内及时整改，并跟踪监督整改情况；

（十三）监督本公司全面风险管理治理架构的建立和完善情况，以及相关各方的职责划分及履职情况；

（十四）对本公司面临的主要风险进行重点监督，调查评估风险管理情况，提出风险管理意见或建议；

（十五）定期与董事会和高级管理层就本公司的风险水平、风险管理、风险承受能力评估等情况进行沟通；

（十六）监督本公司遵守章程规定的风险指标情况，当风险监管未能达到要求时，且董事会和高级管理层未能及时采取措施进行修正的，监事会应当及时进行风险提示并提出整改要求；

（十七）每年对监事会工作情况进行自我评价，并对监事履职情况进行评价；

（十八）提议召开临时股东大会，在董事会不履行《公司法》规定的召集和主持股东大会职责时召集和主持股东大会；

（十九）向股东大会提出提案；

（二十）对董事和高级管理人员进行离任审计；

（二十一）对本公司的经营决策、风险管理和内部控制等进行审计并指导内部审计部门的工作；

（二十二）依照《公司法》第一百五十一条的规定，对董事、高级管理人员提起诉讼；

（二十三）发现本公司经营情况异常，可以进行调查，必要时，可以聘请会计师事务所、律师事务所等专业机构协助其工作，费用由本公司承担；

（二十四）法律、法规及本章程规定或股东大会授予的其他职权。

第一百七十一条　本公司重大决策事项应当事前告知监事会，并向监事会提供经营状况、财务状况、重要合同、重大事件及案件、审计事项、重大人事变动事项以及其他监事会要求提供的信息。

监事会在履职过程中，可以采用非现场监测、检查、列席会议、访谈、审阅报告、调研、问卷调查、离任审计和聘请第三方专业机构提供协助等多种方式。

监事会有权根据履行职责需要，使用本公司所有经营管理信息系统。

第一百七十二条 监事会每年至少召开四次定期会议，每季度召开一次，会议由监事会主席召集和主持。会议通知应当在会议召开十日前以书面形式送达全体监事。监事会会议通知应当包括举行会议的日期、地点和会议期限，事由及议题，发出通知的日期等内容。

第一百七十三条 有下列情况之一的，监事会主席应当召集监事会临时会议：

（一）监事会主席认为必要时；

（二）三分之一以上监事联名提议时；

（三）全体外部监事提议时。

监事会召开监事会临时会议应于会议召开五日前书面通知全体监事。情况紧急，需要尽快召开监事会临时会议的，可以随时通过电话或者其他口头方式发出会议通知，但召集人应当在会议上作出说明。

第一百七十四条 监事会会议应由二分之一以上的监事出席方可举行。监事会会议以举手或记名投票方式进行表决，每一位监事享有一票表决权。每一位监事所提议案，监事会均应予以审议。监事会作出的决议必须经半数以上监事通过才能生效，但监事会提请罢免独立董事的提案应当由全体监事的三分之二以上表决通过，方可提请股东大会审议。

监事会会议可以采用会议表决（包括视频会议）和通讯表决两种表决方式。采用通讯表决方式的，至少应在表决前五日将通讯表决事项及相关背景资料送达全体监事。但对本公司的利润分配方案、风险资本分配方案、重大投资、重大资产处置、聘任或解聘高级管理人员等，不应采取通讯表决方式。

第一百七十五条 本公司制定内容完备的监事会议事规则，并规定监事会的召开和表决程序，包括会议通知、召开方式、文件准备、表决形式、提案机制、会议记录及其签署等内容，监事会议事规则为本章程的附件，并报股东大会批准，修改时亦同。监事会议事规则与本章程不一致的，以本章程规定为准。

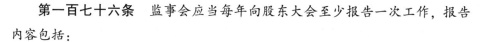

第一百七十六条　监事会应当每年向股东大会至少报告一次工作，报告内容包括：

（一）对本公司董事会和高级管理层及其成员履职、财务活动、内部控制、风险管理的监督情况；

（二）监事会工作开展情况；

（三）对有关事项发表独立意见的情况；

（四）其他监事会认为应当向股东大会报告的事项。

董事会、总经理及其他高级管理人员对监事会决议、意见和建议拒绝或拖延采取相应措施的，监事会有权报告股东大会或提议召开临时股东大会。

第一百七十七条　监事会设立提名与监督委员会。

提名与监督委员会应由外部监事担任主任，并由第一大股东以外的其他股东向监事会推荐。

第一百七十八条　监事会提名与监督委员会的主要职责：

（一）拟定监事的选任标准、程序，并向监事会提出建议；

（二）对监事候选人进行初步审查并向监事会提出建议；

（三）对董事的选聘程序进行监督；

（四）对董事、监事和高级管理人员履职情况进行综合评价并向监事会报告；

（五）对全行薪酬管理制度和政策及高级管理人员薪酬方案的科学性、合理性进行监督；

（六）拟订对本公司财务活动的监督方案并实施相关检查；

（七）监督董事会确立稳健的经营理念、价值准则和制定符合本公司实际的发展战略；

（八）对本公司经营决策、风险管理和内部控制等进行监督检查并提出建议；

（九）监事会授权的其他事项。

第一百七十九条　监事应当对监事会决议承担责任。监事会决议违反法律、法规、规章、本章程规定或股东大会决议，致使本公司遭受严重损失的，参与决议的监事对本公司负赔偿责任。但经证明在表决时曾表明异议并记载于会议记录的，该监事可以免除责任。

第一百八十条　监事会会议应有记录，出席会议的监事和记录人，应当在会议记录上签名。监事有权要求在记录上对其在会议上的发言作出某种说明性记载。监事会会议记录作为本公司档案由本公司保存，保存期限为永久，并报监管部门备案。

第九章　董事、监事和高级管理人员的评价考核

第一百八十一条　本公司建立健全对董事和监事的履职评价体系，明确董事和监事的履职标准，建立并完善董事和监事履职与诚信档案。本公司对董事和监事进行履职评价时，应当充分考虑外部审计机构的意见。董事和监事违反法律、法规或者本章程，给本公司造成损失的，本公司应当进行问责。

第一百八十二条　本公司建立与本公司发展战略、风险管理、整体效益、岗位职责、社会责任、企业文化相联系的科学合理的高级管理人员薪酬机制。建立公正透明的高级管理人员绩效考核标准、程序等激励约束机制。

第一百八十三条　本公司引入绩效薪酬延期支付和追索扣回制度，并提高主要高级管理人员绩效薪酬延期支付比例。本公司内部审计部门应当每年对绩效考核及薪酬机制和执行情况进行专项审计，审计结果向董事会和监事会报告。

第十章　信息披露

第一百八十四条　建立本公司的信息披露管理制度，按照有关法律法规、会计制度和监管规定进行信息披露。

第一百八十五条　本公司应当遵循真实性、准确性、完整性和及时性原则，规范披露信息，不得存在虚假报告、误导和重大遗漏等。本公司的信息披露应当使用通俗易懂的语言。

第一百八十六条　本公司董事会负责本公司的信息披露，信息披露文件包括定期报告、临时报告以及其他相关资料。

第一百八十七条　本公司年度披露的信息应当包括：基本信息、财务会计报告、风险管理信息、公司治理信息、年度重大事项等。

第一百八十八条　本公司披露的基本信息应当包括但不限于以下内容：法定名称、注册资本、注册地、成立时间、经营范围、法定代表人、主要股东及其持股情况、客服和投诉电话、各分支机构营业场所等。

第一百八十九条　本公司披露的财务会计报告由会计报表、会计报表附

注等组成。

本公司披露的年度财务会计报告须经具有相应资质的会计师事务所审计。

第一百九十条 本公司披露的风险管理信息应当包括但不限于以下内容：

（一）市场风险、操作风险、声誉风险和国别风险等各类风险状况；

（二）风险控制情况，包括董事会、高级管理层对风险的监控能力，风险管理的政策和程序，风险计量、监测和管理信息系统，内部控制和全面审计情况等；

（三）采用的风险评估及计量方法。

本公司应当与外部审计机构就风险管理信息披露的充分性进行讨论。

第一百九十一条 本公司披露的公司治理信息应当包括：

（一）年度内召开股东大会情况；

（二）董事会构成及其工作情况；

（三）独立董事工作情况；

（四）监事会构成及其工作情况；

（五）外部监事工作情况；

（六）高级管理层构成及其基本情况；

（七）薪酬制度及当年董事、监事和高级管理人员薪酬；

（八）部门设置和分支机构设置情况；

（九）本公司公司治理的整体评价。

第一百九十二条 本公司披露的年度重大事项应当包括但不限于以下内容：

（一）最大的十名股东及报告期内变动情况；

（二）增加或减少注册资本、分立或合并事项；

（三）其他重要信息。

第一百九十三条 本公司发生以下事项之一的，应当自事项发生之日起十个工作日内编制临时信息披露报告，并在本公司网站上进行披露：

（一）控股股东或者实际控制人发生变更的；

（二）更换董事长或者总经理的；

（三）当年董事会累计变更人数超过董事会成员人数三分之一的；

（四）公司名称、注册资本或者注册地发生变更的；

（五）经营范围发生重大变化的；

（六）合并或分立的；

（七）重大投资、重大资产处置事项；

（八）重大诉讼或者重大仲裁事项；

（九）聘任、更换或者提前解聘会计师事务所的。

第一百九十四条 本公司应当通过定向送达年报、公司官方网站等方式披露信息，方便股东和其他利益相关者及时获取所披露的信息。

第一百九十五条 本公司董事、高级管理人员应当对年度报告签署书面确认意见；监事会应当提出书面审核意见，说明报告的编制和审核程序是否符合法律法规和监管规定，报告的内容是否能够真实、准确、完整地反映商业银行的实际情况。

董事、监事、高级管理人员对定期报告内容的真实性、准确性、完整性无法保证或者存在异议的，应当陈述理由和发表意见。

第一百九十六条 本公司监事会应当对董事、高级管理人员履行信息披露职责的行为进行监督；关注公司信息披露情况，发现存在违法违规问题的，应当进行调查和提出处理建议。

第十一章 财务会计制度、利润分配和审计
第一节 财务会计制度

第一百九十七条 本公司依照法律、法规和国家有关部门的规定，制定本公司的财务会计制度。

第一百九十八条 本公司除法定的会计账册外，不另立会计账册。本公司的资产，不以任何个人名义开立账户存储。

第一百九十九条 本公司根据法律法规规定分配当年税后利润时，应当提取法定公积金，经股东大会决议后，可提取任意公积金、一般准备金。

本公司法定公积金累计额为本公司注册资本的百分之五十以上时，可以不再提取。

本公司的法定公积金不足以弥补以前年度亏损的，在依照前款规定提取法定公积金之前，应当先用当年利润弥补亏损。

本公司弥补亏损和提取公积金、任意公积金和一般准备金、股权激励基金后所余税后利润，按照股东持有的股份比例分配。

违反前款规定，在本公司弥补亏损和提取法定公积金之前向股东分配利润的，股东必须将违反规定分配的利润退还本公司。

本公司持有的本公司股份不参与分配利润。

第二百条　本公司的公积金用于弥补本公司的亏损、扩大本公司经营或者转为增加本公司资本，资本公积金将不再用于弥补公司的亏损。

法定公积金转为资本时，所留存的该项公积金不得少于注册资本的百分之二十五。

第二百零一条　本公司可以采取现金或其他经监督管理机构批准的方式分配利润。

第二百零二条　本公司股东大会对利润分配方案作出决议后，董事会须在股东大会召开后两个月以内完成利润分配事项。

第二节　内部审计

第二百零三条　本公司实行垂直管理的内部审计制度。内部审计部门应配备专职审计人员，对本公司财务收支、内部控制、信息科技风险和经营管理等方面进行内部审计、评价和监督。

第二百零四条　本公司内部审计制度和内部审计部门的职责应当经董事会批准。

本公司的内部审计部门应当向董事会报告工作。内部审计部门对本公司内设职能部门及分支机构的审计结果应当及时、全面报送董事会。董事会对内部审计的适当性和有效性承担最终责任。

内部审计部门应按董事会的要求提供相关工作情况和材料。董事会对内部审计部门报送的审计结果有疑问时，有权要求总经理或内部审计部门作出解释。

第三节　会计师事务所的聘任

第二百零五条　本公司聘用会计师事务所进行会计报表审计、净资产验证及其他相关的咨询服务等业务，聘期一年，可以续聘。

第二百零六条　本公司聘用会计师事务所由股东大会决定，董事会不得在股东大会决定前委任会计师事务所。

第二百零七条　经本公司聘用的会计师事务所享有下列权利：

（一）查阅本公司财务报表、记录和凭证，并有权要求本公司的董事、总经理或者其他高级管理人员提供有关的资料和说明；

（二）要求本公司提供为会计师事务所履行职务所必需的资料和说明；

（三）列席股东大会，获得股东大会的通知或者与股东大会有关的其他信息，在股东大会上就涉及其作为本公司聘用的会计师事务所的事宜发言。

本公司保证向聘用的会计师事务所提供真实、完整的会计凭证、会计账簿、财务会计报告及其他会计资料，不得拒绝、隐匿、谎报。

第二百零八条　会计师事务所的报酬由股东大会决定。

第二百零九条　本公司解聘或者不再续聘会计师事务所时，提前三十日事先通知会计师事务所，会计师事务所有权向股东大会陈述意见。会计师事务所提出辞聘的，应当向股东大会说明本公司有无不当情事。

第十二章　通知

第二百一十条　本公司的通知以下列形式发出：

（一）以专人送出；

（二）以传真方式进行；

（三）以邮件方式送出；

（四）以电子邮件方式进行；

（五）本章程规定的其他形式。

第二百一十一条　股东、董事和监事变更联系地址和联系方式，应该及时准确地通知本公司。本公司依据未及时变更的或不准确的联系地址和联系方式而发出的信函、传真或电子邮件，视同送达。

第二百一十二条　因意外遗漏未向某有权得到通知的人送出会议通知或者该等人没有收到会议通知，会议及会议作出的决议并不因此无效。

第十三章　合并、分立、解散和清算

第一节　合并或分立

第二百一十三条　本公司可以依法进行合并或者分立。

本公司合并可以采取吸收合并和新设合并两种形式。具体事项由股东大会决定。

第二百一十四条　本公司合并或者分立，应当遵守《公司法》和《商业银行法》的有关规定，并按照下列程序办理：

（一）董事会拟订合并或者分立方案；

（二）股东大会依照章程的规定作出决议；

（三）各方当事人签订合并或者分立合同；

（四）依法办理有关审批手续；

（五）处理债权、债务等各项合并或者分立事宜；

（六）办理解散登记或者变更登记。

第二百一十五条　本公司合并，应当由合并各方签订合并协议，并编制资产负债表及财产清单。本公司应当自作出合并决议之日起十日内通知债权人，并于三十日内在全国性经济类报刊上公告。债权人自接到通知书之日起三十日内，未接到通知书的自公告之日起四十五日内，可以要求本公司清偿债务或者提供相应的担保。

第二百一十六条　本公司合并时，合并各方的债权、债务，由合并后存续的公司或者新设的公司承继。

第二百一十七条　本公司分立，其财产作相应的分割。

本公司分立，应当编制资产负债表及财产清单。本公司应当自作出分立决议之日起十日内通知债权人，并于三十日内在全国性经济类报刊上公告。

第二百一十八条　本公司分立前的债务由分立后的公司承担连带责任。但是，本公司在分立前与债权人就债务清偿达成的书面协议另有约定的除外。

第二百一十九条　本公司需要减少注册资本时，必须编制资产负债表及财产清单。

本公司应当自作出减少注册资本决议之日起十日内通知债权人，并于三十日内在全国性经济类报刊上公告。债权人自接到通知书之日起三十日内，未接到通知书的自公告之日起四十五日内，有权要求本公司清偿债务或者提供相应的担保。

本公司减资后的注册资本将不低于法定的最低限额。

第二百二十条　本公司合并或者分立，登记事项发生变更的，应当依法向登记机关办理变更登记；本公司解散的，应当依法办理注销登记；设立新公司的，应当依法办理设立登记。

本公司增加或者减少注册资本，应当依法向登记机关办理变更登记。

第二节　解散和清算

第二百二十一条　本公司因下列原因解散：

（一）股东大会决议解散；

（二）因本公司合并或者分立需要解散；

（三）依法被吊销营业执照、责令关闭或者被撤销。

第二百二十二条　本公司解散的，应当按照清偿计划及时偿还存款本金和利息等债务。

本公司因第二百二十一条第一项规定而解散的，应当在解散事由出现之日起十五日内成立清算组，开始清算。清算组由董事会或者股东大会确定的人员组成。逾期不成立清算组进行清算的，债权人可申请人民法院指定的有关人员组成清算组进行清算。

第二百二十三条　清算组在清算期间行使下列职权：

（一）通知或者公告债权人；

（二）清理本公司财产、编制资产负债表和财产清单；

（三）处理与清算有关的本公司未了结的业务；

（四）清缴所欠税款以及清算过程中产生的税款；

（五）清理债权、债务；

（六）处理本公司清偿债务后的剩余财产；

（七）代表本公司参与民事诉讼活动。

第二百二十四条　清算组应当自成立之日起十日内通知债权人，并于六十日内在至少一种全国性经济类报刊上公告三次。债权人应当自接到通知书之日起三十日内，未接到通知书的自公告之日起四十五日内，向清算组申报其债权。

债权人申报债权，应当说明债权的有关事项，并提供证明材料。清算组应对债权进行登记。

在申报债权期间，清算组不得对债权人进行清偿。

第二百二十五条　清算组在清理本公司财产、编制资产负债表和财产清单后，应当制订清算方案，并报股东大会确认。

第二百二十六条　本公司财产按下列顺序清偿：

（一）支付清算费用；

（二）支付本公司员工工资、社会保险费用和法定补偿金；

（三）支付个人储蓄存款的本金和利息；

（四）缴纳所欠税款；

（五）清偿本公司债务；

（六）清偿本公司次级债务。

按前款规定清偿后的本公司剩余财产，本公司根据股东持有的股份种类和比例进行分配。

清算期间，本公司存续，但不能开展与清算无关的经营活动。本公司财产未按前款第一项至第六项规定清偿前，不分配给股东。

第二百二十七条　清算组在清理本公司资产、编制资产负债表和财产清单后，认为本公司财产不足以清偿债务的，应当向人民法院申请宣告破产。本公司经人民法院宣告破产后，清算组应当将清算事务移交给人民法院。

第二百二十八条　清算结束后，清算组应当制作清算报告，以及清算期间收支报表和财务账册，报股东大会、有关主管机关或者人民法院确认。

清算组应当自股东大会、有关主管机关或者人民法院对清算报告确认之日起三十日内，依法向公司登记机关办理注销本公司登记，并公告本公司终止。

第二百二十九条　清算组人员应当忠于职守，依法履行清算义务，不得利用职权收受贿赂或者其他非法收入，不得侵占本公司财产。

清算组人员因故意或者重大过失给本公司或者债权人造成损失的，应当承担赔偿责任。

第二百三十条　本公司不能支付到期债务，由人民法院依法宣告其破产。

本公司被宣告破产的，由人民法院组织国务院银行业监督管理机构等有关部门和有关人员成立清算组，进行清算。

第十四章　修改章程

第二百三十一条　有下列情形之一的，本公司应当修改章程：

（一）《公司法》或其他有关法律、法规修改后，本章程规定的事项与修改后的法律、法规的规定相抵触；

（二）本公司的情况发生变化，与本章程记载的事项不一致；

（三）股东大会决定修改章程。

第十五章　附则

第二百三十二条 释义

（一）控股股东，是指其持有的股份占本公司股本总额百分之五十以上的股东；或者其持有股份的比例虽然不足百分之五十，但依其持有的股份所享有的表决权已足以对股东大会的决议产生重大影响的股东。

（二）实际控制人，是指虽不是本公司的股东，但通过投资关系、协议或者其他安排，能够实际支配本公司行为的人。

（三）关联关系，是指本公司控股股东、实际控制人、董事、监事、高级管理人员与其直接或者间接控制的企业之间的关系，以及可能导致本公司利益转移的其他关系。

（四）关联方，是指与本公司存在关联关系的自然人、法人或其他组织。

（五）高级管理层，是指由高级管理人员组成的管理层。

（六）不可抗力，是指无法预见、无法避免、无法克服的客观情况，譬如自然灾害、政府行为、战争、武装冲突、罢工、骚乱、暴动等社会异常事件等。

（七）日，是指自然日。

（八）工作日，是指除国家法定节假日外的本公司营业日。

上述释义如法律、法规另有明确规定的，从其规定。

第二百三十三条 本公司《股东大会议事规则》《董事会议事规则》和《监事会议事规则》系本章程附件，对该等规则的修订需经过股东大会批准。

第二百三十四条 本章程以中文书写，其他任何语种或不同版本的章程与本章程有歧义时，以最近一次中文版本章程为准。

第二百三十五条 本章程所称"以上""不超过""以内""以下""以前"，都含本数；"超过""以外"，不含本数。

第二百三十六条 本章程经股东大会审议通过之日生效。本章程及附件《股东大会议事规则》《董事会议事规则》和《监事会议事规则》内容如与法律、法规相关规定不一致的，应以法律、法规相关规定为准。

第二百三十七条 本章程由本公司股东大会负责解释。

（二）有限责任公司章程

有限责任公司章程与股份有限公司章程相比，股东会意愿反映在章程上的痕迹更明显、更定制化。

第一章　总则

第一条　为维护公司、股东和债权人的合法权益，规范公司的组织和行为，根据《中华人民共和国公司法》（以下简称《公司法》）和有关法律法规及规范性文件的规定，制定本章程。

第二条　公司在××督管理局登记注册。

名称：××公司

住所：××区××街道

第三条　公司的经营范围为：

一般经营项目：

许可经营项目：（许可经营项目取得相关部门许可后方可经营，按照相关许可文件的内容进行表述，若不经营许可经营项目，则写"无"）

公司应当在章程规定的经营范围内从事经营活动。

第四条　公司根据业务需要，可以对外投资，设立子公司和分公司。

第五条　公司永续经营（有营业期限的，表述为"公司的营业期限为××年，自公司成立之日起计算"）。

第六条　公司应确定一名工作人员负责保管公司法律文件，股东会决议、董事会决议等法律文件必须存放在公司，以备查阅。

第二章　股东

第七条　公司股东共×个：

1. 名称或姓名：

住所：

主体资格证明：（自然人股东填身份证件号码；法人股东填营业执照注册号或统一社会信用代码）

2. 名称或姓名：

住所：

主体资格证明：(自然人股东填身份证件号码；法人股东填营业执照注册号或统一社会信用代码)

(根据实际情况续写)

第八条 股东享有下列权利：

(一) 有选举和被选举为公司董事、监事的权利；

(二) 根据法律、法规和本章程的规定要求召开股东会；

(三) 对公司的经营活动和日常管理进行监督；

(四) 有权查阅公司章程、股东会会议记录和公司财务会计报告，对公司的经营提出建议和质询；

(五) 按出资比例分取红利，公司新增资本时，有优先认缴权；

(六) 公司清盘解散后，按出资比例分享剩余资产；

(七) 公司侵害其合法权益时，有权向有管辖权的人民法院提出要求，纠正该行为，造成经济损失的，可要求公司予以赔偿。

第九条 股东应依法履行下列义务：

(一) 按章程规定缴纳所认缴的出资；

(二) 以认缴的出资额为限对公司承担责任；

(三) 公司经核准登记注册后，不得抽回出资；

(四) 遵守公司章程，保守公司秘密；

(五) 支持公司的经营管理，提出合理化建议，促进公司业务发展。

第十条 公司置备股东名册，记载下列事项：

(一) 股东的姓名或名称及住所；

(二) 股东的出资额、出资比例；

(三) 出资证明书编号。

第三章　注册资本

第十一条 公司全体股东认缴的注册资本总额为人民币××万元，各股东认缴出资情况如下：

1. 股东姓名或名称：

认缴出资额：人民币××万元

出资比例：×%

出资方式：货币

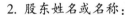

2. 股东姓名或名称：

认缴出资额：人民币××万元

出资比例：×%

出资方式：货币

（根据实际情况续写）

第十二条　经全体股东一致约定，股东认缴出资额应于_____年___月___日前足额缴纳完毕。如未按本章程规定完成出资义务的，应通过股权转让或减少注册资金的方式退还本公司。

第十三条　公司成立后应当向已缴纳出资的股东签发出资证明书，出资证明书载明下列事项：

（一）公司名称；

（二）公司成立日期；

（三）公司注册资本；

（四）股东的姓名或名称，缴纳的出资额和出资日期；

（五）出资证明书的编号和核发日期。

出资证明书应当由公司全体股东签名（未签字的股东应注明理由），并加盖公司公章。

第十四条　各股东应当按章程的规定按期足额缴纳各自所认缴的出资额。股东不缴纳所认缴出资额的，应当向已足额缴纳出资额的股东承担违约责任，违约金额为应缴纳出资额的10%。

第十五条　股东以非货币出资的，应当由专业资产评估机构评估作价或由全体股东协商作价，核实财产，不得高估或者低估作价，并应当依法办理其财产权的转移手续。法律、行政法规对评估作价有规定的，从其规定。

第十六条　公司应当将注册资本实收情况向商事登记机关申请备案。

第四章　股权转让

第十七条　公司的股东之间可以相互转让其全部或者部分股权。

股东向股东以外的人转让股权，应当经其他股东过半数同意。股东应就其股权转让事项书面通知其他股东征求同意，其他股东自接到书面通知之日起满三十日未答复的，视为同意转让。其他股东半数以上不同意转让的，不同意的股东应当购买该转让的股权；不购买的，视为同意转让。

经股东同意转让的股权，在同等条件下，其他股东有优先购买权。两个以上股东主张行使优先购买权的，协商确定各自的购买比例；协商不成的，应按照转让时各自的出资比例行使优先购买权。

第十八条　人民法院依照法律规定的强制执行程序转让股东的股权时，应当通知公司及全体股东，其他股东在同等条件下有优先购买权。其他股东自人民法院通知之日起满二十日不行使优先购买权的，视为放弃优先购买权。

第十九条　依照前两条转让股权后，公司应当注销原股东的出资证明书，向新股东签发出资证明书，并相应修改公司章程和股东名册中有关股东及其出资额的记载。

第二十条　有下列情形之一的，对股东会该项决议投反对票的股东可以请求公司按照合理的价格收购其股权：

（一）公司连续五年不向股东分配利润，而公司该五年连续盈利，并且符合公司法规定的分配利润条件的；

（二）公司合并、分立、转让主要财产的；

（三）公司章程规定的营业期限届满或者章程规定的其他解散事由出现，股东会会议通过决议修改章程使公司存续的；

（四）由股东会约定的其他情形。

自股东会会议决议通过之日起六十日内，股东与公司不能达成股权收购协议的，股东可以自股东会会议决议通过之日起九十日内向人民法院提起诉讼。

第二十一条　自然人股东死亡后，其合法继承人可以继承股东资格。（注：股东可以自行约定继承人成为公司股东的资质要求，也可以约定自然人股东死亡后，股份由其他股东收购，不进行股权的继承）

第五章　股东会

第二十二条　公司设股东会，股东会由全体股东组成，股东会是公司的最高权力机构。

第二十三条　股东会行使下列职权：

（一）决定公司的经营方针和投资计划；

（二）选举和更换董事，决定有关董事的报酬事项；

（三）选举和更换由股东代表出任的监事，决定有关监事的报酬事项；

（四）审议批准董事会的报告；

（五）审议批准监事会的报告；

（六）审议批准公司的年度财务预算方案，决算方案；

（七）审议批准公司的利润分配方案和弥补亏损方案；

（八）对公司增加或者减少认缴注册资本作出决议；

（九）对发行公司债券作出决议；

（十）对股东转让出资作出决议；

（十一）对公司合并、分立、变更公司组织形式、解散和清算等事项作出决议；

（十二）制定和修改公司章程；

（十三）关联交易、处置30%以上重大资产或者对外提供担保、对外投资等内容。

第二十四条　股东会会议由股东按认缴的出资比例行使表决权。

公司增加或者减少认缴注册资本、分立、合并、解散、变更公司形式以及修改公司章程，必须经代表三分之二以上表决权的股东同意。除上述情形的股东会决议，应经全体股东人数半数以上，并且代表二分之一表决权以上的股东同意。

公司股东会、董事会的决议内容违反法律、行政法规的无效。

股东会、董事会的会议召集程序、表决方式违反法律、行政法规或者公司章程，或者决议内容违反公司章程的，股东可以自决议作出之日起六十日内，请求人民法院撤销。

公司根据股东会、董事会决议已办理变更登记的，人民法院宣告该决议无效或者撤销该决议后，公司应当向公司登记机关申请撤销变更登记。

公司应当根据股东会依法议定的事项形成公司决定，经公司法定代表人签署并加盖公章后向登记机关申请办理相关事项的变更或备案登记。

第二十五条　股东会会议分为定期会议和临时会议。股东会每年召开一次年会。公司发生重大问题，经代表十分之一以上表决权的股东、三分之一以上的董事、监事提议，应召开临时会议。

第二十六条　股东会会议由董事会召集，董事长主持，董事长因特殊原因不能履行职务时，由董事会选举一名董事主持。

第二十七条 召开股东会议，应当于会议召开十五日前以书面方式或其他方式通知全体股东。股东因故不能出席时，可委托代理人参加。

第二十八条 股东会应当对股东会会议通知情况、出席情况、表决情况及所议事项的决定作成会议记录，出席会议的股东应当在会议记录上签名。

第六章　董事会

第二十九条 公司设董事会，董事会成员三名，其中董事长一人。（注：是否设副董事长由公司自行决定，常见为一到三名副董事长）

第三十条 董事由股东提名候选人，经股东会选举产生，董事任期3年。董事长由董事会选举产生。

第三十一条 董事任期届满，可以连选连任。在任期届满前，股东会不得无故解除其职务。

第三十二条 董事会对股东会负责，行使下列职权：

（一）负责召集股东会，并向股东会报告工作；

（二）执行股东会的决议；

（三）决定公司的经营计划和投资方案；

（四）制订公司年度财务预算方案、决算方案；

（五）制订利润分配方案和弥补亏损方案；

（六）制订增加或者减少注册资本方案；

（七）拟订公司合并、分立、变更公司组织形式、解散方案；

（八）决定公司内部管理机构的设置；

（九）聘任或者解聘公司经理，根据经理提名，聘任或者解聘公司副经理、财务负责人、其他部门负责人等，决定其报酬事项；

（十）催缴股东未按时缴纳的出资；

（十一）制定公司的基本管理制度；

（十二）审议批准本公司与一个关联方之间单笔交易金额超过本公司最近一期经审计资本净额百分之二且与一个关联方发生交易后本公司与该关联方的交易余额超过本公司最近一期经审计资本净额百分之三的关联交易。

第三十三条 召开董事会会议，应当于会议召开十日前以书面方式通知全体董事。

董事会会议由董事长召集和主持；董事长不能履行职务或者不履行职务

的，由副董事长召集和主持；副董事长不能履行职务或者不履行职务的，由半数以上董事共同推举一名董事召集和主持。

董事会决议的表决，实行一人一票。到会的董事应当超过全体董事人数的三分之二，并且是在全体董事人数过半数同意的前提下，董事会的决议方为有效。

董事会应当对董事会会议通知情况、出席情况、表决情况及所议事项的决定作成会议记录，出席会议的董事应当在会议记录上签名。

董事会应当将其根据本章程规定的事项所作的决定以书面形式报送股东会。

公司应当根据董事会议定的事项形成公司决定，由法定代表人签署并加盖公章后向登记机关申请办理相关事项的变更或备案登记。

第七章　经营管理机构及经理

第三十四条　公司设立经营管理机构，经营管理机构设经理一人，副经理三人至五人，并根据公司情况设若干管理部门。

公司经营管理机构经理由董事会聘任或解聘，任期三年。经理对董事会负责，行使下列职权：

（一）主持公司的生产经营管理工作、组织实施股东会或者董事会决议；

（二）组织实施公司年度经营计划和投资方案；

（三）拟订公司内部管理机构设置方案；

（四）拟定公司的基本管理制度；

（五）制定公司的具体规章；

（六）提请聘任或者解聘公司副经理、财务负责人；

（七）聘任或者解聘除应由董事会聘任或者解聘外的负责管理人员；

（八）按时向公司登记机关提交公司年度报告；

（九）公司章程和股东会授予的其他职权。

经理列席董事会会议。

第八章　法定代表人

第三十五条　公司法定代表人由董事长担任，由董事会选举产生，董事会应当审查法定代表人是否存在依法不得担任公司法定代表人的情形。（法定代表人也可以由总经理担任）

第三十六条　法定代表人是代表企业行使职权的签字人。法定代表人的签字应向商事登记机关备案。法定代表人签署的文件是代表公司的法律文书。法定代表人在国家法律、法规以及企业章程规定的职权范围内行使职权、履行义务，代表公司参加民事活动，对企业的生产经营和管理全面负责，并接受公司全体股东及成员和有关机关的监督。公司法定代表人可以委托他人代行职责，委托他人代行职责时，应有书面委托。法律、法规规定必须由法定代表人行使的职责，不得委托他人代行。

第三十七条　有下列情形之一的，不得担任公司法定代表人：

（一）无民事行为能力或者限制民事行为能力的。

（二）正在被执行刑罚或者正在被执行刑事强制措施的。

（三）正在被公安机关或者国家安全机关通缉的。

（四）因犯有贪污贿赂罪、侵犯财产罪或者破坏社会主义市场经济秩序罪，被判处刑罚，执行期满未逾五年的；因犯有其他罪，被判处刑罚，执行期满未逾三年的；或者因犯罪被判处剥夺政治权利，执行期满未逾五年的。

（五）担任因经营不善破产清算的企业的法定代表人或者董事、经理，并对该企业的破产负有个人责任，自该企业破产清算完结之日起未逾三年的。

（六）担任因违法被吊销营业执照的企业的法定代表人，并对该企业违法行为负有个人责任，自该企业被吊销营业执照之日起未逾三年的。

（七）个人负债数额较大，到期未清偿的。

（八）法律和国务院规定的其他不能担任企业法定代表人的。

第三十八条　公司法定代表人出现下列情形之一的，公司应当解除其职务，重新产生符合任职资格的法定代表人：

（一）法定代表人有法律、行政法规或者国务院决定规定不得担任法定代表人的情形的；

（二）法定代表人由董事长或者执行董事担任，丧失董事资格的；

（三）因被羁押等原因丧失人身自由，无法履行法定代表人职责的；

（四）其他导致法定代表人无法履行职责的情形。

第九章　监事会

第三十九条　公司设监事会，监事成员三名。监事会包括股东代表和公司职工代表（注：监事会应当包括股东代表和适当比例的公司职工代表，其中职工代表的比例不得低于三分之一）。监事会中的职工代表由公司职工通过职工代表大会、职工大会或者其他形式民主选举产生。股东代表由股东会委任。监事会设主席一人，由全体监事过半数选举产生。监事会主席召集和主持监事会会议；监事会主席不能履行职务或者不履行职务的，由半数以上监事共同推举一名监事召集和主持监事会会议。

董事、高级管理人员不得兼任监事。

第四十条　监事的任期每届为三年。监事任期届满，连选可以连任。监事任期届满未及时改选，或者监事在任期内辞职导致监事会成员低于法定人数的，在改选出的监事就任前，原监事仍应当依照法律、行政法规和公司章程的规定，履行监事职务。

第四十一条　监事会行使下列职权：

（一）检查公司财务；

（二）对董事、高级管理人员执行公司职务的行为进行监督，对违反法律、行政法规、公司章程或者股东会决议的董事、高级管理人员提出罢免的建议；

（三）当董事、高级管理人员的行为损害公司的利益时，要求董事、高级管理人员予以纠正；

（四）提议召开临时股东会会议，在董事会不履行本法规定的召集和主持股东会会议职责时召集和主持股东会会议；

（五）向股东会会议提出提案；

（六）依照《公司法》第一百五十二条的规定，对董事、高级管理人员提起诉讼；

（七）公司章程规定的其他职权。

第四十二条　监事会发现公司经营情况异常，可以进行调查；必要时，也可以聘请会计师事务所等协助其工作，费用由公司承担。

第四十三条　监事会每年度至少召开一次会议，监事可以提议召开临时监事会会议。

召开监事会会议，应当于会议召开五日前以书面形式通知全体监事。

监事会决议应当经半数以上监事通过。监事会应当对所议事项的决定作成会议记录，出席会议的监事应当在会议记录上签名。

第四十四条　监事会行使职权所必需的费用由公司承担。

第十章　董事、监事与高级管理人员禁止行为

第四十五条　董事、经理不得将公司资产以其个人名义或者以其他个人名义开立账户存储。董事、经理不得以公司资产为本公司的股东或者其他个人、债务提供担保。董事、监事、高级管理人员不得利用职权收受贿赂或者其他非法收入，不得侵占公司的财产。

第四十六条　董事、经理不得自营或者为他人经营与本公司同类的业务或者从事损害本公司利益的活动。从事上述业务或者活动的，所有收入应当归公司所有。

董事、经理除公司章程规定或者股东会同意外，不得同本公司订立合同或者进行交易。

董事、经理执行公司职务时违反法律、行政法规或者公司章程的规定，给公司造成损害的，应当依法承担赔偿责任。

董事、监事、高级管理人员应当遵守法律、行政法规和公司章程，对公司负有忠实义务和勤勉义务。

第四十七条　董事和经理的任职资格应当符合法律法规和国家有关规定。

经理及高级管理人员有营私舞弊或严重失职行为的，经董事会决议，可以随时解聘。

第十一章　财务、会计

第四十八条　公司应当依照法律法规和有关主管部门的规定建立财务会计制度，依法纳税。

第四十九条　公司应当在每一会计年度终了时制作财务会计报告，并依法经会计师事务所审查验证。

财务会计报告应当包括下列财务会计报表及附属明细表：

（一）资产负债表；

（二）损益表；

（三）财务状况变动表；

（四）财务情况说明书；

（五）利润分配表。

第五十条　公司分配当年税后利润时，应当提取利润的百分之十列入公司法定公积金，并提取利润的百分之五至百分之十列入公司法定公益金。公司法定公积金累计额超过了公司注册资本的百分之五十后，可不再提取。

公司法定公积金不足以弥补上一年度公司亏损的，在依照前款规定提取法定公积金和法定公益金之前，应当先用当年利润弥补亏损。

公司在从税后利润中提取法定公积金、法定公益金后所剩利润，按照股东的实缴出资比例分配。

第五十一条　公司法定公积金用于弥补公司的亏损，扩大公司生产经营或者转为增加公司资本。

第五十二条　公司提取的法定公积金用于本公司职工的集体福利。

第五十三条　公司除法定的会计账册外，不得另立会计账册。

第五十四条　对公司资产，不得以任何个人名义开立账户存储。

第十二章　解散和清算

第五十五条　公司的合并或者分立，应当按国家法律、法规的规定办理。

第五十六条　在法律、法规规定的诸种解散事由出现时，可以解散。

第五十七条　公司因章程规定的营业期限届满、出现了章程规定的解散事由、股东会决议解散、被吊销营业执照、被责令关闭或撤销或法院解散公司的，应在解散事由出现之日起十五日内由股东会确定成立清算组。清算组由股东或股东指定的人组成。

第五十八条　清算组成立后，公司停止与清算无关的经营活动。

第五十九条　清算组在清算期间行使下列职权：

（一）清理公司财产，编制资产负债表和财产清单；

（二）通知或者公告债权人；

（三）处理与清算有关的公司未了结的业务；

（四）处理对外投资及办理分支机构的注销；

（五）清缴所欠税款；

（六）清理债权债务；

（七）处理公司清偿债务后的剩余财产；

（八）代表公司参与民事诉讼活动。

第六十条　清算组自成立之日起十日内通知债权人，并向公司登记机关备案，于六十日内在报纸上公告，对公司债权人的债务进行登记。

第六十一条 清算组在清理公司财产、编制资产负债表和财产清单后，应当制订清算方案，并报股东会确认。清算组在清理公司财产后，发现公司财产不足清偿债务的，应当依法向人民法院申请宣告破产。

第六十二条 财产清偿顺序如下：

（一）支付清算费用；

（二）职工工资和劳动保险费用；

（三）缴纳所欠税款；

（四）清偿公司债务。

公司财产按前款规定清偿后的剩余财产，按照出资比例分配给股东。

第六十三条 公司清算结束后，清算组制作清算报告，报股东会或公司主管机关确认。并向公司登记机关申请公司注销登记，公告公司终止。

第六十四条 清算组成员应当忠于职守，依法履行清算义务，不得利用职权收受贿赂或者有其他非法收入，不得侵占公司财产。清算组成员因故意或者重大过失给公司或者债权人造成损失的，应当承担赔偿责任。

第十三章　附则

第六十五条 公司应当指定联系人，负责办理公司登记、年报及其他事务，并向商事登记机关备案，联系人变动的，应向登记机关重新备案。

第六十六条 本章程中涉及登记事项的变更及其他重要条款变动应当修改公司章程。公司章程的修改程序，应当符合《公司法》及本章程的规定。

第六十七条 股东会通过的章程或者章程修正案，应当报公司登记机关备案。公司股东会通过的有关公司章程的补充决议，均为本章程的组成部分，应当报公司登记机关备案。

第六十八条 公司应当将依据章程形成的会议记录等相关法律文书存档备查。

第六十九条 本章程与法律法规相抵触的，以法律法规的规定为准。

第七十条 本章程的解释权归公司股东会。

· 第四章 ·

股东会/股东大会

有限责任公司的股东会和股份有限公司的股东大会都是公司的最高权力机构，对公司的重大事项进行决策；股东会和股东大会通过会议表决的形式来进行决策。但是实务中股东会和股东大会召开的次数在一年中通常比较有限，有的公司一年仅召开一次年度股东会或者股东大会，临时股东会和股东大会的召开频次也不太多，而且一般情况下公司内部不会设立股东会或股东大会的日常机构，导致股东会和股东大会在公司治理中运作的频次并不如董事会高。

有限责任公司的股东会和股份有限公司的股东大会在召集和表决等程序方面都有着较大差异：股东人数较少的有限责任公司的股东会往往比股份有限公司的股东大会更为下沉，会议召开频次更高，股东会参会人员和董事会成员重合度也较高；股东人数较少的股份有限责任公司的股东大会运行特征会更接近有限责任公司的股东会；股东人数较多的股份有限责任公司则因为股东人数众多，股东大会参加人员和董事会成员重合度低，股东大会运行机制更复杂，程序性和合规性要求更高。

本章节拟从股东会和股东大会的组成、职权和议事规则三个方面来探讨股东会和股东大会的主要运行机制；通过小股东临时提案权的案例，来讨论股东大会召开的实务操作；通过股东大会所涉及的规则性文件目录和大量的股东大会示范模板，来作为读者的工作参考指南。

一、组成

有限责任公司的股东会和股份有限公司的股东大会均由其全体股东组成；股东从各个角度来分类，可以分为多个类别；不同股东状态和股东出资情况，构成了股东结构，而股东结构则决定了股东会和股东大会的结构。

（一）股东类别

虽然在上文中也简单提及了股东类别，但在本章中，我们从股东会和股东大会的角度来做一次分类，观察不同类别的股东在股东会和股东大会中的角色、地位和诉求。

1. 国有股东和非国有股东

根据股东的所有者性质来区分，可以分为国有股东和非国有股东。二者的差别在于，国有股东在经营决策中必须按照国有企业的相关法律规定来实施。如国有股东在转让其所持股权时应按照国有资产处置规定的程序来操作，应符合《国有资产法》《企业国有资产交易监督管理办法》《企业国有资产监督管理暂行条例》《国有金融资本出资人职责暂行规定》和《关于规范国有金融机构资产转让有关事项的通知》等法律法规中的国有资产处置方式和程序要求。

如何界定国有股东呢？笔者认为，国有股东包含：国有独资公司和企业，国有控股公司和企业。国有控股公司和企业是指其出资人仅为国有资产监督管理机构，非常清晰，易于辨别。但是国有控股公司和企业的界定较为复杂，一般可以按照以下三种情况来认定。第一，国有资产监督管理机构持股50%以上的，应当判定其属于国有控股公司和企业。第二，当国有资产监督管理机构持股50%以下，且根据公司章程等规定可以对股东会或股东大会决议产生重大影响的，可以认定为其属于国有控股公司和企业。第三，如果国有资产监督管理机构持股50%以下，且尚未对股东会或股东大会决议有重大影响的，则可以视具体情况而定：如果该公司持有的董事会席位超过一半的，实质性对公司决策存在很大话语权，则可以界定为国有控股公司和企业；如该公司虽然没有持有董事会一半以上席位，但是通过股东协议、公司章程、董事会决议或者其他协议安排能够形成对公司董事会决议的实际支配的，也可以认定其属于国有控股公司和企业。

2018年5月16日的《上市公司国有股权监督管理办法》可以作为我们理解国有股东认定的主要思路，该办法第三条规定下列企业和单位为国有股东："（一）政府部门、机构、事业单位、境内国有独资或全资企业；（二）第一款中所述单位或企业独家持股比例超过50%，或合计持股比例超过50%，且其中之一为第一大股东的境内企业；（三）第二款中所述企业直接或间接持股的各级境内独资或全资企业。"该条款中"全资"的理解为"全资企业应为政府部门、机构、事业单位、境内国有独资企业直接或间接合计持股为100%的企业"。

2. 内资股东和外资股东

根据股东的国别属性来区分，可以分为内资股东和外资股东。内资股东是指其国别属性属于我国国内公司和企业的，而外资股东是指其国别属性属于我国境外公司和企业的。要注意的是，我国国内的外资企业仍属于内资股东。外资股东除《公司法》外还应遵守境外投资者境内并购企业、投资债券、外汇资产和证券产品等相关法律法规。外资股东与内资股东相比，应对以下几个方面更为关注，也会对公司提出相关要求。第一，投票制度。外资股东一般被其母公司既有的投票规则影响，其标准一般基于外资股东对公司的经营业绩、财务数据等的分析而得出；外资股东对公司的投票程序安排和运行机制、网络和电子投票制度会有更高要求。第二，对公司治理情况更为关注。外资股东会对公司治理整体政策和关键事项做深入了解，如重要议案的背景情况，公司战略、管理和执行等情况，公司对于潜在风险和未来机遇的方案，监管政策对公司的影响等。

3. 控股股东和非控股股东

根据对公司的持股情况可以分为控股股东和非控股股东。有的法律法规还明确了大股东和主要股东的概念，作出大股东和主要股东的分类主要是从其对公司的影响力角度进行判定，持股比例并不是唯一参考标准；在本节中也将对大股东和主要股东的定义作介绍。

（1）控股股东

我国许多相关法律法规都定义了控股股东，但定义之间存在一些差异，也就是说，控股股东的定义和范围会随着适用场景的差异而不同。笔者在此用表 16 将部分相关规定进行展示，供读者参考。

表 16　控股股东定义

法律法规	法条内容
公司法	控股股东，是指其出资额占有限责任公司资本总额百分之五十以上或者其持有的股份占股份有限公司股本总额百分之五十以上的股东；出资额或者持有股份的比例虽然不足百分之五十，但依其出资额或者持有的股份所享有的表决权已足以对股东会、股东大会的决议产生重大影响的股东。

法律法规	法条内容
上市公司章程指引（2022 年修订）	控股股东，是指其持有的普通股（含表决权恢复的优先股）占公司股本总额百分之五十以上的股东；持有股份的比例虽然不足百分之五十，但依其持有的股份所享有的表决权已足以对股东大会的决议产生重大影响的股东。
银行保险机构公司治理准则	本准则所称"控股股东"，是指其持有的股份占公司股本总额百分之五十以上的股东，或持有股份虽然不足百分之五十，但依其股份所享有的表决权已足以对股东大会的决议产生重大影响的股东。
上市公司收购管理办法（2020 修正）	有下列情形之一的，为拥有上市公司控制权：（一）投资者为上市公司持股 50% 以上的控股股东；（二）投资者可以实际支配上市公司股份表决权超过 30%；（三）投资者通过实际支配上市公司股份表决权能够决定公司董事会半数以上成员选任；（四）投资者依其可实际支配的上市公司股份表决权足以对公司股东大会的决议产生重大影响；（五）中国证监会认定的其他情形。

由于控股股东出资金额高，持股比例决定了其在公司决策过程中有很大影响力；实务中控股股东利用自己的控股地位，把公司当成"提款机"、让公司为控股股东或关联方违规担保、派驻大量人员担任公司董事和高级管理人员、影响了公司独立性等情况并不少见；所以我国出台了相关法律、法规来规范控股股东行为，保持公司治理平衡。

（2）非控股股东

除控股股东外，均为非控股股东，下文的大股东和主要股东可以作为非控股股东的细分类别。非控股股东无论是在推荐董事监事时的席位占比还是在股东会/股东大会中的决策影响力与控股股东比都较低。由于其股权比例较低，"单打独斗"无法与控股股东抗衡，在公司治理实践中非控股股东可以通过"一致行动人协议"和"表决权委托协议"来增强自己的话语权和决策力。一致行动人协议是指数个非控股股东事先签订一个协议，约定在一定范围内的决策事项上采取一致的表决意见；而表决权委托协议则是指一个或数个非控股股东将自己的表决权委托给其他股东行使的情况。《上市公司收购管

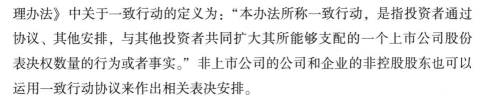

理办法》中关于一致行动的定义为："本办法所称一致行动，是指投资者通过协议、其他安排，与其他投资者共同扩大其所能够支配的一个上市公司股份表决权数量的行为或者事实。"非上市公司的公司和企业的非控股股东也可以运用一致行动协议来作出相关表决安排。

（3）大股东

大股东的说法由来已久，散见于各个行政法规和相关规定中，如2021年9月中国银保监会发布了《关于印发银行保险机构大股东行为监管办法（试行）》，该办法对银行保险公司的大股东做了定义："本办法所称银行保险机构大股东，是指符合下列条件之一的银行保险机构股东：（一）持有国有控股大型商业银行、全国性股份制商业银行、外资法人银行、民营银行、保险机构、金融资产管理公司、金融租赁公司、消费金融公司和汽车金融公司等机构15%以上股权的；（二）持有城市商业银行、农村商业银行等机构10%以上股权的；（三）实际持有银行保险机构股权最多，且持股比例不低于5%的（含持股数量相同的股东）；（四）提名董事两名以上的；（五）银行保险机构董事会认为对银行保险机构经营管理有控制性影响的；（六）中国银行保险监督管理委员会（以下简称银保监会）或其派出机构认定的其他情形。股东及其关联方、一致行动人的持股比例合并计算。持股比例合计符合上述要求的，对相关股东均视为大股东管理。"

再如2017年5月中国证监会公布施行的《上市公司股东、董监高减持股份的若干规定》第二条"上市公司控股股东和持股5%以上股东（以下统称大股东）、董监高减持股份，以及股东减持其持有的公司首次公开发行前发行的股份、上市公司非公开发行的股份，适用本规定。大股东减持其通过证券交易所集中竞价交易买入的上市公司股份，不适用本规定"即间接规定了上市公司的大股东为控股股东和持股5%以上股东。

（4）主要股东

除了控股股东以外的股东均为非控股股东，但非控股股东中可能会有上述大股东和主要股东的不同定义，大股东和主要股东虽然不是控股股东，但是由于不同的持股比例，其对公司的影响力仍需要遵守特定的法律法规和监管要求，最典型的为银行的主要股东。《中国银保监会非银行金融机构行政许可事项实施办法》（中国银行保险监督管理委员会令2020年第6号）对非银行金融机构"主要股东"定义为:"主要股东,是指持有或控制非银行金融机构百分之五以上股份或表决权,或持有资本总额或股份总额不足百分之五但对非银行金融机构经营管理有重大影响的股东。前款中的'重大影响',包括但不限于向非银行金融机构派驻董事、监事或高级管理人员,通过协议或其他方式影响非银行金融机构的财务和经营管理决策以及银保监会或其派出机构认定的其他情形。"

(二)股权结构图示范模板

如前文所述,因股东及其持股的不同会组成各种不同的股权结构,不同的股权结构决定了股东会和股东大会的组成情况。《公司法》第二十四条规定"有限责任公司由五十个以下股东出资设立",也就是说有限责任公司的股东最多为50人,所有股东均为股东会成员。读者可以借助股权结构图来展现公司股权结构和股东会构成。

股份有限公司的设立方式分为两种:发起设立和募集设立。《公司法》第七十八条规定:"设立股份有限公司,应当有二人以上二百人以下为发起人,其中须有半数以上的发起人在中国境内有住所。"通过发起方式设立股份有限公司股东人数是在2—200人,股东人数最多为200人。读者依然可以借助股权结构图来展现公司股权结构和股东大会构成。

通过募集方式设立的股份有限公司,股东人数没有最高限制;所以股东人数较多,股东名册是快速掌握股东大会组成的工具;但要注意的是,股份有限公司尤其是上市公司召开股东大会时参加的股东往往仅为一部分股东。

《公司法》要求有限责任公司置备股东名册,股东名册主要记载下列事项:股东的姓名或者名称及住所、股东的出资额、出资证明书编号。记载于股东名册的股东,可以依股东名册主张行使股东权利。

以明德生物、海尔、药明康德发布的公开资料为例,股权结构图和股东名单如图2、图3、图4,以供读者较直观地进行了解。

明德生物（002932.SZ）

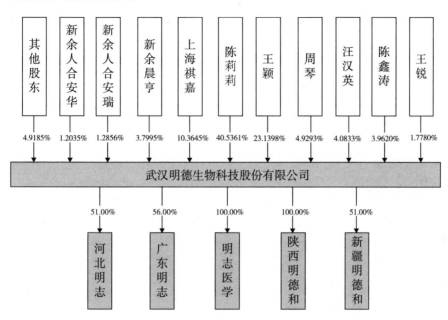

图2 明德生物股权结构

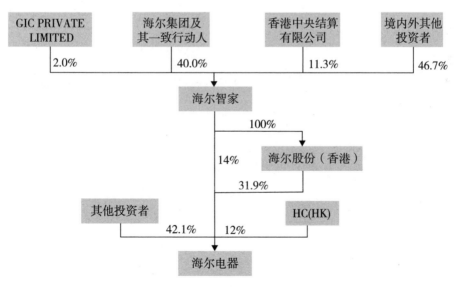

图3 海尔股权结构

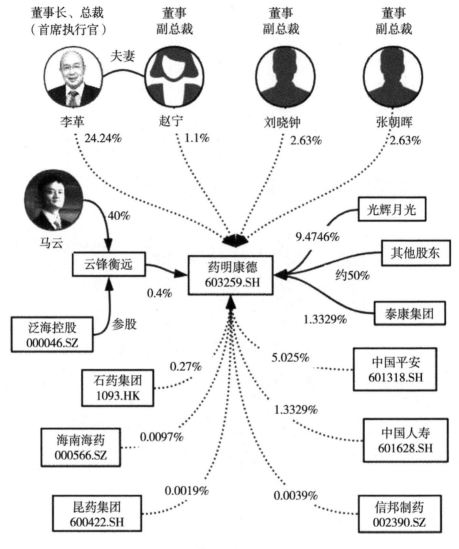

图 4　药明康德股权结构

二、职权

股东会和股东大会是整个公司的最高权力机构，对公司的重大事项进行决策；股东会和股东大会是通过会议表决的形式来实现其决策权力的。《公司法》概括性地规定了有限责任公司股东会和股份有限公司股东大会的职权，

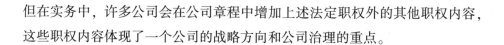

但在实务中，许多公司会在公司章程中增加上述法定职权外的其他职权内容，这些职权内容体现了一个公司的战略方向和公司治理的重点。

（一）公司法规定的法定职权

《公司法》对于有限责任公司和股份有限公司的职权规定是一致的："股东会行使下列职权：（一）决定公司的经营方针和投资计划；（二）选举和更换非由职工代表担任的董事、监事，决定有关董事、监事的报酬事项；（三）审议批准董事会的报告；（四）审议批准监事会或者监事的报告；（五）审议批准公司的年度财务预算方案、决算方案；（六）审议批准公司的利润分配方案和弥补亏损方案；（七）对公司增加或者减少注册资本作出决议；（八）对发行公司债券作出决议；（九）对公司合并、分立、解散、清算或者变更公司形式作出决议；（十）修改公司章程；（十一）公司章程规定的其他职权。"

（二）上市公司股东大会的法定职权

1. 上市公司股东大会的法定职权规定

对于上市公司而言，其股东大会的法定职权比《公司法》的上述规定有所扩展。《上市公司章程指引》（2022年修订）第四十一条规定："股东大会是公司的权力机构，依法行使下列职权：（一）决定公司的经营方针和投资计划；（二）选举和更换非由职工代表担任的董事、监事，决定有关董事、监事的报酬事项；（三）审议批准董事会的报告；（四）审议批准监事会报告；（五）审议批准公司的年度财务预算方案、决算方案；（六）审议批准公司的利润分配方案和弥补亏损方案；（七）对公司增加或者减少注册资本作出决议；（八）对发行公司债券作出决议；（九）对公司合并、分立、解散、清算或者变更公司形式作出决议；（十）修改本章程；（十一）对公司聘用、解聘会计师事务所作出决议；（十二）审议批准第四十二条规定的担保事项；（十三）审议公司在一年内购买、出售重大资产超过公司最近一期经审计总资产百分之三十的事项；（十四）审议批准变更募集资金用途事项；（十五）审议股权激励计划和员工持股计划；（十六）审议法律、行政法规、部门规章或本章程规定应当由股东大会决定的其他事项。"通过与《公司法》对比可知，上述第十一项到第十五项职权是上市公司股东大会应必备的职权，且上述股东大会的职权不得通过授权的形式由董事会或其他机构和个人代为行使。

2. 上市公司股东大会的法定职权案例

下文是某电力控股股份有限公司于 2022 年 1 月 12 日公开的公司章程中所规定的股东大会的职权，请读者比较与上文法定职权的差异："股东大会是公司的权力机构，依法行使下列职权：（一）决定公司经营方针和投资计划；（二）选举和更换非由职工代表担任的董事、监事，决定有关董事、监事的报酬事项；（三）审议批准董事会的报告；（四）审议批准监事会报告；（五）审议批准公司的年度财务预算方案、决算方案；（六）审议批准公司的利润分配方案和弥补亏损方案；（七）对公司增加或者减少注册资本作出决议；（八）对发行公司债券作出决议；（九）对公司合并、分立、解散、清算或者变更公司形式作出决议；（十）修改本章程；（十一）对公司聘用、解聘或不再续聘会计师事务所作出决议；（十二）审议批准公司在一年内购买、出售重大资产超过公司最近一期经审计总资产百分之三十（含百分之三十）的事项；（十三）审议批准公司与关联人拟发生的关联交易金额在 3000 万元以上，且占公司最近一期经审计归母净资产绝对值百分之五以上（含百分之五）的重大关联交易事项（公司提供担保、受赠现金资产、单纯减免公司义务的债务除外）；公司与同一关联人进行的交易，或者与不同关联人进行的交易标的类别相关的交易，按照连续十二个月内累计计算的原则，计算关联交易金额；（十四）审议批准第 4.2.2 条规定的担保事项及其他交易事项；（十五）审议批准变更募集资金用途事项；（十六）审议股权激励计划；（十七）审议公司回购股份事项；（十八）审议单独或合计持有代表公司有表决权的股份 3% 以上的股东的提案；（十九）审议法律、行政法规、部门规章或本章程规定应当由股东大会决定的其他事项。"该条中所提到的担保事项规定为"4.2.2 公司或控股子公司发生的交易行为（提供担保、受赠现金资产、单纯减免公司义务的债务除外）达到下列标准之一的，需经股东大会审议通过：（一）交易涉及的资产总额（同时存在账面值和评估值的，以高者为准）占公司最近一期经审计总资产的百分之五十以上；（二）交易的成交金额（包括承担的债务和费用）占公司最近一期经审计净资产的百分之五十以上，且绝对金额超过 5000 万元；（三）交易产生的利润占公司最近一个会计年度经审计净利润的百分之五十以上，且绝对金额超过 500 万元；（四）交易标的（如股权）在最

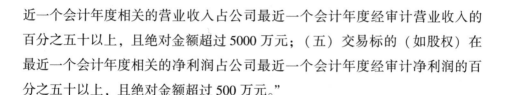

近一个会计年度相关的营业收入占公司最近一个会计年度经审计营业收入的百分之五十以上，且绝对金额超过5000万元；（五）交易标的（如股权）在最近一个会计年度相关的净利润占公司最近一个会计年度经审计净利润的百分之五十以上，且绝对金额超过500万元。"

（三）金融机构股东会和股东大会的法定职权

我国的金融机构因为其行业特殊性，股东会和股东大会需要对风险管理、合规案防、议事规则等《公司法》规定的法定职权外的职权内容作出公司特有的约定。

1. 银行保险机构股东大会的法定职权

《银行保险机构公司治理准则》第十八条就对银行保险机构的股东大会作了《公司法》规定职权外的补充职权规定。该准则第十八条第一款、第二款规定："银行保险机构股东大会应当在法律法规和公司章程规定的范围内行使职权。除公司法规定的职权外，银行保险机构股东大会职权至少应当包括：（一）对公司上市作出决议；（二）审议批准股东大会、董事会和监事会议事规则；（三）审议批准股权激励计划方案；（四）依照法律规定对收购本公司股份作出决议；（五）对聘用或解聘为公司财务报告进行定期法定审计的会计师事务所作出决议；（六）审议批准法律法规、监管规定或者公司章程规定的应当由股东大会决定的其他事项。"同时该准则还明确了《公司法》及本条规定的银行保险机构股东大会职权不得授予董事会、其他机构或者个人行使。

2. 银行股东大会职权案例

某银行股份有限公司的2021年公司章程中规定的股东大会的职权如下："股东大会是本股份公司的权力机构，由全体股东组成，依法行使下列职权：（一）决定本股份公司经营方针和重大投资计划；（二）选举和更换非由职工代表担任的董事、监事，决定有关董事、监事的报酬事项；（三）审议批准董事会的报告；（四）审议批准监事会的报告；（五）审议批准本股份公司的年度财务预算方案、决算方案；（六）审议批准本股份公司的利润分配方案和弥补亏损方案；（七）对本股份公司增加或减少注册资本作出决议；（八）对发行本股份公司债券或其他有价证券及上市作出决议；（九）对本股份公司合并、分立、变更公司形式、解散和清算等事项作出决议；（十）修改本章程；（十一）审议批准股东大会、董事会和监事会议事规则；（十二）审议股权激励计划和员工持股计划；（十三）依照法律规定对收购本股份公司股份作出决议；（十四）对本股份公司聘用、解聘为本股份公司财务报告进行定期法定审计的会计师事务所作出决议；（十五）审议批准本股份公司重大对外股权投资及重大资产购置与处置事项；（十六）审议批准法律、法规规定的应由股东大会审议的关联交易；（十七）审议批准变更募集资金用途事项；（十八）审议单独或者合计持有本股份公司有表决权股份总数百分之三以上的股东依法提交的提案；（十九）审议监事会对董事包括独立董事履行职责的评价报告；（二十）审议监事会对监事包括外部监事履行职责的评价报告；（二十一）决定或授权董事会决定与本股份公司已发行优先股的相关事项，包括但不限于决定是否派息，以及回购、转换等；（二十二）审议法律、法规和本章程规定应由股东大会决定的其他事项。"

（四）国有企业股东会和股东大会的法定职权

1. 地方国资委对国有企业股东会的职权规定

较多的地方国资委对国有企业的股东会和股东大会作了职权相关的规定，以上海市国资委为例，其出台的《上海市国有控股公司章程指引（2020版）》中对股东会的职权作出了具体规定。

该指引第三十二条"股东会的职权"规定："股东会由全体股东组成，是公司的权力机构。股东会依法行使以下职权：（一）决定公司的战略和发展规划；（二）决定公司的经营方针和投资计划；（三）制定或批准公司章程和章程修改方案；（四）组建公司董事会、监事会，选举和更换非由职工代表担任的董事、监事，对其进行考核，决定其报酬；（五）审议批准董事会的报告；（六）审议批准监事会的报告；（七）审议批准公司的年度财务预算方案、决算方案；对公司年度财务决算和重大事项进行抽查检查；（八）审议批准公司的利润分配方案和弥补亏损方案；（九）决定公司增加或者减少注册资本的方案；（十）决定公司合并、分立、变更公司形式、申请破产、解散、清算等事宜；（十一）决定公司发行债券或其他具有债券性质的证券；（十二）审议由公司自行决定的重大会计政策、会计估计变更方案；（十三）决定聘任或解聘会计师事务所，必要时决定对公司重要经济活动和重大财务事项进行审计；（十四）决定公司累计金额超过公司最近一期经审计净资产【】%或单笔金额超过公司最近一期经审计的净资产【】%的对外投资、国有资产处置、重大对外担保以及融资事项；前述担保事项包括：批准公司本项规定金额范围的保证、抵押、质押等对外担保方案。【说明：公司应根据市国资委相关投资监督管理办法、财务风险相关管理规定并结合企业自身实际情况，确定应由股东会作出决议的对外投资、资产处置、对外担保以及融资事项】（十五）按照规定权限决定公司国有资产转让，对部分子企业国有产权变动事项形成决议；（十六）对股东向股东以外的人转让股权作出决议；（十七）审议批准公司业绩考核和重大收入分配事项；（十八）法律、法规、规章、规范性文件以及本章程规定的其他职权。"

上述职权中，对于公司对外投资、资产处置、对外担保以及融资事项，给予了公司根据当地国资委相关投资监督管理办法、财务风险相关管理规定、结合企业自身实际情况确定的自主权利。

2. 国企有限责任公司股东会职权案例

某航空股份有限公司 2021 年公司章程中规定的股东大会的职权如下："股东大会是公司的权力机构，依法行使下列职权：（一）决定公司的经营方针和投资计划；（二）选举和更换董事（不含职工董事），决定有关董事的报酬事项；（三）选举和更换由股东代表出任的监事，决定有关监事的报酬事项；（四）审议批准董事会的报告；（五）审议批准监事会的报告；（六）审议批准公司的年度财务预算方案、决算方案；（七）审议批准公司的利润分配方案和弥补亏损方案；（八）对公司增加或者减少注册资本作出决议；（九）对公司合并、分立、变更公司形式、解散和清算等事项作出决议；（十）对公司发行债券作出决议；（十一）对公司聘用、解聘或者不再续聘会计师事务所作出决议；（十二）修改公司章程；（十三）审议代表公司有表决权的股份 3% 以上（含 3%）的股东的提案；（十四）审议批准变更募集资金用途事项；（十五）审议批准公司股权激励计划；（十六）审议批准公司重大购买、出售、置换资产的行为（其标准按照上市地证券交易所的规则确定）；（十七）批准公司的对外担保事项（其标准按照上市地证券交易所的规则确定）；（十八）法律、行政法规及公司章程规定应当由股东大会作出决议的其他事项；（十九）股东大会可以授权或委托董事会办理其授权或委托办理的其他事项。股东大会不得将法定由股东大会行使的职权授予董事会行使。"

三、议事规则

股东会和股东大会的议事规则通俗来说就是股东会和股东大会召集、议题、通知、主持会议、表决、形成决议、会议记录和对会议决议进行异议的一系列程序性的规定；是对股东会和股东大会的议事方式和表决程序的制度化安排。只有将议事规则制定清晰和完备了，股东会和股东大会才能按照合法合规程序对公司重大事项进行决策，才能有效地行使其相关职权。股东会和股东大会的议事规则按照会议进行，主要包含两个方面内容：会议的召集程序，包括提案与通知程序；会议的召开程序，包括出席和表决程序、表决结果。股东会和股东大会议事规则的制定人为董事会，在实务中股东会和股东大会的议事规则一般由董事会办公室起草拟定，后交董事会表决通过；再提交股东会和股东大会表决通过。

（一）召集程序

股东会和股东大会分为定期会议和临时会议两种，其召集程序有所不同；有限责任公司股东会和股份有限公司的股东大会的召集程序也有所不同。股东会和股东大会的召集程序是股东会和股东大会召开程序的前置流程，召集程序是启动会议召开的流程。召集程序不合法或存在重大瑕疵的，容易形成对会议决议的效力纠纷，甚至会导致会议决议被撤销。《公司法》第二十二条第二款规定："股东会或者股东大会、董事会的会议召集程序、表决方式违反法律、行政法规或者公司章程，或者决议内容违反公司章程的，股东可以自决议作出之日起六十日内，请求人民法院撤销。"

1. 会议召集权

会议召集权以有限责任公司为例，是指公司有权提议召开股东会的机构，如董事会、监事会和公司股东，在其认为有召开股东会的必要时，按照法律规定和公司章程规定召集股东会的权利。会议召集权的行使过程就是股东会和股东大会的召集程序，召集权人按照议事规则的时间要求通知股东会议召开时间、地点和表决事项等会议程序。召集程序的重要性在于其是股东行使权利的启动程序，只有发生会议召集，才可能通过股东会进行表决决策。很多公司章程都给予股东提案权、临时提案权和会议召集权，即股东可以自发启动会议召集程序，股东会和股东大会得以召开，股东权利通过投票表决而"变现"。在董事会或其他主体行使召集权、启动股东会会议召集程序时，股东也可以在会议召开前就知悉股东会召开的时间、地点和会议议题具体情况等；可以通过研读会议材料，判断经营事项，决定是否参加会议，并决定议题的表决方式，切实行使股东权利。在公司治理实务中，董事会召集股东会或股东大会为较为常见的情况，股东可以将开会事宜事先告知董事会，由董事会召集股东会或股东大会。股东自行召集股东会或股东大会，会存在股东与董事会意见不一致的可能性。

2. 召集程序

股东会和股东大会召集程序的主要内容为：确定会议时间和地点—收集提案—发出会议通知和会议材料—临时提案的提出—发出临时提案的补充通知和材料。有限责任公司和股份有限公司在具体程序上可以在公司法的基础上作细化的约定。本节先展示公司法的相关规定，见表17。

表 17　公司法规定的程序

定期会议		
程序事项	有限责任公司	股份有限公司
召集	董事会召集/执行董事召集	董事会召集
	董事会或者执行董事不能履行或者不履行召集股东会会议职责的，由监事会或者不设监事会的公司的监事召集和主持；监事会或者监事不召集和主持的，代表十分之一以上表决权的股东可以自行召集和主持	董事会不能履行或者不履行召集股东大会会议职责的，监事会应当及时召集和主持；监事会不召集和主持的，连续九十日以上单独或者合计持有公司百分之十以上股份的股东可以自行召集和主持
主持	董事长主持/执行董事主持	董事长主持
	董事长不能履行职务或者不履行职务的，由副董事长主持；副董事长不能履行职务或者不履行职务的，由半数以上董事共同推举一名董事主持	董事长不能履行职务或者不履行职务的，由副董事长主持；副董事长不能履行职务或者不履行职务的，由半数以上董事共同推举一名董事主持

续表

通知	会议召开十五日前通知全体股东	召开股东大会会议，应当将会议召开的时间、地点和审议的事项于会议召开二十日前通知各股东；临时股东大会应当于会议召开十五日前通知各股东；发行无记名股票的，应当于会议召开三十日前公告会议召开的时间、地点和审议事项
	公司章程和全体股东可以对股东会通知时间另作规定或另有约定	董事会应当在收到临时提案后二日内通知其他股东，并将该临时提案提交股东大会审议。临时提案的内容应当属于股东大会职权范围，并有明确议题和具体决议事项
临时提案权	股东、董事会、执行董事、监事	单独或者合计持有公司百分之三以上股份的股东，可以在股东大会召开十日前提出临时提案并书面提交董事会

临时会议

程序事项	有限责任公司	股份有限公司
召集	董事会召集/执行董事召集	董事会召集
	代表十分之一以上表决权的股东，三分之一以上的董事，监事会或者不设监事会的公司的监事	单独或者合计持有公司百分之十以上股份的股东请求召开；董事会认为必要召开；监事会提议召开
主持	董事长主持/执行董事主持	董事长主持
	董事长不能履行职务或者不履行职务的，由副董事长主持；副董事长不能履行职务或者不履行职务的，由半数以上董事共同推举一名董事主持	董事长不能履行职务或者不履行职务的，由副董事长主持；副董事长不能履行职务或者不履行职务的，由半数以上董事共同推举一名董事主持
	董事会或者执行董事不能履行或者不履行召集股东会会议职责的，由监事会或者不设监事会的公司的监事召集和主持；监事会或者监事不召集和主持的，代表十分之一以上表决权的股东可以自行召集和主持	董事会不能履行或不履行召集股东大会会议职责的，监事会应当及时召集和主持；监事会不召集和主持的，连续九十日以上单独或者合计持有公司百分之十以上股份的股东可以自行召集和主持

续表

		临时股东大会应当于会议召开十五日前通知各股东；发行无记名股票的，应当于会议召开三十日前公告会议召开的时间、地点和审议事项
通知	由公司章程约定 股东会可以决议豁免通知时间	

首次会议/创立大会		
程序事项	有限责任公司	股份有限公司
召集	由出资最多的股东召集	发起人应当自股款缴足之日起三十日内主持召开公司创立大会。创立大会由发起人、认股人组成
主持	由出资最多的股东主持	发起人应当在创立大会召开十五日前将会议日期通知各认股人或者予以公告。创立大会应有代表股份总数过半数的发起人、认股人出席，方可举行

3. 临时提案

临时提案事项是指股东会或股东大会会议通知和材料发出后，具有临时提案权的主体发出的新的提案，并要求股东会或股东大会予以审议和表决的情况。临时提案权的重要性在于，临时提案权人可以在股东会或股东大会召集人（如董事会）安排的提案外增加自己提出的提案，并得到表决结果；如果没有临时提案权，那么所有股东只能按照股东会或股东大会召集人安排的提案进行表决；在董事会大多数席位均为大股东或管理层兼任的情况下，小股东就无法发表自己的意见，也无法行使自己的权利。本章第四部分将通过临时提案事项的案例来展示各方利益的博弈和股东大会召集程序的要点。

（1）有限责任公司的临时提案事项

对于有限责任公司，《公司法》没有禁止临时提案在会议通知发出后的提交，也没有禁止股东会对临时提案进行决议；有限责任公司可以在章程中自行约定，对临时提案权进行分配，即哪些主体有权提出临时提案；也可以禁止临时提案的提出和表决，当然也可以约定在会议召开前一定时间内可以提出临时提案，股东会在哪个时间节点内可以进行表决。目前有限责任公司公司治理实务中，公司章程一般会规定股东、董事会、执行董事和监事会、监事均具有临时提案权；临时提案只要在股东会召开前一定时间，如五天前提交给各股东即可；如果有限责任公司的股东人数较少，也可以考虑给予临时提案权人豁免临时提案的通知时间，甚至可以在股东会上直接提出。

（2）股份有限公司的临时提案事项

对于股份有限公司而言，公司法对临时提案有程序要求和表决要求，公司章程仅能在公司法制定的框架内进行规定。《公司法》第一百零二条第一款至第三款规定："召开股东大会会议，应当将会议召开的时间、地点和审议的事项于会议召开二十日前通知各股东；临时股东大会应当于会议召开十五日前通知各股东；发行无记名股票的，应当于会议召开三十日前公告会议召开的时间、地点和审议事项。单独或者合计持有公司百分之三以上股份的股东，可以在股东大会召开十日前提出临时提案并书面提交董事会；董事会应当在收到提案后二日内通知其他股东，并将该临时提案提交股东大会审议。临时提案的内容应当属于股东大会职权范围，并有明确议题和具体决议事项。股东大会不得对前两款通知中未列明的事项作出决议。"也就是说，股份有限公司持有公司百分之三以上股份的股东可以有临时提案权，实务中股份有限公司一般均不规定董事会等其他主体享有临时提案权，因为董事会等公司内部主体对提案的把控力较强，如果还需临时提案权，并不合理。公司章程应对临时提案权的持有人在《公司法》上述规定的基础上作出约定，临时提案的通知时间也应按照《公司法》规定来操作。

对于股份有限公司而言，提案的内容应当属于股东大会职权范围，有明确议题和具体决议事项，并且符合法律、行政法规和公司章程的有关规定；会议的召集人应审查提案，股东大会通知中未列明或不符合上述规定的提案，股东大会不得进行表决并作出决议。

4. 股东会和股东大会通知

股东会和股东大会通知应包含哪些内容，通知和会议材料应具备何种详细程度？上述两个问题在实务中很容易引起纠纷，因为没有通知到位、未按时通知、通知中会议材料不齐全等因素导致的诉讼并不少见。股东会和股东大会的通知除确定的时间和地点外，还应包含足以让股东对待表决事项能够做出合理判断的所有材料和文件附件。

比如，议题是年度财务情况的，那么年度财务报表和审计报告就应该作为议题材料之一，甚至财务报表的附注也应该完整披露。股份有限公司有独立董事的，拟表决的议题如需要独立董事发表意见，那么在股东大会通知中就应当附有独立董事意见及理由。再如，股东大会拟对董事、监事选举事项作出决议的，股东大会通知中应当提供董事、监事候选人的详细资料，至少应该有候选人的教育背景、工作经历、兼职等个人情况，候选人与公司或其控股股东及实际控制人是否存在关联关系的说明，候选人披露持有该公司股份数量的说明，候选人是否存在处罚等事项。

对于上市公司而言，股东大会通知中除了应当列明会议时间、地点，还应当确定股权登记日。股权登记日与会议日期之间的间隔一般不应该少于七个工作日。根据我国资本市场相关规定，股权登记日一旦确认，不得变更；上市公司发出股东大会通知后，无正当理由也不得延期或取消，股东大会通知中列明的提案不得取消。如确需延期或取消的，召集人应当在原定召开日前至少两个工作日公告并说明原因。

（二）召开和表决程序

股东会和股东大会的定期会议必须按照公司章程的规定按期召开，临时会议则按照公司章程规定的临时会议召集程序按期召开。在具体的召开程序中，要旨是对提案讨论和表决。有限责任公司和股份有限公司在股东会和股东大会的表决程序有较大差异，主要是对不同提案的表决权规定的差异等，本小节将分开进行讨论。

1. 有限责任公司股东会召开和表决程序要点

有限责任公司章程和股东会议事规则应对股东会的议事方式和表决程序作出细化规定，笔者草拟了相关议事规则中的程序性内容，并进行了相关要点的罗列。

（1）会议形式

会议形式是否包含现场会议、视频会议和电话会议，视频会议和电话会议是否属于现场出席会议。根据目前公司实践，由于视频会议和电话会议可以保证参会人员之间的充分讨论，均可以被认为是现场会议的一种方式，无论是部分参会人员进行视频和电话参加会议，还是全部参会人员进行视频和电话参加会议。

对非前列方式的以通讯表决召开的会议公司应作详细约定。通讯表决，顾名思义，是指参会人员没有通过现场参加会议，也没有通过视频和电话参加会议，未聚集在一起，而是各自以书面形式传签会议决议的会议召开方式。由于此种会议形式不利于参会人员相互之间的讨论和交流，所以公司股东会的议事规则应该对通讯表决的条件和程序进行特别规定。并不是所有提案均可以进行通讯表决，如涉及利润分配方案、薪酬方案、重大投资和资产处置、聘任和解聘高管人员以及其他涉及公司风险管理的议案，均建议在议事规则中规定不得采用通讯表决方式召开会议。总的来说，通讯表决的优缺点均较为明显：优点是通讯表决方便高效、成本低；缺点是不利于董事会进行有效交流、讨论对董事会投票有所影响，董事会决议存在传签过程中丢失和泄露商业秘密的可能，在董事会效力存在争议的时候较难举证。

（2）股东会参加人员资格的规定

股东会议事规则需要规定自然人股东委托他人参加会议的委托程序、法人股东的股东代表手续、列席股东会的董事、监事和高级管理人员的范围、列席会议的外聘律师和审计师人员范围，以及参会人员的会议签到制度等。

（3）会议必备性流程规定

股东会议事规则应该对每一个议题的讨论意见和表决意见如何发表作出具体规定，还应该规定主持人主持会议的会议日程最低内容标准，会议举行过程应当符合此项程序性规定。对于表决程序的规定应当清晰：股东会应采取何种方式来表决，常见的表决方式为记名投票表决；表决票的种类有几种，常见的种类为赞成、反对或弃权三种表决票；对议案的表决顺序，常见为对进行表决的提案逐项表决投票；对于人员选举事项的规定除对提案本身材料细化程度的要求外，还应对董事、监事选举提案的表决方式作出规定，常见为对每一个董事、监事候选人逐个进行表决。

（4）普通决议和特别决议的规定

此项规定主要是对提案在何种情况下可以被通过的规定，主要分为普通决议和特别决议两类。《公司法》中规定普通决议为经代表二分之一以上表决权的股东通过，实践中公司通过公司章程也可以提升普通表决的表决权比例，如规定普通决议为经代表三分之二以上表决权的股东通过，此种情况并不多见的原因是较高的表决权比例不利于提案的通过。特别决议为经代表三分之

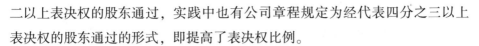

二以上表决权的股东通过，实践中也有公司章程规定为经代表四分之三以上表决权的股东通过的形式，即提高了表决权比例。

股东会会议作出修改公司章程、增加或者减少注册资本的决议，以及公司合并、分立、解散或者变更公司形式的决议，一般均是以特别决议的方式作出，即必须经代表三分之二以上表决权的股东通过。公司章程可以对有限责任公司的股东会普通决议和特别决议的表决权比例进行自行约定，但是特别决议的部分不能低于三分之二的表决权。

（5）股东会的会议程序

股东会可以按照下列程序依次进行：会议主持人宣布开会—会议主持人向股东会报告出席会议的股东人数及其代表股份数—选举统计表决权人选（一般为公司监事或监事会主席），表决可以采取举手表决方式—逐项审议股东会提案，应按照会议通知上所列顺序审议、讨论、表决提案（根据公司章程和议事规则的规定，可以改变议程中列明的提案顺序，或者增加临时提案）—参会股东发言对提案进行讨论—股东提出质询，董事、监事、高级管理人员在股东会上应就股东的质询作出解释和说明—对提案进行表决—计算表决权并宣读表决结果—宣读股东会决议—会议主持人宣布会议结束。

2. 股份有限公司股东会召开和表决程序要点

（1）会议形式

股东大会议事规则应制定定期大会召开的时限规定和临时会议召开的条件设定。可以规定如下：股东大会会议分为年度股东大会和临时股东大会；应当于每一会计年度结束后六个月内召开年度股东大会；二分之一以上且不少于两名独立董事提议召开临时股东大会的，银行保险机构应当在两个月内召开临时股东大会。年度股东大会或临时股东大会未能在本议事规则规定期限内召开的，应当向股东书面报告并说明原因。

股东大会可以现场召开方式，也可以采用网络或其他方式，采用其他方式的应当在股东大会通知中明确载明网络或其他方式的表决时间及表决程序。

（2）股东大会参加人员资格的规定

股份有限公司的股东大会，只要是股权登记日登记在册的全体股东均有权出席股东大会，并可以书面委托代理人出席会议和参加表决，该股东代理人不必是公司的股东。公司可以约定对股东资格和表决权的认证过程，如召集人和公司聘请的律师应当依据证券登记结算机构提供的股东名册共同对股东资格的合法性进行验证，并登记股东姓名或名称及其所持有表决权的股份数，进而确认出席股东大会有表决权的股份总数。

上市公司股东大会召开时，除了股东、股东代表和股东委托人之外，公司全体董事、监事和董事会秘书应当出席会议，经理和其他高级管理人员应当列席会议。其中上市公司召开股东大会，全体监事应出席会议，接受股东的质询，并在会议记录上签名。在公司尚未被核准上市前，保荐机构及其保荐代表人也需要列席发行人的股东大会。内部外部的审计人员和出具对股东会/股东大会合法性意见律师也是会议的列席人员。

（3）会议必备性流程规定

①主持人

议事规则可以规定不同召集情况下的股东大会主持人的规定，如董事会召集的由董事长主持、监事会召集的由监事会主席主持、股东召集的由股东推选代表主持等。

②发言和质询的程序性事项

规定股东发言应事先做好发言登记；股东提出质询应符合如下规则，股东参加股东大会，有权就会议议程或提案提出质询，会议主持人应就股东提出的质询作出回答，或指示有关负责人员作出回答；如质询与提案无关、质询事项有待调查、回答质询将泄露公司商业秘密，或明显损害公司或股东共同利益或公平信息披露原则的，则会议主持人可以拒绝回答质询，但应向质询者说明理由。

③股东大会会议记录

会议记录由董事会秘书负责，一般包含以下内容：会议时间、地点、议程和召集人姓名或名称；会议主持人以及出席或列席会议的董事、监事、高级管理人员姓名；出席会议的股东和股东代理人人数、所持有表决权的股份总数及占公司股份总数的比例；对每一提案的审议经过、发言要点和表决结果；股东的质询意见或建议以及相应的答复或说明；律师及计票人、监票人姓名。《公司章程》中规定应当载入会议记录的其他内容。

（4）股东大会的会议程序

股东大会可以按照下列程序依次进行：会议主持人宣布开会—会议主持

人向大会报告出席会议的股东人数及其代表股份数—选举计票人、监票人，可以采取举手表决方式，以出席大会股东总人数的过半数或其他比例同意通过—逐项审议大会提案，应按照会议通知上所列顺序审议、讨论、表决提案（如需改变议程中列明的提案顺序应先征得出席会议股东的过半数或其他比例同意）—参会股东发言对提案进行讨论—股东提出质询，董事、监事、高级管理人员在股东大会上应就股东的质询作出解释和说明—对股东大会提案进行表决—收集表决单，并进行票数统计—计票人、监票人代表宣读表决结果—宣读股东大会决议—律师宣读法律意见—会议主持人宣布会议结束。

（5）表决程序

股东大会议事规则应对表决程序作系统性的规定，对表决权产生、表决方式、回避表决和计票监票等流程作规定。

①表决权产生

表决权为股东或其委托代理人以其所代表的有表决权的股份数额行使表决权，每一股份享有一票表决权。

②表决投票

股东大会采取记名方式对提案进行逐项投票表决；股东大会决议分为普通决议和特别决议。出席股东大会的股东，应当对提交表决的提案发表以下意见之一：同意、反对或弃权。

③关联交易的回避表决程序

如股东大会审议的某项事项与某股东有关联关系，该股东应当在股东大会召开前向公司董事会披露其关联关系—股东大会在审议有关关联交易事项时，大会主持人宣布有关联关系的股东，并解释和说明关联股东与关联交易事项的关联关系—对关联交易进行表决时，大会主持人宣布关联股东回避，由非关联股东对关联交易事项进行审议、表决—关联股东不参加计票、监票—关联股东回避后，由其他股东根据其所持表决权进行表决。有限责任公司同样应对关联交易的回避表决规定相关程序，具体要点与股份有限公司一致。

④计票和监票程序

股东大会对提案进行表决前，应当推举两名股东代表参加计票和监票。审议事项与股东有关联关系的，相关股东及代理人不得参加计票、监票。股东大会对提案进行表决时，应当由律师、股东代表与监事代表共同负责计票、监票。通过网络或其他方式投票的公司股东或股东代理人，有权通过相应的投票系统查验自己的投票结果。

上述为股东会或股东大会议事规则的基本要求，参见后文文档示范模板《某股份有限公司股东大会议事规则》。

四、股东大会召开案例

利润分配是股东和高级管理层比较容易产生冲突的事项，围绕利润分配产生的公司决议纠纷在司法界并不少见，是否进行利润分配、分多少、利润分配方式和利润分配支付时间都是股东和高级管理层博弈的焦点问题。对于股东而言，利润分配是投资行为的期待利益，是股东天然就享有的权利；而对于高级管理层而言，利润分配会降低公司现金流、减少净资本，对后续的经营产生一定的影响和压力。本部分的案例模拟小股东在利润分配事项上用股东大会临时提案权来维护自身权利，以及高级管理层与大股东博弈的场景，分析股东大会召开过程中临时提案权的行使和利润分配事项的实质条件。

（一）案例基本背景

1. 临时提案

AAA 股份有限公司于 2023 年 4 月 3 日发出 5 月 3 日召开年度股东大会的会议通知，会议提案中并没有利润分配的议案。4 月 7 日，股权 3.5%的小股东 BBB 有限责任公司向董事会以及其他股东发出了股东大会临时提案《关于提请 AAA 股份有限公司按政策规定实施分红的议案》，要求公司按照每股分0.2 元进行利润分配，如不进行利润分配则要求回购 BBB 有限责任公司股权。该股东大会临时提案通过邮件发送。其他股东收到邮件后，也询问 AAA 股份有限公司有关利润分配事项，要求公司对利润分配事项作出说明。

2. 公司"三会一层"信息

股东共十五人，均为法人股东。董事会由十三人组成，七人为执行董事，三人为独立董事，三人为非执行董事。AAA 股份有限公司的董事长是 AAA 公司的专职董事长，总经理是董事会成员、执行董事。

3. 股权和其他情况

AAA 股份有限公司并无控股股东，也无实际控制人，第一大股东 EEE 有限责任公司持有30%的股权。

股东CCC股份有限公司已经将其持有的10%的股权转让给另一股东DDD有限责任公司,股权转让合同已经签订,但尚未办理交割手续,也未做工商登记。双方在股权转让合同中就本次交易过渡期损益归属约定:双方同意自交易标的估值基准日2020年12月31日起至交割完成日的过渡期间内,交易标的产生的收益或亏损由DDD有限责任公司所有或承担。

AAA股份有限公司自成立以来已经连续盈利十年,但均未实施利润分配。

(二)各方争议

1. 小股东的主张

股权3.5%的小股东BBB有限责任公司认为自己投资AAA股份有限公司十年了,虽然AAA股份有限公司每年的财务报告中均有1亿元的净利润,八年累计八亿元的净利润,但是从来没有进行过利润分配,直接导致BBB有限责任公司无法实现投资回报的期望。在2023年5月召开的2022年度股东大会议案中也没有关于利润分配的议案,而2023年的董事会已经召开完毕,也不含有关于利润分配的方案。上述情况严重影响了BBB有限责任公司的合法权利。根据《公司法》和公司章程,BBB有限责任公司有权向股东大会的召集人董事会提出临时提案,并通过邮件形式群发董事会和其他股东。BBB有限责任公司提出临时提案的具体内容为:2022年度股东大会应决策当年利润分配;利润分配标准为每股0.1元;如公司仍不分配利润的,应回购BBB有限责任公司的股份。

其他小股东均同意BBB有限责任公司的意见,表示将在股东大会上投同意表决票。

2. 高级管理层的意见

高级管理层进行了相关财务测算,认为公司财务报告中记载的净资产和可分配利润虽然较多,但是利润分配后会导致生产规模扩大受限、资金成本抬升、现金流使用率降低,同时由于年初预算并未考虑利润分配因素,如果分配利润将对预算造成较大影响,所以并不赞成进行利润分配,即使分配利润,也只能分较少金额,按照每股0.01元分配利润。

3. 第一大股东的意见

第一大股东收到小股东的临时提案后,与高级管理层和董事长进行了沟通；建议 AAA 股份有限公司可以在不影响公司经营的前提下，适当分配利润。

（三）法律法规和公司规定

1.《公司法》相关规定

（1）临时提案权

《公司法》第一百零二条第二款规定："单独或者合计持有公司百分之三以上股份的股东，可以在股东大会召开十日前提出临时提案并书面提交董事会；董事会应当在收到提案后二日内通知其他股东，并将该临时提案提交股东大会审议。临时提案的内容应当属于股东大会职权范围，并有明确议题和具体决议事项。"

（2）利润分配

《公司法》第三十四条规定："股东按照实缴的出资比例分取红利；公司新增资本时，股东有权优先按照实缴的出资比例认缴出资。但是，全体股东约定不按照出资比例分取红利或者不按照出资比例优先认缴出资的除外。"

《公司法》第一百六十六条规定："公司分配当年税后利润时，应当提取利润的百分之十列入公司法定公积金。公司法定公积金累计额为公司注册资本的百分之五十以上的，可以不再提取。公司的法定公积金不足以弥补以前年度亏损的，在依照前款规定提取法定公积金之前，应当先用当年利润弥补亏损。公司从税后利润中提取法定公积金后，经股东会或者股东大会决议，还可以从税后利润中提取任意公积金。公司弥补亏损和提取公积金后所余税后利润，有限责任公司依照本法第三十四条的规定分配；股份有限公司按照股东持有的股份比例分配，但股份有限公司章程规定不按持股比例分配的除外。股东会、股东大会或者董事会违反前款规定，在公司弥补亏损和提取法定公积金之前向股东分配利润的，股东必须将违反规定分配的利润退还公司。公司持有的本公司股份不得分配利润。"

（3）要求公司回购股权

《公司法》第七十四条规定："有下列情形之一的，对股东会该项决议投反对票的股东可以请求公司按照合理的价格收购其股权：（一）公司连续五年不向股东分配利润，而公司该五年连续盈利，并且符合本法规定的分配利润条件的；（二）公司合并、分立、转让主要财产的；（三）公司章程规定的营业期限届满或者章程规定的其他解散事由出现，股东会会议通过决议修改章程使公司存续的。自股东会会议决议通过之日起六十日内，股东与公司不能达成股权收购协议的，股东可以自股东会会议决议通过之日起九十日内向人民法院提起诉讼。"

《公司法》第一百四十二条规定："公司不得收购本公司股份。但是，有下列情形之一的除外：（一）减少公司注册资本；（二）与持有本公司股份的其他公司合并；（三）将股份用于员工持股计划或者股权激励；（四）股东因对股东大会作出的公司合并、分立决议持异议，要求公司收购其股份；（五）将股份用于转换上市公司发行的可转换为股票的公司债券；（六）上市公司为维护公司价值及股东权益所必需。公司因前款第（一）项、第（二）项规定的情形收购本公司股份的，应当经股东大会决议；公司因前款第（三）项、第（五）项、第（六）项规定的情形收购本公司股份的，可以依照公司章程的规定或者股东大会的授权，经三分之二以上董事出席的董事会会议决议。公司依照本条第一款规定收购本公司股份后，属于第（一）项情形的，应当自收购之日起十日内注销；属于第（二）项、第（四）项情形的，应当在六个月内转让或者注销；属于第（三）项、第（五）项、第（六）项情形的，公司合计持有的本公司股份数不得超过本公司已发行股份总额的百分之十，并应当在三年内转让或者注销。上市公司收购本公司股份的，应当依照《中华人民共和国证券法》的规定履行信息披露义务。上市公司因本条第一款第（三）项、第（五）项、第（六）项规定的情形收购本公司股份的，应当通过公开的集中交易方式进行。公司不得接受本公司的股票作为质押权的标的。"

2. AAA 股份有限责任公司公司章程规定

（1）股份回购

"本股份公司在下列情况下，可以依照法律、法规和本章程的规定，收购本股份公司的股份：（一）减少本股份公司注册资本；（二）与持有本股份公司股票的其他公司合并；（三）依据本章程第四十六条第（十四）项实施的股权激励计划；（四）股东因对股东大会作出的公司合并、分立决议持异议，要求本股份公司收购其股份的；（五）法律、法规规定所允许的其他情况。"

"下列事项由股东大会以特别决议通过：……审议批准本股份公司回购股份方案……"

"董事会行使下列职权：……拟订本股份公司重大收购、回购本股份公司股票或者合并、分立、解散、清算或者变更公司形式的方案……"

（2）利润分配

"股东大会是本股份公司的权力机构，依法行使下列职权：……审议批准本股份公司的利润分配方案和弥补亏损方案……"

"下列事项由股东大会以普通决议通过：……审议批准本股份公司的利润分配方案和弥补亏损方案……"

"独立董事履行职责时应当独立对董事会审议事项发表客观、公正的意见，并重点关注以下事项：……利润分配方案……"

"董事会行使下列职权：……拟订本股份公司的年度财务预算方案、决算方案、风险资本分配方案、利润分配方案和弥补亏损方案……"

"董事会审议利润分配方案、重大投资、重大资产处置方案、聘任和解聘高级管理人员、资本补充方案、重大股权变动，以及财务重组等重大事项时不得采取通讯表决方式，且应当由董事会三分之二以上董事通过方可有效。"

"本股份公司弥补亏损和提取公积金、任意公积金和一般准备金、股权激励基金后所余税后利润，按照股东持有的股份比例分配。本股份公司可以采取现金或其他经国务院银行业监督管理机构批准的方式分配利润。"

（3）股东大会提案、讨论和表决

"股东大会的提案内容应当属于股东大会职权范围，有明确议题和具体决议事项，并且符合法律、法规和本章程的有关规定。提案应以书面形式提交董事会或送达股东大会的召集人。股东大会召集人应当以本股份公司和股东的最大利益为行为准则，按照前款规定对股东大会的提案，依法、公正、合理地进行审查，并确保股东大会能够对每个议案进行充分的讨论。股东大会召集人决定不将股东大会提案列入会议议程的，应当在该次股东大会上说明。"

"出席股东大会有表决权的股东，应当对提交表决的提案发表以下意见之一：同意、反对或弃权。"

"股东大会决议应当列明出席会议的股东及股东代理人人数、所持有表决

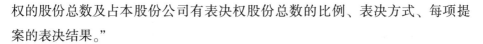

权的股份总数及占本股份公司有表决权股份总数的比例、表决方式、每项提案的表决结果。"

（4）股东大会临时提案权

"本股份公司召开股东大会，董事会、监事会以及单独或者合并持有本股份公司百分之三以上股份的股东，有权向本股份公司提出提案。单独或者合计持有本股份公司百分之三以上股份的股东，可以在股东大会召开十日前提出临时提案并书面提交召集人。召集人应当在收到提案后二日内发出股东大会补充通知，告知临时提案的内容。除前款规定的情形外，召集人在发出股东大会通知发出后，不得修改股东大会通知中已列明的提案或增加新的提案。"

（5）股东大会决议合法性

"本股份公司召开股东大会时将聘请律师对以下问题出具法律意见：（一）会议的召集、召开程序是否符合法律、法规、本章程；（二）出席会议人员的资格、召集人资格是否合法有效；（三）会议的表决程序、表决结果是否合法有效；（四）应本股份公司要求对其他有关问题出具的法律意见。"

"本股份公司股东大会、董事会决议内容违反法律、法规的，股东有权请求人民法院认定无效。本股份公司股东大会、董事会的会议召集程序、表决方式违反法律、法规或者本章程的，或者决议内容违反本章程的，股东有权自决议作出之日起六十日内，请求人民法院撤销。"

（6）股东大会记录

"股东大会应有会议记录，由董事会秘书负责。会议记录记载以下内容：……对每一提案的审议经过、发言要点和表决结果……"

（7）董事会召集和表决

"董事会会议分为定期会议和临时会议。董事会每季度至少应当召开一次定期会议。董事会会议由董事长召集，并应于会议召开十日前，书面通知全体董事参加，通知监事会派员列席。"

"有下列情形之一的，董事长应在十个工作日内召集临时董事会会议：（一）董事长认为必要时；（二）三分之一以上董事或二分之一以上独立董事联名提议时（如只有二名独立董事的，须经全体独立董事共同提议）；（三）代表十分之一以上表决权股份的股东可以提议召开董事会临时会议；（四）监事会提议时；（五）总经理提议时。"

"董事会召开临时董事会会议应于会议召开五日前书面通知全体董事。情况紧急，需要尽快召开董事会临时会议的，可以随时通过电话或者其他口头方式发出会议通知，但召集人应当在会议上做出说明。"

"董事会审议利润分配方案、重大投资、重大资产处置方案、聘任和解聘高级管理人员、资本补充方案、重大股权变动，以及财务重组等重大事项时不得采取通讯表决方式，且应当由董事会三分之二以上董事通过方可有效。"

3. 公司股东大会议事规则

（1）提案和临时提案

"股东大会提案的内容应当属于股东大会职权范围，有明确议题和具体决议事项，并且符合法律、法规和本股份公司章程的有关规定。股东大会召集人应当以本股份公司和股东的最大利益为行为准则，按照前款规定对股东大会的提案，依法、公正、合理地进行审查，并确保股东大会能够对每个提案进行充分的讨论，股东大会召集人决定不将股东大会提案列入会议议程的，应当在该次股东大会上说明。"

"股东大会通知和补充通知中应当充分、完整披露所有提案的具体内容，以及为使股东对拟讨论的事项作出合理判断所需的资料或解释。拟讨论的事项需要独立董事发表意见的，发出股东大会通知或补充通知时，应当同时披露独立董事的意见及理由。"

（2）表决

"股东大会采取记名方式投票表决。"

"会议主持人应当在表决前宣布现场出席会议的股东和股东代理人人数及所持有表决权的股份总数，现场出席会议的股东和股东代理人人数及所持有表决权的股份总数以会议登记为准。"

"股东大会对所有提案应当逐项表决。对同一事项有不同提案的，应当按提案提出的时间顺序进行表决。除因不可抗力等特殊原因导致股东大会中止或不能作出决议外，股东大会不得对提案进行搁置或不予表决。"

"出席股东大会的股东，应当对提交表决的提案发表以下意见之一：同意、反对或弃权。"

"股东大会决议应当列明出席会议的股东和代理人人数、所持有表决权的

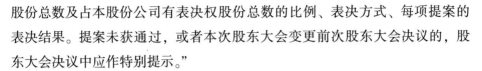

股份总数及占本股份公司有表决权股份总数的比例、表决方式、每项提案的表决结果。提案未获通过，或者本次股东大会变更前次股东大会决议的，股东大会决议中应作特别提示。"

4. 董事会议事规则

"董事会会议原则以现场方式召开。在保障董事充分表达意见前提下，经召集人同意，也可以通过书面传签、视频、电话、传真、信函等通讯方式召开。但有关利润分配方案、重大投资、重大资产处置方案、聘任或解聘高级管理人员、资本补充方案、重大股权变动以及财务重组等重大事项，不得采取通讯方式表决，且应当由三分之二以上董事通过方可有效。"

（四）焦点问题解决方案

1. AAA 股份有限公司董事会是否有权审查小股东 BBB 有限责任公司的临时提案

（1）案例分析

在 AAA 股份有限公司的公司章程中，并没有规定董事会或董事长有权对小股东的临时提案进行审查，更没有规定其有权在审查后不将临时提案提交股东大会，并且明确规定在收到股东提出的临时提案后应在两日内发送股东大会补充通知。但是 AAA 股份有限公司的股东大会议事规则中则规定了股东大会的召集人即董事会可以基于公司和股东利益对股东大会提案进行审查，对不提交股东大会的提案应作出说明。

上述公司章程和股东大会的议事规则似乎存在冲突。笔者认为，董事会作为股东大会的召集人，在收到小股东 BBB 有限责任公司的邮件后应该仅有权利做形式审查，而不具备可以轻易拒绝不提交临时提案的权利；只要提案的内容属于股东大会职权范围，有明确议题和具体决议事项，并且符合法律、行政法规和公司章程的有关规定就应该提交。

（2）上市公司场景上对上述问题的分析

我国资本市场相关规则，上市公司的董事会应对股东大会所有提案审查以下三方面的内容：一是所有提案应当属于股东大会职权范围；二是所有提案有明确议题和具体决议事项；三是所有提案还应符合法律、行政法规和《公司章程》的有关规定。前二者可以说是形式性审查事项，而后者是实质性审查，是最容易产生争议的审查事项。目前，我国上市公司的公司治理实务经验倾向为限制董事会相关审查权力。

2022 年修订的《上市公司股东大会规则》第十三条规定："提案的内容应当属于股东大会职权范围，有明确议题和具体决议事项，并且符合法律、行政法规和公司章程的有关规定。"上海证券交易所《上市公司信息披露监管问答（第二期）》第 5.4 条对股东提出临时提案的要求与《上市公司股东大会规则》第十三条一致，同时特别指出："股东大会召集人对股东提案的内容没有进行实质审查的职权，召集人是公司董事会的，原则上也无须专门召开会议进行审议，其在收到股东相关申请时，只要核实提议股东资格属实、相关提案符合前述三项要求，就应当将其提交股东大会审议。"2023 年 1 月 13 日发布的《深圳证券交易所上市公司自律监管指南第 1 号——业务办理（2023 年 2 月修订）》"二、股东大会的提案"第一条第三款规定："临时提案的提案函内容应当包括：提案名称、提案具体内容、提案人关于提案符合《上市公司股东大会规则》（以下简称《股东大会规则》）、《创业板规范运作指引》和本所相关规定的声明以及提案人保证所提供持股证明文件和授权委托书真实性的声明"。同时，第三条规定："召集人认定临时提案不符合《股东大会规则》第十三条规定，进而认定股东大会不得对该临时提案进行表决并作出决议的，应当在收到提案后两日内公告相关股东临时提案的内容，以及作出前述决定的详细依据及合法合规性，同时聘请律师事务所对相关理由及其合法合规性出具法律意见并公告。"《中小企业板信息披露业务备忘录第 17 号：股东大会相关事项》第一条第一项除上述提及的三项要求外，还要求股东大会提案不得违反公序良俗，同一提案人拟在同一次股东大会审议的提案不得相互矛盾。

2. 小股东 BBB 有限责任公司的临时提案权如何实现

（1）小股东 BBB 有限责任公司是否具有临时提案权

小股东 BBB 有限责任公司现持有 AAA 股份有限公司的股份比例为 3.5%，满足了临时提案人最低 3%的股权持有要求；AAA 股份有限公司股东大会的召开时间为 2023 年 5 月 3 日，BBB 有限责任公司于 4 月 7 日向董事会发出临时提案，也符合了临时提案需要提前提出的时间要求；其临时提案的内容根据 AAA 股份有限公司股东大会决议的内容，BBB 有限责任公司的提案要求确属其股东权利的行使，内容并未违反法律法规的规定。总之，BBB 有限责任公

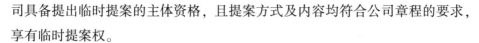

司具备提出临时提案的主体资格，且提案方式及内容均符合公司章程的要求，享有临时提案权。

（2）临时提案的提交

AAA 股份有限公司董事会作为股东大会的召集人，应当按照《公司法》和公司章程的规定保证 BBB 有限责任公司作为小股东的临时提案权。董事会办公室作为董事会的日常事务机构应该在收到 BBB 有限责任公司关于临时提案的邮件后，向董事长汇报，并在收到邮件后的两日内以董事会的名义向所有股东发出股东大会补充通知，告知临时提案的内容，并附相应的材料。即使高级管理层对于 BBB 有限责任公司的临时提案有不同意见，不愿意按照其提案进行分配，也不得修改其提案，更不可以不将其提案提交作为股东大会议案。否则 AAA 股份有限公司 5 月 3 日的股东大会的程序存在明显瑕疵。律师在出具股东大会法律意见书的时候，也应该记载该程序瑕疵。

（3）临时提案不确定性的弥补

本案中，BBB 有限责任公司小股东在利润分配的金额上采取了区间的方式，这是不是属于确定的提案内容值得商榷。笔者认为有两种处理方式：第一种，请小股东 BBB 有限责任公司将上述区间表述更改为确定的金额或者比例，再提交股东大会进行表决；第二种，如果小股东 BBB 有限责任公司不愿意修改上述区间表述，可以先就其现有的临时提案进行表决，因为表决的利润分配比例是区间，可以由董事会在股东大会对分配事项表决通过后，再由董事会在这个利润分配区间内拟订确定金额和比例的利润分配方案，再次提交股东大会讨论和表决。

3. 是否需要召开讨论利润分配的董事会

（1）正常的利润分配流程

按照 AAA 股份有限公司的公司章程和议事规则，该公司政策的利润分配事项应按照以下流程进行：利润分配方案即利润分配事项由董事会拟订方案—提交董事会审议，经董事会三分之二表决通过—董事会将利润分配方案作为股东大会提案提交股东大会审议—股东大会审议并经代表一半以上表决权通过—实施利润分配。

在上述流程中，利润分配方案的主导权因公司情况而异，但是无论如何，作为高级管理层的财务部门和总经理都有很大的话语权。利润分配方案的关键内容，分不分、分多少、何时支付都要基于财务的测算；而由于高级管理层完全掌握了公司的经营情况和利润情况，所以利润分配的合适尺度也由总经理提出建议。所以，虽然公司章程规定是董事会拟订利润分配方案，但是实际上高级管理层会起草利润分配方案的基本要素。

（2）临时董事会的讨论

基于上述案例的背景情况，如果高级管理层提交给董事会办公室的利润分配方案的要点与小股东 BBB 有限责任公司利润分配临时提案不一致时如何处理是本案例的关键。如案例背景，高级管理层拟进行的利润分配金额仅为小股东临时提案中的十分之一，如果董事长也同意高级管理层的利润分配方案，应该由董事长作为召集人召开临时董事会，提交高级管理层主导的利润分配方案供董事会审议，如果董事会通过了前述利润分配方案，则出具董事会决议通过。董事会在上述情况下是否会通过高级管理层主导的分配方案其实主要看董事会的构成，如果董事会成员大多数为执行董事，即此类董事兼任公司的高级管理人员的，那么董事会通过的概率是比较大的；如果是非执行董事和独立董事居多的，则可能会出现其他决议结果。

即使临时董事会通过了高级管理层主导的利润分配方案，并出具董事会决议，是否可以在 2023 年 5 月 3 日的股东大会上对内容为利润分配方案的董事会决议进行表决呢？根据案例中的公司章程和股东大会议事规则，股东大会的临时提案仅有持股 3% 以上的股东才会享有，所以董事会不可以自行将其利润分配的决议作为临时提案提交股东大会。如果有任意持股 3% 以上的股东支持前述高级管理层主导的利润分配方案，则可以由该股东作为股东大会临时提案权人，向股东大会提交临时提案。此时，股东大会就有两个关于利润分配的提案：一个是 AAA 股份有限公司董事会拟订的高级管理层主导的利润分配提案，另一个是 BBB 有限责任公司提交的利润分配提案。究竟如何进行利润分配就要看 AAA 股份有限公司的股东大会如何表决了。

但是如果没有股东支持前述高级管理层主导的利润分配方案，则如前所述董事会无法自行将其利润分配提案提交 2023 年 5 月 3 日的股东大会。如果 2023 年 5 月 3 日的股东大会通过了小股东 BBB 有限责任公司的利润分配提案，那么董事会形成的高级管理层主导的利润分配方案就无用武之地了。反之，如果 2023 年 5 月 3 日的股东大会没有通过小股东 BBB 有限责任公司的利

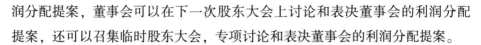

润分配提案，董事会可以在下一次股东大会上讨论和表决董事会的利润分配提案，还可以召集临时股东大会，专项讨论和表决董事会的利润分配提案。

（3）利润分配的行业限制

除上述案例的分析外，利润分配事项在实务中还有行业相关的限制规定。例如，银行业就应根据2021年《中国银保监会关于印发银行保险机构大股东行为监管办法（试行）的通知》来办理，该通知第三十五条规定："银行保险机构大股东应当支持银行保险机构根据自身经营状况、风险状况、资本规划以及市场环境调整利润分配政策，平衡好现金分红和资本补充的关系。银行保险机构存在下列情形之一的，大股东应支持其减少或不进行现金分红：（一）资本充足率不符合监管要求或偿付能力不达标的；（二）公司治理评估结果低于C级或监管评级低于3级的；（三）贷款损失准备低于监管要求或不良贷款率显著高于行业平均水平的；（四）银行保险机构存在重大风险事件、重大违法违规情形的；（五）银保监会及其派出机构认为不应分红的其他情形。"

（4）小股东临时提案的表决方式

小股东BBB有限责任公司的临时提案包含三个诉求：第一，要求分配利润；第二，按照一定比例进行利润分配；第三，如不进行利润分配，则回购其股权。上述三个诉求，第一个诉求为第二个和第三个诉求的前提：如果第一个诉求表决通过即进行利润分配则可以进行对第二个诉求的表决，第三个诉求由于丧失前提，无法进行表决；如果第一个诉求未被表决通过即不进行利润分配，那么第二个诉求无法进行表决，应该对第三个诉求进行表决。

通过上述分析可知，小股东BBB有限责任公司的临时提案和其他提案区别在于其一个提案中包含三个不同的诉求，如果在表决方式上仅按照一个临时提案进行一次投票表决的方式，是非常不合适的；其不合适在于无法区分一个提案内有三个不同诉求的不同表决意见，股东也无法对三个不同诉求进行不同意见的表决。所以，比较合适的表决方式，是就BBB有限责任公司的此临时提案，进行三项诉求的逐项表决，同时两张表决票的设计，对表决进行阶段性安排。先对第一个诉求"要求分配利润"进行表决，如股东大会通过，则进行第二个诉求的表决，即按照多少金额进行利润分配，第一个诉求和第二个诉求可以设计在一张表决票上。如果第一个诉求"要求分配利润"没有被通过，再表决第三个诉求，即表决在不分配利润的情况下是否回购和

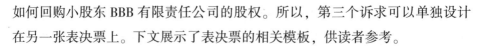

如何回购小股东 BBB 有限责任公司的股权。所以，第三个诉求可以单独设计在另一张表决票上。下文展示了表决票的相关模板，供读者参考。

4. 小股东回购权的实现

根据《公司法》和案例中公司章程等规定，小股东 BBB 有限责任公司并不具备要求 AAA 股份有限公司回购的权利。《公司法》第七十四条关于回购的规定仅适用于有限责任公司，所以不适用于 AAA 股份有限公司；在《公司法》对股份有限公司的公司回购股权的规定中，五年不分红并不是公司回购股东股权的触发条件，而是 AAA 股份有限公司的章程也没有相关不分红可以回购股权的触发条件；仅有的回购触发条件为回购股权减资，但是减资方式的回购涉及 AAA 股份有限公司的债务清偿等事项。

不同行业的公司还应遵守行业相关的细化规定，如我国商业银行要遵守资本金约束，如果银行回购股东的股票并将之注销和减资，在其他条件不变的情况下，会降低银行的资本金总额进而降低银行资本充足率指标，因为银行的经营规模在很大程度上取决于自身资本金的规模，所以回购股权的直接结果就是弱化经营能力，降低收益，很有可能拉低股价，削减市值。

同时银行在回购股票并减资过程中还应根据《公司法》的规定通知所有债权人即存款人并取得同意，存在引发挤兑、导致系统性风险和声誉风险的可能性。再看相关监管规定，银行回购股东股权和减资需要通过监管事先审批。

5. 股权转让对分配利润和决策的影响

（1）股权转让和利润分配

AAA 股份有限公司的另两个股东存在尚未完成的股权转让，分配的利润应该交付给哪家公司，主要是看转让双方的合同约定。根据上文中转让双方的合同约定，在未完成股权交割和变动登记的时候，亏损和收益均由受让方承担和享有，所以利润分配款项应该支付给受让方。如果转让双方并没有约定上述内容，那么 AAA 股份有限公司可以书面征求双方意见，待其完成对利润分配款项的归属约定后再进行支付；如果转让双方无法就利润分配款项的归属达成一致意见，AAA 股份有限公司可以就未确定的利润分配款项进行公证提存，按照账面登记的股东支付利润分配款项还是存在一定的风险。

（2）股权转让和表决权

股东大会的表决权是股东参与公司经营管理的主要权利载体，股东也应对自己的表决承担相应的决策后果，所以在股权转让合同中一般会对股权转让交割期间的表决权作出约定，在股东大会投票表决环节也要考虑两个股东在股权转让合同中对于投票表决权利的约定，根据约定来确定表决权的归属和行使。

如果在股权交割期间前，虽然股权尚未登记到受让方，但是双方股权转让合同约定表决权由受让方来行使，则受让方股东应向董事会办公室告知上述约定，在股东大会中主持人应向股东大会报告上述情况。笔者认为，可以按照股权转让双方约定来进行投票表决。实务中也会出现相对妥协的约定，即表决权仍由出让方行使，但是出让方在行使表决权时应事先征求受让方的表决意见，如双方对股东大会提案表决意见不一致的，则出让方应按照受让方的意见进行表决，此种情况下，仅需要股权转让双方在股东大会召开前自行磋商，并直接在股东大会上进行投票表决。

当股权受让方没有支付股权转让款或者未支付大部分股权转让款的，那么股权转让双方一般会约定在股权转让款支付完毕或大部分支付前，以及股权登记变更手续完成前仍由出让方行使表决权，此种情况下即由原股东直接行使表决权即可。

6. 视频会议的工作安排

特殊情况下股东大会无法现场召开，视频会议则成为不二之选，虽然视频会议的法律效力已经得到了认可，但是视频会议和现场会议还是在组织、召开方面存在较大差异，以上述案例背景中采用腾讯会议工具为例，笔者模拟一下视频会议的相关要点。

（1）参会人员签到

在会议举行前，应先确定会议参加人员名单和对应的邮箱，按照参会名单发送腾讯会议链接等信息，腾讯会议会议室可以采取密码设置，输入密码后方可登录。在参会人员进入腾讯会议网上会议室后，董事会办公室应要求参会人员修改腾讯会议网上会议室的昵称，采用真实姓名。同时董事会办公室可以提前设置好本次股东大会的相关背景，要求参会人员均打开摄像头，并采用股东大会预设背景。在参会人员到齐后，利用腾讯会议的手机版显示的"更多"和电脑版显示的"应用"模板中的"签到"功能进行签到，签到前必须将昵称改为真实姓名，方能用真实姓名进行签到，签到完成后董事会

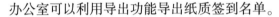

办公室可以利用导出功能导出纸质签到名单。

（2）会议召开中要点

视频会议一定要保证会议中各方的实际参与，保障各方的发言、质询和对提案的充分讨论；由于视频会议与现场会议相比交流顺畅度略低，所以董事长作为股东大会主持人主持工作的重点也应该是保障股东之间决策的实际开展。董事长应设计好主持稿，在主持顺序中建议对每个提案逐项讨论，即每一个提案由汇报人汇报结束后，应组织各股东进行讨论。对于大股东来说，由于一些提案已经经过了董事会讨论和决策，大股东已经对提案有了一定熟悉度；但是对于小股东而言，由于其没有推荐董事的权利，所以对此类提案只能在股东大会上第一次得知。在此种情况下，主持人应留给各方股东充分的时间，要保证有疑问的股东可以质询管理层，进行股东间的讨论，在充分讨论后再进行决策。实务中将所有提案一并汇报再统一进行股东投票表决的方式并不适合提案较多的股东大会，因为此种方式并没有给股东们留出对每一个提案进行讨论的机会和时间，并没有保护股东们表决权的过程权利。腾讯会议自带录音录像功能，在股东大会召开的过程中，应进行全程的录音录像，并在会议召开前应告知参会人员会进行录音录像。

（3）投票表决

视频会议最大的难点在于投票表决环节，因为没办法形成当场的纸质表决票，同时计票和监票的过程也没法现场展开。根据笔者的实务经验，可以采用腾讯会议的手机版"更多"和电脑版"应用"模板中的"投票"功能来完成视频会议的投票流程。首先要在腾讯会议中的投票功能中上传公司提案的表决项目，应逐个上传，一个提案形成一个投票选项，就像考试中的单项选择题一样，题目就是提案本身，选项则应根据公司章程和股东大会议事规则关于股东投票的规定来设计，本案例中只有两个选项即同意和反对。在股东大会进入表决阶段后，主持人应引导股东们进入腾讯会议的投票模板进行投票，董事会办公室也可以在会议前对股东们进行投票功能的介绍和预演。

（4）计票、监票和结果通知

由于腾讯会议的召开模式，无法形成现场计票环节，然而计票和监票对股东大会的决议效力都有着关键的作用，所以仍需要设计腾讯会议情况下的计票和监票流程。笔者建议另设一个腾讯会议，即由董事会办公室发起专门的计票和监票的腾讯会议，由董事会办公室人员、负责计票和监票的小股东代表和公司监事参加，在这个腾讯会议中完成计票和监票的工作。在这个会议中仍需要实名制且全程录音录屏。在计票和监票过程中首先应将无权投票的表决结果取消，如关联交易提案的关联方股东，以及误操作进行投票的高级管理人员。在计票和监票过程中，要注意的是腾讯会议投票功能中只能体现哪个股东就哪个提案进行了同意或反对的投票，即仅可以导出上述不同提案的单一表决结果，但是无法直接计算同意的表决股份数和反对的表决股份数，所以在计票和监票的过程中，需要做不同表决结果的股份数的计算和转换。计票和监票的过程必须按照公司章程和股东大会议事规则来完成，不可以省略计票和监票的固有程序。在计票和监票的过程中，应该由股东大会主持人宣布暂时休会，等待计票和监票的结果。

计票和监票完成后，如有参与股东大会的见证律师，则由律师宣布表决结果；没有律师的，则由股东大会主持人来宣布表决结果。董事会办公室仍应在股东大会结束后，通过邮件将股东大会对各提案的表决结果、会议记录和股东大会决议等发送给各位股东，如有必要也可以发送给参会的董事、高级管理人员等，以保证股东大会的决议得以贯彻和落实。

大多数公司的章程中并没有就采用腾讯会议方式的相关会议召开等流程作出规定，所以董事会办公室作为股东大会的具体操作部门，应将上述所有腾讯会议的具体安排提前通过邮件的方式发给股东确认，如果可以另行制定相关会议规则补充股东大会议事规则，是最妥当的制度安排。上市公司因为有网络投票系统，所以在表决方面受影响较小。

（五）案例中相关示范模板

1. 临时提案股东大会补充通知模板

以上述案例背景为例，笔者草拟了一份 AAA 股份有限公司的股东大会临时提案的补充通知，供读者参考。

AAA 股份有限公司关于 2022 年度股东大会增加临时提案的补充会议通知

各位股东：

本行已于 2023 年 4 月 3 日发布了《关于召开 2022 年度股东大会的通知》，定于 2023 年 5 月 3 日 14：00 召开 2022 年度股东大会。

鉴于本行董事会于 2023 年 4 月 7 日收到股东 BBB 有限责任公司对将于 2023 年 5 月 3 日召开的年度股东大会临时提案——《关于提请 AAA 股份有限公司按政策规定实施分红的议案》，根据公司章程规定，将此提案增加至本次股东大会，股东大会通知中的其他内容不变。本公司现将变动后的 2022 年度股东大会的补充通知如下：

一、会议基本情况

（一）股东大会的召集人为 AAA 股份有限公司董事会。

（二）会议时间：2023 年 5 月 3 日（星期一）14：00。

（三）会议的表决方式：本次股东大会采用现场投票表决方式。

（四）会议地点：

二、会议内容

（一）审议关于《2022 年度财务预算执行及 2023 年财务预算规划》的议案。

（二）审议关于《2022 年度董事会工作报告》的议案。

（三）审议关于《2022 年度监事会工作报告》的议案。

（四）审议关于《2022 年度董事会对董事履职评价报告》的议案。

（五）审议关于《监事会对监事 2022 年度履职评价报告》的议案。

（六）《监事会对高级管理人员 2022 年度履职评价报告》的议案。

（七）听取《外部监事 2022 年度述职报告》。

（八）听取《独立董事 2022 年度述职报告》。

（九）审议关于提请 AAA 股份有限公司按政策规定实施分红的议案。

三、参会人员

（一）出席会议人员：股东或股东代表。

（二）列席会议人员：

1. 董事、监事、高级管理人员；

2. 律师。

四、会议前准备

（一）股东签到、核查股东或股东代表的身份。

（二）领取表决票。

（三）董事、监事、高级管理人员签到。

五、会议议程

（一）会议主持人致辞。

（二）全体股东审议相关议案。

（三）表决。

（四）会议主持人宣布表决结果。

（五）律师宣读法律意见书。

（六）会议主持人宣布股东大会闭幕。

（七）全体与会董事签署股东大会决议、记录。

六、有关事项

（一）请股东及股东代表于会议正式开始前，在会议现场办理身份核查及签到手续，并由律师现场见证。

（二）股东应出示以下证照：

1. 《法定代表人证明书》（格式见本通知附件一）；

2. 《回执单》原件（格式见本通知附件二）。

（三）股东代表应出示以下证照：

1. 本人身份证原件；

2. 经法定代表人签署并加盖公章的《授权委托书》（格式见本通知附件三）。

联系人：

联系电话：

AAA 股份有限公司

2023 年 4 月 9 日

2. 小股东提案的表决票

如上文分析，小股东提案中的三个诉求有递进和互为前提的关系，所以其表决票应根据诉求之间的关系来安排；在具体设计上，可以将小股东提案做单独的表决票，其他提案可以并列在一张表决票上。

AAA 股份有限公司 2022 年度股东大会表决票（一）

股东名称：××

所拥有的股份数额：×万股

所拥有的表决票数：×万票

法定代表人或授权代表签名：_____

序号	议案	同意	反对
1	审议关于《___年度财务预算执行及___年财务预算规划》的议案		
2	审议关于《___年度董事会工作报告》的议案		
3	审议关于《___年度监事会工作报告》的议案		
4	审议关于《___年度董事会对董事履职评价报告》的议案		
5	审议关于《监事会对监事___年度履职评价报告》的议案		
6	《监事会对高级管理人员___年度履职评价报告》的议案		
7	听取《外部监事___年度述职报告》		
8	听取《独立董事___年度述职报告》		

日期：___年___月___日

表决方法的说明：

1. 上述议案表决采用一股一票制，并由到会股东所持表决权的过半数同意即为通过。
2. 一位股东，只能填写一张表决票。
3. 请在"同意""反对"的栏目里打钩（"√"），不按规定填写视为弃权。

AAA 股份有限公司 2022 年度股东大会表决票（二）

股东名称：××

所拥有的股份数额：×万股

所拥有的表决票数：×万票

法定代表人或授权代表签名：_____

日期：___年___月___日

序号	议案	同意	反对
10	关于提请 AAA 股份有限公司按政策规定实施分红的议案	—	
10-2	按每股 0.1—0.2 元实施分红（该议案生效前提为 10-1 过半数同意）		

表决方法的说明：

1. 上述议案表决采用一股一票制，并由到会股东所持表决权的过半数同意即为通过。

2. 一位股东，只能填写一张表决票。

3. 请在"同意""反对"的栏目里打钩（"√"），不按规定填写视为弃权。

AAA 股份有限公司 2022 年度股东大会表决票（三）

股东名称：××

所拥有的股份数额：×万股

所拥有的表决票数：×万票

法定代表人或授权代表签名：＿＿＿＿＿＿＿＿＿＿＿＿＿

日期：＿＿＿年＿＿＿月＿＿＿日

序号	议案	同意	反对
10	关于提请 AAA 股份有限公司按政策规定实施分红的议案	—	
10-3	回购 BBB 有限责任公司持有的股权（该议案生效前提为 10-1 未获过半数同意）		

表决方法的说明：

1. 上述议案表决采用一股一票制，并由到会股东所持表决权的过半数同意即为通过。

2. 一位股东，只能填写一张表决票。

3. 请在"同意""反对"的栏目里打钩（"√"），不按规定填写视为弃权。

五、股东会/股东大会示范模板

本部分将展示与股东大会有关的文件模板，供读者参考使用。

（一）会议通知

某股份有限公司关于召开某年第×次临时股东大会的通知

各位股东：

根据某股份有限公司第×届董事会第×次会议决议，本公司定于×年×月×日（星期×）下午×点×分召开20××年第×次临时股东大会。现将有关事项通知如下：

一、会议基本情况

（一）股东大会的召集人为××董事会。

（二）会议时间：×年×月×日（星期×）下午×点×分。

（三）会议表决方式：现场投票表决。

（四）会议地点：

二、会议内容

（一）审议关于《某章程》修订建议的议案。

（二）审议关于《选聘某年度外部审计会计师事务所》的议案。

（三）听取《某年度审计情况及审计质量评估报告》。

三、参会人员

（一）出席会议人员：股东或股东代表。

（二）列席会议人员：

1. 董事、监事、高级管理人员；

2. 律师。

四、会议前准备

（一）股东签到、核查股东或股东代表的身份。

（二）领取表决票。

（三）董事、监事、高级管理人员签到。

五、会议议程

（一）会议主持人致辞。

（二）全体股东审议相关议案。

（三）表决。

（四）会议主持人宣布表决结果。

（五）会议主持人宣布股东大会闭幕。

（六）全体与会董事签署股东大会决议、记录。

六、有关事项

（一）请股东及股东代表于会议正式开始前，在会议现场办理身份核查及签到手续，并由律师现场见证。

（二）股东应出示以下证照：

1.《法定代表人证明书》（格式见本通知附件一）；

2.《回执单》原件（格式见本通知附件二）。

（三）股东代表应出示以下证照：

1. 本人身份证原件；

2. 经法定代表人签署并加盖公章的《授权委托书》（格式见本通知附件三）。

联系人：

联系电话：

＿＿＿＿＿＿＿公司（盖章）

＿＿＿年＿＿月＿＿日

附件一：

法定代表人证明书

兹证明＿＿＿＿＿＿＿＿先生（女士），身份证号码为＿＿＿＿＿＿＿

＿＿＿＿＿本公司的法定代表人，特此证明。

＿＿＿＿＿＿＿＿＿公司（盖章）

签署日期：＿＿＿年＿＿月

附件二：

回执单

兹收到【某公司】董事会关于某年某月某日召开某公司某年第×次临时股东大会（以下简称股东大会）的会议通知及相关会议材料，特此回函确认。

本公司的法定代表人＿＿＿＿＿＿先生（女士），将亲自出席股东大会，

或本公司将委派_____先生（女士），身份证号码_____
代为出席股东大会。

本公司同意遵守会议通知。

_____公司（盖章）

签署日期： 年 月 日

（二）议题征集通知

AAA 股份有限公司_____年度股东大会议题征集通知

各位股东：

根据《公司法》和《公司章程》，公司暂定于××年××月召开股东会/股东大会，具体时间会另行通知。现向各位股东征集会议议题。

请于××年××月××日前，以书面方式交给董事会秘书或董事会办公室。

附：

董事会办公室邮箱：_____

联系人：_____

电话：_____

AAA 股份有限公司董事会办公室

年 月 日

（三）会议记录

AAA 股份有限公司_____年度股东大会会议记录

会议时间：_____年___月___日上午（或下午）____：___

会议方式：现场会议（或视频会议）

会议通知：于_____年___月___日以电子邮件形式发出

会议召集人：

会议主持人：

会议记录人：

一、参加会议的股东及股东代表：

序号	股东名称	股东代表
1		
2		
3		
4		

二、列席会议的董事：

三、列席会议的监事：

四、列席会议的高管和其他人员：

五、见证律师：某律师事务所_____

会议内容：

一、会议主持人介绍出席本次大会的股东及股东代表共计_____人，出席会议股份总数为_____万股。因股东_____股份有限公司已将持有本行的全部股权进行了质押，按照本行章程规定，其持有的本行_____万股股份表决权应受限制。因此，_____股份有限公司不得对本次股东大会各项议案进行表决。除去_____持有的表决权受限股份，出席会议股份总数为_____万股，占公司股份总数的_____%，出席会议有表决权股份总数为_____万股，占公司股份总数的_____%。

二、会议主持人宣布 AAA 股份有限公司_____年度股东大会正式开始。

三、会议主持人宣布审议议题：

1. 审议关于《AAA 股份有限公司_____年度财务预算执行及_____年财务预算规划》的议案；

2. 审议关于《AAA 股份有限公司章程修正案》的议案；

3. 审议关于《AAA 股份有限公司_____年度董事会工作报告》的议案；

4. 审议关于《AAA 股份有限公司_____年度监事会工作报告》的议案；

5. 审议关于《AAA 股份有限公司_____年度董事会对董事履职评价报告》的议案；

6. 审议关于《AAA 股份有限公司监事会对董事_____年度履职评价报

告》的议案；

7. 审议关于《AAA 股份有限公司监事会对监事_____年度履职评价报告》的议案；

8. 审议关于《AAA 股份有限公司监事会对高级管理人员_____年度履职评价报告》的议案。

以上议案，请予审议。

四、会议主持人宣布进入现场投票程序，股东代表_____为计票人，职工监事_____为监票人。

五、与会股东表决，计票人计票，监票人监票，并统计表决结果。

六、会议主持人委托某律师事务所律师_____宣布表决结果。

_____律师：出席本次股东大会的股东共计_____名，代表公司股份_____万股，占公司股份总数的____%。因出席会议的股东之一_____股份有限公司已将持有公司的全部股份进行了质押，按照《公司章程》规定，其持有的公司_____万股股份表决权应受限制。因此，出席会议有表决权股份总数为_____万股，占公司股份总数的_____%。

1. 关于《AAA 股份有限公司_____年度财务预算执行及_____年财务预算规划》的议案

同意股数_____万股，占出席会议有表决权股份总数的____%。该议案未获得有效表决通过。

2. 关于《AAA 股份有限公司章程修正案》的议案

同意股数_____万股，占出席会议有表决权股份总数的____%。该议案获得有效表决通过。

3. 关于《AAA 股份有限公司_____年度董事会工作报告》的议案

同意股数_____万股，占出席会议有表决权股份总数的____%。该议案获得有效表决通过。

4. 关于《AAA 股份有限公司_____年度监事会工作报告》的议案

同意股数_____万股，占出席会议有表决权股份总数的____%。该议案获得有效表决通过。

5. 关于《AAA 股份有限公司_____年度董事会对董事履职评价报告》的议案

同意股数_____万股，占出席会议有表决权股份总数的____％。该议案获得有效表决通过。

6. 关于《AAA股份有限公司监事会对董事_____年度履职评价报告》的议案

同意股数_____万股，占出席会议有表决权股份总数的____％。该议案获得有效表决通过。

7. 关于《AAA股份有限公司监事会对监事_____年度履职评价报告》的议案

同意股数_____万股，占出席会议有表决权股份总数的____％。该议案获得有效表决通过。

8. 关于《AAA股份有限公司监事会对高级管理人员_____年度履职评价报告》的议案

同意股数_____万股，占出席会议有表决权股份总数的____％。该议案获得有效表决通过。

七、会议主持人宣布听取以下报告事项：

1. 听取《AAA股份有限公司_____年度监管意见整改情况报告》；

2. 听取《AAA股份有限公司_____年度关联交易管理专项报告》；

3. 听取《AAA股份有限公司外部监事_____年度述职报告》；

4. 听取《AAA股份有限公司独立董事_____年度述职报告》。

八、出席会议的董事签署本次大会的会议记录和会议决议。

九、会议主持人作会议总结。

十、会议主持人宣布AAA股份有限公司_____年度股东大会结束。

（以下无正文）

（本页为AAA股份有限公司

____年度股东大会会议记录的签署页）

出席本次会议的股东代表与董事签字：

_____   _____   _____

（××）   （××）   （××）

_____   _____   _____
（××）   （××）   （××）

_____   _____
（××）   （××）

会议主持人签字：_____
　　　　　　　　　（××）

会议记录人签字：_____
（一般为董事会秘书）（××）

本次会议记录签署日期：_____年____月____日

（四）会议表决结果通知书

关于 AAA 股份有限公司_____年度股东大会表决结果的通知

各位股东，您好！

_____年___月___日下午___：___，AAA 股份有限公司_____年度股东大会使用腾讯会议召开现场会议，出席和授权出席本次股东大会的股东共___人，代表有表决权股份总数为_____万股，占本行股份总数的____%。符合《中华人民共和国公司法》《公司章程》的相关规定。

1. 会议审议了关于《AAA 股份有限公司_____年度财务预算执行及_____年财务预算规划》的议案

同意股数_____万股，占出席会议有表决权股份总数的____%。该议案未获得有效表决通过。

2. 会议审议通过了关于《AAA 股份有限公司章程修正案》的议案

同意股数_____万股，占出席会议有表决权股份总数的____%。该议案获得有效表决通过。

……

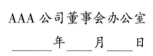

AAA 公司董事会办公室

_____年____月____日

（五）议案模板

关于《××方案》（或关于《××报告》/关于××）的议案

各位股东：

（简述该议案的主要内容、背景等，篇幅不宜过长）

以上议案，请予审议。

附件一：《××方案》/《××报告》

附件二：××表

AAA 股份有限公司

_____年____月____日

> 说明：
> 　1. 正文内文字字号四号，如有表格等不同字号文字，均不超过四号，尽量不要用颜色标记、不加粗。
> 　2. 如听取报告事项，可不需要议案页，直接放报告正文。
> 　3. 如审议报告，请在议案页内说明审议原因，如监管要求等。
> 　4. 原则上一个 word 文件含议案页和附件。
> 　5. 如附件报告页数较多或为 A3 表格，可先与董办联系。

（六）会议主持稿

AAA 股份有限公司_____年第___次临时股东大会议程

（用于董事长主持）

（一）主持人宣布_____年第_____次临时股东大会开始

各位股东、董事、监事以及各位高级管理人员：

大家下午好。

1. 首先，根据现场签到记录显示，出席本次股东大会的股东及股东代表共计_____人，分别是：

姓名	单位、职务

（其中：_____通过电话接入方式参会。）

_____有限公司未出席本次股东会。

此外，参加今天会议的还有本公司部分董事、监事、高级管理人员和_____律师事务所的律师。

2. 今天出席会议的股东持有股份总数为_____万股。因股东_____股份有限公司已将持有本公司的全部股权进行了质押，按照本公司章程的规定，其持有的本公司_____万股股份表决权应受限制。因此，_____股份有限公司不得对本次股东大会各项议案进行表决。除去股东_____股份有限公司持有的表决权受限股份，出席会议股份总数为_____万股，占公司股份总数的____%，出席会议有表决权股份总数为_____万股，占公司股份总数的____%。

3. 本次会议的相关材料已于开会前送达各位股东。

4. 本次会议的召开和召集程序符合法律和本公司章程的有关规定。

因此，我宣布：AAA 股份有限公司_____年第____次临时股东大会正式开始。

（二）审议事项 2 项、听取报告 1 项

审议议案一：选举_____先生为 AAA 股份有限公司第____届董事会董事

报告人：_____。

请与会股东审议。

审议议案二：审议关于选聘_____—_____年度外部审计会计师事务所的议案。

报告人：_____。

请与会股东审议。

（三）表决、计票、监票

1. 介绍计票人、监票人。

现有请计票人：_____（股东代表）、_____（股东代表）对表决结果进行统计。

由监票人：＿＿＿＿＿（职工监事）对表决进行监督。

2. 表决。

请与会股东或股东代表对本次会议所有议案进行投票表决。

（四）统计表决结果：计票人根据与会股东或股东代表递交的表决票进行统计，监票人进行监督。计票人和监票人签署表决结果。

（五）主持人委托＿＿＿＿＿律师事务所＿＿＿＿＿律师宣布表决结果

1. 审议通过关于选举＿＿＿＿＿先生为 AAA 股份有限公司第＿＿＿届董事会董事的议案，同意股数＿＿＿＿＿万股，占出席会议有表决权股份总数的＿＿＿%；反对股数＿＿＿股，占出席会议有表决权股份总数的＿＿＿%；弃权股数＿＿＿股，占出席会议有表决权股份总数的＿＿＿%。

2. 审议通过关于选聘＿＿＿＿＿—＿＿＿＿＿年度外部审计会计师事务所的议案，同意股数＿＿＿＿＿万股，占出席会议有表决权股份总数的＿＿＿＿＿%；反对股数＿＿＿＿＿股，占出席会议有表决权股份总数的＿＿＿＿＿%；弃权股数＿＿＿＿＿股，占出席会议有表决权股份总数的＿＿＿＿＿%。

通过律师现场见证，本次股东大会的召集、召开程序及表决方式符合《公司法》《商业银行法》等法律法规、规范性文件和《AAA 股份有限公司章程》规定，出席人员具有合法有效的资格；召集人资格合法、有效；表决程序和结果真实、合法、有效；本次股东大会形成决议合法、有效。

（六）主持人作会议总结

（七）会议主持人、会议记录人、出席会议的董事在股东大会决议和记录上签字

（八）主持人宣布股东大会结束

（七）法律意见书

某律师事务所关于 AAA 股份有限公司
＿＿＿＿＿年第＿＿＿次临时股东大会法律意见书

致：AAA 股份有限公司

某律师事务所（以下简称本所）接受 AAA 股份有限公司（以下简称公司）的委托，指派＿＿＿＿＿律师（以下简称本所律师）出席公司＿＿＿＿＿年第

____次临时股东大会（以下简称本次股东大会），对本次股东大会的合法性进行见证。本所律师根据《中华人民共和国公司法》（以下简称《公司法》）、《上市公司股东大会规则》等法律、法规和规范性文件以及《AAA 股份有限公司章程》（以下简称《公司章程》）的规定，就公司本次股东大会的召集、召开程序、出席会议人员的资格、召集人的资格、表决程序和表决结果等有关事宜出具本法律意见书。

在本法律意见书中，本所律师仅对本次股东大会的召集、召开程序、出席会议人员资格、召集人的资格、表决程序以及表决结果是否符合相关法律、法规、其他规范性文件及《公司章程》的规定发表意见，不对会议审议的议案内容以及这些议案所表述的事实或数据的真实性及准确性发表意见。

按照律师行业公认的业务标准、道德规范和勤勉尽责精神，本所律师对本次股东大会的相关资料和事实进行了核查和验证，现发表法律意见如下：

一、本次股东大会的召集与召开程序

经本所律师核查，____年___月___日，公司召开第____届董事会第_____次会议，审议通过《关于提请召开公司_____年第___次临时股东大会的议案》，决定于_____年___月___日（星期___）14：00 召开本次股东大会。

_____年___月___日，公司董事会向公司股东发送《AAA 股份有限公司关于召开_____年第___次临时股东大会的通知》，公告本次股东大会召开时间、召开地点、召开方式、审议事项、表决方式、股权登记日、联系人和联系方式等内容。公司已按相关规定对议案的内容进行充分披露。

本次股东大会于_____年___月___日（星期___）14：00 在_____会议室召开。通过深圳证券交易所交易系统进行网络投票的具体时间为：_____年___月___日上午___：___—___：___、___：___—___：___，下午___：___—___：___；通过深圳证券交易所互联网投票系统投票的具体时间为：_____年___月___日上午___：___—___：___。

本次股东大会由董事长_____主持，会议召开的时间、地点及其他事项与本次股东大会通知的内容一致。

本所律师认为，本次股东大会的召集、召开程序符合《公司法》《上市公司股东大会规则》等法律、法规和规范性文件以及《公司章程》的规定。

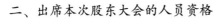

二、出席本次股东大会的人员资格

1. 本次股东大会的召集人

本次股东大会的召集人为公司董事会。

2. 出席本次股东大会的股东及股东授权委托代表

参加本次股东大会的股东及股东授权委托代表共＿＿＿＿名，代表有表决权的股份数＿＿＿＿＿＿＿股，占公司股份总数（指剔除截至股权登记日公司回购专用证券账户中已回购的股份数量＿＿＿＿＿＿股后的股份总数＿＿＿＿＿＿股，下同）的＿＿＿％；公司董事、监事、高级管理人员及单独或合计持有公司＿＿＿％以上股份的股东以外的其他股东（以下简称中小投资者）共＿＿＿＿＿＿名，代表有表决权的股份数＿＿＿＿＿＿股，占公司股份总数的＿＿＿％。其中：

（1）出席现场会议的股东及股东授权委托代表共＿＿＿＿＿＿名，代表有表决权的股份数＿＿＿＿＿＿股，占公司股份总数的＿＿＿％；

（2）通过网络投票系统出席本次股东大会的股东共＿＿＿＿＿＿名，代表有表决权的股份数＿＿＿＿＿＿股，占公司股份总数的＿＿＿％。

基于网络投票股东资格系在其进行网络投票时，由深圳证券交易所交易系统和互联网投票系统进行认证，因此本所律师无法对网络投票股东资格进行确认。

在参与网络投票的股东代表资格均符合有关法律法规及《公司章程》的前提下，经验证，本所律师认为上述股东及股东授权委托代表具有出席本次股东大会并行使投票表决权的合法资格。

3. 出席、列席本次股东大会的其他人员

出席本次股东大会的其他人员为公司的董事、监事和董事会秘书以及本所律师，列席本次股东大会的其他人员为公司的高级管理人员。

本所律师认为，出席本次股东大会现场会议的人员、召集人的资格符合《公司法》《上市公司股东大会规则》以及《公司章程》的规定，合法有效。

三、本次股东大会的表决方式、表决程序及表决结果

出席本次股东大会的股东及股东授权委托代表就会议通知中列明的事项，以现场记名投票以及网络投票方式逐项进行了表决。在表决结束后，按《公司章程》及《上市公司股东大会规则》规定指定了股东代表、监事和本所律师进行计票、监票，并当场公布了表决结果。具体表决结果如下：

《关于变更经营范围并修订〈公司章程〉的议案》

表决结果：同意_____股，占出席本次会议有效表决权股份总数的____%；反对_____股，占出席本次会议有效表决权股份总数的____%；弃权_____股，占出席本次会议有效表决权股份总数的____%。

此议案获得出席本次会议股东所持表决权股份总数三分之二以上通过。

四、结论意见

综上所述，本所律师认为，公司_____年第____次临时股东大会召集及召开程序、召集人和出席现场会议人员的资格及本次股东大会的表决程序均符合有关法律、法规、规范性文件及《公司章程》的规定，公司本次股东大会通过的决议合法有效。

本所同意本法律意见书随公司本次股东大会其他信息披露资料一并上报及公告，未经本所同意请勿用于其他任何目的。

本法律意见书正本叁份，无副本。

（以下无正文，下接签署页）

【本页无正文，为《_____律师事务所关于_____股份有限公司_____年第____次临时股东大会法律意见书》之签署页】

_____律师事务所

负责人：   见证律师：

                                    _____年___月___日

（八）股东大会议事规则

某股份有限公司股东大会议事规则

第一章　总则

第一条　为规范某股份有限公司（以下简称本公司）行为，保证股东大会依法行使职权，根据《中华人民共和国公司法》（以下简称《公司法》）、《某股份有限公司章程》（以下简称本公司章程）及其他有关法律、行政法规和规范性文件的规定，制定《某股份有限公司股东大会议事规则》（以下简称本规则）。

第二条　本公司应当严格按照法律、行政法规、本规则及本公司章程的相关规定召开股东大会，保证股东能够依法行使权利。

本公司董事会应当切实履行职责，认真、按时组织股东大会。本公司全体董事应当勤勉尽责，以确保股东大会正常召开和依法行使职权。

第三条　股东大会应当在《公司法》和本公司章程规定的范围内行使职权。

第四条　股东大会分为股东年会和临时股东大会。股东年会每年召开一次，应当于上一会计年度结束后的六个月内举行。临时股东大会不定期召开，出现《公司法》及本公司章程规定的应当召开临时股东大会的情形时，临时股东大会应当在两个月以内召开。

第五条　本公司召开股东大会，应当聘请律师对股东大会见证并对以下问题出具法律意见：

（一）会议的召集、召开程序是否符合法律、行政法规、本公司章程和本规则的规定；

（二）出席会议人员的资格、召集人资格是否合法有效；

（三）会议的表决程序、表决结果是否合法有效；

（四）应本公司要求对其他有关问题出具的法律意见。

第二章　股东大会的召集

第六条　董事会应当在本规则第四条规定的期限内按时召集股东年会和临时股东大会。董事会决议召开股东大会的，应在作出董事会决议后的五日内发出召开股东大会的通知。

第七条　监事会有权向董事会提议召开临时股东大会，并应当以书面形式向董事会提出。董事会应当根据法律、法规和本公司章程的规定，在收到提议后十日内提出同意或不同意召开临时股东大会的书面反馈意见。董事会同意召开临时股东大会的，应当在作出董事会决议后的五日内发出召开股东大会的通知，通知中对原提议的变更，应征得监事会的同意。

董事会不同意召开临时股东大会，或者在收到提议后十日内未作出书面反馈的，视为董事会不能履行或者不履行召集股东大会会议职责，监事会可以自行召集和主持。

第八条　连续九十日以上单独或者合计持有本公司百分之十以上股份的股东有权向董事会请求召开临时股东大会，并应当以书面形式向董事会提出。

董事会应当根据法律、法规和本公司章程的规定，在收到请求后十日内提出同意或不同意召开临时股东大会的书面反馈意见。

董事会同意召开临时股东大会的，应当在作出董事会决议后的五日内发出召开股东大会的通知，通知中对原请求的变更，应征得相关股东的同意。

董事会不同意召开临时股东大会，或者在收到请求后十日内未作出反馈的，连续九十日以上单独或者合计持有本公司百分之十以上股份的股东有权向监事会提议召开临时股东大会，并应当以书面形式向监事会提出请求。

监事会同意召开临时股东大会的，应在收到请求五日内发出召开临时股东大会的通知，通知中对原请求的变更，应征得相关股东的同意。

第九条 监事会连续九十日以上单独或者合计持有本公司百分之十以上股份的股东决定自行召集临时股东大会的，应当书面通知董事会。

第十条 对于监事会连续九十日以上单独或者合计持有本公司百分之十以上股份的股东自行召集的临时股东大会，董事会和董事会秘书应予配合。董事会应当提供股权登记日的股东名册。

第十一条 监事会连续九十日以上单独或者合计持有本公司百分之十以上股份的股东自行召集的临时股东大会，会议所必需费用由本公司承担。

第三章 股东大会的提案与通知

第十二条 股东大会提案的内容应当属于股东大会职权范围，有明确议题和具体决议事项，并且符合法律、法规和本公司章程的有关规定。

股东大会召集人应当以本公司和股东的最大利益为行为准则，按照前款规定对股东大会的提案，依法、公正、合理地进行审查，并确保股东大会能够对每个提案进行充分的讨论。

股东大会召集人决定不将股东大会提案列入会议议程的，应当在该次股东大会上说明。

第十三条 召集人应当在股东年会召开二十日前以专人送出、传真、邮件或电子邮件方式通知各股东，临时股东大会应当于会议召开十五日前以专人送出、传真、邮件或电子邮件方式通知各股东。

第十四条 股东大会会议通知应包括以下内容：

（一）会议的时间、地点和会议期限；

（二）提交会议审议的事项；

（三）有权出席股东大会股东的股权登记日；

（四）会务常设联系人姓名，电话号码。

第十五条　股东大会通知和补充通知中应当充分、完整披露所有提案的具体内容，以及为使股东对拟讨论的事项作出合理判断所需的资料或解释。拟讨论的事项需要独立董事发表意见的，发出股东大会通知或补充通知时，应当同时披露独立董事的意见及理由。

第十六条　股东大会拟讨论董事、监事选举事项的，股东大会通知中应当充分披露董事、监事候选人的详细资料，至少包括以下内容：

（一）教育背景、工作经历、兼职等个人情况；

（二）与本公司是否存在关联关系；

（三）披露持有本公司股份的数量；

（四）是否受过有关行政管理部门的处罚。

每位董事候选人、非职工代表监事候选人应当以单项提案方式提出。

第十七条　发出股东大会通知后，无正当理由，股东大会不得延期或取消，股东大会通知中列明的提案不得取消。一旦出现延期或取消的情形，召集人应当在原定召开日前至少二个工作日以专人送出、传真、邮件或电子邮件方式通知各股东并说明原因。

第四章　股东大会的召开

第十八条　本公司应当在本公司住所地或股东大会通知所载明的地点召开股东大会。

第十九条　股东大会应当以现场会议形式召开。股权登记日登记在册的所有股东均有权出席股东大会，出席股东大会的股东均有权行使表决权，但依照有关法律、法规及本公司章程不享有表决权的股东除外。股东可以亲自出席股东大会并行使表决权，也可以委托他人代为出席股东大会并行使表决权。

第二十条　出席会议人员的登记册由本公司负责制作。登记册载明参加会议股东的名称（或姓名）、股东代理人的姓名、股东持有或者代表有表决权的股份数额等事项。

第二十一条　股东大会召集人应当采取必要措施，保证股东大会的正常秩序。对于干扰股东大会、寻衅滋事和侵犯股东合法权益的行为，应当采取措施加以制止并及时报告有关部门查处。

第二十二条 股东应当持身份证或其他能够表明其身份的有效证件、证明出席股东大会。股东代理人应当提交股东授权委托书和自身有效的身份证件。

第二十三条 召集人和律师应当依据股东名册共同对股东资格的合法性进行验证，并登记股东姓名或名称及其所持有表决权的股份数。在会议主持人宣布现场出席会议的股东和代理人人数及所持有表决权的股份总数之前，会议登记应当终止。

第二十四条 董事会召集的股东大会由董事长主持。董事长不能履行职务或不履行职务时，由半数以上董事共同推举一名董事主持。

监事会自行召集的股东大会，由监事会主席主持。监事会主席不能履行职务或不履行职务时，由半数以上监事共同推举一名监事主持。

连续九十日以上单独或者合计持有本公司百分之十以上股份的股东自行召集的股东大会，由召集会议的股东共同推举代表主持。

召开股东大会时，会议主持人违反议事规则使股东大会无法继续进行的，经现场出席股东大会有表决权过半数的股东同意，股东大会可推举一人担任会议主持人，继续开会。

第二十五条 股东大会采取记名方式投票表决。

第二十六条 会议主持人应当在表决前宣布现场出席会议的股东和股东代理人人数及所持有表决权的股份总数，现场出席会议的股东和股东代理人人数及所持有表决权的股份总数以会议登记为准。

第二十七条 股东大会对所有提案应当逐项表决。对同一事项有不同提案的，应当按提案提出的时间顺序进行表决。除因不可抗力等特殊原因导致股东大会中止或不能作出决议外，股东大会不得对提案进行搁置或不予表决。

第二十八条 股东大会审议提案时，不得对提案进行修改。

第二十九条 出席股东大会的股东，应当对提交表决的提案发表以下意见之一：同意、反对或弃权。

未填、错填、字迹无法辨认的表决票或未投的表决票均视为投票人放弃表决权，其所持股份数的表决结果应计为"弃权"。

第三十条 股东大会对提案进行表决前，应当确定两名股东代表和监事参加计票和监票。审议事项与股东有关联关系的，相关股东及代理人不得参

加计票、监票。

第三十一条　股东大会会议主持人应当现场宣布每一提案的表决情况和结果，并根据表决结果宣布提案是否通过。

在正式公布表决结果前，相关各方对表决情况均负有保密义务。

会议主持人如果对提交表决的决议结果有任何怀疑，都可以对所投票数进行点票；如果会议主持人未进行点票，出席会议的且持有表决权股份总数百分之一以上的股东或者股东代理人对会议主持人宣布结果有异议的，就有权在宣布表决结果后立即要求点票，会议主持人应当即时点票。

第三十二条　股东大会决议应当列明出席会议的股东和代理人人数、所持有表决权的股份总数及占本公司有表决权股份总数的比例、表决方式、每项提案的表决结果。

提案未获通过，或者本次股东大会变更前次股东大会决议的，股东大会决议中应作特别提示。

第三十三条　股东大会会议记录由董事会秘书负责，会议记录应记载以下内容：

（一）会议时间、地点、议程和召集人姓名或名称；

（二）会议主持人以及列席会议的董事、监事、高级管理人员的姓名；

（三）出席会议的股东和股东代理人人数、所持有表决权的股份总数及占本公司股份总数的比例；

（四）对每一提案的审议经过、发言要点和表决结果；

（五）股东的质询意见或建议，以及相应的答复或说明；

（六）律师及计票人、监票人姓名；

（七）本公司章程规定应当载入会议记录的其他内容。

出席会议的董事、董事会秘书、召集人或其代表、会议主持人应当在会议记录上签名，并保证会议记录内容真实、准确和完整。会议记录应当与现场出席股东的签名册及代理出席的委托书等有效资料一并永久保存。

第三十四条　召集人应当保证股东大会连续举行，直至形成最终决议。因不可抗力等特殊原因导致股东大会中止或不能作出决议的，应采取必要措施尽快恢复召开股东大会或直接终止本次股东大会，并及时通知股东。

第三十五条　股东大会决议内容违反法律、法规的无效。股东大会的会

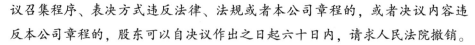

议召集程序、表决方式违反法律、法规或者本公司章程的，或者决议内容违反本公司章程的，股东可以自决议作出之日起六十日内，请求人民法院撤销。

第五章　其他

第三十六条　股东大会选举董事、股东监事和外部监事的提案，应当适用本公司章程第八十七条之规定。审议选举董事、股东监事和外部监事的提案，应当由股东大会对每个董事候选人、监事候选人逐一进行表决。

第三十七条　本公司以发行股份方式增加资本的，全体股东有权按照各自持股比例认购本公司的新增股份。

本公司就发行股份方式增加注册资本的，应当以特别决议方式通过表决。

第三十八条　因司法判决、仲裁裁决、强制执行、行政划拨、行政决定、赠与、承继等非转让方式导致持有本公司股份或增持本公司股份的，且所持本公司股份数量达到或超过本公司股份总额百分之五的，因前述任何非转让原因所持有（或增持）的本公司股份（以下简称"该股份"），均应于前述非转让情形发生之日起三个月内，按照上款的规定进行转让。

在转让完成前，股东对持有的该股份不享有表决权，且该股份不计入出席股东大会有表决权的股份总数。

第六章　附则

第三十九条　本规则所称"以上""以内""以下""不超过"，含本数；"超过""多于""以外"，不含本数。

第四十条　本规则由董事会制定，经股东大会批准后施行，修改时亦同。本规则与本公司章程不一致的，以本公司章程的规定为准。

本规则由董事会解释。

·第五章·
董事会

董事会是公司治理中承上启下的主体，向上对股东会和股东大会负责，是公司股东大会的执行机构；向下是董事会和公司经营管理的决策机构，对高级管理层进行监督和管理，对高级管理层提交的事项进行决策。董事会是公司重要的决策机构，不但选聘公司的高级管理人员，更是对公司的业务和运营进行决策；负责公司发展目标和重大经营活动的决策；依据国家有关法律、法规和公司章程的规定履行职责。

由于董事会在公司日常运营中的重要性，《公司法（修订草案）》中通过对董事会职权条款的重述，明确扩大了董事会职权：现行《公司法》明确列举了董事会的十余种职权，修订稿中全部删除，并改为概括授权为"公司的执行机构，行使本法和公司章程规定属于股东会职权之外的职权"。2021年国务院国资委印发《中央企业董事会工作规则（试行）》，明确了董事会是企业经营的决策主体，其组织定位为定战略、作决策、防风险，并依照法定程序和公司章程决策企业重大经营管理事项。

董事的选聘、专委会的组成和董事会议事规则是董事会运行机制的关键环节。本章通过介绍董事类别及其权利义务、结合实务中常见的董事会及其专委会的组成和议事规则等内容来讨论董事会在公司中的运作机制；并辅以大量示范模板供读者参考。

一、董事制度

董事在我国法律体系中扮演着代理人或者受托人的法律角色，董事会通过董事的个体表决来形成董事会决议；在公司实务中，各方股东争取董事席位的情况并不少见，占据董事会一半以上的董事席位往往成为对公司具有控制权的实质性判断标准。法律法规对董事权利和义务作了较多的规定，勤勉尽职和忠诚义务是董事履职的要旨。本部分主要介绍董事的不同类别及其履职特点、董事的任职资格和负面清单、董事的产生程序及其提名和选举、董事的权利义务及其履职评价，并讨论独立董事履职特殊性和其在公司治理中的作用。

（一）董事类别

根据董事的来源可以分为执行董事、非执行董事、职工董事和独立董事。

上述执行董事的定义并非《公司法》中的有限责任公司的执行董事。独立董事将在下文专门讨论，在此暂不阐述。

1. 执行董事

执行董事是指在公司中还有其他管理职务的董事，是日常在公司中承担管理工作的董事。比如，总经理兼任董事，其类别就属于执行董事。中国银保监会于2021年6月2日印发《银行保险机构公司治理准则》，其中规定"执行董事是指在银行保险机构除担任董事外，还承担高级管理人员职责的董事"。

执行董事因为在公司中担任管理职务，所以对公司的经营情况比其他董事更熟悉、更清晰；但是在董事会表决时其应该站在董事的立场，而非其他管理职务的立场。

执行董事在董事会中的席位应受到限制，以免出现高级管理人员和董事会成员高度重合，导致董事会无法完成对高级管理人员的监督职能，避免出现董事会和高级管理层职责混同的情况。可以在董事会议事规则中作出类似规定："董事可以由总裁或者其他高级管理人员兼任，但兼任总裁或者其他高级管理人员职务的董事，总计不得超过公司董事总数的二分之一。"

请注意本部分执行董事的概念参照《银行保险机构公司治理准则》的相关定义，而非《公司法》对于执行董事的规定。《公司法》的执行董事，是指股东人数较少或者规模较小的有限责任公司，在不设立董事会的情况下设立的、行使类似董事会职权的职务。其第五十条第一款规定："股东人数较少或者规模较小的有限责任公司，可以设一名执行董事，不设董事会。执行董事可以兼任公司经理。"

2. 非执行董事

非执行董事是与上述执行董事相对的概念，指在公司中不存在其他管理职务的董事。《银行保险机构公司治理准则》中规定："非执行董事是指在银行保险机构不担任除董事外的其他职务，且不承担高级管理人员职责的董事。"这些董事一般来源于股东推荐，是股东在董事会内的代表，有的公司也称之为外部董事。由于非执行董事并不在公司内任职，其对公司经营的熟悉程度不如执行董事。

为了保证履职效果，非执行董事应保证适当的履职时间，并做好公司与

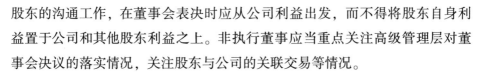

股东的沟通工作，在董事会表决时应从公司利益出发，而不得将股东自身利益置于公司和其他股东利益之上。非执行董事应当重点关注高级管理层对董事会决议的落实情况，关注股东与公司的关联交易等情况。

非执行董事在董事会的比例要与执行董事、独立董事相匹配；有限责任公司如果没有设置独立董事的，那应该提高非执行董事在董事会的比例。

3. 职工董事

职工董事，顾名思义是在公司职工中选举出来的董事，职工董事在《公司法》和国有企业管理法律法规中有着明确的规定。

《公司法》规定在有限公司中，两个以上的国有企业或者两个以上的其他国有投资主体投资设立的有限责任公司，其董事会成员中应当有公司职工代表；其他有限责任公司董事会成员中可以有公司职工代表。董事会中的职工代表由公司职工通过职工代表大会、职工大会或者其他形式民主选举产生。《公司法》同时规定在股份有限公司中，董事会成员中可以有公司职工代表。董事会中的职工代表由公司职工通过职工代表大会、职工大会或者其他形式民主选举产生。

《中华全国总工会关于加强公司制企业职工董事制度、职工监事制度建设的意见》对职工董监事制度进行了明确规定："职工董事制度、职工监事制度，是指依照《公司法》《公司登记管理条例》设立的有限责任公司和股份有限公司（以下简称公司）通过职工代表大会（或职工大会，简称职代会）民主选举一定数量的职工代表，分别进入董事会、监事会，代表职工源头参与公司决策和监督的基层民主管理形式。"

职工董事与公司其他董事拥有同等的权利、承担相应的义务。由于职工董事来源于职工，经过工会选举而产生，所以其应较其他董事更深入职工中，听取职工的意见和建议，在董事会上代表职工行使权利，充分发表意见。尤其在董事会讨论决定与职工切身利益密切相关的事项，如工资、奖金、福利、劳动安全卫生、社会保险、劳动关系变更、解除等涉及职工切身利益的重大问题和事项时，职工董事要如实反映广大普通职工的合理要求，代表和维护职工的合法权益；而在董事会研究确定公司高级管理人员的聘任、解聘和履职表现时，更要如实反映职工大会或职工代表大会对公司高级管理人员的评议情况。

虽然公司的高级管理人员也是公司员工，但是不建议由公司高级管理人员来担任职工董事；高级管理人员担任职工董事的，不利于发挥职工董事维护公司普通职工利益的职能，也不利于发挥职工董事对高级管理人员的监督职能。

（二）董事任职资格

公司董事并不是任何人都可以做的，需要满足一定的任职资格，只有达到任职资格，才能保证董事完成忠实勤勉义务。最基础的董事任职资格是《公司法》的相关要求；上市公司董事有着比《公司法》更高的任职资格要求；金融机构的董事需要通过银保监会的董事资格审批；有的公司章程对董事作了行业和专业的限定，也是公司定制的董事任职资格要求。

1. 相关法律对董事的基本要求

（1）董事任职资格基本原则

《公司法》对董事的任职资格没有明确的列举，仅以负面清单的方式作了排除情形规定，所以大多数公司的董事只要不存在负面清单所列的情形，均可以担任公司董事。但是，上市公司和银行保险机构的董事任职资格均有相关法律法规作了明确的规定，只有符合相关条件并且经过监管机构审批同意的才可以成为董事。本小节拟以银行为例来展示其对董事任职资格的要求，《中国银保监会中资商业银行行政许可事项实施办法》对中资银行的董事资格作了积极条件和否定条件两个方面的规定，本小节介绍积极条件部分，否定条件在下文董事任职资格的负面清单中归总介绍。读者可以体会下述积极的设定表述，任职条件和任职要求是对应关系，即使非上市公司也非银行保险机构，依然可以根据公司情况对董事提出任职要求，以达到董事契合公司治理的目的。

（2）积极条件的举例

根据《中国银保监会中资商业银行行政许可事项实施办法》第七十九条的规定，申请中资商业银行董事和高级管理人员任职资格，拟任人应当符合以下基本条件：具有完全民事行为能力；具有良好的守法合规记录；具有良好的品行、声誉；具有担任拟任职务所需的相关知识、经验及能力；具有良好的经济、金融从业记录；个人及家庭财务稳健；具有担任拟任职务所需的

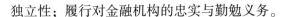

独立性；履行对金融机构的忠实与勤勉义务。

根据《中国银保监会中资商业银行行政许可事项实施办法》第八十二条第一款的规定，申请中资商业银行董事任职资格，拟任人还应当具备以下专业能力条件：五年以上的法律、经济、金融、财务或其他有利于履行董事职责的工作经历；能够运用金融机构的财务报表和统计报表判断金融机构的经营管理和风险状况；了解拟任职机构的公司治理结构、公司章程和董事会职责。

2. 职工董事的任职相关规定

职工董事在国有全资公司是必须设置的董事席位，《中共中央 国务院关于深化国有企业改革的指导意见》（中发〔2015〕22号）以及《国务院办公厅关于进一步完善国有企业法人治理结构的指导意见》（国办发〔2017〕36号）中均规定了国有全资公司的董事会中应当有职工董事。

职工董事在国有控股公司中是否必须设置，主要看地方国有资产监督管理委员会的相关规定，如湖南省和浙江省就通过地方政府规范性文件对国有控股公司的职工董事设立制度作出了指引，要求设置职工董事。对于国有参股公司没有设立职工董事的强制性要求，但各地国有资产监督管理委员会都倡导在国有参股公司中设立职工董事。

上市公司对于职工董事的设置还需要符合交易所的相关要求，如《深圳证券交易所上市公司自律监管指引第2号——创业板上市公司规范运作》规定："上市公司董事会中兼任公司高级管理人员以及由职工代表担任的董事人数总计不得超过公司董事总数的二分之一。"

3. 董事任职的负面清单

（1）《公司法》规定的董事任职资格的负面清单

《公司法》第一百四十六条第一款、第二款规定："有下列情形之一的，不得担任公司的董事、监事、高级管理人员：（一）无民事行为能力或者限制民事行为能力；（二）因贪污、贿赂、侵占财产、挪用财产或者破坏社会主义市场经济秩序，被判处刑罚，执行期满未逾五年，或者因犯罪被剥夺政治权利，执行期满未逾五年；（三）担任破产清算的公司、企业的董事或者厂长、经理，对该公司、企业的破产负有个人责任的，自该公司、企业破产清算完结之日起未逾三年；（四）担任因违法被吊销营业执照、责令关闭的公司、企业的法定代表人，并负有个人责任的，自该公司、企业被吊销营业执照之日起未逾三年；（五）个人所负数额较大的债务到期未清偿。公司违反前款规定选举、委派董事、监事或者聘任高级管理人员的，该选举、委派或者聘任无效。"

（2）公务员、事业单位人员公司董事任职资格的负面清单

公务员、党政机关在职干部、职工不得在外兼职（任职），从事或参与营利性活动；而对于退休、离休等人员，在一定时间、地域和行业范围等方面也限制其从事或者参与营利性活动以及任职。主要的法律法规为《公务员法》、《中共中央 国务院关于进一步制止党政机关和党政干部经商、办企业的规定》（中发〔1986〕6号）、《关于规范财政部工作人员在企业兼职行为的暂行办法》（财党〔2021〕35号）、《关于进一步规范党政领导干部在企业兼职（任职）问题的意见》、《中国共产党廉洁自律准则》（2015修订）等有关规定。而参照《公务员法》管理的人民团体和群众团体、事业单位领导干部也需要参照上述规定执行，被禁止或限制担任公司董事、监事和高级管理人员。

（3）上市公司董事任职资格的负面清单

我国证券监管机构和交易所均对上市公司的董事任职提出了要求，以《深圳证券交易所上市公司自律监管指引第2号——创业板上市公司规范运作》为例，其对于董事任职的负面清单为："董事、监事和高级管理人员候选人存在下列情形之一的，不得被提名担任上市公司董事、监事和高级管理人员：（一）《公司法》规定不得担任董事、监事、高级管理人员的情形；（二）被中国证监会采取不得担任董事、监事、高级管理人员的市场禁入措施，期限尚未届满；（三）被证券交易所公开认定为不适合担任公司董事、监事和高级管理人员，期限尚未届满；（四）本所规定的其他情形。"

同时还规定了董事资格的相关披露事项："董事、监事和高级管理人员候选人存在下列情形之一的，公司应当披露具体情形、拟聘请该候选人的原因以及是否影响公司规范运作，并提示相关风险：（一）最近三十六个月内受到中国证监会行政处罚；（二）最近三十六个月内受到证券交易所公开谴责或者三次以上通报批评；（三）因涉嫌犯罪被司法机关立案侦查或者涉嫌违法违规被中国证监会立案调查，尚未有明确结论意见；（四）被中国证监会在证券期

货市场违法失信信息公开查询平台公示或者被人民法院纳入失信被执行人名单。上述期间，应当以公司董事会、股东大会、职工代表大会等有权机构审议董事、监事和高级管理人员候选人聘任议案的日期为截止日。"

（4）银行董事任职资格的负面清单

根据《中国银保监会中资商业银行行政许可事项实施办法》第八十条的规定，拟任人有下列情形之一的，不得担任中资商业银行董事：有故意或重大过失犯罪记录的；有违反社会公德的不良行为，造成恶劣影响的；对曾任职机构违法违规经营活动或重大损失负有个人责任或直接领导责任，情节严重的；担任或曾任被接管、撤销、宣告破产或吊销营业执照的机构的董事或高级管理人员的，但能够证明本人对曾任职机构被接管、撤销、宣告破产或吊销营业执照不负有个人责任的除外；因违反职业道德、操守或者工作严重失职，造成重大损失或恶劣影响的；指使、参与所任职机构不配合依法监管或案件查处的；被取消终身的董事和高级管理人员任职资格，或受到监管机构或其他金融管理部门处罚累计达到两次以上的；不具备本办法规定的任职资格条件，采取不正当手段以获得任职资格核准的。

具有特殊财务情况的，如以下情况，也不得担任中资商业银行董事：截至申请任职资格时，本人或其配偶仍有数额较大的逾期债务未能偿还，包括但不限于在该金融机构的逾期贷款；本人及其近亲属合并持有该金融机构5%以上股份，且从该金融机构获得的授信总额明显超过其持有的该金融机构股权净值；本人及其所控股的股东单位合并持有该金融机构5%以上股份，且从该金融机构获得的授信总额明显超过其持有的该金融机构股权净值；本人或其配偶在持有该金融机构5%以上股份的股东单位任职，且该股东单位从该金融机构获得的授信总额明显超过其持有的该金融机构股权净值，但能够证明授信与本人及其配偶没有关系的除外；存在其他所任职务与其在该金融机构拟任、现任职务有明显利益冲突，或明显分散其在该金融机构履职时间和精力的情形。

（5）国有企业董事任职的负面清单

《国家发展改革委、最高人民法院、中国人民银行等关于印发对失信被执行人实施联合惩戒的合作备忘录的通知》（发改财金〔2016〕141号）第十三条对担任国有企业法定代表人、董事、监事作了资格限制性规定。即失信被执行人为个人的，限制其担任国有独资公司董事、监事及国有资本控股或参股公司董事、监事及国有企业的高级管理人员；已担任相关职务的，提出其不再担任相关职务的意见。由国资委、财政部等相关部门实施。

读者可以根据自身公司情况，设定公司董事任职资格的一些负面情况，如从避免关联交易角度出发，拟定与公司前十大供应商存在利害关系的人员不得担任董事的条件等。

（三）董事的提名和选举

董事的产生程序为董事提名和董事选举两个程序，公司章程可以对提名和选举作出规定；公司也可以制定董事会议事规则来细化董事的提名和选举程序。本小节中所说的董事不包含独立董事，独立董事的相关事项在下文中归总讨论。

1. 董事提名程序

（1）董事的提名

根据我国公司实践，有权提名董事的主体有：董事会、监事会、单独或者合计持有公司一定股权比例或已发行股份数额以上的股东。公司章程和董事会议事规则可以明确规定董事提名主体；还可以规定同一股东提名名额的上限，如同一股东及其关联方提名的董事原则上不得超过董事会成员总数的三分之一。其中董事会提名委员会应当避免受股东影响，独立、审慎地行使董事提名权。上述提名权主体将对董事的提名（如提名函）交给董事会办公室，进入董事任职资格审核的程序。

（2）审核董事任职资格

董事会办公室作为董事会日常工作的常设机构，在接收到关于董事的提名函后，提交董事会提名和薪酬专门委员会预审董事的任职资格，再报董事会审议董事任职资格；如果公司没有设董事会提名和薪酬专门委员会，可以由董事会直接审议董事任职资格。

2. 董事选举程序

（1）董事选举程序

董事由股东会或股东大会选举聘任或更换，并可在任期届满前由股东会或股东大会解除其职务。董事每届任期三年。董事任期届满，可连选连任。

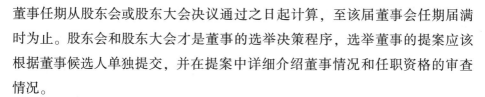

董事任期从股东会或股东大会决议通过之日起计算，至该届董事会任期届满时为止。股东会和股东大会才是董事的选举决策程序，选举董事的提案应该根据董事候选人单独提交，并在提案中详细介绍董事情况和任职资格的审查情况。

（2）职工董事选举程序

实务中有两种方式来选聘职工董事：第一种直接由职工全体大会或者职工代表大会选出职工董事，不由股东会或股东大会选举；第二种是先由职工全体大会或者职工代表大会选出职工董事候选人。之后由董事会审核其董事任职资格，再经股东会或股东大会选举其为职工董事。笔者认为第二种方式较为合规。

（四）董事的权利和义务

1. 董事的权利

董事的权利是董事履职和完成其义务的基本条件，董事的权利包括知情权、表决权、监督检查权、召集会议、出席会议和表决的权利。

（1）知情权

知情权指董事有权了解公司经营、财务等相关信息的权利。除取得公司年报和财务报表外，还可以要求高级管理层全面、及时、准确地提供反映公司经营管理情况的相关资料。

（2）质询权

质询权指董事有权就公司经营中的有关问题要求高级管理人员作出专项说明，如盈利情况波动及其原因；公司和高级管理人员应对董事的质询提供当面和书面的回复意见。董事对于董事会提案也可以提起质询，可以对拟审议的提案提出疑问，要求对未披露事项进行完整披露。

（3）监督检查权利

董事有权对高级管理层执行股东大会、董事会决议情况进行监督。董事的监督作用主要体现在董事会的决策过程中，这是一种事前和事中的监督，与监事的监督作用不同，监事的监督作用主要体现在事后监督方面。

（4）召集、参加会议和表决权

董事有权参加董事会、列席股东会和股东大会；有权根据公司章程召集临时董事会；有权对董事会审议事项进行充分审查，根据自己的客观判断，在审慎判断的基础上独立发表意见和作出表决。董事的表决权对公司的影响重大，董事的表决权形成了董事会决议，也形成了对公司重大事项的决策意见。

董事的权利应该在公司章程和董事会议事规则中作细化的规定和可执行的程序性描述，只有保证董事的权利，才能保证董事完成对公司的决策工作，完善其对高级管理人员的监督和管理职权。

2. 董事的义务

(1)《公司法》的董事忠实义务和勤勉义务

《公司法》第一百四十七条第一款规定："董事、监事、高级管理人员应当遵守法律、行政法规和公司章程，对公司负有忠实义务和勤勉义务。"

忠实义务是对公司必须忠诚，不得以董事身份为自己谋利，主要表现为一些禁止事项：禁止挪用公司资金；禁止将公司资金以其个人名义或者以其他个人名义开立账户存储；禁止违反公司章程的规定，未经股东会、股东大会或者董事会同意，将公司资金借贷给他人或者以公司财产为他人提供担保；禁止违反公司章程的规定或者未经股东会、股东大会同意，与本公司订立合同或者进行交易；禁止未经股东会或者股东大会同意，利用职务便利为自己或者他人谋取属于公司的商业机会，自营或者为他人经营与所任职公司同类的业务；禁止接受他人与公司交易的佣金归为己有；禁止擅自披露公司秘密等行为。

勤勉义务是在董事履职过程中必须尽勤勉责任，主要表现为遵守法律、行政法规和公司章程的义务；保证有足够的时间和精力履行其职责的义务；出席董事会会议的义务；了解有关董事的权利义务和职责，熟悉有关法律、掌握相关知识的义务；接受股东质询、向监事会提供有关材料的义务。

(2) 上市公司董事的忠实勤勉义务

上市公司董事的忠实勤勉义务是在《公司法》董事忠实勤勉义务上的叠加规定。

根据《上市公司章程指引》第九十七条的规定，董事忠实义务主要的表现为："董事应当遵守法律、行政法规和本章程，对公司负有下列忠实义务：(一) 不得利用职权收受贿赂或者其他非法收入，不得侵占公司的财产；

（二）不得挪用公司资金；（三）不得将公司资产或者资金以其个人名义或者其他个人名义开立账户存储；（四）不得违反本章程的规定，未经股东大会或董事会同意，将公司资金借贷给他人或者以公司财产为他人提供担保；（五）不得违反本章程的规定或未经股东大会同意，与本公司订立合同或者进行交易；（六）未经股东大会同意，不得利用职务便利，为自己或他人谋取本应属于公司的商业机会，自营或者为他人经营与本公司同类的业务；（七）不得接受与公司交易的佣金归为己有；（八）不得擅自披露公司秘密；（九）不得利用其关联关系损害公司利益；（十）法律、行政法规、部门规章及本章程规定的其他忠实义务。"

《上市公司章程指引》第九十八条规定："董事应当遵守法律、行政法规和本章程，对公司负有下列勤勉义务：（一）应谨慎、认真、勤勉地行使公司赋予的权利，以保证公司的商业行为符合国家法律、行政法规以及国家各项经济政策的要求，商业活动不超过营业执照规定的业务范围；（二）应公平对待所有股东；（三）及时了解公司业务经营管理状况；（四）应当对公司定期报告签署书面确认意见。保证公司所披露的信息真实、准确、完整；（五）应当如实向监事会提供有关情况和资料，不得妨碍监事会或者监事行使职权；（六）法律、行政法规、部门规章及本章程规定的其他勤勉义务。"

（3）银行保险机构董事的忠实勤勉义务的要求

银行保险机构有其行业风险、合规和内控的要求，监管机构对其公司治理要求也高于非金融机构，所以银行保险董事的忠实勤勉义务要求更细致，主要包括以下内容：持续关注公司经营管理状况，有权要求高级管理层全面、及时、准确地提供反映公司经营管理情况的相关资料或就有关问题作出说明；按时参加董事会会议，对董事会审议事项进行充分审查，独立、专业、客观地发表意见，在审慎判断的基础上独立作出表决；对董事会决议承担责任；对高级管理层执行股东大会、董事会决议情况进行监督；积极参加公司和监管机构等组织的培训，了解董事的权利和义务，熟悉有关法律法规及监管规定，持续具备履行职责所需的专业知识和能力；在履行职责时，对公司和全体股东负责，公平对待所有股东；执行高标准的职业道德准则，并考虑利益相关者的合法权益；对公司负有忠实、勤勉义务，尽职、审慎履行职责，并保证有足够的时间和精力履职；遵守法律法规、监管规定和公司章程。

（4）其他专项法律中董事忠实勤勉义务的特定要求

证监会颁布的《上市公司收购重组管理办法》中规定，目标公司的董事对公司及股东负有勤勉义务及忠实义务，应对收购人进行尽职调查，应聘请独立财务顾问，应公平对待所有收购人等条款。

《证券法》第八十二条规定："发行人的董事、高级管理人员应当对证券发行文件和定期报告签署书面确认意见。发行人的监事会应当对董事会编制的证券发行文件和定期报告进行审核并提出书面审核意见。监事应当签署书面确认意见。发行人的董事、监事和高级管理人员应当保证发行人及时、公平地披露信息，所披露的信息真实、准确、完整。董事、监事和高级管理人员无法保证证券发行文件和定期报告内容的真实性、准确性、完整性或者有异议的，应当在书面确认意见中发表意见并陈述理由，发行人应当披露。发行人不予披露的，董事、监事和高级管理人员可以直接申请披露。"

《企业国有资产法》第二十六条中对董事挪用公司资产、越权或违反程序决策重大事项等作出了进一步禁止性规定。即"国家出资企业的董事、监事、高级管理人员，应当遵守法律、行政法规以及企业章程，对企业负有忠实义务和勤勉义务，不得利用职权收受贿赂或者取得其他非法收入和不当利益，不得侵占、挪用企业资产，不得超越职权或者违反程序决定企业重大事项，不得有其他侵害国有资产出资人权益的行为。"

《企业国有资产法》第二十五条第一款规定董事不得兼职："未经股东会、股东大会同意，国有资本控股公司、国有资本参股公司的董事、高级管理人员不得在经营同类业务的其他企业兼职。"

3. 董事的责任

董事应对其行使权利义务的后果承担相应责任；根据《公司法》的规定，董事应对公司、股东和外部利益相关者负责，向三者承担相应的责任。本小节从董事的民事责任、行政责任和刑事责任三个方面来做相关介绍。

（1）民事责任

民事责任主要为董事的赔偿责任，但是其他民事责任承担方式，如停止侵害、返还财产等也同样适用。

实务中董事承担民事责任的情况是董事违反法律法规或公司章程给公司造成损失，应当承担赔偿责任。例如，董事利用关联关系损害公司利益，应当承担赔偿责任；《上市公司章程指引》第九十七条第二款规定"董事违反本条规定所得的收入，应当归公司所有；给公司造成损失的，应当承担赔偿责任"。

上市公司董事的一项重要义务是如实进行信息披露，否则就应承担相应赔偿责任。《证券法》第八十五条规定："信息披露义务人未按照规定披露信息，或者公告的证券发行文件、定期报告、临时报告及其他信息披露资料存在虚假记载、误导性陈述或者重大遗漏，致使投资者在证券交易中遭受损失的，信息披露义务人应当承担赔偿责任；发行人的控股股东、实际控制人、董事、监事、高级管理人员和其他直接责任人员以及保荐人、承销的证券公司及其直接责任人员，应当与发行人承担连带赔偿责任，但是能够证明自己没有过错的除外。"

董事会决议无效而带来的损失赔偿也是一种常见的情形：董事会决议内容违反法律法规的无效，如因决议造成损失的，参与决议的董事应承担赔偿责任。例如，根据《上市公司治理准则》第二十三条的规定，因董事会决议违法给公司造成损失的，参与决议的董事对公司承担赔偿责任。董事可以用下述理由进行抗辩：在表决时曾提出异议、异议已记载于会议记录。上述抗辩理由同样适用于非上市公司的董事。

（2）行政责任

需要遵守行政监管机构或行业主管部门的法律法规和中国证监会的行政法规的董事，如上市公司和金融机构的董事；在工作中如果存在违反相关法律法规和监管规定的违法行为，董事还会受到行政处罚、承担行政责任。

如公司董事在六个月之内买入/卖出本公司股票的，除承担其所得收益归公司的民事责任外，还将受到警告及罚款的行政责任。中国证监会对于有违法行为的董事可以采取证券市场禁入措施，及要求其停止履行董事职务等行政处罚措施。

银保监会等监管部门对在履职过程中违反法律法规和监管规定的银行保险机构董事，可依法采取监管谈话、责令限期改正、责令银行保险机构调整相关人员等监督管理措施，并视情况采取责令纪律处分、行政处罚等方式追究其相应责任。

对董事的任职禁止和限制也是行政责任的一种形式。《企业国有资产法》第七十三条规定："国有独资企业、国有独资公司、国有资本控股公司的董事、监事、高级管理人员违反本法规定，造成国有资产重大损失，被免职的，自免职之日起五年内不得担任国有独资企业、国有独资公司、国有资本控股公司的董事、监事、高级管理人员；造成国有资产特别重大损失，或者因贪污、贿赂、侵占财产、挪用财产或者破坏社会主义市场经济秩序被判处刑罚的，终身不得担任国有独资企业、国有独资公司、国有资本控股公司的董事、监事、高级管理人员。"

（3）刑事责任

公司董事违法，情节严重触犯刑事法律的，还应承担刑事责任。我国《刑法修正案（六）》呼应《公司法》中董事对公司负忠实义务的规定，规定了"董事、监事、高级管理人员违背忠实义务罪"。在《刑法》法条中载明董事为主体的罪名还有"非法经营同类营业罪""背信损害上市公司利益罪"，除此之外，"贪污罪""单位受贿罪""为亲友非法牟利罪""提供虚假公司信息罪""签订、履行合同失职被骗罪""国有公司、企业、事业单位人员失职罪和滥用职权罪""徇私舞弊低价折股、出售国有资产罪"等行为主体是公司员工，故也是董事可能会涉嫌的罪名。

①非法经营同类营业罪

《刑法》第一百六十五条规定："国有公司、企业的董事、经理利用职务便利，自己经营或者为他人经营与其所任职公司、企业同类的营业，获取非法利益，数额巨大的，处三年以下有期徒刑或者拘役，并处或者单处罚金；数额特别巨大的，处三年以上七年以下有期徒刑，并处罚金。"

②背信损害上市公司利益罪

《刑法》第一百六十九条之一第一款、第二款规定："上市公司的董事、监事、高级管理人员违背对公司的忠实义务，利用职务便利，操纵上市公司从事下列行为之一，致使上市公司利益遭受重大损失的，处三年以下有期徒刑或者拘役，并处或者单处罚金；致使上市公司利益遭受特别重大损失的，处三年以上七年以下有期徒刑，并处罚金：（一）无偿向其他单位或者个人提供资金、商品、服务或者其他资产的；（二）以明显不公平的条件，提供或者接受资金、商品、服务或者其他资产的；（三）向明显不具有清偿能力的单位或者个人提供资金、商品、服务或者其他资产的；（四）为明显不具有清偿能力的单位或者个人提供担保，或者无正当理由为其他单位或者个人提供担保的；（五）无正当理由放弃债权、承担债务的；（六）采用其他方式损害上市公司利益的。上市公司的控股股东或者实际控制人，指使上市公司董事、监事、高级管理人员实施前款行为的，依照前款的规定处罚。"

上文并没有涵盖董事应遵守的所有义务，上市公司的董事还应遵守股票减持规则等相关规定，此处不再累述。对于公司而言，如果董事违反了上述义务，公司可以采取诉讼方式来维护自身权益。第一，董事会（执行董事）或者监事会（监事）诉讼方式。董事、高级管理人员有本违反《公司法》第一百四十九条规定的情形的，有限责任公司的股东、股份有限公司连续一百八十日以上单独或者合计持有公司百分之一以上股份的股东，可以书面请求监事会或者不设监事会的有限责任公司的监事向人民法院提起诉讼。第二，股东代位诉讼。监事会、不设监事会的有限责任公司的监事，或者董事会、执行董事收到前款规定的股东书面请求后拒绝提起诉讼，或者自收到请求之日起三十日内未提起诉讼，或者情况紧急、不立即提起诉讼将会使公司利益受到难以弥补的损害的，前款规定的股东有权为了公司的利益以自己的名义直接向人民法院提起诉讼。第三，股东诉讼。董事、高级管理人员违反法律、行政法规或者公司章程的规定，损害股东利益的，股东可以向人民法院提起诉讼。

（五）独立董事

独立董事是公司治理的重要环节，我国的独立董事制度源于2001年证监会颁布的《关于在上市公司建立独立董事制度的指导意见》[①]，从该指导意见起产生了独立董事的相关制度和实践。

1. 独立董事定义

独立董事，顾名思义就是利益上独立于公司的董事，能够用自己的专业知识对公司董事会议题发表客观意见。我国上市公司和银行保险机构设置独立董事席位是必备的，且对独立董事占董事会总人数的比例作了规定。《银行保险机构公司治理准则》第三十三条规定："独立董事是指在所任职的银行保险机构不担任除董事以外的其他职务，并与银行保险机构及其股东、实际控制人不存在可能影响其对公司事务进行独立、客观判断关系的董事。"

---

① 　已失效。

中国证券监督管理委员会于 2022 年 1 月 5 日公布并实施了《上市公司独立董事规则》，该规则中对独立董事的定义为："独立董事是指不在上市公司担任除董事外的其他职务，并与其所受聘的上市公司及其主要股东不存在可能妨碍其进行独立客观判断的关系的董事。"

2. 独立董事的任职资格

独立董事的任职资格较其他类别的董事有较大差异，重要集中在独立性、专业性和履职能力方面。2001 年发布的《关于在上市公司建立独立董事制度的指导意见》规定：独立董事原则上最多在 5 家上市公司兼任独立董事。各境内上市公司应当按照本指导意见的要求修改公司章程，聘任适当人员担任独立董事，其中至少包括一名会计专业人士（会计专业人士是指具有高级职称或注册会计师资格的人士）。上市公司董事会成员中应当至少包括三分之一独立董事。

关于上市公司独立董事的任职资格，在《上市公司独立董事规则》作了细化规定，该规则第八条规定："独立董事应当具备与其行使职权相适应的任职条件"。第九条第一款规定："担任独立董事应当符合下列基本条件：（一）根据法律、行政法规及其他有关规定，具备担任上市公司董事的资格；（二）具有本规则所要求的独立性；（三）具备上市公司运作的基本知识，熟悉相关法律、行政法规、规章及规则；（四）具有五年以上法律、经济或者其他履行独立董事职责所必需的工作经验；（五）法律法规、公司章程规定的其他条件。"另外，担任我国上市公司独立董事还需要依照规定参加中国证监会及其授权机构所组织的培训并参加考试，取得独立董事资格证书。

独立董事的独立性要求是其最主要的特征：独立董事必须具有独立性。独立董事应当独立履行职责，不受上市公司主要股东、实际控制人或者其他与上市公司存在利害关系的单位或个人的影响。上市公司的独立董事原则上最多在五家上市公司兼任独立董事，并确保有足够的时间和精力有效地履行独立董事的职责。

我国银行保险机构的独立董事必须符合相应的专业资格，即申请中资商业银行独立董事任职资格，拟任人还应当是法律、经济、金融或财会方面的专家，并符合相关法规规定。

3. 独立董事任职资格的负面清单

独立董事的最重要属性是独立性，所以丧失独立性是独立董事任职资格的最大负面条件。除此之外，不同公司背景下的独立董事还有其他任职资格的负面清单。

（1）上市公司独立董事负面清单

《上市公司独立董事规则》中对不得担任独立董事的情形作了规定，主要禁止不存在独立性的人员担任独立董事。该规则第七条规定："下列人员不得担任独立董事：（一）在上市公司或者其附属企业任职的人员及其直系亲属、主要社会关系（直系亲属是指配偶、父母、子女等；主要社会关系是指兄弟姐妹、配偶的父母、子女的配偶、兄弟姐妹的配偶、配偶的兄弟姐妹等）；（二）直接或间接持有上市公司已发行股份百分之一以上或者是上市公司前十名股东中的自然人股东及其直系亲属；（三）在直接或间接持有上市公司已发行股份百分之五以上的股东单位或者在上市公司前五名股东单位任职的人员及其直系亲属；（四）最近一年内曾经具有前三项所列举情形的人员；（五）为上市公司或者其附属企业提供财务、法律、咨询等服务的人员；（六）法律、行政法规、部门规章等规定的其他人员；（七）公司章程规定的其他人员；（八）中国证券监督管理委员会（以下简称中国证监会）认定的其他人员。"

（2）中管干部担任独立董事的限制

辞职和离退休后的中管干部担任独立董事也有规定的限制。2008年发布的《关于规范中管干部辞去公职或者退（离）休后担任上市公司、基金管理公司独立董事、独立监事的通知》（中纪发〔2008〕22号）规定："二、中管干部辞去公职或者退（离）休后三年内，不得到与本人原工作业务直接相关的上市公司、基金管理公司担任独立董事、独立监事，不得从事与本人原工作业务直接相关的营利性活动。中管干部辞去公职或者退（离）休后可以到与本人原工作业务不直接相关的上市公司、基金管理公司担任独立董事、独立监事。三、中管干部辞去公职或者退（离）休后三年内按照规定担任上市公司、基金管理公司独立董事、独立监事的，必须由拟聘任独立董事、独立监事的公司征得该干部原所在单位党组（党委）同意，并由该干部原所在单位党组（党委）征求中央纪委、中央组织部意见后，再由拟聘任独立董事、独立监事的公司正式任命。中管干部辞去公职或者退（离）休三年后担任上市公司、基金管理公司独立董事、独立监事的，应由本人向其所在单位党组

（党委）报告，并由其所在单位党组（党委）向中央组织部备案，同时抄报中央纪委。"

4. 独立董事制度

本部分以上市公司和银行保险机构的独立董事为范例来研究和 2022 年 1 月中国证监会发布的《上市公司独立董事规则》和 2021 年 6 月中国银保监会印发的《银行保险机构公司治理准则》对独立董事制度作了基础性的安排，主要包括：独立董事席位占比、独立董事在专委会任职规定、独立董事的提名选举和更换、独立董事的更换和撤免等。读者处于非上市公司和非银行保险机构的，也可以参照上市公司和银行保险机构的独立董事制度来设计本公司的独立董事制度。

（1）独立董事席位

上市公司董事会成员中应当至少包括三分之一独立董事；上市公司应当在公司章程中明确，聘任适当人员担任独立董事，其中至少包括一名会计专业人士。银行保险机构应当建立独立董事制度，独立董事人数原则上不低于董事会成员总数的三分之一。

独立董事在董事会中的占比只有达到了一定的比例，才能形成对董事会决议的影响力，保障独立董事的履职效果。

（2）专委会任职

上市公司董事会下设薪酬与考核、审计、提名等专门委员会，独立董事应当在审计委员会、提名委员会、薪酬与考核委员会成员中占多数，并担任召集人。银行保险机构的审计、提名、薪酬、风险管理、关联交易控制委员会中独立董事占比原则上不低于三分之一，审计、提名、薪酬、关联交易控制委员会应由独立董事担任主任委员或负责人。

上述董事会专门委员会均为对公司经营有着监督权责的专委会，独立董事占比达到一定程度并由独立董事来担任专门委员会主任，才能具备这些专门委员会不被高级管理人员所操控的前提。

（3）独立董事的提名选举和更换

上市公司董事会、监事会、单独或者合并持有上市公司已发行股份百分之一以上的股东可以提出独立董事候选人，并经股东大会选举决定。单独或者合计持有银行保险机构有表决权股份总数百分之一以上股东、董事会提名

委员会、监事会可以提出独立董事候选人。已经提名非独立董事的股东及其关联方不得再提名独立董事。

独立董事提名权的规定是为了保证独立董事的独立性，如果提名权设置在某一方股东或由某一个机构集中行使，则独立董事将无法保证其独立性。

独立董事的选举也需要经过董事会提名与薪酬绩效委员会预审其任职资格，董事会审议其任职资格，再由股东大会选举的程序。

（4）独立董事任职限制

上市公司独立董事每届任期与该上市公司其他董事任期相同，任期届满，连选可以连任，但是连任时间不得超过六年。上市公司的独立董事原则上最多可以在五家上市公司兼任独立董事。独立董事在一家银行保险机构累计任职不得超过六年。银行保险机构的独立董事应当保证有足够的时间和精力有效履行职责，一名自然人最多可以同时在五家境内外企业担任独立董事。同时在银行保险机构担任独立董事的，相关机构应当不具有关联关系，不存在利益冲突。一名自然人不得在超过两家商业银行同时担任独立董事，不得同时在经营同类业务的保险机构担任独立董事。

对独立董事的任期限制也是为了避免独立董事在一家公司长期任职后，丧失其客观地位；对独立董事任职数量的限制是为了防止独立董事担任的职务的公司过多，无法勤勉尽职。

（5）独立董事的更换和撤免

上市公司的独立董事连续三次未亲自出席董事会会议的，董事会提请股东大会予以撤换。独立董事任期届满前，上市公司可以经法定程序解除其职务。提前解除职务的，上市公司应将其作为特别披露事项予以披露。上市公司独立董事在任期届满前可以提出辞职，独立董事辞职应向董事会提交书面辞职报告，对任何与其辞职有关或其认为有必要引起公司股东和债权人注意的情况进行说明。上市公司如因独立董事辞职导致公司董事会中独立董事所占的比例低于《上市公司独立董事规则》规定的最低要求，该独立董事的辞职报告应当在下任独立董事填补其缺额后生效。上市公司独立董事出现不符合独立性条件或其他不适宜履行独立董事职责的情形，由此造成上市公司独立董事达不到《上市公司独立董事规则》要求的人数时，上市公司应按规定补足独立董事人数。

银行保险机构的独立董事辞职导致董事会中独立董事人数占比少于三分之一的，在新的独立董事就任前，该独立董事应当继续履职，因丧失独立性而辞职和被罢免的除外。

独立董事的更换、辞职和撤免对公司而言都是影响公司治理的较大变动情况，不但有可能会导致董事会无法运作，也会带来外界的分析和猜测。

5. 独立董事权利和义务

独立董事享有《公司法》上所规定的非独立董事的所有权利和义务，但独立董事的定位是向公司及全体股东负有诚信与勤勉义务，与非独立董事有着不同的地位和立场，其权利义务较非独立董事存在较大差异。本部分仍以上市公司和金融机构为范例来讨论。非上市公司和非金融机构的公司也可以参考制定独立董事的相关权利义务。

（1）上市公司独立董事的权利

①知情权

独立董事应当按时出席董事会会议，了解上市公司的生产经营和运作情况，主动调查、获取作出决策所需要的情况和资料。

②关联交易审查权

重大关联交易（指上市公司拟与关联人达成的总额高于 300 万元或高于上市公司最近经审计净资产值的 5% 的关联交易）应由独立董事事前认可；独立董事作出判断前，可以聘请中介机构出具独立财务顾问报告，作为其判断的依据。

③会议召集权

上市公司独立董事有权向董事会提请召开临时股东大会，有权提议召开董事会。

④咨询建议权

上市公司独立董事有权向董事会提议聘用或解聘会计师事务所；在股东大会召开前公开向股东征集投票权；独立聘请外部审计机构和咨询机构，对公司的具体事项进行审计和咨询。

（2）上市公司独立董事的义务

①汇报义务

独立董事应当向公司股东大会提交年度述职报告，对其履行职责的情况进行说明。

②专项意见发表

独立董事应当对以下事项向董事会或股东大会发表独立意见：一是提名、任免董事；二是聘任或解聘高级管理人员；三是公司董事、高级管理人员的薪酬；四是上市公司的股东、实际控制人及其关联企业对上市公司现有或新发生的总额高于 300 万元或高于上市公司最近经审计净资产值的 5% 的借款或其他资金往来，以及公司是否采取有效措施回收欠款；五是独立董事认为可能损害中小股东权益的事项；六是法律、行政法规、中国证监会和公司章程规定的其他事项。

（3）银行保险机构独立董事的权利

①专项意见发表

独立董事应当对股东大会或者董事会审议事项发表客观、公正的独立意见，尤其应当就以下事项向股东大会或董事会发表意见：重大关联交易；董事的提名、任免以及高级管理人员的聘任和解聘；董事和高级管理人员的薪酬；利润分配方案；聘用或解聘为公司财务报告进行定期法定审计的会计师事务所；其他可能对银行保险机构、中小股东、金融消费者合法权益产生重大影响的事项；法律法规、监管规定或者公司章程规定的其他事项。

②知情权

独立董事享有与其他董事同等的知情权，银行保险机构应当保障独立董事的知情权，及时完整地向独立董事提供参与决策的必要信息，并为独立董事履职提供必需的工作条件。

③向监管报告权

独立董事应当诚信、独立、勤勉履行职责，切实维护银行保险机构、中小股东和金融消费者的合法权益，不受股东、实际控制人、高级管理层或者其他与银行保险机构存在重大利害关系的单位或者个人的影响。银行保险机构出现公司治理机制重大缺陷或公司治理机制失灵的，独立董事应当及时将有关情况向监管机构报告。独立董事除按照规定向监管机构报告有关情况外，应当保守银行保险机构秘密。

④会议召集权

两名以上独立董事提议时，银行保险机构应当召开董事会临时会议。

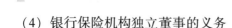

（4）银行保险机构独立董事的义务

①亲自出席会议

独立董事连续三次未亲自出席董事会会议的，视为不履行职责，银行保险机构应当在三个月内召开股东大会罢免其职务并选举新的独立董事。

②履职时间要求

银行保险机构的独立董事、外部监事每年在银行保险机构工作的时间不得少于十五个工作日。董事会风险管理委员会、审计委员会、关联交易控制委员会主任委员每年在银行保险机构工作的时间不得少于二十个工作日。

③专业要求

董事监事应当不断提升履职所必需的专业知识和基本素质，了解掌握与银行保险机构经营管理相关的法律法规和监管规定，积极参加监管部门、行业协会和银行保险机构等组织的培训，不断提升履职能力和水平。

④保持独立义务

独立董事在决策和监督过程中，应不受主要股东、高级管理人员以及其他与银行保险机构存在利害关系的单位和个人的影响，注重维护中小股东与其他利益相关者合法权益。独立董事对股东（大）会、董事会讨论事项，尤其是重大关联交易、利润分配、董事的提名任免、高级管理人员的聘任和解聘以及薪酬等可能存在利益冲突的事项，发表客观、公正的独立意见。

总的来说，通过对上述独立董事的相关分析，我们可以明确独立董事的基本义务为忠实义务和勤勉义务，独立董事在履职过程中应保持其专业性、独立性、合规性以及较高的道德标准。

（六）董事的履职评价和案例

公司应定期对董事履职进行评价。董事履职评价是监事会或董事会对董事进行履职评价，应制定并发布董事履职评价办法。将董事的年度履职评价分为董事履职自评价和监事会或董事会评价两个阶段。履职评价内容包括履行忠实义务情况、履行勤勉义务情况、履职专业性情况、履职独立性与道德水准情况、履职合规性情况等维度，经监事会或董事会会议审议通过后，报股东大会审议批准。以下是某股份有限责任公司的董事年度履职评价报告，供参考使用。

AAA 股份有限公司监事会对董事＿＿＿＿年度履职评价报告

根据《中华人民共和国公司法》、公司章程及《AAA 股份有限公司监事会对董事履职评价办法》的相关规定，监事会开展了对公司董事＿＿＿＿年度履职情况的评价工作。现将评价情况报告如下：

一、履职评价依据

监事会依据以下信息对董事会成员的履职情况进行评价：股东大会、董事会及其各专门委员会会议召开情况；董事出席会议及发表意见情况；董事在董事会闭会期间对公司经营管理提出意见或建议情况；独立董事对重大事项发表独立意见情况；董事会对董事履职评价情况；董事本人反馈的《董事＿＿＿＿年度履职情况自我评价表》《AAA＿＿＿＿年度董事履职情况互评表》；董事会＿＿＿＿年工作总结；董事在公司工作时间；监管部门及内外部检查发现问题的整改情况以及＿＿＿＿年度监管部门意见及提示等。

二、履职评价方式

监事会对董事的年度履职评价分为董事履职自评价和监事会评价两个阶段，其中董事履职自评价采用定性评价方式，监事会综合董事履职自评价结果和董事会对董事履职评价结果，对董事进行定性评价与定量评分相结合的年度履职评价。

三、履职评价情况

参与本年度履职评价的董事为＿＿＿＿年末在任及评价期内任职时间超过半年的董事。截至＿＿＿＿年末，公司董事会成员＿＿＿人，其中独立董事＿＿＿名，执行董事＿＿＿名，非执行董事＿＿＿名。

（一）履行忠实义务情况

2023 年度，公司全体董事从维护股东利益和公司整体利益的角度出发，诚信勤勉，认真履职。未发现董事存在泄露公司秘密的现象，不存在利用董事地位为本人或他人谋取不当利益或损害公司及股东利益的行为以及其他法律、法规和公司章程规定的情形。公司未收到监管机构针对董事违背忠实义务的处罚。

（二）履行勤勉义务情况

公司在 2023 年度共召开了＿＿＿次股东大会会议，＿＿＿次董事会会议（其中现场会议＿＿＿次，通讯会议＿＿＿次），＿＿＿次董事会战略管理委员会会议，

____次董事会审计委员会会议，____次董事会风险管理委员会会议，____次董事会关联交易控制委员会会议，____次董事会提名与薪酬委员会会议，董事亲自出席董事会会议的比例为____%，（详见附件《AAA股份有限公司____年度董事出席会议情况统计表》）。个别董事因工作出差等特殊原因无法亲自出席董事会会议的，能够按照公司章程规定委托其他同类别董事代为出席并行使表决权。

董事会各专委会均能对各自领域的问题进行充分研究，形成具有较高决策价值的意见，并在董事会开会时向全体董事报告专委会的意见以供全体董事表决时参考。同时，对于相关问题提出建议，如风险内控管理方面。

____年度，全体董事能够积极参加股东大会、出席董事会会议，认真审阅各项会议材料，部分董事还通过专项研讨、听取专项汇报等多种途径，了解公司经营管理重大事项的重要信息，各位董事对各项议题均能认真审议和讨论，客观、专业地发表意见和建议。董事重点关注战略管理、年度经营计划、重点项目进展、贷款核销方案、财务预算方案、有关高管的聘任、绩效考核指标设定、数据治理、与经营管理相关的重大事项以及与股东股权管理、风险管理、关联交易管理、内控合规、信息科技风险管理等，以及公司治理重要规章制度的制定和修订，听取监管的现场检查报告及后续整改情况汇报、风险管理报告、资本管理报告等。履职期间，未发现董事存在违反法律、法规及公司章程规定的勤勉义务的行为。

在董事会闭会期间，全体董事主动参与到与公司治理及经营管理相关的各项重大事件中。一是通过各种专题会议沟通了解公司战略转型、业务结构调整情况；二是探讨股东股权管理问题；三是参与董事会换届的各项准备工作，积极讨论董事会的人员配置及组成结构；四是关注并研讨高级管理人员的绩效考核工作及全公司绩效考核指标制定情况。

（三）履职专业性情况

执行董事认真履行本公司章程规定和董事会授权的职责，向董事会报告所决策的事项、本公司经营情况及相关信息，保持了董事会与高级管理层之间良好的沟通，使董事会及其成员了解本公司经营情况和风险信息，推动董事会决议的有效执行和及时反馈；围绕确定的目标和任务，依据董事会决议，落实经营计划；基本完成董事会确定的经营管理指标。

非执行董事能够从有利于本公司长远利益出发，结合自身的专业知识和丰富的管理经验，对本公司董事会所决策的重要事项建言献策，对提交董事会及其各专委会审议的关于战略管理、资本管理、风险管理、财务审计、薪酬考核等各项议案，深入讨论，各抒己见；在战略落地方面提供支持帮助；未将所代表股东自身利益置于本公司和其他股东利益之上，对促进本公司经营管理的健康发展发挥了积极作用，做好本公司与股东之间的信息沟通桥梁。

独立董事本着客观、独立、公正的原则，充分发挥会计、金融、法律等方面的专业知识和从业经验，从维护股东特别是中小股东权益的角度，认真履行职责，依法发表独立意见。对本公司重大关联交易、聘任高级管理人员、信息披露的完整性和真实性等合法合规情况，发表客观公正的独立意见，维护股东特别是中小股东的权益。尤其关注聘用高级管理人员的规范性、信息披露的完整性和真实性等，对促进本公司依法合规经营、稳健发展起到了积极作用。三名独立董事分别担任董事会专门委员会主任职务，在专委会议事过程中，能够按照职责权限，结合自身专业特点，就关联交易管理、风险管理、审计工作、提名与薪酬工作方面等各审议事项的决策提供专业意见与建议，各独立董事在本公司工作时间均不少于二十个工作日。

（四）履职独立性与道德水准情况

结合本年度董事履职记录，结合董事自评、交叉互评情况以及监管机构的检查反馈，全体董事均能坚持高标准的职业道德准则且履职专业、独立、严谨。不受主要股东和内部人控制或干预，独立自主地履行职责，推动本公司公平对待全体股东、维护利益相关者的合法权益、积极履行社会责任。

（五）履职合规性情况

全体董事均遵守法律法规、监管规定及公司章程等各项规定，且积极参与监管组织的培训，认真学习各项新规、新政，主动提出并参与本公司组织的政策形势分享会及新政解读等活动。持续规范自身履职行为，依法合规履行相应的职责，积极贯彻国家经济金融方针政策，并推动和监督本公司守法合规经营。

（六）内外部检查发现的问题

　　　　　年本公司内部审计及监管检查中发现公司治理、风险管理、合规内控、消费者权益保护等方面暴露出的问题，反映出本公司在上述领域经营管理没有夯实，需要引起董事高度重视。希望董事持续跟进存在问题的领域，通过专项调研、座谈访谈、调阅资料、听取汇报等履职方式，充分发表意见，提出建议。

四、履职评价结果

根据全体董事_____年度的职责履行情况，董事会对全体董事的履职情况评价为称职，全体董事的自我评价亦为称职，结合董事会评价、董事自评互评情况和内外部检查意见，监事会对董事_____年度的履职情况进行了评分，____名董事的履职评分均在 70—100 分区间内，监事会认为：_____年度董事履行职责情况的评价结果均为"称职"。

附件：

1-1. AAA 股份有限公司_____年度董事出席会议情况统计表

1-2. AAA 股份有限公司监事会对董事_____年度履职情况评价汇总表

附件 1-1：

AAA 股份有限公司 _____ 年度董事出席会议情况统计表

本公司在 _____ 年度共召开了 _____ 次股东大会会议，_____ 次董事会会议（其中现场会议 _____ 次，通讯会议 _____ 次），_____ 次董事会战略管理委员会会议，_____ 次董事会审计委员会会议，_____ 次董事会风险管理委员会会议，_____ 次董事会关联交易控制委员会会议，_____ 次董事会提名与薪酬委员会会议，以下为各位董事出席会议的情况。

董事姓名	出席股东大会次数	董事会[①]	董事会[②]（现场会议）	是否亲自出席三分之二（含）以上的董事会现场会议	董事会下设专门委员会[③]					
					战略管理委员会	审计委员会	风险管理委员会	关联交易控制委员会	提名与薪酬委员会
A1	4	12/12	8/8	是	5/5	—	—	—	4/4
A2	3	11/12	7/8	是	5/5	6/6	5/5	—	4/4
A3	0	12/12	8/8	是	—	—	—	—	—
A4	3	9/9	6/6	是	5/5	6/6	—	2/2	—
A5	0	6/7	3/4	是	—	5/5	—	2/2	2/2
……	3	9/9	6/6	是	—	6/6	5/5	2/2	—
A14	0	5/5	2/2	是	—	—	—	—	—

注：

① "董事会" 表格内数值为董事亲自出席会议次数/应参加会议次数。

② "董事会（现场会议）" 表格内数值为董事亲自出席现场会议次数/应参加现场会议次数。

③ "董事会下设专门委员会" 表格内数值为董事亲自出席专门委员会（含委托）出席会议次数/应参加会议次数。

附件 1-2：

AAA 股份有限公司监事会对董事＿＿＿＿＿年度履职情况评价汇总表

董事姓名	评分（参考）	评价结果		
		称职（70—100 分）	基本称职（60—69 分）	不称职（0—59 分）
A1	91	√		
A2	91	√		
A3	90	√		
A4	91	√		
A5	90	√		
……	91	√		
A14	90.5	√		

二、董事会

在董事被股东会/股东大会选举出来后，所有董事就构成了董事会；董事会对股东会/股东大会负责，董事会职权由公司章程根据法律法规、监管规定和公司情况规定。董事会处于公司治理的核心位置，是"三会一层"的主要组成部分；既是决策机构又是监督机构，董事会稳健、有效的运行是公司治理良好的基础。本部分的讨论基于三人以上董事会的情况，不包含公司不设立董事会而仅有执行董事的情况。

（一）董事会组成

1. 董事会组成

无论是有限责任公司还是股份有限公司，董事会都可以由执行董事、非执行董事、独立董事和职工董事构成。其中执行董事和非执行董事是不同规模公司都大概率会存在的董事会成员，而非执行董事基本上是所有公司的"标准配置"；独立董事常见于上市公司和银行、保险、证券等金融机构，也常见于非上市公司、非金融机构的大型公司中，非上市公司、非金融机构的中小型公司往往不会设置独立董事；职工董事常见于国有公司、上市公司和金融机构，在其他公司则不多见。

此处的执行董事并非《公司法》上的概念，而是指兼任高级管理人员的董事。执行董事和非执行董事的比例，会影响董事会的独立性。因执行董事是兼任高级管理人员的，如果执行董事占董事会比例过高，不利于董事会发挥对高级管理人员的监督职责，也不利于董事会作出客观独立的决策。

2. 董事会规模

董事会的规模因公司情况而异，中小规模的公司一般都会设置三人至五人的董事会；有限责任公司董事会人数为三人至十三人，股份有限公司董事会人数为五人至十九人。董事会席位设置一般为奇数，主要是为了避免某项提案的决议结果为50%对50%，但是实务中也不乏董事会席位为偶数的情况，此种情况下，董事会决议规则就要针对投票表决比例作相应调整，给予某一董事在董事表决出现50%对50%的情况下，行使影响决议的另一项投票权。

3. 董事会结构

董事会结构一般有仅有董事会和董事会与董事会下设机构两种形式。在中小公司，仅设董事会的现象比较多见；在大规模公司，除董事会外，还会设置董事会专门委员会和董事会办公室作为董事会的下设机构。董事会结构的复杂程度视公司治理程度和公司运营环境而定。

董事会中必须设立一名董事长，但是是否设立副董事长可以根据公司实际情况而定，如有必要可以设立一名至二名副董事长。

（二）董事会职权

董事会职责的设定可以以《公司法》规定的董事会职权，结合公司实际情况来作演化规定，如果是小微公司，可以考虑给董事会设定更多的管理决策权力，分薄总经理的决策权；如果考虑公司决策的时效性和效率要求，可以提高董事会决策的事项金额，更多地放权给高级管理人员。

1. 公司法规定的董事会职权

董事会对股东会/股东大会负责，并行使下列职权：召集股东会会议，并向股东会报告工作；执行股东会的决议；决定公司的经营计划和投资方案；制订公司的年度财务预算方案、决算方案；制订公司的利润分配方案和弥补亏损方案；制订公司增加或者减少注册资本以及发行公司债券的方案；制订公司合并、分立、解散或者变更公司形式的方案；决定公司内部管理机构的设置；决定聘任或者解聘公司经理及其报酬事项，并根据经理的提名决定聘任或者解聘公司副经理、财务负责人及其报酬事项；制定公司的基本管理制度；公司章程规定的其他职权。

2. 上市公司的董事会职权

《上市公司章程指引》对上市公司董事会作出了《公司法》规定以外的职权设定：召集股东大会，并向股东大会报告工作；执行股东大会的决议；决定公司的经营计划和投资方案；制订公司的年度财务预算方案、决算方案；制订公司的利润分配方案和弥补亏损方案；制订公司增加或者减少注册资本、发行债券或其他证券及上市方案；拟订公司重大收购、收购本公司股票或者合并、分立、解散及变更公司形式的方案；在股东大会授权范围内，决定公司对外投资、收购出售资产、资产抵押、对外担保事项、委托理财、关联交易等事项；决定公司内部管理机构的设置；聘任或者解聘公司经理、董事会秘书；根据经理的提名，聘任或者解聘公司副经理、财务负责人等高级管理人员，并决定其报酬事项和奖惩事项；制订公司的基本管理制度；制订公司章程的修订方案；管理公司信息披露事项；向股东大会提请聘请或更换为公司审计的会计师事务所；听取公司经理的工作汇报并检查经理的工作；法律、行政法规、部门规章或本章程授予的其他职权。

上市公司董事会对财务报告和数据、信息披露以及关联交易等工作的真实性，向股东以及资本市场承担最终责任，董事会工作对于上市公司的合规运营有着直接关联性。

3. 银行保险机构的董事会职权

《银行保险机构公司治理准则》对银行保险机构的董事会作出了《公司法》规定以外的职权设定，而且鼓励银行保险机构根据在上述准则基础上进一步设定董事会其他职权：制订公司增加或者减少注册资本、发行债券或者其他证券及上市的方案；制订公司重大收购、收购本公司股份或者合并、分立、解散及变更公司形式的方案；按照监管规定，聘任或者解聘高级管理人员，并决定其报酬、奖惩事项，监督高级管理层履行职责；依照法律法规、监管规定及公司章程，审议批准公司对外投资、资产购置、资产处置与核销、资产抵押、关联交易、数据治理等事项；制定公司发展战略并监督战略实施；

制定公司资本规划，承担资本或偿付能力管理最终责任；制定公司风险容忍度、风险管理和内部控制政策，承担全面风险管理的最终责任；负责公司信息披露，并对会计和财务报告的真实性、准确性、完整性和及时性承担最终责任；定期评估并完善银行保险机构公司治理；制订章程修改方案，制定股东大会议事规则、董事会议事规则，审议批准董事会专门委员会工作规则；提请股东大会聘用或者解聘为公司财务报告进行定期法定审计的会计师事务所；维护金融消费者和其他利益相关者合法权益；建立银行保险机构与股东特别是主要股东之间利益冲突的识别、审查和管理机制；承担股东事务的管理责任；公司章程规定的其他职权。

从银行保险机构董事会的上述职权可以发现，银行保险机构董事会是公司很多重要事项的决策者，战略方针的制定者，同时也是风险、合规等事项的最终责任的承担者。

（三）董事会议事规则

董事会议事规则是在董事会会议期间必须遵守的一系列程序规定，这些规定是为了规范董事会运作和避免决议缺陷，公司可以在公司章程中规定董事会议事规则，也可以在公司章程外以专门文件的形式来指定董事会议事规则，将董事会议事规则作为公司章程的附件。董事会议事规则的流程设计和价值导向，应根据公司情况而定，如果是以效率为导向的，应该设计能够提高决策效率的议事规则，如果对风险控制更为专注的，应该设计凸显风险防范和科学决策的议事规则。

1. 董事会议事规则章节架构

董事会议事规则主要包括以下章节：总则，包含董事会议事规则制定依据等内容；董事会职权及授权，包含董事会的职权和特定事项的审批权限；董事会组成，包含董事、独立董事、董事长和董事会专门委员会的相关规定；董事会办事机构，包括董秘和董事会办公室的相关规定；董事会会议，包括董事会会议召集、会议提案、会议通知、会议召开、会议决议、会议记录、决议备案、决议公告和决议执行；附则，包含名词解释等。

2. 董事会职权

除上文中列举的董事会职权外，公司还可以在董事会议事规则中设定有关关联交易等事项的董事会审批职权，主要对关联交易进行定义、对关联交易审批金额作出规定；由于上文已介绍了其他内容，本小节主要以关联交易为例来讨论。

（1）审批金额的规定

公司发生的下列交易事项（提供担保、受赠现金除外）在连续 12 个月内达到下列标准之一的，须经董事会审议批准：A 交易涉及的资产总额占公司最近一期经审计总资产的 10% 以上，该交易涉及的资产总额同时存在账面值和评估值的，以较高者作为计算数据；B 交易标的（如股权）在最近一个会计年度相关的营业收入占公司最近一个会计年度经审计营业收入的 10% 以上，且绝对金额超过 500 万元；C 交易标的（如股权）在最近一个会计年度相关的净利润占公司最近一个会计年度经审计净利润的 10% 以上，且绝对金额超过 100 万元；D 交易的成交金额（含承担债务和费用）占公司最近一期经审计净资产的 10% 以上，且绝对金额超过 500 万元；E 交易产生的利润占公司最近一个会计年度经审计净利润的 10% 以上，且绝对金额超过 100 万元；上述指标计算中涉及的数据如为负值，取其绝对值计算。

（2）交易事项的规定

交易事项包括：购买或者出售资产；对外投资（含委托理财，对子公司投资等）；提供财务资助（含委托贷款）；租入或者租出资产；签订管理方面的合同（含委托经营、受托经营等）；赠与或者受赠资产；债权或者债务重组；研究与开发项目的转移；签订许可协议；放弃权利（含放弃优先购买权、优先认缴出资权利等）；证券交易所认定的其他交易。上述购买或者出售资产不包括购买原材料、燃料和动力，以及出售产品、商品等与日常经营相关的资产购买或者出售行为，但资产置换中涉及的此类资产购买或者出售行为，仍包括在内。

（3）与特定关联人关联交易的规定

公司与关联自然人发生的交易（公司提供担保、受赠现金资产除外）金额在 30 万元以上，与关联法人发生的交易（公司提供担保、受赠现金资产除外）金额在 100 万元以上，且占公司最近一期经审计净资产绝对值 0.5% 以上的关联交易，应当由董事会审议批准。

（4）特定交易事项

公司交易事项或投资项目涉及委托理财、委托贷款、对外担保无论金额大小均应提交董事会或股东大会审议批准，任何个人无权决定。

（5）董事会授权

除由股东大会、董事会审议批准的交易事项由董事长决定或经董事长授权后由总经理决定。上述董事会职权范围外的日常生产经营活动所涉及的授权由董事长决定，并可在公司内部控制制度规定的授权范围内授予总经理决定。公司董事会应组织董事会秘书、经理层制定公司各项内部控制制度，属于公司基本制度的由董事会审议批准后执行，其中涉及股东大会职权的还须提交股东大会审议批准。

3. 董事会组成

董事会组成主要制定董事会席位、董事任职资格、董事任期、董事履职规则、董事辞职程序；独立董事任职资格、占董事会席位；董事长选择程序、董事长职权；董事会专门委员会的组成、选举和主要职责。

（1）董事席位比例

可以规定高级管理人员担任董事的比例限制，如董事可以由总裁或者其他高级管理人员兼任，但兼任总裁或者其他高级管理人员职务的董事，总计不得超过公司董事总数的二分之一。

（2）董事提名的方式和程序

董事提名：公司董事会、监事会、单独或者合计持有公司已发行股份3%以上的股东可以提名非独立董事候选人，提名人应事先征求被提名人同意后再提交董事候选人的提案。董事候选人应在股东大会召开之前作出书面承诺，同意接受提名，承诺公开披露的董事候选人的资料真实、完整并保证当选后切实履行董事职责。公司董事会、监事会、单独或合计持有公司已发行股份1%以上的股东可以提名独立董事候选人；提名人在提名前应当征得被提名人的同意，提名人应当充分了解被提名人的职业、学历、职称、详细的工作经历、全部兼职等情况，并对其担任独立董事的资格和独立性发表意见。被提名人应当就其本人与公司之间不存在任何影响其独立客观判断的关系发表声明，在选举独立董事的股东大会召开前公司董事会应当按照规定将上述内容书面通知股东。公司设董事长一名。

（3）董事长的选举和职权

①董事长的产生

董事长由公司董事担任。董事长的产生、罢免应由董事会以全体董事的过半数表决通过。董事会可设副董事长一名，副董事长由董事长提名，并由董事会全体董事过半数通过。

②董事长职权

董事长依法律、法规、公司章程的规定及股东大会的决议行使以下职权：主持股东大会和召集、主持董事会会议；督促、检查董事会决议的执行；签署董事会重要文件；在发生特大自然灾害等不可抗力的紧急情况下，对公司事务行使符合法律规定和公司利益的特别处置权，并在事后向公司董事会或股东会报告；董事会授予的其他职权。

4. 董事会办事机构

董事会办事机构的规定主要包括董事会秘书的产生、职权和董事会办公室工作规则的相关规定。

（1）董事会秘书的产生

公司董事会秘书由董事长提名，经董事会聘任或解聘。董事会秘书应当对董事会负责，在董事长直接领导下开展各项工作，负责公司股东大会和董事会会议的筹备、文件保管以及公司股东资料管理，办理信息披露事务等事宜。

（2）董事会秘书的职权

公司应当为董事会秘书履行职责提供便利条件，董事、监事、其他高级管理人员和相关工作人员应当支持、配合董事会秘书的工作。董事会秘书为履行职责，有权了解公司的财务和经营情况，参加涉及信息披露的有关会议，查阅涉及信息披露的所有文件，并要求公司有关部门和人员及时提供相关资料和信息。董事会秘书在履行职责的过程中受到不当妨碍和严重阻挠时，可以直接向监管部门报告。

由于董事会秘书的职责在上文中已作介绍，在此不再累述。董事会议事规则中应制定董事会秘书工作细则，明确董事会秘书的工作职责、任免程序、工作规范。董事会秘书依公司章程及董事会秘书工作细则开展工作，董事会秘书工作细则也是评价董事会秘书是否勤勉尽责的主要依据和标准。

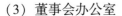

（3）董事会办公室

董事会可设董事会办公室，处理董事会日常事务，在董事会秘书领导下开展工作。董事会办公室负责人由董事长提名，由董事会决定任免。董事会办公室负责人协助董事会秘书工作，并负责股东会/股东大会、董事会会议各项会务工作，包括安排会议议程、准备会议文件（提案、会议通知、会议材料）、送达会议通知及会议材料、协助董事会秘书筹备和组织会议、列席会议并做会议记录、起草会议决议、会议纪要及对外披露的信息。董事会办公室负责保管董事会和董事会办公室的印章，保存股东大会、董事会、监事会会议资料或文档，保存股东名册、控股股东及高级管理人员资料、对外披露的信息资料，留存董事、监事、高级管理人员的联系方式。

5. 董事会会议的规定

董事会主要依靠会议来履行其职权，董事会会议必须程序合规、决议有效，为此制定董事会议事规则时，应覆盖会议整个运行流程的细化规定，主要包括，董事会召集、会议提案、会议通知、会议召开、会议决议、会议记录和决议备案公告等内容。

（1）例会和临时会议规定

董事会会议分为定期会议和临时会议。董事会每年至少召开两次定期会议。上半年的董事会定期会议应在上一会计年度结束后的四个月内召开。定期会议就是俗称的例会，读者可以根据公司情况，对例会的举行频次和召开时间作进一步的规定。上半年的定期会议安排在 4 月 30 日以前完成，主要是为了匹配公司年报的披露；如果不是上市公司或者不是对年报有披露义务的公司，那么年度会议可以自行安排，但是考虑到利润分配等事项，也不赞成晚于 4 月 30 日召开。

董事会议事规则应制定临时会议召开的触发条件，如有下列情形的，董事会应当召开临时会议：代表十分之一以上表决权的股东提议时；三分之一以上董事联名提议时；监事会提议时；二分之一以上独立董事提议时（如有）；监管部门要求召开的；《公司章程》规定的其他情形。临时会议的召集权利是一项重要的权利，决定了是否启动董事会的决策过程，所以总经理是否具有召集临时董事会的权利，公司可以根据自身情况确定。笔者并不建议总经理被赋予上述权利，总经理的职权较一般董事和高级管理人员，拥有了较多的实际权利，再赋予临时董事会召集权，会导致总经理个体权力过于集中。

（2）会议召集

原则上无论是定期会议还是临时会议，董事会会议一般均由董事长召集。董事长不能或者不召集时，由半数以上董事共同推举一名董事召集。代表十分之一以上表决权的股东、三分之一以上董事、监事会，在提议召开临时会议的场合，临时董事会会议提议人也应以书面形式说明要求董事长召集董事会临时会议的理由及相关议题。董事长自接到召开董事会临时会议的提议或者监管部门的要求后十日内，应履行召集董事会会议并主持会议的义务。

（3）会议提案

除了年度董事会有一些固定的年度报告等提案，其他的董事会提案都根据现实发生的经营情况而定。董事会议事规则要明确提案权利人、提案内容合规性要求和提案通知等要素。

①年度定期董事会提案

年度定期会议即在每年4月30日前召开的定期董事会，应当包含下列提案：公司上一年度报告；董事会的年度工作报告；总经理的年度工作报告；公司本年度财务预算报告、上年度财务决算报告；上年度利润或红利分配方案或亏损弥补方案；独立董事述职报告（如有）；本年度经常性关联交易报告。除上述提案外，在年度董事会会议通知发出前，董事会办公室可向公司各部门、公司高级管理层、公司董事、董事会各专门委员会和监事征集会议提案。

②临时董事会提案

有临时董事会会议召集权的法人、自然人和董事会及其专门委员会可向董事会提交会议提案。

③董事会提案的确定

董事会办公室负责汇总提案，符合公司章程和董事会议事规则所规定的提案均应列入董事会议程。在实务中，有的公司规定董事长有权确定提案是否列入董事会议程，笔者认为此项规定过于依赖董事长个人信用，如果董事长为大股东背景，则此举无疑不利于保护小股东利益，董事长个人的判断也容易带来争议，很难事先规定哪些情况可以导致提案不被列入董事会议程。同时，如果董事长滥用否定权，鉴于其是董事会的召集和主持人，提出提案的主体，也很难进行维权。

④董事会提案的通知

提案应该当与董事会会议通知一起送达全体董事、列席会议的有关人员。鉴于临时董事会会议召集程序较为仓促，所以董事会议事规则中可以列明临时董事会会议在紧急的情况下，可以豁免提案材料与会议通知一同送达的要求，可以在会议召开时提供。

⑤董事会提案要求

合规性要求：内容不得与法律法规、公司章程相抵触，且是董事会的职责范围；提案必须符合公司和股东的利益；有明确的议题和具体的决议事项；必须以书面方式提交。内容性要求：提议人的姓名或者名称；提议理由或者提议所基于的客观事实；提议会议召开的时间或者时限、地点和方式；明确、具体的提案内容；提议人的联系方式和提议日期等；与提案有关的背景资料、信息数据等附件。

（4）会议通知

董事会会议通知是否合法合规，会影响到董事会决议的效力，实践中很多公司决议纠纷就起源于董事会通知存在瑕疵。

①通知内容

董事会会议通知应盖有董事会印章。董事会会议通知内容应至少包括：会议日期、地点；会议的召开方式，是现场会议还是通讯会议；审议的事项即会议提案；会议召集人和主持人、临时会议的提议人及其书面提议；董事表决所必需的会议材料；会议联系人和联系方式。

②通知时间

公司章程应规定董事会定期会议和临时会议不同的会议通知实践，即各需要提前多久进行通知，一般定期会议为提前十日或十五日，临时会议一般为提前五日或十日。董事会议事规则应明确：如情况紧急的临时会议，会议通知可以不受上述时间、方式限制，但应于会议召开前征得全体董事的一致同意或确认，召集人应当在会议上作出相应说明，并载入董事会会议记录。

③通知方式

会议通知应按照各董事登记的地址通过邮寄、传真或者电子邮件等方式来完成通知，如果是专人书面送达则需要取得收件回执。根据会议通知的反馈情况，可以制作出席人员名单和委托出席名单，以确定投票权；代为出席

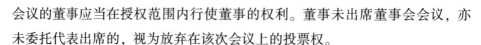

会议的董事应当在授权范围内行使董事的权利。董事未出席董事会会议，亦未委托代表出席的，视为放弃在该次会议上的投票权。

④变更通知

董事会定期会议的书面通知发出后，如果需要变更会议的时间、地点等事项或者增加、变更、取消会议提案的，应当在董事会议事规则中规定变更通知的发出时间，如应于原定会议召开三日前发出书面变更通知，说明情况和新提案的有关内容及相关资料。不足三日的，会议日期应当相应顺延或者取得全体与会董事的认可后按期召开。董事会临时会议由于其本来就是临时安排的，所以会议通知发出后，如需要变更会议的时间、地点等事项或者增加、变更、取消会议提案，董事会议事规则可以规定在会议召开前事先获得与会董事的认可并做好相应记录。

⑤异议提出

董事会议事规则可以规定：当三分之一的董事、二名以上（含本数）独立董事认为提案资料不充分或需要在会议前事先进行质询的，可联名提出延期召开董事会会议或延期审议董事会拟议的部分事项，董事会应予以采纳。

6. 会议召开

会议召开部分的议事规则，主要为制定出席、主持和讨论的与会规则。

（1）出席

①亲自出席

董事本人应当出席董事会会议，出席方式可以为现场参加会议和通过恰当的通讯方式接入，如董事可以通过电话会议形式或借助类似通信设施参加会议，只要与会董事能充分进行交流，所有与会董事应被视为亲自出席会议。

②委托出席

因故不能出席也不能通过上述通讯方式参加董事会的董事可以事先审阅会议材料，形成明确的意见，书面委托其他董事代为出席。代为出席会议的董事应当在授权范围内行使董事的权利。委托书应当载明以下事项：委托人和受托人的姓名、代理事项；委托人对每项提案的简要意见；委托人的授权范围和对提案表决意向的指示；委托人的签名或盖章、日期等。

在审查董事的委托表决时，应关注委托表决的禁止事项：在审议关联交易事项时，非关联董事不得委托关联董事代为出席；关联董事也不得接受非关联董事的委托；独立董事不得委托非独立董事代为出席，非独立董事也不得接受独立董事的委托；董事不得在未说明其本人对提案的个人意见和表决意向的情况下全权委托其他董事代为出席，有关董事也不得接受全权委托和授权不明确的委托；一名董事不得接受超过两名董事的委托，董事也不得委托已经接受两名其他董事委托的董事代为出席。

③未出席

董事未出席董事会会议，亦未委托代表出席的，视为放弃在该次会议上的投票权。

④其他人员出席

高级管理人员应当列席董事会会议，并回答董事的提问或质询。监事可以列席董事会会议，并对董事会决议事项提出质询或者建议。列席董事会会议的监事、高级管理人员外的其他列席人员只在讨论相关议题时列席会议，在其他时间应当回避审议。所有列席人员都有发言权，但无表决权。董事会在作出决定之前，应当充分听取列席人员的意见。

（2）会议举行流程

①会议签到

董事会会议应设签到制度，设置签到簿，无论参加会议人员还是列席会议人员均应亲自签到，受托董事可在签到簿上列明委托参加会议情况。会议签到簿和会议其他材料一并存档保管。董事会会议有过半数的董事出席方可举行，否则董事会会议无效。

②会议举行流程

董事会会议主持人为董事长，董事长不能主持或者不主持的，由半数以上董事共同推举一名董事主持。

第一，由董事长宣布会议开始。

第二，由董事会秘书宣读会议召集或提议，会议通知发布与送达，出席或列席的董事、监事及其他人员，董事授权委托等事项。董事长确认上述信息后，按会议议程组织召开会议。

第三，由提案人或董事长指定的汇报人发言，说明议题的主要内容、背景信息、提案人的主导意见；重大投资项目或重大决策事项如事先聘请有关专家、专业人员进行论证的，应将专家出具的可行性研究报告一同汇报。根据章程规定需要独立董事事前认可的提案，会议主持人应当在讨论有关提案前，指定一名独立董事宣读独立董事达成的书面认可意见。

第四，董事会会议应在作出决策前进行充分讨论，每项提案由汇报人汇报后，董事长应就审议的议案提请每位与会董事发表明确的意见并保证每位董事有充分的时间发表意见。董事发言应与审议的议案相关，不受其他任何干扰。表决时允许董事保留个人的不同意见。

（3）表决

①表决规则

董事会表决由主持人组织，采用书面记名投票表决方式，董事会决议的表决实行一人一票。与会董事须对审议的每项提案发表同意、反对或弃权的意见。与会董事应当从上述意向中选择其一，未作选择或者同时选择两个以上意向的，会议主持人应当要求该董事重新选择；拒不选择的，视为弃权；中途离开会场不回而未作选择的，视为弃权。

②表决对象

除征得全体与会董事的一致同意外，董事会会议不得就未包括在会议通知中的提案进行表决。董事接受其他董事委托代为出席董事会会议的，不得代表其他董事对未包括在会议通知中的提案进行表决。

③计票

与会董事表决后，董事会办公室应当当场汇总董事的书面表决票。书面表决票由董事会秘书在一名监事或者独立董事的监督下进行计票，计票结果由董事会秘书向主持人报告。召开现场会议的，支持人应当当场宣布统计结果。非现场召开的会议，董事会秘书在表决时限结束后一个工作日内向全体董事、与会人员通告董事会会议表决结果。

④决议通过

提案是否能得到董事会决议通过，应依据公司章程中董事会对相关事项的表决通过比例来确定。

⑤回避表决

上市公司董事应当根据交易所制定的上市规则等文件履行回避表决义务；应当对有关提案回避表决；按照公司章程应回避表决的，存在董事本人认为应当回避的情形也应回避表决。董事会议事规则中要对关联交易事项的回避表决

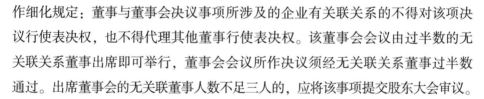

作细化规定：董事与董事会决议事项所涉及的企业有关联关系的不得对该项决议行使表决权，也不得代理其他董事行使表决权。该董事会会议由过半数的无关联关系董事出席即可举行，董事会会议所作决议须经无关联关系董事过半数通过。出席董事会的无关联董事人数不足三人的，应将该事项提交股东大会审议。

⑥表决异常

为避免被否决的提案，反复提交董事会，董事会议事规则提案未获得通过的，在有关条件和因素未发生重大变化的情况下，董事会会议在一定时间内不应当再审议内容相同的议案。对无法表决的提案，董事会应作出暂缓表决的规定：二分之一以上的与会董事或两名以上独立董事认为提案不明确、不具体，或者因会议材料不充分等其他事由导致无法对有关事项作出判断时，可提请主持人暂缓对该议题进行表决；提议暂缓表决的董事应当对提案再次提交审议时应满足的条件提出明确要求。

⑦决议法律后果

董事对董事会的决议承担责任。董事会的决议违反法律、行政法规或者公司章程、股东大会决议，致使公司遭受严重损失的，参与决议的董事对公司负赔偿责任。但经证明在表决时曾表明异议并记载于会议记录的，该董事可以免除责任。

（4）会议记录

①记录要求

董事会会议记录是公司很重要的档案，董事会办公室应当将会议所议事项的决定做成会议记录，并由出席会议的董事签名，以通讯方式参加会议的董事须于事后在会议记录上签名。董事会秘书负责董事会会议记录，董事会秘书因故不能正常记录时，由董事会秘书指定一名记录员负责记录，所有参会董事、董事会秘书和记录员都应在会议记录上签名。董事会议事规则可以规定董事会会议和董事会专门委员会会议召开全过程需进行录音录像并保留相关视频资料。

②记录内容

董事会会议记录包括以下内容：会议届次、召开的时间、地点、方式和召集人姓名；出席董事的姓名以及受他人委托出席董事会的董事（代理人）姓名；会议议程；每位董事对有关事项的发言要点和主要意见及对提案的表决意向；每一决议事项的表决方式和表决结果（说明具体的同意、反对、弃权票数）；与会董事要求的其在会议上的发言。

③异议签字

董事对会议记录和决议记录有不同意见的，可以在签字时作出书面说明。必要时，应当及时向监管部门报告，也可以发表公开声明。董事既不按照前款规定进行签字确认，又不对其不同意见作出书面说明或者向监管部门报告、发表公开声明的，视为完全同意会议记录和决议记录的内容。

（5）决议执行

①执行主体

董事会决议由董事长负责组织执行，须由董事会执行的事项由董事长交董事会各专门委员会、董事、董事会秘书具体实施，须由经理层执行的事项由总经理落实、部署。

②执行监督

在董事会决议实施过程中，董事长应就决议的实施情况进行跟踪检查，在检查中发现有违反决议的情形时，可要求和督促专门委员会、董事、董事会秘书或总经理予以纠正，必要时可提请董事会追究执行人的责任。监事会可监督、检查董事会决议执行情况，根据执行情况，在必要时可提请召开董事会会议或股东大会追究执行人的责任。

③执行汇报

决议执行主体应就董事会决议执行情况向董事会作汇报，董事有权就历次董事会决议的执行或落实情况，向有关执行主体提出质询。

综上所述，董事会是公司重要的决策机构，董事会的组成、各类董事的履职、董事会专门委员会的运作以及董事会议事规则的合规可执行性，都对董事会运行质量有极大影响。公司必须发挥董事会的独立、客观、合法合规和高效运行的作用，把控好公司治理的核心。

三、董事会专门委员会

董事会专门委员会是董事会的下设机构，直接向董事会负责。董事会专门委员会在公司治理中有着特殊的作用，可以帮助董事会作出正确的决策，以其较高的专业程度来保证决策的专业性，规避决策风险。董事会专门委员会依照公司章程和董事会授权履行职责，其提案应当提交董事会审议决定。董事会专门委员会成员由董事组成。并不是所有公司都设有专门委员会，董事会专门委员会在上市公司和金融机构较为多见。非上市非金融机构的公司对设置专门委员会有自主权，是否设置专门委员会和设置何种专门委员会都可以由公司章程规定。

在上市公司中，专门委员会是公司治理的必备结构之一，凡在资本市场公开募资的企业，必须在董事会下设审计委员会。目前上市公司一般都设立四个专门委员会，即战略投资委员会、提名任命委员会、薪酬绩效委员会和审计委员会。银行常见的董事会专门委员会有战略投资委员会、提名任命委员会、薪酬绩效委员会、审计委员会、风险管理委员会、关联交易控制委员会、社会责任委员会和消费者权益保护委员会等。而保险公司董事会除了上述专门委员会外还应当根据监管规定设立资产负债管理专门委员会。

读者可以根据公司具体情况、行业要求和监管规定来进行专门委员会的设置安排。本部分将讨论不同的董事会专门委员会的组成和职权，以研究其在公司治理中的作用。

（一）战略投资委员会

战略投资委员会是董事会下设的专门工作机构，主要工作是对公司长期发展战略和重大投资决策进行研究并向公司董事会提出建议、方案。

1. 战略投资委员会的组成

（1）人选

战略投资委员会可以根据公司情况由数名人员组成，最少三名，实务中三名、五名和七名成员都很常见。战略投资委员会的成员来源为公司董事和董事会聘任的公司外部的专业人士。战略投资委员会是否包含独立董事，可以由公司根据相关法律法规来确定，一般上市公司的战略投资委员会多包含独立董事在内。战略投资委员会成员需要对公司的情况比较了解，且熟悉公司经营状态，所以可以适当提升公司执行董事和高级管理人员的成员比例。

（2）提名、选举和任期

战略投资委员会委员的提名可以由董事长、二分之一以上的独立董事或三分之一的全体董事来完成，委员可以由全体董事过半数选举产生或罢免。战略投资委员会设主任委员一名，主任委员可以由董事会指定，也可规定只由董事长担任，还可以由战略投资委员会过半数选举产生或罢免。战略投资委员会任期与董事会任期一致，委员任期届满连选可连任。在此期间如有委员不再担任公司董事职务，其委员资格即自行解除，缺额应按原规则规定进行及时补选。

（3）下设机构

战略投资委员会可以下设日常办事机构，如战略与投资评审工作组作为其办公室，也可以不设日常办事机构，以公司证券部或董事会办公室为其日常办公室，其下设机构均负责日常工作联络和会议组织工作。

2. 战略投资委员会的职责

战略投资委员会顾名思义是对公司的战略事项进行讨论和建议，其主要职权为：对公司的长期发展规划、经营目标、发展方针进行研究并提出建议；对公司的经营战略包括但不限于产品战略、市场战略、营销战略、研发战略、人才战略进行研究并提出建议；对公司章程规定的必须经董事会或股东大会批准的重大投资、融资方案进行研究并提出建议；对公司章程规定的必须经董事会或股东大会批准的重大资本运作、资产经营项目进行研究并提出建议；对其他影响公司发展战略的重大事项进行研究并提出建议；对以上事项的实施进行跟踪检查；公司董事会授权的其他事宜。在公司实务中，战略投资委员会及其下设机构还会负责公司战略的制定、实施和公司战略的后评价；预审公司战略年度报告和公司战略执行报告等文件。

（二）提名和薪酬绩效委员会

提名委员会、薪酬绩效委员会在一些公司是两个专门分开设立的委员会，但是也有一些公司将这两个委员会合并在一起，为提名和薪酬绩效委员会。提名委员会主要负责对公司董事和高管人员的选择标准和程序提出建议和意见；薪酬绩效委员会则主要负责研究制定公司董事及高管人员的考核标准并进行考核，研究和审查公司董事及高管人员的薪酬政策与方案。提名委员会与薪酬绩效委员会对董事会负责。

1. 提名和薪酬绩效委员会的组成

（1）人选

提名委员会、薪酬绩效委员会成员不得少于三人，成员来源一般都会以独立董事为主，该委员会主任也一般由独立董事担任。比如，《银行保险机构公司治理准则》第五十六条第二款就规定了审计、提名、薪酬、风险管理、关联交易控制委员会中独立董事占比原则上不低于三分之一，审计、提名、薪酬、关联交易控制委员会应由独立董事担任主任委员或负责人。

独立董事大量参与提名和薪酬绩效委员会和履职主任委员，是提名立场客观性及薪酬确定和考核独立性的前提。如果由执行董事任主任委员或者执行董事占该两个委员会成员比例过高，由于执行董事同时为公司高级管理人员，就会出现运动员和裁判员重叠或为同一人的情况，很可能无法给出客观、公正和程序合规的提名和薪酬、考评建议和结论。所以，在这两个委员会中，不建议将总经理、财务总监等被考核人员选举为委员，否则将出现高级管理人员给自己定薪、评价和考核的情况。

（2）提名、选举和任期

提名委员会、薪酬绩效委员会可以由持股多少比例的股东、董事长、和独立董事提名，并由董事会选举产生。提名委员会、薪酬绩效委员会可以设主任委员一名，应当由独立董事委员担任，负责主持委员会工作。提名委员会、薪酬绩效委员会委员任期与董事会成员任期一致，委员任期届满，连选可以连任。在此期间如有委员不再担任公司董事职务，则自动失去委员资格，并由委员会根据议事规则补足委员人数。

2. 提名和薪酬绩效委员会的职责

（1）提名委员会的职责

提名委员会的主要职责：根据公司经营活动情况、资产规模和股权结构对董事会的规模和构成向董事会提出建议。研究董事或高级管理人员的选择标准和程序，并向董事会提出建议。广泛搜寻合格的董事和高级管理人员的人选。对董事和高管候选人进行审查并提出意见。对须提请董事会聘任的其他高级管理人员进行审查并提出意见。董事会授权的其他事项。

提名委员会在对董事或高级管理人员进行选择的时候，可以制定以下选择程序：提名委员会应积极与公司有关人员和机构进行交流，研究公司对董事、高级管理人员的需求情况，并形成书面材料。提名委员会可在公司内部和外部广泛搜寻董事或高级管理人员的合适人选。收集有关人选的职业、学历、职称、详细的工作经历、所有兼职等情况，并形成书面材料。征求被提名人对提名的意见并取得其同意，否则不能将其作为董事或高级管理人选。召集提名委员会会议，根据董事、高级管理人员的任职条件，对初步入选人员进行资格审查。在选举新的董事和聘任新的高级管理人员前一个月至两个月，向董事会提出董事候选人和拟聘高级管理人选的建议和相关材料。根据董事会决定进行其他后续工作。

如果公司董事和高级管理人员的选择由提名委员会按照议事规则来行使，那至少可以保证董事和高级管理人员的匹配度、资格符合程度，提高人员的市场化程度，避免少数股东过多地干预董事和高级管理人员的构成。

（2）薪酬绩效委员会的职责

薪酬绩效委员会的职责主要包括：根据董事及高级管理人员管理岗位的主要范围、职责、重要性，并根据地域水平及其他相关企业相关岗位的薪酬水平制订薪酬计划或方案。审查公司董事及高级管理人员的履行职责情况并对其进行年度绩效考评。负责对公司薪酬制度执行情况进行监督。董事会授权的其他事项。

其中，薪酬绩效委员会提出的公司董事的薪酬计划，须报经董事会同意后，提交股东大会审议通过方可实施；公司高管人员的薪酬分配方案须报董事会批准方可实施。

薪酬绩效委员会对董事和高级管理人员可以按照下列考评程序展开：公司董事和高级管理人员向董事会薪酬绩效委员会作述职和自我评价；薪酬绩效委员会按绩效评价标准和程序，对董事及高级管理人员进行绩效评价；根据岗位绩效评价结果及薪酬分配政策提出董事及高级管理人员的报酬数额和奖励方式，表决通过后，报公司董事会。

在公司管理中，对董事和高级管理人员的约束激励是非常重要的管理手段和管理内容，管理方式的科学客观和与战略规划的联系度是薪酬绩效委员会的主要目的。该委员会需要确定董事和高级管理人员的薪酬结构即固定薪酬和考核薪酬的比例；薪酬数额即不同岗位的定薪金额和薪酬体系；薪酬发放的频次即月度、季度和年度的发放频率；董事和高级管理人员的考核指标

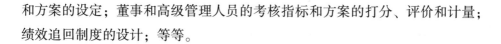

和方案的设定；董事和高级管理人员的考核指标和方案的打分、评价和计量；绩效追回制度的设计；等等。

（三）审计委员会

董事会审计委员会主要负责公司内、外部审计的沟通、监督和核查。审计委员会是上市公司必须配备的专门委员会；上海和深圳两家交易所的上市规则中都要求，上市公司应当在董事会下设审计委员会，内部审计部门对审计委员会负责，向审计委员会报告工作。同时，资本市场相关法律法规对审计委员会履职要求最为详细。比如，上海证券交易所就规定审计委员会每年必须召开四次定期会议，在两名以上委员提议时、召集人认为必要时就可以召开临时会议；深圳证券交易所则规定审计委员会每季度至少召开一次会议。可以说审计委员会是一家公司最基本的董事会专门委员会类别，也是保证公司的合规经营和信息披露质量最重要的专门委员会。

1. 审计委员会的组成

审计委员会成员不得少于三名董事，从控制风险角度应当由独立董事占多数，其中至少有一名独立董事为会计专业人士。审计委员会委员可以由董事长、二分之一以上独立董事或者全体董事的三分之一提名，并由董事会选举产生。审计委员会应该设主任委员一名，由独立董事委员担任，负责主持审计委员会工作；主任委员由董事会在委员会成员内直接选举产生。审计委员会委员主要为独立董事才能保证审计委员会可以有序地展开对公司的审计、财务和内控的管理工作。

《上市公司治理准则》第三十八条第二款规定："专门委员会成员全部由董事组成，其中审计委员会、提名委员会、薪酬与考核委员会中独立董事应当占多数并担任召集人，审计委员会的召集人应当为会计专业人士。"

《银行保险机构公司治理准则》第五十六条第二款、第三款对审计委员会作了细化的规定："审计、提名、薪酬、风险管理、关联交易控制委员会中独立董事占比原则上不低于三分之一，审计、提名、薪酬、关联交易控制委员会应由独立董事担任主任委员或负责人。审计委员会成员应当具备财务、审计、会计或法律等某一方面的专业知识和工作经验。"

2. 审计委员会的职责

审计委员会的主要职责有：审阅公司年度内部审计工作计划；督促公司内部审计计划的实施；审阅内部审计工作报告，评估内部审计工作的结果，督促重大问题的整改；指导内部审计部门的有效运作；监督及评估内外部的审计工作、内部控制，审查财务信息。我国对上市公司和银行保险机构的审计委员会职责还有更细化的要求。

（1）审查材料

审计委员会委员有权查阅下列相关资料：公司的定期报告、临时报告；公司的审计报告、财务报表、账簿、凭证等财务会计资料；公司各项管理制度；公司股东大会、董事会、监事会、总裁办公会会议决议及会议记录；公司签订的各类重大合同、协议；审计委员会认为必需的其他相关资料。

（2）质询

审计委员会委员可以就某一问题向公司董事、高级管理人员提出质询或询问，董事、高级管理人员应及时作出回答或说明。

（3）发起审计

审计委员会有权对公司上一年度及当年的财务活动和收支状况进行内部审计，公司各相关部门应给予积极配合，及时向审计委员会提供所需资料。

（4）跟踪检查

审计委员会决议实施的过程中，审计委员会主任委员或其指定的其他委员应就决议的实施情况进行跟踪检查，在检查中发现有违反决议的事项时，可以要求和督促有关人员予以纠正，有关人员若不采纳意见，审计委员会主任委员或其指定的委员应将有关情况向公司董事会作出汇报，由公司董事会负责处理。

3. 审计委员会的下设机构

审计委员会可以设置日常工作机构，和其他专门委员会不同的是，其他专门委员会一般都将日常工作机构由董事会办公室兼任，但是审计委员会一般都设在公司内部审计部。审计委员会日常工作联络、会议组织和决议落实等事宜也由内部审计部负责。

（四）专门委员会议事规则

不同董事会专门委员会的议事规则存在一定的差异，但是主要的程序和

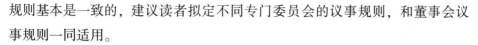

规则基本是一致的，建议读者拟定不同专门委员会的议事规则，和董事会议事规则一同适用。

1. 会议召开召集规定

一般都规定某专门委员会会议分为例会和临时会议，同时规定例会每年召开的次数，根据公司实际情况可以召开二次到四次；例会召开的时间维度，如每年两次的，可以按照每半年召开一次来安排；规定临时会议的召开情况，即由谁来提议召开，如审计委员会在其任一委员提议时应召开临时会议。例会一般可以规定由委员会主任委员召集，主任委员不能出席时可以委托一名独立董事委员主持；临时会议可以由提议的委员召集。

2. 通知程序

规定某专门委员会例会和临时会议的通知时间。比如，例会应该于会议召开前七天通知全体委员，临时会议须于会议召开前两天通知全体委员。同时还可以规定会议通知的豁免程序，即在特别紧急情况下可不受上述通知时限限制，全体委员均同意或豁免在紧急事项发生的情况下，免除提前通知的义务。

3. 会议规则

可以规定某专门委员会会议要达到最低出席人数方能举行，如应由三分之二以上的委员出席方可举行。表决权规则是规定谁有表决权，表决权是否按照委员席位分配，多少表决权可以通过提案，如每一名委员有一票的表决权，会议做出的决议必须经全体委员的过半数通过。

4. 出席规则

（1）亲自出席原则

现场出席会议是委员履职的主要形式，而不亲自出席专门委员会会直接导致表决困难，所以出席规则和委托表决相关联。出席规则中应尽量要求某专门委员会委员亲自出席会议，无法亲自出席会议的可以允许委托其他委员代为出席会议并行使表决权。亲自出席会议的委员应本着认真负责的态度，对议案进行审议并充分表达个人意见。

审计委员会会议可要求审计室负责人列席，必要时可邀请公司董事、监事及其他高级管理人员列席会议。审计委员会可以聘请中介机构为其决策提供专业意见，并现场列席会议、接受咨询。

（2）无法出席的相关措施

无法亲自出席会议的委托程序必须清晰，如委托其他委员代为出席会议并行使表决权的，应向会议主持人提交授权委托书，授权委托书应注明委托权限、委托事项并经委托人和被委托人双方签名。授权委托书应不迟于会议表决前提交给会议主持人。

由于不亲自出席会议会严重影响专门委员会的履职，所以对于不能亲自出席会议的情况要作出限制，如规定不能在一个会计年度内连续三次不亲自出席会议或规定最低亲自出席会议的工作时间要求等。

如果审计委员会委员既不亲自出席会议，也未委托其他委员代为出席会议的，视为其放弃在该次会议上的投票权；如连续两次不出席会议也不委托其他委员出席的，应规定为不能适当履行其职权，公司董事会可以免去其委员职务。

5. 投票方式

审计委员会会议表决方式一般都规定为现场举手表决或投票表决，实行一人一票的表决方式。如果根据议事规则召开可以采取通讯表决方式的会议，则可以非现场书面表决。表决的方式分为赞成、反对和弃权。与会委员应当选择其一来表决，而不可以用其他表决方式。如未做选择或者同时选择两个以上意向的，会议主持人应当要求有关委员重新选择，拒不选择的，视为弃权；中途离开会场不回而不做选择的，视为弃权；在会议规定的表决时限结束前未进行表决的，视为弃权。

6. 会议决议结果

与会委员表决完成后，董事会办公室应当及时收集各委员的表决结果并进行统计，现场召开会议的，会议主持人应当当场宣布统计结果；非现场会议形式表决的，应至迟于限定表决时限届满之次日，董事会办公室有关工作人员统计出表决结果报会议主持人，书面通知各委员表决结果。同时签署会议记录、会议决议等文件；审计委员会会议通过的议案及表决结果，应当以书面形式报公司董事会。

7. 回避表决情况

某一专门委员会委员个人或其近亲属或该委员会及其近亲属控制的其他企业与会议所讨论的议题有直接或者间接的利害关系时，该委员应尽快向审计委员会披露利害关系的性质与程度，由委员会全体委员过半数（不含有利害关系委员）决议其是否回避。有利害关系但未向该委员会披露经查证核实的，该委员的该次表决无效；如因其表决无效影响表决结果的，所涉议题应重新表决；若新的表决结果与原结果不同，应撤销原决议；原决议已执行的，应按新的表决结果执行。董事会应对专门委员会的回避表决制定专项规定。

有利害关系的委员回避后某一委员会不足出席会议的最低人数时，应当由公司董事会对该议案内容进行审议。

8. 记录和保密

任一专门委员会会议都应当有会议记录，出席会议的委员应当在会议记录上签名，出席会议的委员还有权要求在记录上对其在会议上的发言作出说明性记载；会议记录由公司董事会办公室保存，保存期限一般可以规定为十年。任一专门委员会会议通过的议案及表决结果，应有书面形式的记录并由参加会议的委员签字后报公司董事会。所有出席会议的委员均对会议所议事项有保密义务，不得擅自披露有关信息。

四、董事会办公室和董事会秘书

董事会办公室是董事会的下设机构，也是董事会的日常工作机构，董事会办公室对董事会负责。无论是董事会还是董事会专门委员会，都不是日常性工作机构，在闭会期间的工作都由董事会办公室完成；会议召开、材料准备、表决结果汇总等也由董事会办公室来落实会议前、中、后的工作内容；董事会办公室基本涵盖了董事会、董事会专门委员会和股东会/股东大会闭会期间"三会一层"的相关工作。

（一）董事会办公室的职责

董事会办公室的职责因公司而异，主要与公司战略、公司治理、资本项目、投资人关系、信息披露和监管沟通等方面有关。

1. 协助董事会完成公司战略规划工作

公司战略规划工作主要是指协助董事会制定公司战略并牵头负责公司战略的执行和评估。例如，梳理公司战略的相关信息，包括行业信息、公司经营情况及一定时期内经营管理决策等；收集一定时期内"三会"决议和管理层工作报告并进行分析；牵头公司战略规划起草工作；制定战略规划和子规划；制订战略实施方案、年度计划、经济运营指标等。

2. **协助董事会完成公司资本项目工作**

如协助筹划或实施公司首发上市、资本市场再融资或并购重组项目；日常跟踪市场行情，分析公司资本市场上表现，进行市值管理；为董事会的重大资产重组、再融资、债券发行等决策提出方案建议；负责起草公司资本市场项目相关文件。

3. **负责公司治理日常工作**

负责公司章程的修订、完善和公司内部章程培训工作。跟进相关法律法规和监管政策要求，制定、修订和更新公司治理相关的内部规章制度和实施办法。根据《上市公司治理准则》的要求进行公司内部控制制度的建立和完善，减少并规范关联交易事项，避免同业竞争，建立合规机制。起草信息披露文件并及时有效地完成信息披露工作。按照行业准则和监管规定完成相关培训。负责建立并保持与股东、董事、监事的联系沟通，协助董事会及董事开展履职工作，及时向董事提交履职所需的文件和材料。依法提交监管部门要求的董事会会议、股东大会的相关文件。负责公司的工商登记工作和其他登记机构的登记工作。负责"三会"文件的起草、签署和归档工作。

4. **监督决议执行情况**

监督和跟进董事会决议和建议的执行，监督和跟进内外部审计结果的整改，跟进相关决议执行的过程性阶段性情况。

5. **协助董事会实施董事和高管薪酬管理**

协助董事会制定公司的年度考核目标；制定公司董事履职标准；制定公司高级管理人员的考核指标；协助董事会建立高级管理人员的薪酬体系和福利标准；制订考核方案，配合执行考核机制。

6. **会务工作**

组织董事会和专门委员会召开事项，负责董事会的会议安排、通知、召集、材料收集、会议举行、会议记录、表决汇总和纠纷解决。负责董事会专门委员会的会议安排、召集和举行。负责董事会和专门委员会的董事和委员推荐、选举和更换。

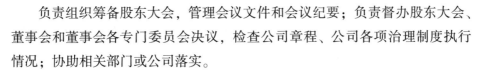

负责组织筹备股东大会，管理会议文件和会议纪要；负责督办股东大会、董事会和董事会各专门委员会决议，检查公司章程、公司各项治理制度执行情况；协助相关部门或公司落实。

7. 投资者关系工作

负责公司股权日常管理，如保管公司股东持股资料。负责投资者培训、询问和回复等相关工作。办理公司限售股相关事项；管理特定人员的增减持工作，如监督和披露董事、监事、高级管理人员及其他相关人员所持有的公司股份买卖行为。办理股权托管手续、办理股权质押登记手续和信息披露工作、配合股权司法拍卖工作。负责日常和股东的沟通，定期汇报情况等工作。负责与股东代表、董事、独立董事及相关来访单位的接待和沟通工作；制订为投资者服务的方案。

8. 信息披露工作

负责制定并完善信息披露管理制度；监督信息披露义务人遵守信息披露规定，督促相关人员履行信息披露义务；负责年报制定和临时事项的披露；负责公司内幕信息知情人登记、报备工作；负责与相关中介机构及新闻媒体的联系，负责公司记者采访等媒体活动；负责媒体沟通和媒体澄清工作。

9. 监管沟通工作

负责向监管机构、行业协会等协会提交相关文件，负责审批事项和报备工作；负责董事资格的监管审批工作等。

（二）董事会秘书

董事会秘书不是董事长的秘书，也不是董事的秘书，而是董事会的秘书；董事会秘书不是行政秘书。上市公司的董事会秘书为上市公司高级管理人员，由董事会聘任并对董事会负责，是上市公司与证券交易所之间的指定联络人。其对外负责公司信息披露、投资者关系管理；对内负责股权事务管理、公司治理、股权投资、筹备董事会和股东大会，保障公司规范化运作等事宜。银行保险等金融机构也有董事会秘书的岗位设置，非上市的银行保险金融机构，董事会秘书也向董事会负责，承担公司治理相关的具体工作，一般也是公司与监管之间的指定联络人，并负责与媒体等公司外部机构进行沟通。

1. 董事会秘书的任职资格

董事会秘书作为公司的高级管理人员同样需要符合《公司法》等相关法

律、法规所规定的任职资格和条件，不同行业的董事会秘书还要满足相关行业的任职要求。除法律法规和行业监管的任职要求外，董事会秘书还应具备一定的软实力，如熟悉公司各项情况，具备履行职责所必需的财务、管理、法律等专业知识和工作经验，具有良好的个人品质和职业道德，以及较强的公关能力和协调能力等。

（1）上市公司的董事会秘书的任职资格

深圳证券交易所对于上市公司董事会秘书的任职资格作了积极条件、负面清单和解聘条件三个方面的规定。

①积极条件的任职资格

董事会秘书应当具备履行职责所必需的财务、管理、法律专业知识，具有良好的职业道德和个人品德，并取得深圳证券交易所颁发董事会秘书资格证书。

②任职的负面清单

有下列情形之一的人士不得担任上市公司董事会秘书：有《公司法》第一百四十六条规定情形之一的；自受到证监会最近一次行政处罚未满三年的；最近三年受到证券交易所公开谴责或者三次以上通报批评的；本公司现任监事；深圳证券交易所认定不适合担任董事会秘书的其他情形。

③解聘条件

董事会秘书有下列情形之一的，上市公司应当自事实发生之日起一个月内解聘董事会秘书：出现本上述负面清单所规定情形之一的；连续三个月以上不能履行职责的；在履行职责时出现重大错误或者疏漏，给投资者造成重大损失的；违反法律、行政法规、部门规章、规范性文件、本规则、深圳证券交易所其他相关规定或者公司章程，给投资者造成重大损失的。

（2）银行保险金融机构的董事会秘书的任职资格

银行和保险等金融机构因其行业属性，对董事会秘书的任职资格另做了要求，除要满足银行和保险董事和高级管理人员的一般任职资格外，还需要满足如下资格要求。

在规定银行董事会秘书任职资格时，按照银行种类作了区分：拟任国有商业银行、邮政储蓄银行、股份制商业银行董事会秘书的，应当具备本科以上学历，从事金融工作六年以上，或从事相关经济工作十年以上（其中从事金融工作三年以上）。拟任城市商业银行董事会秘书的，应当具备本科以上学历，从事金融工作四年以上，或从事相关经济工作八年以上（其中从事金融工作两年以上）。

保险公司董事会秘书的任职资格，按照商业保险公司和专属机构作了区分，其中商业保险公司为基本条件和特定条件。保险公司董事会秘书需要满足的基本条件为：具有完全民事行为能力；具有诚实信用的品行、良好的守法合规记录；具有履行职务所必需的知识、经验与能力，并具备在中国境内正常履行职务所必需的时间和条件；具有担任董事、监事和高级管理人员职务所需的独立性；具有大学本科以上学历或者学士以上学位。保险公司董事会秘书需要满足的特定条件为：保险公司董事会秘书应当从事金融工作五年以上或者经济工作八年以上。

2. 董事会秘书的职责

对于上市公司董事会秘书的职责有明晰的规定，非上市公司的董事会秘书可以在上市公司董事会秘书职责的基础上，根据本公司情况做调整；银行保险公司董事会秘书的基本职责与上市公司类似，不同之处在于增加了对监管规定的履职。

（1）上海证券交易所关于董事会秘书职责的规定

《上海证券交易所股票上市规则（2023年2月修订）》（上证发〔2023〕31号）第4.4.2条规定："董事会秘书对上市公司和董事会负责，履行如下职责：（一）负责公司信息披露事务，协调公司信息披露事务，组织制定公司信息披露事务管理制度，督促公司和相关信息披露义务人遵守信息披露相关规定；（二）负责投资者关系管理，协调公司与证券监管机构、投资者及实际控制人、中介机构、媒体等之间的信息沟通；（三）筹备组织董事会会议和股东大会会议，参加股东大会会议、董事会会议、监事会会议及高级管理人员相关会议，负责董事会会议记录工作并签字；（四）负责公司信息披露的保密工作，在未公开重大信息泄露时，立即向本所报告并披露；（五）关注媒体报道并主动求证真实情况，督促公司等相关主体及时回复本所问询；（六）组织公司董事、监事和高级管理人员就相关法律法规、本所相关规定进行培训，协助前述人员了解各自在信息披露中的职责；（七）督促董事、监事和高级管理人员遵守法律法规、本所相关规定和公司章程，切实履行其所作出的承诺；在知悉公司、董事、监事和高级管理人员作出或者可能作出违反有关规定的

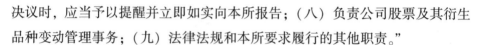

决议时，应当予以提醒并立即如实向本所报告；（八）负责公司股票及其衍生品种变动管理事务；（九）法律法规和本所要求履行的其他职责。"

（2）深圳证券交易所关于董事会秘书职责的规定

《深圳证券交易所股票上市规则（2023年修订）》第4.4.2条规定："董事会秘书对上市公司和董事会负责，履行如下职责：（一）负责公司信息披露事务，协调公司信息披露工作，组织制定公司信息披露事务管理制度，督促公司及相关信息披露义务人遵守信息披露有关规定。（二）负责组织和协调公司投资者关系管理工作，协调公司与证券监管机构、股东及实际控制人、中介机构、媒体等之间的信息沟通。（三）组织筹备董事会会议和股东大会会议，参加股东大会、董事会、监事会及高级管理人员相关会议，负责董事会会议记录工作并签字。（四）负责公司信息披露的保密工作，在未公开重大信息出现泄露时，及时向本所报告并公告。（五）关注有关公司的传闻并主动求证真实情况，督促董事会等有关主体及时回复本所问询。（六）组织董事、监事和高级管理人员进行相关法律法规、本规则及本所其他规定要求的培训，协助前述人员了解各自在信息披露中的职责。（七）督促董事、监事和高级管理人员遵守法律法规、本规则、本所其他规定和公司章程，切实履行其所作出的承诺；在知悉公司、董事、监事和高级管理人员作出或者可能作出违反有关规定的决议时，应当予以提醒并立即如实向本所报告。（八）负责公司股票及其衍生品种变动的管理事务所。（九）法律法规、本所要求履行的其他职责。"

3. 董事会秘书聘任和解聘

（1）董事会秘书的聘任

公司设置一名董事会秘书，董事会秘书的人选一般由董事长提名，董事会聘任和解聘；董事会聘任或解聘董事会秘书后均应向股东大会报告，需要经过监管部门核准董事会秘书资格的，在资格审批后向一定范围或者社会公众披露，上市公司还需要同时报证券交易所备案。

上市公司董事会在聘任董事会秘书的同时，还会聘任证券事务代表，协助董事会秘书履行职责。证券事务代表是董事会秘书的工作轮候安排人员，在董事会秘书不能或者不愿履行职责时，证券事务代表应当代为履行其职责。

（2）董事会秘书的解聘或辞职

公司应该保障董事会秘书的工作，并不得无故解聘董事会秘书，上市公司解聘董事会秘书或董事会秘书辞职时，应当及时向证券交易所报告，说明原因并公告。银行保险机构应该在上述情况发生时及时向监管机构汇报。上市公司的董事会秘书遭受到不当解聘或者与辞职有关的情况，向证券交易所提交个人陈述报告；银行保险机构的董事会秘书应该在上述情况发生时及时向监管机构汇报。

公司在董事会秘书发生下列情形下可以解聘：违反交易所发布的《股票上市规则》的关于董事会秘书履职的相关规定；连续三个月以上不能或者不愿履行职责；在执行职务时出现重大错误或者疏漏；严重违反国家法律法规、公司章程、上市规则、证券交易所有关规定和行业监管规定，造成严重后果或恶劣影响；监管机构认为不宜继续担任董事会秘书的其他情形。

（3）解聘或辞职后事项

公司在聘任董事会秘书时，应当与其签订保密协议；董事会秘书应履行在职期间以及离任后一段时期内的保密义务，直至有关信息披露为止。公司可以规定董事会秘书离任前应当接受董事会和监事会的离任审查，并在监事会的监督下移交有关档案文件和相关工作。上市公司和金融机构的董事会秘书被解聘或者辞职后，如公司尚未完成报告和公告义务，或者未完成离任审查、档案移交等工作前，仍应承担董事会秘书的责任。如果董事会秘书因身体等原因无法履职，实质缺位的情况下，可以由一名董事或者高级管理人员代行董事会秘书的职责或由公司法定代表人代行董事会秘书职责，直至本股份公司聘任新的董事会秘书为止。

非上市非金融机构的公司也可以设置董事会秘书，虽然目前实务中非上市公司和非金融机构设置董事会秘书的情况比较少见。董事会秘书设置的目的是达到公司治理的规范和完善，有专人负责董事会事务合规的执行。所以，董事会秘书的设置有助于公司治理的进一步优化。公司治理的优秀程度与公司的持续发展存在必然联系，即使不上市，也不是金融机构，董事会秘书设置也是具备合理性和值得鼓励的。

五、董事会规则性文件目录

董事会的正常履职须以相关规则制度为基础，除《董事会议事规则》这一基本规则外，一般还会有董事会专门委员会的相关规则文件和对专门事项的制度文件，表18列举了由董事会制定的部分规则性文件，供读者参考。

表18　董事会规则性文件目录

序号	汇编定位	标题	规章层级
1	公司治理——董事会	董事会关联交易控制委员会工作规则	基本规章
2	公司治理——董事会	董事会风险管理委员会工作规则	基本规章
3	公司治理——董事会	董事会审计委员会工作规则	基本规章
4	公司治理——董事会	董事会提名和薪酬绩效委员会工作规则	基本规章
5	公司治理——董事会	董事会战略投资委员会工作规则	专门规章
6	公司治理——董事会	高级管理人员薪酬管理办法	专门规章
7	公司治理——董事会	董事履职评价办法	专门规章
8	公司治理——董事会	信息披露管理办法	专门规章
9	公司治理——董事会	股东股权质押管理办法	专门规章
10	公司治理——董事会	产品研发管理办法	基本规章
11	公司治理——董事会	重大信息内部报告规定	专门规章
12	公司治理——董事会	关联交易管理操作规程	专门规章
13	公司治理——董事会	高级管理人员绩效考核管理办法	专门规章
14	公司治理——董事会	董事会消费者权益保护委员会工作规则	基本规章

六、示范模板

（一）会议通知

关于召开 AAA 股份有限公司第＿＿届董事会第＿＿次会议（临时会议）的通知

各位董事、监事：

为了提高董事会会议的决策效率，节约全体董事的宝贵工作时间，在充分保障各位董事表达意见的前提下，经董事长同意，本公司兹定于＿＿＿＿＿年＿＿＿月＿＿＿日（星期一）以书面传签方式召开第三届董事会第十五次会议（临时会议），现将有关事项通知如下：

一、会议时间

＿＿＿＿＿年＿＿＿月＿＿＿日（星期一）。

二、会议方式

书面传签方式召开。

请各位董事于_____年___月___日（星期一）中午12点前，将签署后的《表决意见书》（格式见本通知附件1），以电子邮件或者传真形式回传至公司董事会办公室，电子邮箱：_____，传真号：_____。

董事不得在上述表决时限结束后进行表决。

三、参会人员

全体董事、董事会秘书。

四、会议议题

审议关于本公司股东_____申请质押其持有的本公司_____%股权的议案。

五、注意事项

本公司董事会秘书将在表决结束后的当日或下一工作日，通知全体董事本次会议的表决结果。

在表决结束后合理期限内，董事会办公室将把会议记录和会议决议送至与会董事，并由与会董事进行传签。

在董事会审议相关备案事项时，与拟出质股东有关联关系的董事应当回避。

六、会议材料

会议文件材料将通过电子邮件形式发送至各位董事。

七、联系人

_____。

发：全体董事、监事

经办部门：AAA股份有限公司董事会办公室

附件1：

　AAA股份有限公司第____届董事会第____次会议（临时会议）表决意见书

本人对AAA股份有限公司第____届董事会第____次会议（临时会议）的各项议案的表决意见如下：

序号	议案	同意	反对	回避	弃权
1	关于本公司股东_____申请质押其持有的本公司_____％股权的议案				

就上述议案，本人的发言要点和主要意见（如有）：

_____

_____

_____

_____

董事（签名）：

_____年____月____日

（二）董事会专委会表决意见书

AAA 股份有限公司第三届董事会审计委员会第七次会议表决意见书

本人对 AAA 股份有限公司第三届董事会审计委员会第七次会议的议案的表决意见如下：

序号	议案	同意	反对	回避	弃权
1	关于《AAA 股份有限公司 2023 年度内部员工举报事项及处理结果》的议案				
2	关于《AAA 股份有限公司 2023 年度财务审计》的议案				

就上述议案，本人的发言要点和主要意见（如有）：

_____

_____

_____

_____

委员（签名）：

年　　月　　日

（三）独立董事专项意见

关于提名董事候选人的独立董事意见

各位股东：

_____年____月____日公司第____届董事会第____次会议决定，推荐_____等____人为公司第____届董事会董事候选人。

根据《公司法》的要求和《公司章程》的规定我们发表如下独立意见：

一、董事候选人的提名程序符合《公司章程》的规定。

二、我们审阅了董事候选人提名提案、提名候选人的个人简历、候选人的承诺函，认为_____等____名董事候选人具备与其行使职权相适应的任职条件，同意提名_____等____人为公司第_____届董事会董事候选人。

独立董事（签名）：

_____年____月____日

（四）董事选任/推荐/委派书

董事推荐书

各位董事：

公司第____届董事会即将届满，公司股东 AAA 公司拟推荐：×××、×××、×××、×××为第____届董事会董事候选人；BBB 有限公司拟推荐：×××、×××、×××为第____届董事候选人，与公司职代会上选举产生的职工董事×××共同组成公司第____届董事会，任期自股东大会通过之日起三年。本议案尚须提交股东大会审议通过。请审议。

请各位董事审议。

附：1. AAA 公司董事、监事推荐函
　　2. BBB 有限公司董事、监事推荐函

_____年____月____日

董事委派书

_____有限公司：

根据《公司法》和《公司章程》的规定，兹委派×××代表我方出任_____有限公司的董事长（或董事），履行公司章程规定的董事职责义务，任期三年，连派可连任。

所有应由该被委任人签署的文件以下列被委任人签字形式签署方为有效：

（被委任人签字样式）

在委任期间，若被委任人不能胜任或无法履行其职责和义务时，我方有权随时通知更换并向有关部门办理备案或变更登记手续。

股东（签字或盖章）：

_____年___月___日

××股份有限公司第____届董事会董事候选人承诺及声明

作为_____股份有限公司第_____届董事会董事候选人，本人现公开声明，本人接受董事人选的提名，并承诺本人提供的资料是真实、准确、完整的。截至目前，本人不存在以下根据《公司法》规定不得担任公司董事的任一情形：

（一）无民事行为能力或者限制民事行为能力；

（二）因贪污、贿赂、侵占财产、挪用财产或者破坏社会主义市场经济秩序，被判处刑罚，执行期满未逾五年，或者因犯罪被剥夺政治权利，执行期满未逾五年；

（三）担任破产清算的公司、企业的董事或者厂长、经理，对该公司、企业的破产负有个人责任的，自该公司、企业破产清算完结之日起未逾三年；

（四）担任因违法被吊销营业执照、责令关闭的公司、企业的法定代表人，并负有个人责任的，自该公司、企业被吊销营业执照之日起未逾三年；

（五）个人所负数额较大的债务到期未清偿；

（六）法律、行政法规或部门规章规定的其他内容。

本人在任职期间，将不利用职权收受贿赂或者其他非法收入，不侵占公司的财产，遵守法律，行政法规和公司章程，并对公司负有忠实义务和勤勉义务。

特此声明。

声明人（签字）：

_____年____月____日

（五）董事/董事长选举议案

××股份有限公司第____届董事会董事长候选人议案

各位董事：

公司第____届董事会即将届满，公司股东 AAA 公司拟推荐：×××、×××、×××、×××为第____届董事会董事候选人；BBB 有限公司拟推荐：×××、×××、×××为第____届董事候选人，与公司职代会上选举产生的职工董事×××共同组成公司第____届董事会，任期自股东大会通过之日起三年。

根据《公司法》和《公司章程》的规定，公司董事会设董事长一名。公司提名×××作为董事长候选人。

请各位董事审议。

附：1. AAA 公司董事、监事推荐函

　　2. BBB 有限公司董事、监事推荐函

股东（签字或盖章）：

_____年____月____日

（六）董事会对高级管理人员履职评价的报告

××公司_____年度董事会对高级管理人员履职评价报告

根据××公司《公司章程》《××公司董事会对高级管理人员履职评价办法》《××公司董事会对高级管理人员履职评价实施细则》的有关规定，现将_____年度董事会对高级管理人员的履职评价情况报告如下：

一、履职评价依据

董事会依据以下信息对高级管理人员的履职情况进行评价：高级管理人员对董事会的相关战略以及有关政策建议等方面的贯彻执行情况；考核指标

的完成情况；高级管理人员的经营理念、经营结果、内控合规、风险控制等情况；管理层经营决策的推进和落实情况，以及取得的效果；高级管理人员本人反馈的《_____年度高级管理人员履职情况自我评价表》；年度工作报告；董事会对高级管理人员绩效考核情况。

二、履职评价方式

董事会对高级管理人员的年度履职评价分为高级管理人员履职自评价和董事会评价两个阶段，其中高级管理人员履职自评价采用定性评价、定量评分的方式，董事会综合高级管理人员履职自评价结果和董事会对高级管理人员的绩效考核情况，以对每位高级管理人员进行打分的方式进行定性评价与定量评分相结合的年度履职评价。

三、履职评价情况

参与本年度履职评价的为_____年年末在任高级管理人员。截至_____年末，本公司共有高级管理人员××名，包括董事会聘任的总经理、副总经理、董事会秘书、财务总监。

（一）高级管理人员履行忠实义务情况

董事会认为，本公司全体高级管理人员在_____年度积极贯彻国家方针政策和遵守法律法规、监管要求及《公司章程》的规定，积极贯彻落实董事会战略，有效接受董事会监督。董事会未发现高级管理人员超越职权范围行使权力，或在履职过程中利用职务便利获取不当利益，或给本公司带来损失。各高级管理人员不存在严重失职行为，各位高级管理人员所分管的部门在本年度也未曾发生严重违纪违规案件。

（二）高级管理人员履行勤勉义务情况

_____年度，本公司高级管理人员遵循本公司章程和董事会授权，认真执行股东大会和董事会决议，在职权范围内履行经营管理职责，有效组织本公司日常经营管理工作。_____年，高级管理人员积极召开总经理办公会议，及时审议和沟通事项，内容涉及董事会决议的落实、经营计划的实施和调整、经营情况和经营活动的分析、管理制度、规则的建立和修订、阶段性重大工作等方面；及时向董事会报告重大经营管理情况并听取董事会的意见和建议。董事会未发现本公司高级管理人员存在违反法律、法规和本公司《公司章程》规定的勤勉义务行为。

_____年，面对错综复杂的外部环境，高级管理人员按照董事会的决策部署调整公司经营策略，聚焦重点业务，强化管理基础，与董事会充分沟通交流执行情况。业绩经营指标完成如下：营业总收入预算完成率xx.xx%，净利润完成xx.xx%……高级管理人员在本年度经营管理中调整业务结构，优化成本效益管理。

董事会认为，在履职过程中，本公司各位高级管理人员具备一定的决策能力、创新能力、组织协调能力和处理复杂问题的能力，能够接受各方面监督，积极整改，实现本公司稳健经营。

(三) 高管履职中存在的问题

_____年本公司在经营管理能力上还存在不足。具体包括：

1. 营收改善，但收益有所下降

_____年年末，实现营业收入××××亿元，同比增长xx.xx%；全行实现净利润 ××××亿元，完成董事会下达预算的xx.xx%，较去年有所下降。ROA、ROE 分别为x.xx%、x.xx%。

……

四、履职评价结果

根据高级管理人员_____年度的综合履职情况，全体高级管理人员的自我评价得分均超过70分为称职，结合董事会考核、高级管理人员自评情况和内外部检查意见，董事会对高级管理人员_____年度的履职情况进行了评分，×名高管的履职评分均在 70—100 分区间内，董事会认为：_____年度高级管理人员履行职责情况的评价结果均为"称职"。

（七）董事会专门委员会议事规则

_____股份有限公司董事会专门委员会议事规则
第一章　总则

第一条　为适应现代企业制度要求，建立健全公司法人治理结构，规范董事会运作，提高董事会议事效率，根据《中华人民共和国公司法》《公司章程》等有关规定，特制定董事会专门委员会议事规则。

第二条　公司董事会下设战略委员会、提名委员会、审计委员会、薪酬与考核委员会四个专门工作机构。

第二章　董事会战略委员会

第三条　设立董事会战略委员会的目的是适应公司战略发展需要，增强公司核心竞争力，确定公司发展规划，健全投资决策程序，加强决策科学性，提高重大投资决策的效益和决策的质量，完善公司治理结构。

第四条　董事会战略委员会是董事会按照股东大会决议设立的专门工作机构，主要负责对公司长期发展战略和重大投资决策进行研究并提出建议。

第五条　战略委员会人员组成。

（一）战略委员会成员由三名董事组成，其中应至少包括一名独立董事。

（二）战略委员会委员由董事长、二分之一以上独立董事或者全体董事的三分之一提名，并由董事会选举产生。

（三）战略委员会设主任委员（召集人）一名，由公司董事长担任。

（四）战略委员会任期与董事会任期一致，委员任期届满，连选可以连任。在此期间如有委员不再担任公司董事职务，自动失去委员资格，并由委员会根据上述一项至三项规定补足委员人数。

（五）公司董事会办公室作为战略委员会日常办事机构，负责协助战略委员会主任委员开展日常工作。

第六条　战略委员会职责权限：

（一）对公司长期发展战略规划进行研究并提出建议；

（二）对《公司章程》规定须经董事会批准的重大投资融资方案进行研究并提出建议；

（三）对《公司章程》规定须经董事会批准的重大资本运作、资产经营项目进行研究并提出建议；

（四）对其他影响公司发展的重大事项进行研究并提出建议；

（五）对以上事项的实施进行检查；

（六）董事会授权的其他事项。

第七条　战略委员会对董事会负责，委员会的提案提交董事会审议决定。

第八条　战略委员会决策程序。

（一）董事会办公室负责做好战略委员会决策的前期准备工作，提供公司

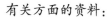

有关方面的资料：

1. 由公司有关部门或控股（参股）企业的负责人上报重大投资融资、资本运作、资产经营项目的意向、初步可行性报告以及合作方的基本情况等资料；

2. 由公司经理办公会进行初审，签发立项意见书，并经董事会办公室提报战略委员会备案；

3. 公司有关部门或者控股（参股）企业对外进行协议、合同、章程及可行性报告等洽谈并上报公司经理办公会；

4. 由公司经理办公会进行评审，签发书面意见，确有必要向战略委员会提交的重大事项，经董事会办公室提报给战略委员会正式提案。

（二）战略委员会根据董事会办公室提案召开会议，进行讨论，将讨论结果提交董事会，同时反馈给董事会办公室。

第三章 董事会提名委员会

第九条 设立董事会提名委员会的目的是规范公司领导人员的产生，优化董事会组成，完善公司治理结构。

第十条 董事会提名委员会是董事会按照股东大会决议设立的专门工作机构，主要负责对公司董事会和其他高级管理人员的人选、选择标准和程序进行选择并提出建议。

第十一条 提名委员会人员组成。

（一）提名委员会由三名董事组成，独立董事占多数。

（二）提名委员会委员由董事长（副董事长）、二分之一以上独立董事或者全体董事的三分之一提名，并由董事会选举产生。

（三）提名委员会设立主任委员（召集人）一名，由独立董事担任，负责主持委员会工作；主任委员在委员内选举，并报请董事会批准产生。

（四）提名委员会任期与董事会任期一致，委员任期届满、连选可以连任，在此期间如有委员不再担任公司董事职务，自动失去委员资格，并由委员会根据上述一项至三项规定补足委员人数。

第十二条 提名委员会职责权限：

（一）根据公司经营活动情况、资产规模和股权结构对董事会的规模和构成向董事会提出建议；

（二）研究董事、高级管理人员的选择标准和程序，并向董事会提出建议；

（三）广泛搜寻合格的董事和高级管理人员的人选；

（四）对董事候选人和高级管理人员人选进行审查并提出建议；

（五）对须提请董事会聘任的其他高级管理人员进行审查并提出建议；

（六）董事会授权的其他事宜。

第十三条 提名委员会对董事会负责，委员会的提案提交董事会审议决定；控股股东在无充分理由或可靠证据的情况下，应充分尊重提名委员会的建议。

第十四条 提名委员会决策程序。

（一）提名委员会依据相关法律法规和公司章程的规定，结合公司实际情况，研究公司的董事、高级管理人员的当选条件、选择程序和任职期限，形成决议后备案并提交董事会通过，并遵照实施。

（二）董事、高级管理人员的选任程序：

1. 提名委员会应积极与公司有关部门进行交流，研究公司对新董事、高级管理人员的需求情况，并形成书面材料；

2. 提名委员会可在本公司、控股（参股）企业内部以及人才市场等广泛搜寻董事、高级管理人员人选；

3. 收集初选人的职业、学历、职称、详细的工作经历、全部兼职等情况，形成书面材料；

4. 征求被提名人对提名的同意，否则不能将其作为董事、高级管理人员人选；

5. 召集提名委员会会议，根据董事、高级管理人员的任职条件，对初选人员进行资格审查；

6. 在选举新的董事和聘任新的高级管理人员前一个月至两个月，向董事会提出董事候选人和新聘高级管理人员人选的建议和相关材料；

7. 根据董事会决定和反馈意见进行其他后续工作。

第四章　董事会审计委员会

第十五条 设立董事会审计委员会的目的是强化董事会决策功能，做到事前审计、专业审计，确保董事会对经理层的有效监督，完善公司治理结构。

第十六条 董事会审计委员会是董事会按照股东大会决议设立的专门工

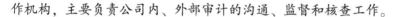

作机构，主要负责公司内、外部审计的沟通、监督和核查工作。

第十七条 审计委员会人员组成：

（一）审计委员会成员由三名董事组成，独立董事占多数，委员中至少有一名独立董事为专业会计人士。

（二）审计委员会委员由董事长、二分之一以上独立董事或者全体董事的三分之一提名，并由董事会选举产生。

（三）审计委员会设主任委员（召集人）一名，由独立董事担任，负责主持委员会工作；主任委员在委员内选举，并报请董事会批准产生。

（四）审计委员会任期与董事会一致，委员任期届满，连选可以连任。在此期间如有委员不再担任公司董事职务，自动失去委员资格，并由委员会根据上述一项至三项规定补足委员人数。

（五）公司内审部为审计委员会日常办事机构，负责日常工作联络和会议组织；董事会办公室协助内审部联络委员并筹备会议。

第十八条 审计委员会职责权限：

（一）提议聘请或更换外部审计机构；

（二）监督公司的内部审计制度及其实施；

（三）负责内部审计与外部审计之间的沟通；

（四）审核公司的财务信息及其披露，根据需要对重大关联交易进行审核；

（五）审查公司及各子公司、分公司的内控制度的科学性、合理性、有效性以及执行情况，并对违规责任人的责任追究提出建议；

（六）对内部审计人员尽责情况及工作考核提出意见；

（七）公司董事会授予的其他事宜。

第十九条 审计委员会对董事会负责，委员会的提案提交董事会审议决定，审计委员会应配合监事会的监事审计活动。

第二十条 审计委员会决策程序。

（一）内审部负责做好审计委员会决策的前期准备工作，提供有关方面的书面资料：

1. 公司相关财务报告；

2. 内外部审计机构的工作报告；

3. 外部审计合同及相关工作报告；

4. 公司对外披露信息情况；

5. 公司重大关联交易审计报告；

6. 其他相关事宜。

（二）审计委员会会议，对内审部提供的报告进行评议，并将相关书面决议材料呈报董事会讨论：

1. 外部审计机构工作评价，外部审计机构的聘请及更换；

2. 公司内部审计制度是否已得到有效实施，公司财务报告是否全面真实；

3. 公司对外披露的财务报告等信息是否客观真实，公司重大的关联交易是否合乎相关法律法规；

4. 公司内财务部门、审计部门包括其负责人的工作评价；

5. 其他相关事宜。

（三）审计委员会对年度财务报告的审议工作程序如下：

1. 年度财务报告审计工作的时间安排由审计委员会与负责公司年度审计工作的会计师事务所协商确定；

2. 审计委员会应督促会计师事务所在约定时限内提交审计报告，并以书面意见形式记录督促的方式、次数和结果以及相关负责人的签字确认；

3. 审计委员会应在年审注册会计师进场前审阅公司编制的财务会计报表，形成书面意见；

4. 年审注册会计师进场后，审计委员会加强与年审会计师的沟通，在年审注册会计师出具初步审计意见后再次审阅公司财务会计报表，形成书面意见；

5. 财务会计审计报告完成后，审计委员会需进行表决，形成决议后提交董事会审核；

6. 在向董事会提交财务报告的同时，审计委员会向董事会提交会计师事务所从事本年度公司审计工作的总结报告和下年度续聘或改聘会计师事务所的决议。

第五章　董事会薪酬与考核委员会

第二十一条　设立董事会薪酬与考核委员会的目的是进一步建立健全公司董事（指在本公司领取薪酬的非独立董事）及高级管理人员（指本公司章

程规定人员）的考核和薪酬管理制度，完善公司治理结构。

第二十二条　薪酬与考核委员会是董事会按照股东大会决议设立的专门工作机构，主要负责制定公司董事及高级管理人员的考核标准并进行考核；负责制订、审查公司董事及高级管理人员的薪酬政策与方案，对董事会负责。

第二十三条　薪酬与考核委员会人员组成。

（一）薪酬与考核委员会成员由三名董事组成，独立董事占多数。

（二）薪酬与考核委员会委员由董事长（副董事长）、二分之一以上独立董事或者全体董事的三分之一提名，并由董事会选举产生。

（三）薪酬与考核委员会设主任委员（召集人）一名，由独立董事担任，负责主持委员会工作；主任委员在委员内选举，并报请董事会批准产生。

（四）薪酬与考核委员会任期与董事会任期一致，委员任期届满，连选可以连任。在此期间如有委员不再担任公司董事职务，自动失去委员资格，并由委员会根据上述一项至三项规定补足委员人数。

（五）公司人力资源部为薪酬与考核委员会日常办事机构，专门负责提供公司有关经营方面的资料及被考评人员的有关资料，负责薪酬与考核委员会的会议组织并执行有关决议。董事会办公室协助人力资源部联络委员并筹备会议。

第二十四条　薪酬与考核委员会职责权限：

（一）根据董事及高级管理人员管理岗位的主要范围、职责、重要性以及其他相关企业岗位的薪酬水平制订薪酬计划或方案；

（二）薪酬计划或方案主要包括但不限于绩效评价标准、程序及主要评价体系，奖励和惩罚的主要方案和制度等；

（三）审查公司董事及高级管理人员的履行职责情况并对其进行年度绩效考评；

（四）负责对公司薪酬制度执行情况进行监督；

（五）董事会授权的其他事宜。

第二十五条　董事会有权否决损害股东利益的薪酬计划或方案。

第二十六条　薪酬与考核委员会提出的公司董事的薪酬计划，须报经董事会同意，提交股东大会审议通过后方可实施；公司高级管理人员的薪酬分配方案须报董事会批准。

第二十七条 薪酬与考核委员会决策程序。

（一）人力资源部负责做好薪酬与考核委员会决策的前期准备工作，提供公司有关方面的资料：

1. 提供公司主要财务指标和经营目标完成情况；

2. 公司高级管理人员分管工作范围及主要职责情况；

3. 提供董事及高级管理人员岗位工作业绩考评系统中涉及指标的完成情况；

4. 提供董事及高级管理人员的业务创新能力和创利能力的经营绩效情况；

5. 提供按公司业绩拟订公司薪酬分配规划和分配方式的有关测算依据。

（二）薪酬与考核委员会对董事和高级管理人员考评程序：

1. 公司董事和高级管理人员向董事会薪酬与考核委员会作述职和自我评价；

2. 薪酬与考核委员会按绩效评价标准和程序，对董事及高级管理人员进行绩效评价；

3. 根据岗位绩效评价结果及薪酬分配政策提出董事及高级管理人员的报酬数额和奖励方式，表决通过后，报公司董事会。

第六章 专门委员会议事规则

第二十八条 各专门委员会每年至少召开一次会议。

第二十九条 各专门委员会会议召开前两天须通知全体委员，会议由主任委员主持，主任委员不能出席时可委托一名委员（独立董事）主持。

第三十条 各专门委员会会议应由三分之二以上的委员出席方可举行；每一名委员有一票的表决权；会议作出的决议，必须经全体委员的过半数通过。

第三十一条 各专门委员会会议表决方式为举手表决或投票表决；临时会议可以采取通讯表决的方式召开。

第三十二条 各专门委员会会议必要时可以邀请公司董事、监事及其他高级管理人员列席会议。薪酬与考核委员会会议讨论有关委员会成员的议题时，当事人应回避。

第三十三条 如有必要，各专门委员会可以聘请中介机构为其决策提供专业意见，费用由公司支付。

第三十四条 各专门委员会会议的召开程序、表决方式和会议通过的议

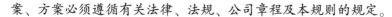

案、方案必须遵循有关法律、法规、公司章程及本规则的规定。

第三十五条　各专门委员会会议应当有记录，出席会议的委员应当在会议记录上签名。会议记录由公司董事会办公室管理并保存。

第三十六条　各专门委员会会议通过的议案及表决结果，应以书面形式报公司董事会。

第三十七条　出席专门委员会会议的委员均对会议所议事项有保密义务，不得擅自披露有关信息。

第七章　附　则

第三十八条　本规则自董事会决议通过之日起实施。

第三十九条　本规则未尽事宜，按国家有关法律、法规和公司章程的规定执行；本规则如与国家日后颁布的法律、法规或经合法程序修改后的公司章程相抵触时，按国家有关法律、法规和公司章程的规定执行，并立即修订，报董事会审议通过。

第四十条　本规则解释权属公司董事会。

（八）董事会议事规则

某股份有限公司董事会议事规则
第一章　总则

第一条　为规范某股份有限公司（以下简称本公司）董事会的议事方式和决策程序，促使董事和董事会有效地履行其职责，提高董事会规范运作和科学决策水平，根据《公司法》和《某股份有限公司章程》（以下简称本公司章程）等有关规定，制定《某股份有限公司董事会议事规则》（以下简称本规则）。

第二章　董事会会议的召集

第二条　召开董事会定期会议的，在发出会议通知前，董事会秘书应征求董事、监事会的意见，并形成书面会议提案交由董事长拟定。董事长拟定提案前，可视需要征求总经理及其他高级管理人员的意见。

第三条　提议召开董事会临时会议的，提议人应当通过董事会秘书或者直接向董事长提交书面提议。书面提议应当载明下列事项：

（一）提议人的姓名或者名称；

（二）提议理由或者提议所基于的客观事由；

（三）提议会议召开的时间或者时限、地点和方式；

（四）明确和具体的议案；

（五）提议人的联系方式和提议日期等。

提议内容应当属于本公司章程规定的董事会职权范围，并应与提议有关材料一并提交董事会秘书或董事长。

董事会秘书在收到上述书面提议和有关材料后，应当立即转交董事长。董事长认为提议内容不明确、不具体或者有关材料不充分的，可以要求提议人修改或者补充。

第四条 董事、监事会有权按照本公司章程规定向董事会提出提案。提案应以书面形式经有权提案人签署后，提交董事会秘书或董事长。

第五条 召开董事会定期会议，董事会办公室应当提前十日，将书面通知，通过专人送出、传真、邮件或电子邮件或者其他方式，提交全体董事、监事、总经理、董事会秘书。非直接送达的，还应当通过电话进行确认并做相应记录。

召开董事会临时会议的，董事会办公室应当提前五日，按照前款规定发出书面通知。

情况紧急需要尽快召开董事会临时会议的，可以随时通过电话或者其他口头方式发出会议通知，但召集人应当在会议上作出说明。

第六条 书面通知应当至少包括以下内容：

（一）会议的时间、地点、期限；

（二）会议召开方式；

（三）拟审议的事项（提议内容）；

（四）会议材料；

（五）发出通知的日期。

口头通知至少应包括上述第一项、第二项内容，以及情况紧急需要尽快召开董事会临时会议的说明。

第七条 董事会会议通知发出后，如果需要变更会议时间、地点或者增加、变更、取消议案的，应当在原定会议召开日前三日发出书面变更通知，说明情况并提供有关的材料。不足三日的，会议召开日期应当相应顺延，但取得全体与会董事认可的除外。

第三章　董事会会议的召开

第八条　董事会会议应当有过半数的董事出席方可举行。有关董事拒不出席或者怠于出席会议导致无法满足会议召开的最低人数要求时，董事长和董事会秘书应当及时向国务院银行业监督管理机构或其派出机构报告。

监事可以列席董事会会议，总经理和董事会秘书应当列席董事会会议。会议召集人认为有必要的，可以通知其他有关人员列席董事会会议。

第九条　董事原则上应当亲自出席董事会会议。因故不能出席会议的，应当事先审阅会议材料，形成明确的意见，书面委托其他同类别董事代为出席并表决。

委托书应当载明：

（一）委托人和受托人的姓名；

（二）委托人不能出席会议的原因；

（三）委托人对每项议案的简要意见；

（四）委托人的授权范围和对议案表决意向的指示；

（五）委托人和受托人的签字、日期等。

受托董事应当向会议主持人提交书面委托书，在会议签到簿上说明受托出席的情况。

第十条　委托和受托出席董事会会议的董事应当遵循以下原则：

（一）在审议关联交易事项时，非关联董事不得委托关联董事代为出席；

（二）独立董事不得委托或受托非独立董事代为出席；

（三）执行董事不得委托或受托非执行董事代为出席；

（四）董事不得在未说明其对议案的表决意见的情况下，全权委托其他董事代为出席会议，有关董事也不得接受表决意见不明的全权委托；

（五）一名董事不得接受超过两名董事的委托。

第十一条　董事会会议原则以现场方式召开。在保障董事充分表达意见的前提下，经召集人同意，也可以通过书面传签、视频、电话、传真、信函等通讯方式召开。

但有关利润分配方案、增资扩股方案、重大投资、重大资产处置方案、聘任或解聘高级管理人员、重大股权变动以及财务重组等重大事项，不得采取通讯方式表决，且应当由三分之二以上董事通过方可有效。

第十二条 董事会会议由董事长召集和主持；董事长不能履行职务或者不履行职务的，由半数以上董事共同推举一名董事召集和主持。

第十三条 会议主持人应当提请出席董事会会议的董事对各项议案发表明确的意见。

董事阻碍会议正常进行或者影响其他董事发言的，会议主持人应当及时制止。

第十四条 董事应当认真阅读有关会议材料，在充分了解情况的基础上独立、审慎地发表意见。

董事可以在会议召开前，向董事会秘书、会议召集人、总经理和其他高级管理人员、董事会各专门委员会、会计师事务所和律师事务所等有关人员和机构了解表决所需要的相关信息，也可以在会议进行中向主持人建议上述人员和机构代表到会解释有关信息。

第十五条 议案经过充分讨论后，主持人应当适时提请与会董事对议案逐一进行表决。

会议表决实行一人一票，表决方式以书面记名表决方式为主，兼可采取举手表决的方式。

与会董事应当对提交表决的议案发表以下意见之一：同意、反对或弃权。未作选择或者对同一议案同时作出两项以上意见的，会议主持人应当要求有关董事作出明确的表决意见，拒不明确的，视为弃权；中途离开会场不回而未作选择的，视为弃权。

第十六条 二分之一以上与会董事或两名以上独立董事认为议案不明确、不具体，或者会议材料不充分的，可以要求会议主持人就该议题暂缓表决。

第十七条 现场召开会议的，会议主持人应当当场宣布表决结果；其他方式召开会议的，会议主持人应当要求董事会秘书在表决结束后的下一工作日，通知董事表决结果。

董事不得在会议主持人宣布表决结果后或者规定的表决时限结束后进行表决。

第十八条 董事会议案应由过半数董事表决同意方可通过。

第十九条　出现下述情形的，董事应当回避对有关议案表决：

（一）董事本人认为应当回避的；

（二）本公司章程规定因董事与议案所涉企业有关联关系而须回避的。

在董事回避表决情况下，决议须经无关联关系董事过半数表决通过。无关联关系董事人数不足三人的，应当将该议案事项提交股东大会审议。

第二十条　董事会应当严格按照股东大会和本公司章程的授权行事，不得越权行事。

第二十一条　以现场方式召开或以视频、电话等方式召开董事会会议的，应当全程录音。

第二十二条　董事会秘书应当安排董事会办公室人员对董事会会议做好记录。会议记录应当包括以下内容：

（一）会议届次和召开的时间、地点、方式；

（二）会议通知的发出情况；

（三）会议召集人和主持人；

（四）董事亲自出席和受托出席的情况；

（五）会议审议的提议、各项议案的提案方、每位董事对有关事项的发言要点和主要意见、对议案的表决意见；

（六）每项议案的表决方式和表决结果（说明具体的同意、反对、弃权票数)；

（七）与会董事认为应当记载的其他事项。

第二十三条　除会议记录外，董事会秘书可以将会议召开情况做成简明扼要的会议纪要。

第二十四条　与会董事应当代表其本人和委托其代为出席会议的董事对董事会会议记录、会议纪要进行签字确认。对会议记录、会议纪要有不同意见的，可以在签字时作出书面说明。必要时，应当及时向国务院银行业监督管理机构报告。

第二十五条　董事会会议档案，包括会议通知和会议材料、会议签到簿、董事代为出席的授权委托书、会议录音资料、表决票、与会董事签字确认的会议记录、会议纪要等，由董事会秘书负责保存。

董事会会议档案应永久保存。

第二十六条　董事会下设董事会办公室，处理董事会日常事务。

第四章　附则

第二十七条　除非有特别说明，本规则所使用的术语与本公司章程中该等术语的含义相同。

第二十八条　本规则由董事会制定，并报股东大会批准后生效，修改时亦同。

第二十九条　本规则与本规则生效后颁布、修改的法律、法规及本公司章程的规定相冲突的，以法律、法规及本公司章程的规定为准。

第三十条　除本规则另有规定和按上下文无歧义外，本规则中所称"以上""以内""以下""不超过"，都应含本数；"超过""少于""不足""以外"应不含本数。

第三十一条　本规则由股东大会负责解释。

（九）董事会年度报告

AAA 股份有限公司2023年度董事会工作报告

2023年是本公司三年发展战略（2021—2023年）的收官之年，在股东大会的正确领导下，综合考虑内外部环境和资源禀赋，集思广益，形成了新的"十四五"战略规划。董事会审慎把握宏观经济形势，忠实勤勉履职，认真落实国家政策，坚持战略定位，立足经营本源，完善治理机制，推进改革创新，努力为股东和社会创造价值。现就董事会2023年度主要工作报告如下。

第一部分　2023年度经营概况

2023年，我公司始终牢记使命，不忘初心，主动适应经营环境变化，坚定推进新产品战略执行，攻坚克难，各项业务有序推进，经营管理取得新进步。

一、规模保持稳健

（根据公司实际展开阐述）。

二、质量总体良好

（根据公司实际展开阐述）。

三、效益有所增长

（根据公司实际展开阐述）。

第二部分　2023 年度董事会工作总结

董事会严格按照《公司法》及公司章程的有关要求，认真履行自身职责。年内董事会共组织召开 4 次股东大会、12 次董事会会议、22 次董事会各专门委员会会议，股东大会、董事会共审议通过 84 项议案。2023 年董事会主要工作总结如下：

一、坚定推行战略落地

董事会高度关注我公司战略转型和业务结构调整，支持管理层推进重点领域和关键环节的改革创新。在 2023 年度持续指导并督促管理层按照战略规划的要求……

二、加强股东及股权管理

我公司董事会与股东保持密切联系及持续沟通，年内按计划开展了股东资质及履行承诺事项的评估工作，并由律师出具法律意见书，进一步保障了股东资质合规性。加强股东信息核查，掌握主要股东及其控股股东、实际控制人、关联方、一致行动人、最终受益人等信息，全面梳理股东行为，严防股东利益输送。规范股权质押、股份转让等行为，对于已质押我公司股权的股东，按照规定已限制该股东在股东大会及派驻董事在董事会上的表决权。对大股东行为进一步加强约束并明确其责任义务，对大股东各类信息保持定期跟踪及核实。

三、继续加强关联交易管理

我公司持续高度重视关联交易管理，不断完善关联交易管理流程，确保关联交易管理机制有效运行。关联交易方面的具体情况为……

四、提升全面风险管理

董事会坚持底线思维，制定及修订了一系列风险管理相关制度和政策，通过完善风险偏好策略和各类风险限额。定期听取我公司风险管理情况报告，督促高级管理层有效地识别、计量、监测、控制并及时处置面临的各种风险，对本公司风险管理水平、风险管理状况、风险管理承受能力进行评估，并提出全面风险管理意见……

五、践行激励约束机制

2023 年，董事会继续强化激励约束机制，全面完善高管绩效考评机制。报告期内印发《高级管理人员绩效考核管理办法》（2023 年修订），在设置年度绩效考核指标时，充分考虑我公司战略转型的实际情况，有效将短期利益与长期利益、局部利益与整体利益紧密挂钩，促使经营更为理性，充分发挥管理层的主动性和创造性，强化公司治理和经营责任意识，转变发展方式，审慎经营，稳步创造业绩，切实完善董事会对高管人员的目标管理、监督评价和问责机制建设……

六、着力做好合规内控管理

董事会不断加强落实内控管理责任，已形成架构合理、分离制衡、有机协作的管理体制，落实并优化授权工作。年内审议了内部控制自我评价报告、听取了外部审计情况及审计质量评估汇报、审计事项整改跟踪工作汇报等，充分发挥审计监督作用，促进业务健康发展……

七、切实履行信息披露义务

2023 年，董事会按照章程与相关法律法规等有关规定，真实、准确、及时、完整地做好信息披露工作对……等重大事项进行临时信息披露……

八、董事诚信勤勉履职

2023 年，董事会充分发挥决策引领作用，召开 12 次董事会会议，共审议议案 84 项，听取报告事项 29 项。全体董事恪守诚信原则，公平对待所有股东，本着对本公司及全体股东忠实和勤勉的态度，认真谨慎履行职责，最大限度维护本公司和全体股东的利益……董事还通过积极参与各项专项座谈会及培训等，不断探讨研究我公司在战略转型过程中应关注的重点和未来发展的方向，为我公司高质量发展提供了保障。

第三部分　2024 年董事会主要工作安排

2024 年是我公司"十四五"战略规划的关键之年，董事会将在全体股东支持下，进一步加强数字化转型，持续引领我公司创新发展、稳健前行。

一、继续探索完善公司治理机制

一是进一步深化党委和党建在公司治理中的作用，实现各治理主体协调运作，形成良好的治理文化。董事会要建立健全数据治理、消费者权益保护等工作机制，保障相关工作有效推进，形成完善科学的治理体系。二是加强董事会对战略管理、全面风险管理、资本管理、激励约束、内部控制、数据治理等重点治理领域最终责任的落实，强化战略执行和成效评估。三是充分做好公司治理全面自评估及整改工作，积极采取措施对不足地方进行整改，以现代公司治理理念约束和完善我公司治理机制。

二、完善关联交易管理架构及制度

我公司将根据章程要求，组建跨部门关联交易管理办公室，统筹协调公司关联交易管理工作，及时调整关联方认定及关联交易管控口径。同时，持续加强关联方清单发布的准确性和及时性，严格执行关联交易报备、审批及信息披露。

三、坚定推进数字化转型

董事会将继续发挥好战略引领的职能，推动管理层实施战略规划。一是稳中求进，确保业务稳定，在数字化转型的重点项目和关键能力上不断取得新突破，进一步提高决策效率和执行效率，提升快速行动的能力……董事会也将根据外部经营环境和监管要求，定期对战略规划实施及落地成效进行全面评估，根据实际情况适时对经营策略进行调整，并督促管理层因时制宜做好各项管理工作。

四、增强激励约束机制

我公司将进一步探索增强和优化激励约束机制，一是建立更加健全的薪酬考核管理制度。不断完善考核机制和考核侧重点，规范调整考核指标权重设定，使考核指标设置充分符合审慎经营和与自身能力相适应的原则，更好地指导战略转型发展和业务良性增长。二是严格执行绩效考评管理流程，充分保障履职评价及考核环节流程公平公开透明。三是进一步规范高级管理人员及员工薪酬结构，实现固定与可变两部分薪酬的比例安排。

五、切实提升信息披露工作

2024年，董事会将继续按照信息披露的相关要求，及时、完整、准确地披露信息，增强我公司经营管理的透明度，不断提升信息披露质量。进一步加强与全体股东的沟通，建立协同配合机制，定期提示主要股东配合我公司履行信息披露义务，及时告知我公司已发生或拟发生的重大事件。探索建立投资者关系管理工作，做好战略投资者的接待工作，加强与战略投资者的交流，增进投资者对我公司的了解，维护我公司的良好形象。

六、积极承担社会责任

我公司将持续……为社会责任重点，积极支持经济社会发展，保护环境和资源；不断优化线上服务，提供更加便捷、高效的客户服务；积极参与社会公益活动，履行企业公民责任；打造与数字化战略相吻合、凝心聚力的优秀企业文化，构建全体员工的精神家园，为员工创建良好的个人发展环境。

· 第六章 ·
监事会

在监事被股东会/股东大会或职工代表大会选举出来后，所有监事就构成了监事会；监事会对股东会/股东大会负责，监事会职权由公司章程根据法律法规、监管规定和公司情况规定。监事会是公司治理中的监督机构，监事会稳健、有效地运行才能保证公司内部监督体系正常运行和公司治理状态健康。本章节的讨论基于三人以上监事会的情况，不包含公司不设立监事会情况。

一、监事类别

监事为自然人，分别为股东监事、外部监事和职工监事。股东监事和外部监事由股东大会选举产生或更换，职工监事由职工代表大会或其他民主程序选举产生或更换。

（一）股东监事

股东监事是指监事会中代表公司股东利益，检查公司财务，监督董事、经理活动的，由公司股东在股东大会或股东会选举产生的有股东资格的人充任的监事。股东监事必须代表股东利益，站在股东的立场上维护股东权益，对股东大会/股东会负责。

（二）外部监事

外部监事是指不在公司担任除监事外的其他职务，并与公司主要股东不存在可能妨碍其进行独立客观判断的关系的监事。外部监事对公司及全体股东负有诚信与勤勉义务。外部监事应当按照相关法律、法规、指导意见和公司章程的要求，认真履行职责，维护公司整体利益，尤其要关注中小股东的合法权益不受损害。外部监事应当独立履行职责，不受公司主要股东、实际控制人、其他与公司存在利害关系的单位或个人的影响。外部监事的任期和其他监事的任期相同。

一般而言，公司会设置外部监事的资格条件，如要求外部监事具有本科（含本科）以上学历或相关专业中级以上职称；或具有五年以上的法律、经济、金融、财务或其他有利于履行外部监事职责的工作经历；同时，还会要求外部监事熟悉本公司经营管理情况。

（三）职工监事

《中华全国总工会关于加强公司制企业职工董事制度、职工监事制度建设的意见》对于职工监事制度进行了明确规定："……职工董事制度、职工监事制度，是指依照《公司法》《公司登记管理条例》设立的有限责任公司和股份有限公司（以下简称公司）通过职工代表大会（或职工大会，简称职代会）民主选举一定数量的职工代表，分别进入董事会、监事会，代表职工源头参与公司决策和监督的基层民主管理形式……"在具体实践当中，一般由工会主席或副主席担任职工监事，站在职工的立场上，代表职工的价值诉求，作为职工喉舌，切实维护职工的利益和权益。

根据上述规定，职工监事有十一项基本履职权利：第一，参加监事会会议，行使监事的发言权和表决权；第二，参与监督检查公司对涉及职工切身利益的法律法规、规章制度和公司章程的贯彻执行情况；第三，监督检查公司职工工资、劳动保护、社会保险、福利及劳动合同、集体合同等制度规定的落实情况；第四，听取和监督公司的经营管理情况；第五，参与对公司的财务检查和对公司董事会、经理层人员履行职责的监督；第六，就涉及职工切身利益的规章制度或者重大事项，提出监事会议题，提议召开监事会会议；第七，列席董事会会议，可对董事会决议事项提出质询或者建议；第八，列席与其职责相关的公司行政办公会议和有关生产经营工作的重要会议；第九，要求公司工会、公司有关部门通报相关情况，提供相关资料；第十，向公司工会、上级工会或有关部门如实反映情况；第十一，法律法规、规章制度和公司章程规定的其他权利。

二、监事会架构

（一）监事会组成

监事会由各类别监事组成，应当包括股东代表和适当比例的公司职工代表，具体比例由公司章程规定。外部监事常见于上市公司和银行、保险、证券等金融机构，也常见于非上市公司非金融机构的大型公司中，非上市非金融机构的中小型公司往往不会设置外部监事，外部监事某种程度上类似于独立董事；职工监事常见于国有公司，上市公司和金融机构会设置，其他公司则不多见。

监事组成的比例，会影响监事会的独立性；董事、高级管理人员不得兼任监事。如果某类型监事占监事会比例过高，则不利于监事会发挥监督职责，也不利于监事会作出客观独立的决策，通常监事会成员不得少于三人，其中职工监事的比例不得低于三分之一，外部监事的比例不得低于三分之一。

监事会的规模也因公司情况而异，有限责任公司设监事会，其成员不得少于三人。股东人数较少或者规模较小的有限责任公司，可以设一名至二名监事，不设监事会。中小规模的公司一般都会设置三人至五人的监事会；较大规模公司监事会人数可以为三人至十三人。监事会席位设置一般为奇数，主要是为了避免某项提案的决议结果为50%对50%。

（二）监事会结构

视公司情况而异，监事会结构一般有仅有监事会和监事会与监事会下设机构两种形式。在中小公司，仅设监事会的现象比较多见；在大规模公司，除了监事会外，还会设置监事会专门委员会和监事会办公室作为监事会的下设机构。监事会结构的复杂程度，视公司治理程度和公司运营环境而定。

监事会中必须设立一名监事长或监事会主席，但是是否设立副监事长可以根据公司实际情况而定。监事会主席由监事会全体监事过半数选举产生和罢免，其应具备财务、审计、金融、法律、管理等某一方面的专业知识和工作经验。监事会主席应为专职担任监事的人士，负责召集和主持监事会会议。

三、监事会职权

监事会职责的设定可以以《公司法》规定的监事会职权，结合公司实际情况来作演化规定。

（一）公司法规定的监事会法定职权

监事会对股东会/股东大会负责，并行使下列职权：检查公司财务；对董事、高级管理人员执行公司职务的行为进行监督，对违反法律、行政法规、公司章程或者股东会决议的董事、高级管理人员提出罢免的建议；当董事、高级管理人员的行为损害公司的利益时，要求董事、高级管理人员予以纠正；提议召开临时股东会会议，在董事会不履行本法规定的召集和主持股东会会议职责时召集和主持股东会会议；向股东会会议提出提案；对董事、高级管理人员提起诉讼；公司章程规定的其他职权。

（二）上市公司监事会法定职权

《上市公司章程指引》对上市公司监事会作出了《公司法》规定以外的职权设定：应当对董事会编制的公司定期报告进行审核并提出书面审核意见；发现公司经营情况异常，可以进行调查；必要时，可以聘请会计师事务所、律师事务所等专业机构协助其工作，费用由公司承担。

（三）银行保险机构监事会法定职权

《银行保险机构公司治理准则》对银行保险机构的监事会作出了《公司法》规定以外的职权设定，监事会除依据《公司法》等法律法规和公司章程履行职责外，还应当重点关注以下事项：监督董事会确立稳健的经营理念、价值准则和制定符合公司情况的发展战略；对公司发展战略的科学性、合理性和稳健性进行评估，形成评估报告；对公司经营决策、风险管理和内部控制等进行监督检查并督促整改；对董事的选聘程序进行监督；对公司薪酬管理制度实施情况及高级管理人员薪酬方案的科学性、合理性进行监督；法律法规、监管规定和公司章程规定的其他事项。

从银行保险机构监事会的上述职权可以发现，银行保险机构监事会是公司很多重要事项的监督者、战略实施的评估方。

四、议事规则

（一）监事会专门委员会议事规则

监事会专门委员会（以下简称监事会专委会）议事规则是在监事会专委会会议期间必须遵守的一系列程序规定，这些规定是为了规范监事会专委会运作和避免预审缺陷。监事会专委会议事规则的流程设计和价值导向，应根据公司实际情况而定，下面以监事会提名与监督委员会为例来说明专委会的议事规则。

1. 监事会专委会议事规则章节架构

监事会专委会议事规则主要包括以下章节：总则，包含专委会议事规则制定依据；委员构成，专委会规模、主任委员提名和产生；专委会的职责；会议程序，包括会议召集、会议通知、会议出席、会议召开、会议表决和决议、会议记录、会议决定；附则等。

2. 专委会组成

专委会组成部分主要制定专委会席位、任职资格、任期、更换程序；主任委员选举程序和职权。

（1）席位比例

可以规定外部监事和职工监事的比例要求以保证专委会的独立性，如外部监事、职工监事原则上不少于一名。

（2）委员提名与选举

如本专委会委员由监事会主席、二分之一以上外部监事或者全体监事的二分之一以上提名，并由监事会会议选举产生。

（3）主任委员的选举和职权

如本专委会设主任一名，由外部监事担任，负责主持委员会工作。主任由监事会主席、二分之一以上外部监事或者全体监事的二分之一以上提名，并由监事会会议选举产生。

3. 专委会会议的规定

专委会主要依靠会议来履行其职权，专委会会议必须程序合规、决议有效，为此制定专委会议事规则时，应覆盖会议整个流程的细化规定，主要包括，会议召集、会议通知、会议召开、会议决议、会议记录等内容。

（1）例会和临时会议规定

专委会会议分为定期会议和临时会议，会议由主任委员主持，主任委员不能出席时可委托其他委员主持。专委会每年至少召开两次定期会议。读者可以根据公司情况，对定期会议和临时会议的举行频次和召开时间作进一步的规定。定期会议与临时会议在会议召开内容和会议召开触发条件上有所不

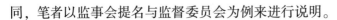
同，笔者以监事会提名与监督委员会为例来进行说明。

提名与监督委员会的定期会议一般讨论如下主要内容：①对监事候选人选任工作提出建议，包括换届选举和临时增补、更换监事工作的建议和方案；②讨论拟定监事的选任标准和程序并报监事会批准；③讨论拟定监事候选人任职资格和条件并报监事会批准；④讨论拟定董事会及其董事、监事、高级管理层及其成员履职评价标准和程序并报监事会批准；⑤制订提名与监督委员会年度工作计划；⑥讨论拟定对本公司年度财务报告、审计报告和董事会拟定的利润分配预案的监督意见并报监事会批准；⑦讨论拟订本公司财务状况、风险管理、内部控制等方面的检查监督方案和监测报告并报监事会批准；⑧讨论拟定本公司股东大会、董事会、高级管理层决议的执行情况的报告并报监事会批准；⑨讨论拟定董事会、高级管理层履行监管机构、监事会、内外审计等部门所提意见执行情况的报告，以及专项审计检查意见整改情况的后续审计监督报告并报监事会批准；⑩讨论拟定本公司重大经营管理活动的专题调研、考察报告并报监事会批准；⑪讨论审议监事会授予的其他事项。

提名与监督委员会召开临时会议的触发条件一般为：①监事会主席提议；②监事提出辞职申请的；③增补、更换、撤换监事人选的；④主任或不少于两名委员提议召开。上述触发条件中的提议人应以书面形式通过监事会办公室或者直接向监事会主席提交经本人签字的书面提案，提案中一般应载明以下事项：提议人姓名；提议理由或者提议所基于的客观事由；提议会议召开的时间、期限和方式；明确、具体的提案；提议人的联系方式和提议日期。

（2）会议召集

原则上无论是定期会议还是临时会议，专委会会议一般均由主任委员召集。主任委员不能或者不召集时，由半数以上监事共同推举一名监事召集。在提议召开临时会议的场合，临时专委会会议提议人也应以书面形式说明要求主任委员召集临时会议的理由及相关议题。

（3）会议通知

①通知内容

专委会会议通知应至少包括：会议日期、地点；会议的召开方式，现场会议或通讯会议；审议的事项；发出通知日期；会议联系人和联系方式。

②通知时间

专委会议事规则中可以规定专委会定期会议和临时会议不同的会议通知时间，定期会议可以为提前七日通知，临时会议可以为提前五日通知。比如，紧急情况的临时会议，会议通知可以不受上述时间、方式限制，但必须保证在会议召开前将会议通知和会议文件有效地送达全体委员。

4. 会议召开

会议召开部分的议事规则，主要制定出席、主持和讨论的与会规则。

（1）出席

①亲自出席

监事本人应当出席监事会会议，出席方式可以为现场参加会议和通过恰当的通讯方式接入；如监事可以通过电话会议形式或借助类似通讯设备参加会议，只要与会监事能充分进行交流，所有与会监事应被视为亲自出席会议。

②委托出席

因故不能出席也不能通过上述通讯方式参加监事会的监事可以事先审阅会议材料，形成明确的意见，书面委托其他监事代为出席。代为出席会议的监事应当在授权范围内行使监事的权利。

③未出席

监事未出席专委会会议，亦未委托代表出席的，视为放弃在该次会议上的投票权。

④其他人员出席

可邀请公司董事、监事及高级管理层人员和相关部门人员列席会议。

（2）会议举行流程

会议主持人应按预定时间宣布开会。除委员对议程提出异议外，会议应按会议通知列明的议程进行。对会议议程提出异议的委员应当说明异议的原因和调整建议，并经与会委员过半数举手表决通过后执行。在征得会议主持人同意后，列席会议人员有权就相关议题发表意见或就有关事项作出解释和说明，但没有表决权。

（3）表决

会议议题经过充分讨论后，会议主持人应当适时提请与会委员对拟决议事项进行表决。二分之一以上与会委员认为议题不明确、不具体，或者因会议材料不充分等其他事由导致其无法对有关事项作出判断时，会议主持人应当要求会议对该议题暂缓表决，并对该议题再次提交审议应满足的条件提出明确要求。会议对审议事项以记名投票表决方式逐项表决，表决分为同意、反对、弃权，每人有一票表决权。提名与监督委员会临时会议可以用通讯方式进行，并作出表决。

与会委员对审议事项的表决，应当在同意、反对和弃权中选择一项，未作选择或者同时选择两个以上的，会议主持人应要求有关委员重新选择。如不作重新选择的，则视为弃权。委员应慎重表决，一旦表决后不得撤回。出席会议的委员中途退席，应向会议主持人说明原因并请假。对尚未表决的议题，该委员可以事先填写表决票，或书面委托其他委员代为行使表决权；如不填写表决票也不委托他人，该委员对剩余议题的表决视同放弃。主持人宣布会议开始后，委员中途出席会议的，对此前已付诸表决的议题可以征求该委员进行表决，并将其表决票计入已表决议题的表决票数内。

专委会议事规则中应规定表决规则，如提名与监督委员会会议对议题的表决，须经全体委员的过半数通过方为有效。

与会委员表决完成后，监事会办公室工作人员应当及时收集和统计委员的表决结果，填写表决结果统计表，会议主持人和统计人员应在表决结果统计表上签字。委员在会议主持人宣布表决结果后或者通讯表决在规定的表决时限结束后进行表决的，其表决情况不予统计。根据表决结果形成会议决议，出席会议的委员或其受托人应在决议上签字。委员应当对会议决议承担责任，但经证明在会议讨论或表决时曾表明异议并载于会议记录的，该委员或受托人可以免除责任。

（4）会议记录

①记录要求

专委会会议记录是公司很重要的档案，监事会办公室应当将会议所议事项的决定做成会议记录，并由出席会议的监事签名，以通讯方式参加会议的监事须于事后在会议记录上签名。监事会办公室负责监事会会议记录，因故不能正常记录时，由监事会办公室指定一名记录员负责记录，所有参会监事、监事会办公室负责人和记录员都应在会议记录上签名。

②记录内容

会议记录包括以下内容：会议召开的时间、地点；会议届次和会议议程；会议召集人或主持人姓名；出席会议的委员、受托人以及应邀列席人员姓名；委员发言要点；对每一决议事项的表决方式和表决结果（表决结果应载明同意、反对或弃权的票数）。

③异议签字

委员对会议记录有不同意见的，可以在签字时作出书面说明。必要时，应当及时向监事会主席报告。既不按规定进行签字确认，又不对其不同意见作出书面说明或者向监事会主席报告的，视为完全同意会议记录的内容。

（5）表决结果

监事会办公室负责将各专委会表决结果的决定以书面或口头形式发送至全体监事。如专委会的决定涉及提议召开监事会临时会议，或向监事会提出议案的，应以书面形式，在规定时间内向监事会提交提案说明和提案正文。

（二）监事会议事规则

监事会议事规则是在监事会会议期间必须遵守的一系列程序规定，公司可以在公司章程中规定监事会议事规则，也可以在公司章程外以专门文件的形式来指定监事会议事规则，将监事会议事规则作为公司章程的附件。监事会议事规则的流程设计和价值导向，应根据公司情况而定，总的来说应该充分保证监事会对各方进行监督的权力。

1. 监事会议事规则章节架构

监事会议事规则主要包括以下章节：总则，如包含监事会议事规则制定依据等内容；监事会会议，即监事会会议召集、会议提案、会议通知、会议召开、会议决议、会议记录、决议备案、决议公告和决议执行；附则，如名词解释。

2. 监事会组成

监事会组成主要为监事会席位、监事任职资格、监事任期、监事履职规则、监事辞职程序；外部监事任职资格；监事长选举程序、监事长职权；监事会专门委员会的组成、选举和主要职责等内容。

（1）监事席位比例

在监事会总体人数组成还可以规定外部监事和职工监事的比例限制，如外部监事不少于总数的三分之一，职工监事不少于总数的三分之一。规定外部监事与职工监事在监事会中的占比主要是为了监事会独立履职和客观性。

（2）监事提名方式和程序

监事提名权的主体建议约定为：在符合相关法律、法规规定的基础上，单独或合计持有本公司有表决权股份百分之二以上的股东可以提名非职工代表出任的监事；股东监事和外部监事的提名及选举程序可以参照董事和独立董事的提名及选举程序。监事会提名与监督委员会在章程规定的监事会人数范围内，应对股东提名的非职工代表出任的监事候选人的任职资格和条件进行初步审核，并将合格的人选提交监事会审议；经审议通过后，监事会应以书面提案的方式向股东大会提出非职工代表出任的监事候选人；股东监事和外部监事由股东大会选举、罢免和更换；职工代表出任的监事由公司职工民主选举、罢免和更换。

监事会提名与监督委员会应当协助监事会、股东大会充分了解被提名人的职业、学历、职称、工作经历、兼职等情况，并对担任监事的被提名人的资格发表意见。被提名人应在股东大会召开之前作出书面承诺，同意接受提名，确认其披露的个人资料真实、准确、完整，并保证当选后切实履行监事的义务。

（3）监事长的选举和职权

①监事长产生

监事长由公司专职监事担任。监事长的产生、罢免应由监事会以全体监事的过半数表决通过。监事会可设副监事长一人，副监事长由监事长提名，并由监事会全体监事过半数通过。

②监事长职权

监事长依法律、法规、公司章程的规定及股东大会的决议行使以下职权：召集、主持监事会会议；组织履行监事会职责；签署监事会报告和其他重要文件；代表监事会向股东大会报告工作；法律、法规及章程规定的其他职责。监事长是监事会的灵魂人物，也是公司治理监督职权的主要工作担当，如监事长的职责范围较小则不利于其履职，也为主动不履职提供了借口，所以对

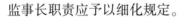

监事长职责应予以细化规定。

3. 监事会办事机构

监事会办事机构主要为监事会办公室，相关的规定主要包括监事会办公室主任的产生、职权和监事会办公室工作规则的相关规定。在实务中，监事会办公室并不如董事会办公室常见，监事会办公室的职责主要为：

处理监事会日常事务，在监事长领导下开展工作。监事会办公室负责人由监事长提名和任免。监事会办公室负责人协助监事长工作，并负责监事会会议各项会务工作，包括安排会议议程、准备会议文件（提案、会议通知、会议材料）、送达会议通知及会议材料、筹备和组织会议、列席会议并做会议记录、起草会议决议和会议纪要及对外披露的信息。监事会办公室负责保管监事会和监事会办公室的印章，保存监事、监事会会议资料或文档，对外披露的信息资料，留存监事的联系方式。

4. 监事会会议的规定

监事会会议是监事会履职的主要方式，其必须程序合规、决议有效，所以制定监事会议事规则时，应覆盖会议整个运行流程的细化规定，主要包括监事会召集、会议提案、会议通知、会议召开、会议决议、会议记录和决议备案公告等内容。

（1）例会和临时会议规定

监事会会议分为定期会议和临时会议。监事会每年至少召开两次定期会议。上半年的监事会定期会议应在上一会计年度结束后的四个月内召开。定期会议就是俗称的例会，读者可以根据公司情况，对例会的举行频次和召开时间作进一步的规定。这样安排主要是为了配合公司年报的披露；即使不是上市公司或者不是对年报有披露义务的公司，考虑到利润分配等事项，也不赞成晚于 4 月 30 日召开。

监事会议事规则应规定临时会议召开的触发条件即临时会议的召集权，如有下列情形的，监事会应当召开临时会议：监事长认为必要时；三分之一以上监事联名提议时；全体外部监事提议时。

（2）会议召集

原则上无论是定期会议还是临时会议，监事会会议一般均由监事长召集。监事长不能或者不召集时，由半数以上监事共同推举一名监事召集。在提议召开临时会议的场合，临时监事会会议提议人也应以书面形式说明要求监事长召集监事会临时会议的理由及相关议题。监事长自接到召开监事会临时会议的提议或者监管部门的要求后十日内，应履行召集监事会会议并主持会议的义务。

（3）会议提案

除年度监事会有一些固定的年度报告等提案外，其他的监事会提案都根据实际经营情况而定。监事会议事规则要明确提案权利人、提案内容合规性要求和提案通知等要素。

①年度定期监事会提案

年度定期监事会应包含下列提案：监事会的年度工作报告；对董监高的年度履职评价；外部监事述职报告。除上述提案外，在年度监事会会议通知发出前，监事会办公室可向公司各部门、公司高级管理层、公司监事、监事会各专门委员会和监事征集会议提案。

②临时监事会提案

有临时监事会会议召集权的法人、自然人和监事会及其专门委员会可向监事会提交会议提案。

③监事会提案的确定

监事会办公室负责汇总提案，符合公司章程和监事会议事规则所规定的提案均应列入监事会议程。在实务中，有的公司规定监事长有权确定提案是否列入监事会议程。笔者认为，此项规定过于依赖监事长个人信用，监事长个人的判断也容易带来争议，很难事先规定哪些情况可以导致提案不被列入监事会议程；同时如果监事长滥用否定权，鉴于其是监事会的召集和主持人，提出提案的主体将被实质剥夺权利，所以不应该赋予监事长如此权利。

④监事会提案的通知

提案应该与监事会会议通知一起送达全体监事、列席会议的有关人员。鉴于临时监事会会议召集程序较为仓促，所以监事会议事规则中可以列明临时监事会会议在紧急情况下，可以豁免提案材料与会议通知一同送达的要求，在会议召开时提供，但应保证与会人员的了解时间。

⑤监事会提案要求

合规性要求：内容不得与法律法规、公司章程相抵触，且是监事会的职责范围；提案必须符合公司和股东的利益；有明确的议题和具体的决议事项；

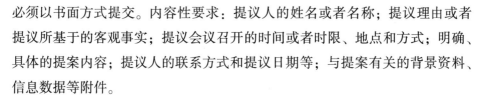

必须以书面方式提交。内容性要求：提议人的姓名或者名称；提议理由或者提议所基于的客观事实；提议会议召开的时间或者时限、地点和方式；明确、具体的提案内容；提议人的联系方式和提议日期等；与提案有关的背景资料、信息数据等附件。

（4）会议通知

监事会会议通知应合法合规，保证监事会决议的效力。

①通知内容

监事会会议通知应盖有监事会或公司印章。监事会会议通知内容应至少包括：会议日期、地点；会议的召开方式，是现场会议还是通讯会议；审议的事项即会议提案；会议召集人和主持人、临时会议的提议人及其书面提议；监事表决所必需的会议材料；会议联系人和联系方式。

②通知时间

公司章程应规定监事会定期会议和临时会议不同的会议通知时间，即各需要提前多久进行通知，一般定期会议提前十日或十五日，临时会议一般提前五日或十日。监事会议事规则应明确：如情况紧急的临时会议，会议通知可以不受上述时间、方式限制，但应在会议召开前征得全体监事的一致同意或确认，召集人应当在会议上作出相应说明，并载入监事会会议记录。

③通知方式

会议通知应按照各监事登记的地址通过邮寄、传真或者电子邮件等方式来完成通知，如果是专人书面送达则需要取得收件回执。根据会议通知的反馈情况，可以制作出席人员名单和委托出席名单，以确定投票权；代为出席会议的监事应当在授权范围内行使监事的权利。监事未出席监事会会议，亦未委托代表出席的，视为放弃在该次会议上的投票权。

④变更通知

监事会定期会议的书面会议通知发出后，如果需要变更会议的时间、地点等事项或者增加、变更、取消会议提案的，应当在监事会议事规则中规定变更通知的发出时间，如应于原定会议召开三日前发出书面变更通知，说明情况和新提案的有关内容及相关资料。不足三日的，会议日期应当相应顺延或者取得全体与会监事的认可后按期召开。由于监事会临时会议本来就是临时安排的，所以会议通知发出后，如需要变更会议的时间、地点等事项或者增加、变更、取消会议提案的，应在会议召开前事先获得与会监事的认可并做好相应记录。

⑤异议提出

监事会议事规则可以规定：当三分之一的监事、二名以上（含本数）外部监事认为提案资料不充分或需要在会议前事先进行质询的，可联名提出延期召开监事会会议或延期审议监事会拟议的部分事项，监事会应予以采纳。

5. 会议召开

会议召开部分的议事规则，主要制定出席、主持和讨论的与会规则。

（1）出席

①亲自出席

监事本人应当出席监事会会议，出席方式可以为现场参加会议和通过恰当的通讯方式接入；如监事可以通过电话会议形式或借助类似通讯设备参加会议，只要与会监事能充分进行交流，所有与会监事应被视为亲自出席会议。

②委托出席

因故不能出席也不能通过上述通讯方式参加监事会的监事可以事先审阅会议材料，形成明确的意见，书面委托其他监事代为出席。代为出席会议的监事应当在授权范围内行使监事的权利。委托书应当载明以下事项：委托人和受托人的姓名、代理事项；委托人对每项提案的简要意见；委托人的授权范围和对提案表决意向的指示；委托人的签名或盖章、日期等。

在审查监事的委托表决时，应关注委托表决的禁止事项：在审议关联交易事项时，非关联监事不得委托关联监事代为出席；关联监事也不得接受非关联监事的委托；外部监事不得委托非外部监事代为出席，非外部监事也不得接受外部监事的委托；监事不得在未说明其本人对提案的个人意见和表决意向的情况下全权委托其他监事代为出席，有关监事也不得接受全权委托和授权不明确的委托；一名监事不得接受超过两名监事的委托，监事也不得委托已经接受两名其他监事委托的监事代为出席。

③未出席

监事未出席监事会会议，亦未委托代表出席的，视为放弃在该次会议上的投票权。读者应对未出席监事会的监事作出履职禁止，即规定若干次不出席应不允许其继续担任监事。

④其他人员出席

高级管理人员应当列席监事会会议，并回答监事的提问或质询。列席监事会会议的高级管理人员外的其他列席人员只在讨论相关议题时列席会议，在其他时间应当回避审议；所有列席人员都有发言权，但无表决权；监事会在作出决定之前，应当充分听取列席人员的意见；董事可以应监事会要求进行列席。

（2）会议举行流程

①会议签到

监事会会议应设签到制度，设置签到簿，无论参加会议人员还是列席会议人员均应亲自签名签到，受托监事可在签到簿上列明委托参加会议情况。会议签到簿和会议其他材料一并存档保管。监事会会议有过半数的监事出席方可举行，否则监事会会议无效。

②会议举行流程

监事会会议主持人为监事长，监事长不能主持或者不主持的，由半数以上监事共同推举一名监事主持。会议举行流程如下：

第一，会议由监事长宣布会议开始。

第二，由监事会办公室负责人宣读会议召集或提议、会议通知发布与送达、出席或列席的监事、监事及其他人员、监事授权委托等事项。监事长确认上述信息后，按会议议程组织召开会议。

第三，由提案人或监事长指定的汇报人发言，说明议题的主要内容、背景信息、提案人的主导意见；重大投资项目或重大决策事项如事先聘请有关专家、专业人员进行论证的，应将专家出具的可行性研究报告一同汇报。根据章程规定需要外部监事事前认可的提案，会议主持人应当在讨论有关提案前，指定一名外部监事宣读外部监事达成的书面认可意见。

第四，监事会会议应在作出决策前进行充分讨论，每项提案由汇报人汇报后，监事长应就审议的议案提请每位与会监事发表明确的意见并保证每位监事有充分的时间发表意见。监事发言应与审议的议案相关，不受其他任何干扰。表决时允许监事保留个人的不同意见。

（3）表决

①表决规则

监事会表决由主持人组织，采用书面记名投票表决方式，监事会决议的表决实行一人一票。与会监事须对审议的每项提案发表同意、反对或弃权的意见。与会监事应当从上述意向中选择其一，未作出选择或者同时选择两个以上意向的，会议主持人应当要求该监事重新选择，拒不选择的，视为弃权；中途离开会场不回而未作选择的，视为弃权。

②表决对象

除征得全体与会监事的一致同意外，监事会会议不得就未包括在会议通知中的提案进行表决。监事接受其他监事委托代为出席监事会会议的，不得代表其他监事对未包括在会议通知中的提案进行表决。

③计票

与会监事表决后，监事会办公室应当当场汇总监事的书面表决票。召开现场会议的，主持人应当当场宣布统计结果。非现场召开的会议，监事会办公室在表决时限结束后三个工作日内向全体监事、与会人员通告监事会会议表决结果。

④决议通过

提案是否得到监事会决议通过，应依据公司章程中监事会对相关事项的表决通过比例来确定。

⑤回避表决

监事应当根据公司制定的章程或议事规则等文件履行回避表决义务；应当对有关提案回避表决；按照公司章程应回避表决的，存在监事本人认为应当回避的情形也应回避表决。监事会议事规则中要对关联交易事项的回避表决作细化规定：监事与监事会决议事项所涉及的企业有关联关系的不得对该项决议行使表决权，也不得代理其他监事行使表决权。该监事会会议由过半数的无关联关系监事出席即可举行，监事会会议所作决议须经无关联关系监事过半数通过。出席监事会的无关联监事人数不足三人的，应将该事项提交股东大会审议。

⑥表决异常

为避免被否决的提案，反复提交监事会，监事会议事规则提案未获得通过的，在有关条件和因素未发生重大变化的情况下，监事会会议在一定时间内不应当再审议内容相同的议案。对无法表决的提案，监事会应作出暂缓表决的规定：二分之一以上的与会监事或两名以上外部监事认为提案不明确、不具体，或者因会议材料不充分等其他事由导致无法对有关事项作出判断时，

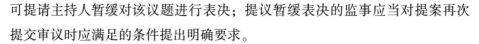

可提请主持人暂缓对该议题进行表决；提议暂缓表决的监事应当对提案再次提交审议时应满足的条件提出明确要求。

⑦决议法律后果

监事对监事会的决议承担责任。监事会的决议违反法律、行政法规或者公司章程、股东大会决议，致使公司遭受严重损失的，参与决议的监事对公司负赔偿责任。但经证明在表决时曾表明异议并记载于会议记录的，该监事可以免除责任。

（4）会议记录

①记录要求

监事会会议记录是公司很重要的档案，监事会办公室应当将会议所议事项的决定做成会议记录，并由出席会议的监事签名，以通讯方式参加会议的监事须于事后在会议记录上签名。监事会办公室负责监事会会议记录，因故不能正常记录时，由监事会办公室指定一名记录员负责记录，所有参会监事、监事会办公室负责人和记录员都应在会议记录上签名。监事会议事规则可以规定监事会会议和监事会专门委员会会议召开全过程需进行录音录像并保留相关视频资料。

②记录内容

监事会会议记录包括以下内容：会议届次、召开的时间、地点、方式和召集人姓名；出席监事的姓名以及受他人委托出席监事会的监事（代理人）姓名；会议议程；每位监事对有关事项的发言要点和主要意见、对提案的表决意向；每一决议事项的表决方式和表决结果（说明具体的同意、反对、弃权票数）；与会监事要求的其在会议上的发言。

③异议签字

监事对会议记录和决议记录有不同意见的，可以在签字时作出书面说明。必要时，应当及时向监管部门报告，也可以发表公开声明。监事既不按照规定进行签字确认，又不对其不同意见作出书面说明或者向监管部门报告、发表公开声明的，视为完全同意会议记录和决议记录的内容。

（5）决议执行

①执行主体

监事会决议由监事长负责组织执行，须由监事会执行的事项由监事长交监事会各专门委员会、监事、监事会办公室具体实施，须由高级管理层执行

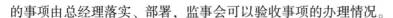

的事项由总经理落实、部署，监事会可以验收事项的办理情况。

②执行监督

监事会在决议实施过程中，监事长应就决议的实施情况进行跟踪检查，在检查中发现有违反决议的情形时，可要求和督促执行专门委员会、监事、监事会办公室或总经理予以纠正，必要时可提请监事会追究执行人的责任。监事会可监督、检查监事会决议执行情况，根据执行情况，在必要时可提请召开监事会会议或股东大会追究执行人的责任。

③执行汇报

决议执行主体应就监事会决议执行情况向监事会作汇报，监事有权就历次监事会决议的执行或落实情况，向有关执行主体提出质询，同时执行结果应汇报股东大会知晓。

综上所述，监事会是公司重要的监督机构，监事会的组成、各类监事的履职、监事会专门委员会的运作以及监事会议事规则的合规可执行性，都对监事会运行质量有极大影响。公司必须发挥监事会的独立、客观、合法合规和高效运行的作用，把控好公司治理的核心。

五、监事会监督作用

监事会在公司治理中的定位为客观、独立的监督机构，其维护的是公司利益而非其他个体利益。但实践中"可有可无监事会"成了常态，本节讨论如何才能使监事会实质性的行使监督职能。

（一）监事会及其监督

监事会应全面履职，不仅要进行会计监督，而且要进行业务监督。例如，当董事或经理人员执行业务时违反法律、公司章程以及从事登记营业范围之外的业务时，监事会有权通知他们停止其行为。又如，随时调查公司的财务状况，审查账册文件，审核董事会编制的提供给股东大会的各种报表，并把审核意见向股东大会报告。监事会有代表公司之权：一是当公司与董事间发生诉讼时，除法律另有规定外，由监督机构代表公司作为诉讼一方处理有关法律事宜。二是当董事自己或他人与本公司有交涉时，由监事会代表公司与董事进行交涉。三是当监事调查公司业务及财务状况，审核账册报表时，代表公司委托律师、会计师或其他监督法人。

监事会有权在公司治理纠纷中代表公司，如当公司与董事间发生诉讼时，由监事会代表公司参加诉讼。

（二）提升监事会监督作用的途径

1. 监事会形同虚设的原因

公司法虽然规定了监事会的监督职能，但在公司治理的实证中，监事会对董事会和高级管理人员的监督作用很可能无法发挥，导致公司所有者缺位和陷入内部人控制。笔者认为，影响监督效果的主要有如下几个原因：一是我国主要规定了监事消极任职资格，这样任职资格规定过宽，往往导致公司没有挑选到合适的监事。监事对公司经营状态、行业特征并不了解，无法找到关键的风险监督角度。二是监事会的职权没有明确的履职保障，如监事会可以对董事会和高级管理人员提出建议，进行评价或发起质询，但相关方拒绝时却没有有效的制约手段。三是监事会运行的相关经费往往需要董事会和高管层列支，影响监事会的独立性。

2. 选择适合监事保障履职

公司要完善监事的任职资格，选择忠诚、称职、公正行使监督职能的人选，引进懂业务、熟悉财务的监事成员，对一个人同时担任数个监事职位进行数量限制，以确保其集中精力行使对公司的监督。公司可以就监事会的运行费用单独设立账户，进行单独拨款，使监事会可以按照工作需要自行使用，而无须取得董事会与高管层的另行批准，监事会年度费用的金额及使用规则由股东会/股东大会决定。

（三）独立董事与监事会的监督职能分工的探讨

独立董事和监事会同时负有监督职能，本意是为了加强监督但是实务中却出现了多头监督，分工不清，资源浪费，相互推诿等问题。可作如下分工讨论，独立董事主要进行"事前监督、内部监督与决策过程监督"，监事会进行"日常监督、事后监督、外部监督"。独立董事是董事会的内部监控者，应以在董事会决策过程中的"独立"判断对董事会所有重大决策的公正性和科学性的监督为主，如对重大关联交易认可与否。监事会是处于董事会外的、与董事会并行的监督机关，应以整个公司的运行为监督对象，包括对独立董事的监督。监事会的监督职责应更集中在公司财务、监督董事会规范运作、信息披露质量、监督董事和经理行为合法性等方面上。

六、监事会规则性文件目录

监事会的规则性文件以监事会议事规则为主，辅以监事会职能相关的规则性文件，详见表 19。

表 19　监事会规则性文件目录

序号	汇编定位	标题	规章层级
1	公司治理——监事会	监事会提名与监督委员会工作规则	基本规章
2	公司治理——监事会	监事会对监事履职评价办法	基本规章
3	公司治理——监事会	监事会对董事履职评价办法	基本规章
4	公司治理——监事会	监事会办公室工作规则	具体规章
5	公司治理——监事会	监事会对高级管理人员履职评价办法	基本规章
6	公司治理——监事会	监事会对高级管理人员履职评价实施细则	具体规章
7	公司治理——监事会	职工监事制度	基本规章

七、示范模板

（一）会议通知

关于召开 AAA 股份有限公司第三届监事会第十四次会议的通知

各位监事：

根据《中华人民共和国公司法》《AAA 股份有限公司章程》的有关规定以及公司的实际情况，公司定于_____年____月____日召开第三届监事会第十四次会议，具体事项通知如下：

一、会议时间

_____年____月____日（星期____）下午____：____

二、会议召开方式

使用腾讯会议召开

三、会议出席对象

出席人员：监事

列席人员：本公司其他高级管理人员

四、会议议程

1. 审议关于《AAA _____年度监事会工作报告》的议案

2. 审议关于《AAA 监事会对董事_____年度履职评价报告》的议案

五、有关事项

请各位监事准时出席会议，并现场办理签到手续。因故不能出席会议的，应当事先审阅会议材料，形成明确的表决意见，书面签署《授权委托书》委托同类别的监事代为出席会议并进行表决，《授权委托书》格式见本通知附件一。

联系人：

联系电话：

AAA 股份有限公司

_____年____月____日

（二）监事会决议

AAA 股份有限公司第____届监事会第_____次会议决议

AAA 股份有限公司于_____年____月____日以腾讯会议方式召开第____届监事会第_____次会议，应到监事____人，实到监事____人。

本次会议的召开符合《中华人民共和国公司法》及《AAA 股份有限公司章程》的规定。

全体与会监事对下述议案进行审议，作出如下决议：

一、审议通过了关于《AAA _____年度监事会工作报告》的议案。

（同意 5 票，反对 0 票，弃权 0 票）

二、审议通过了关于《AAA 监事会对董事_____年度履职评价报告》的议案。

（同意 5 票，反对 0 票，弃权 0 票）

三、审议通过了关于《AAA 监事会对监事_____年度履职评价报告》的议案。

（同意 5 票，反对 0 票，弃权 0 票）

四、审议通过了关于《AAA 监事会对高级管理人员_____年度履职评价报告》的议案。

（同意 5 票，反对 0 票，弃权 0 票）

五、审议通过了关于《AAA _____年度审计报告》的议案。

（同意 5 票，反对 0 票，弃权 0 票）

（以下无正文）

（本页为 AAA 股份有限公司第____届监事会第_____次会议决议的签署页）

出席会议监事签字：

_____　　　_____　　　_____
　　　（监事长）　　　　　　　　　　（监事）　　　　　　　　　　　（监事）

_____　　　_____
　　　（监事）　　　　　　　　　　（监事）

会议主持人签字：　　　_____
　　　　　　　　　　　　　（监事长）

会议记录人签字：＿＿＿＿＿＿＿＿＿＿＿＿

（监事会办公室）

本次会议决议签署日期：＿＿＿＿年＿＿月＿＿日

（三）监事会专项意见

××公司第×届监事会提名与监督委员会第×次会议表决意见书

本人对××公司第×届监事会提名与监督委员会第×次会议议案的表决意见如下：

序号	议案	同意	反对	弃权	回避
1					
2					
3					
4					
5					
6					

就上述议案，本人的发言要点和主要意见：

＿＿＿

＿＿＿

委员（签名）：

＿＿＿＿年＿＿月＿＿日

（四）监事会专委会议事规则

AAA 股份有限公司监事会提名与监督委员会工作规则

第一章　总　则

第一条　为完善 AAA 股份有限公司（以下简称本公司）治理结构，保障监事会提名与监督委员会（以下简称提名与监督委员会）在监事会授权下规范有效地履行职能，根据《AAA 股份有限公司章程》（以下简称本公司章程)和《AAA 股份有限公司监事会议事规则》的规定，制定本规则。

第二条　提名与监督委员会是依据本公司章程规定设立的专门工作机构，在监事会授权下开展工作，对监事会负责。

第三条　提名与监督委员会行使职能的主要形式为提名与监督委员会会议。

第二章　委员构成

第四条　提名与监督委员会由不少于三名监事组成。其中，外部监事、职工监事原则上不少于一名。

第五条　提名与监督委员会委员由监事会主席、二分之一以上外部监事或者全体监事的二分之一以上提名，并由监事会会议选举产生。

第六条　提名与监督委员会设主任一名，由外部监事担任，负责主持委员会工作。主任由监事会主席、二分之一以上外部监事或者全体监事的二分之一以上提名，并由监事会会议选举产生。

提名与监督委员会的日常工作联系等事项，由监事会办公室指定专人协助完成。

第七条　提名与监督委员会任期与监事会一致，委员任期届满，连选可以连任。在此期间如有委员不再担任本公司监事，或应当具有外部监事身份的委员不再具备本公司章程所规定的独立性，自动失去委员和/或主任资格。

第八条　提名与监督委员会委员有下列情形之一的，由提名与监督委员会提议，报请监事会予以更换：

（一）本人提出书面辞职申请；

（二）任期内严重渎职或违反法律、法规、本公司章程和本规则规定的；

（三）连续两次不能亲自出席委员会会议的；

（四）监事会认为不适合担任的其他情形。

第三章　职责权限

第九条　提名与监督委员会履行以下职责：

（一）拟定监事的选任标准、程序，并向监事会提出建议；

（二）对监事候选人的任职资格进行初步审查并向监事会提出建议；

（三）对董事的选聘程序进行监督并向监事会提出建议；

（四）对董事、监事和高级管理人员履职情况进行综合评价并向监事会报告；

（五）对本公司薪酬管理制度和政策及高级管理人员薪酬方案的科学性、合理性进行监督并向监事会提出建议；

（六）负责拟订对本公司财务活动的监督方案，报监事会同意后负责检查和实施；

（七）监督董事会确立稳健的经营理念、价值准则和制定符合本公司实际的发展战略，并向监事会提出意见；

（八）对本公司经营决策、风险管理和内部控制等进行监督检查，并向监事会进行汇报；

（九）监事会授权的其他事项。

监督委员会履行上述职责，必要时可以聘请会计师事务所、律师事务所等中介机构协助工作。

第四章　会议程序

第一节　会议的召开方式

第十条　提名与监督委员会会议包括定期会议和临时会议。会议由主任主持，主任不能出席时可委托其他委员主持。

第十一条　提名与监督委员会每年至少召开两次会议。

提名与监督委员会会议讨论的主要内容包括但不限于：

（一）对监事候选人选任工作提出建议，包括换届选举和临时增补、更换监事工作的建议和方案；

（二）讨论拟定监事的选任标准和程序并报监事会批准；

（三）讨论拟定监事候选人任职资格和条件并报监事会批准；

（四）讨论拟定董事会及其董事、监事、高级管理层及其成员履职评价标准和程序并报监事会批准；

（五）制订提名与监督委员会年度工作计划；

（六）讨论拟订对本公司年度财务报告、审计报告和董事会拟定的利润分配预案的监督意见并报监事会批准；

（七）讨论拟订本公司财务状况、风险管理、内部控制等方面的检查监督方案和监测报告并报监事会批准；

（八）讨论拟定本公司股东大会、董事会、高级管理层决议的执行情况的报告并报监事会批准；

（九）讨论拟定董事会、高级管理层履行股东大会、监事会、内外审计等部门所提意见执行情况的报告，以及专项审计检查意见整改情况的后续审计监督报告并报监事会批准；

（十）讨论拟定本公司重大经营管理活动的专题调研、考察报告并报监事会批准；

（十一）讨论审议监事会授予的其他事项。

第十二条 有下列情况之一的，提名与监督委员会应当召开临时会议：

（一）监事会主席提议；

（二）监事提出辞职申请的；

（三）增补、更换、撤换监事人选的；

（四）主任或不少于两名委员提议召开。

第十三条 按照前条第四项情形提议召开临时会议的，提议人应以书面形式通过监事会办公室或者直接向监事会主席提交经本人签字的书面提案，提案中必须载明以下事项：

（一）提议人姓名；

（二）提议理由或者提议所基于的客观事由；

（三）提议会议召开的时间、期限和方式；

（四）明确、具体的提案；

（五）提议人的联系方式和提议日期。

第二节 会议通知

第十四条 提名与监督委员会会议通知由监事会主席签发。

会议通知包括以下内容：

（一）会议时间和地点；

（二）会议期限；

（三）事由及议题；

（四）发出通知的日期；

（五）会议联系人和联系方式。

第十五条　召开定期会议，监事会办公室应于会议召开七日前，将书面通知提交全体委员，书面通知以专人送出、传真或电子邮件方式发出。会议文件应于会议召开五日前送达全体委员。

第十六条　召开临时会议，监事会办公室应于会议召开五日前，将书面通知提交全体委员。会议文件应于会议召开三日前送达全体委员。

遇有紧急情况召开临时会议的，会议通知和会议文件的送达可以不受前款时限的限制，但必须保证在会议召开前有效地送达全体委员。

第十七条　委员接到会议通知后，应尽快将会议回执以专人送出、传真、邮件或电子邮件方式之一，发送给会议通知中指定的会议联系人。

第三节　会议的出席

第十八条　会议的出席对象为提名与监督委员会全体委员。提名与监督委员会会议应由三分之二以上委员出席方可举行。

第十九条　委员应事先对会议审议内容做好充分准备，以认真负责的态度出席会议，独立、专业、客观地发表意见。

第二十条　委员应当亲自出席会议。因故不能亲自出席会议的，应事先审阅会议材料，对会议议题形成明确的意见，并以书面形式委托其他委员（以下简称受托人）代为出席。委托人应独立承担相应的法律后果。

委员未出席会议，亦未委托受托人代为出席的，视为放弃在该次会议上的表决权，并应对提名与监督委员会会议决议承担相应的法律责任。

第二十一条　提名与监督委员会根据会议审议议题的需要，可邀请本公司董事、监事及高级管理层人员和相关部门人员列席会议。

第四节　会议的召开

第二十二条　会议主持人应按预定时间宣布开会。除委员对议程提出异议外，会议应按会议通知列明的议程进行。对会议议程提出异议的委员应当说明异议的原因和调整建议，并经与会委员过半数举手表决通过后执行。

第二十三条　在征得会议主持人同意后，列席会议人员有权就相关议题发表意见或就有关事项作出解释和说明，但没有表决权。

第五节　会议的表决和决议

第二十四条　会议议题经过充分讨论后，会议主持人应当适时提请与会委员对拟决议事项进行表决。

二分之一以上与会委员认为议题不明确、不具体，或者因会议材料不充分等其他事由导致其无法对有关事项作出判断时，会议主持人应当要求会议对该议题暂缓表决，并对该议题再次提交审议应满足的条件提出明确要求。

第二十五条　会议对审议事项以记名投票表决方式逐项表决，表决分为同意、反对、弃权，每人有一票表决权。

提名与监督委员会临时会议可以用通讯方式进行，并作出表决。

第二十六条　与会委员对审议事项的表决，应当在同意、反对和弃权选项中选择一项，未作选择或者同时选择两个以上的，会议主持人应要求有关委员重新选择。如不作重新选择的，则视为弃权。委员应慎重表决，一旦表决后不得撤回。

第二十七条　出席会议的委员中途退席，应向会议主持人说明原因并请假。对尚未表决的议题，该委员可以事先填写表决票，或书面委托其他委员代为行使表决权；如不填写表决票也不委托他人，该委员对剩余议题的表决视同放弃。

主持人宣布会议开始后，委员中途出席会议的，对此前已付诸表决的议题可以征求该委员进行表决，并将其表决票计入已表决议题的表决票数内。

第二十八条　受托人代为出席会议的，除委托人在委托书中已授权受托人对会议中提出的新议题代为表决的，不得代表其他委员进行表决。

第二十九条　提名与监督委员会会议对议题的表决，须经全体委员的过半数通过方为有效，但适用法律、公司章程另有规定的，从其规定。

第三十条　与会委员表决完成后，监事会办公室工作人员应当及时收集和统计委员的表决结果，填写表决结果统计表，会议主持人和统计人员应在表决结果统计表上签字。

委员在会议主持人宣布表决结果后或者通讯表决在规定的表决时限结束后进行表决的，其表决情况不予统计。

第三十一条　根据表决结果形成会议决议，出席会议的委员或其受托人

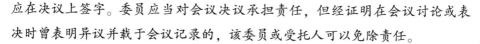

应在决议上签字。委员应当对会议决议承担责任，但经证明在会议讨论或表决时曾表明异议并载于会议记录的，该委员或受托人可以免除责任。

第六节　会议记录、纪要

第三十二条　提名与监督委员会应当对会议所议事项的决定形成会议记录，会议记录可以采用会议纪要形式。

第三十三条　会议主持人应当安排会务人员担任会议记录员，对会议做好记录。提名与监督委员会会议记录应当包括以下内容：

（一）会议召开的时间、地点；

（二）会议届次和会议议程；

（三）会议召集人或主持人姓名；

（四）出席会议的委员、受托人以及应邀列席人员姓名；

（五）委员发言要点；

（六）对每一决议事项的表决方式和表决结果（表决结果应载明同意、反对或弃权的票数）。

第三十四条　出席会议的委员或受托人有权要求在会议记录上对其在会议上的发言作出说明性记载。会议记录应当记载列席人员情况。

第三十五条　会议主持人应安排会议记录员整理会议所议事项。会议记录应在该次会议结束后五个工作日内提交全体与会委员或受托人审阅。对发言要点进行修改补充的委员或受托人，应在收到会议记录后三个工作日内对修改意见作出书面反馈。

第三十六条　会议记录定稿后，出席会议的委员或受托人和记录员应当在会议记录上签名。

委员对会议记录有不同意见的，可以在签字时作出书面说明。必要时，应当及时向监事会主席报告。

既不按前款规定进行签字确认，又不对其不同意见作出书面说明或者向监事会主席报告的，视为完全同意会议记录的内容。

第三十七条　提名与监督委员会会议记录、会议纪要与相关材料一并由监事会办公室负责永久保存。

第三十八条　出席会议人员均对会议所议事项承担保密义务，未经监事会主席批准，不得擅自披露有关信息。

第五章　会议决定

第三十九条　监事会办公室负责将提名与监督委员会的决定以书面或口头形式发送至全体监事。

第四十条　提名与监督委员会的决定如涉及召开监事会临时会议，或向监事会提出议案的，应以书面形式，在规定时间内向监事会提交提案说明和提案正文。

第四十一条　提名与监督委员会的决定如涉及召开监事会临时会议，或向监事会提出议案的，应提交监事会主席签发。

第四十二条　提名与监督委员会在进行履职情况监督评价时，可约请董事、高级管理层人员就有关事项进行沟通，但必须报经监事会主席同意。

第六章　附　则

第四十三条　本工作规则未尽事宜参照公司章程和《AAA 股份有限公司监事会议事规则》执行。

第四十四条　本工作规则由监事会负责解释、制定和修改。

第四十五条　本工作规则经监事会会议审议通过后施行。

（五）监事会议事规则

某股份有限公司监事会议事规则

第一章　总　则

第一条　为保障某股份有限公司（以下简称本公司）监事会依法独立行使监督权，确保监事会能够高效规范运作和科学决策，完善本公司治理结构，根据《中华人民共和国公司法》《某股份有限公司章程》（以下简称本公司章程）及其他有关法律、行政法规和规范性文件的规定，结合本公司实际情况，制定《某股份有限公司监事会议事规则》（以下简称本规则）。

第二章　监事会会议的召集

第二条　召开监事会定期会议的，在发出会议通知前，监事会办公室应征求监事、董事会、股东的意见，并形成会议提案交由监事会主席拟定。

第三条　三分之一以上监事联名提议或全部外部监事提议召开临时监事会会议的，应当通过监事会办公室向监事会主席提交经提议监事签字的书面

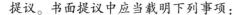

提议。书面提议中应当载明下列事项：

（一）提议监事的姓名；

（二）提议理由或者提议所基于的客观事由；

（三）提议会议召开的时间或者时限、地点和方式；

（四）明确和具体的提案；

（五）提议监事的联系方式和提议日期等。

提议内容应当属于本公司章程规定的监事会职权范围，并应与提议有关材料一并提交监事会办公室。

监事会办公室在收到上述书面提议和有关材料后，应当立即转交监事会主席。监事会主席认为提议内容不明确、不具体或者有关材料不充分的，可以要求提议人修改或者补充。

股东按照本公司章程规定向监事会推荐监事会主席的，应当以书面方式向监事会办公室提出。

第四条　召开监事会定期会议，监事会办公室应当提前十日，将书面会议通知，通过专人送出、传真、邮件或电子邮件或者其他方式，提交全体监事。非直接送达的，还应当通过电话进行确认并做相应记录。

召开监事会临时会议的，监事会办公室应当提前五日，按照前款规定发出书面通知。

情况紧急，需要尽快召开监事会临时会议的，可以随时通过口头或者电话等方式发出会议通知，但召集人应当在会议上作出说明。

第五条　书面通知应当至少包括以下内容：

（一）会议的时间、地点、期限；

（二）会议召开方式；

（三）拟审议的事项（提议内容）；

（四）会议材料；

（五）发出通知的日期。

口头通知至少应包括上述第一项、第二项内容，以及情况紧急需要尽快召开监事会临时会议的说明。

第六条　监事会会议通知发出后，如果需要变更会议时间、地点或者增加、变更、取消议案的，应当在原定会议召开日前三日发出书面变更通知，说明情况并提供有关的材料。不足三日的，会议召开日期应当相应顺延，但取得全体与会监事认可的除外。

第三章　监事会会议的召开

第七条　监事会会议应当由二分之一以上监事出席方可举行。监事会会议对所议事项，应作出决议，监事会决议须经过半数监事表决同意方可通过。

但监事会提请股东大会罢免独立董事的提案应当由全体监事的三分之二以上表决通过。

第八条　监事应亲自出席监事会会议。监事因故不能亲自出席的，可以书面委托其他同类型监事代为出席。委托书中应载明代理人姓名、代理事项、权限和有效期限，并由委托人签字或盖章。

委托书应当载明：

（一）委托人和受托人的姓名；

（二）委托人不能出席会议的原因；

（三）委托人对每项议案的简要意见；

（四）委托人的授权范围和对议案表决意向的指示；

（五）委托人和受托人的签字、日期等。

受托监事应当向会议主持人提交书面委托书，在会议签到簿上说明受托出席的情况。

第九条　监事会可要求本公司董事、高级管理人员、内审部门负责人及外部审计人员列席监事会会议，对有关事项作出必要的说明，并回答监事会所关注的问题。

第十条　监事会会议可采取现场会议方式或电话、视频、传真和书面传签等非现场方式召开。定期监事会会议应当采取现场方式召开。

若监事会会议采用书面传签方式召开的，监事或其委托的其他监事应当在书面决议上写明表决意见，一旦签字表决同意的监事人数达到本规则规定作出决议所需法定人数的，该议案即为通过。

第十一条　监事会会议由监事会主席主持，监事会主席因特殊原因不能履行职务时，由全体监事半数以上共同推举一名监事召集并主持。

第十二条　监事会会议主持人应按预定时间宣布开会，并宣布会议议程。

监事会会议应对每个议案逐项进行审议。会议表决实行一人一票，表决方式以书面记名表决方式为主，兼可采取举手表决的方式。

任何一位监事所提议案，监事会均应予以审议。

第十三条 与会监事应当对提交表决的议案发表以下意见之一：同意、反对或弃权。未作选择或者对同一议案同时作出两项以上意见的，会议主持人应当要求有关监事作出明确的表决意见，拒不明确的，视为弃权；中途离开会场不回而未作选择的，视为弃权。

代为出席会议的监事应当在授权范围内代表委托人行使权利。

第十四条 二分之一以上与会监事或两名以上外部监事认为议案不明确、不具体，或者会议材料不充分的，可以要求会议主持人就该议题暂缓表决。

第十五条 监事会会议应做记录，并由与会监事或其委托代表和会议记录人签字。监事有权要求在会议记录上对其在会议上的发言作出说明性记载，监事会会议记录应按本公司档案管理制度永久保存。

第十六条 监事会会议记录应包括以下内容：

（一）会议召开的日期、地点、届次、方式和召集人姓名；

（二）与会监事的姓名以及受他人委托出席监事会的监事姓名；

（三）会议议程；

（四）监事发言要点；

（五）每一决议事项的表决方式和结果（表决结果应载明同意、反对或弃权的票数）；

（六）与会监事认为应当记载的其他事项。

第十七条 与会监事应当代表其本人和委托其代为出席会议的监事对监事会会议记录进行签字确认。对会议记录有不同意见的，可以在签字时作出书面说明。

第十八条 监事会会议档案，包括会议通知和会议材料、会议签到簿、监事代为出席的授权委托书、会议录音资料、表决票、与会监事签字确认的会议记录、会议纪要等，由监事会办公室负责保存。

监事会会议档案应永久保存。

第十九条 监事会应将作出的决议及时告知董事会、高级管理人员，并向股东大会报告，但以通讯方式召开会议的，会议主持人应当要求监事会办公室在表决结束后的下一工作日，通知监事表决结果。

第四章　附　则

第二十条　除非有特别说明，本规则所使用的术语与本公司章程中该等术语的含义相同。

第二十一条　本规则报股东大会批准后生效，修改时亦同。

第二十二条　本规则未尽事宜或与本规则生效后颁布、修改的法律、行政法规及本公司章程的规定相冲突的，以法律、行政及本公司章程的规定为准。

第二十三条　除本规则另有规定和按上下文无歧义外，本规则中所称"以上""以内""以下""不超过"，都应含本数；"超过""少于""不足""以外"应不含本数。

第二十四条　本规则的解释权属于股东大会。

（六）职工监事选举议案

关于选举 AAA 股份有限公司第_____届监事会职工监事的议案

各位代表：

根据上海市人民代表大会常务委员会颁布的《上海市职工代表大会条例》第三十五条第三款的规定，经协商，现提名_____三人为 AAA 股份有限公司第____届监事会职工监事候选人。同时根据《上海市职工代表大会条例》第三十一条的规定，上述提名为等额选举提名，且需获得全体职工代表半数以上赞成票方可通过。

附件：

1. AAA 股份有限公司第_____届监事会职工监事候选人情况

2. AAA 股份有限公司第_____届监事会职工监事选举总监票人、监票人、计票人、唱票人名单

AAA 股份有限公司工会委员会

_____年____月____日

·第七章·
高级管理层

高级管理层是由高级管理人员集体组成的一个经营管理团队。高级管理人员是公司员工，但有一定职务和权限，通常是一家公司负责实际经营的管理人员，如总经理、副总经理、财务负责人及董事会秘书等。高级管理人员投入自身人力资本，以经营管理为职业，并以此获得薪酬，是公司治理结构的"三会一层"中的"一层"，即高级管理层。高级管理人员一般由董事会聘任，对董事会负责，同时接受监事会的监督，组织开展日常经营管理工作，拥有管理职权并承担相应义务。本章从高级管理人员定义、权责约束与激励等内容来展开阐述。

一、高级管理人员

（一）高级管理人员定义

高级管理人员是指对经营管理、风险控制有决策权或重要影响力的各类人员。《公司法》第二百一十六条第一款第一项规定："高级管理人员，是指公司的经理、副经理、财务负责人，上市公司董事会秘书和公司章程规定的其他人员"。不同行业中高级管理人员的范围各有差异，如商业银行高级管理人员包括行长、副行长、首席财务官、首席风险官、董事会秘书以及董事会确定的其他管理人员。而制造业企业的高级管理人员一般为总经理，副总经理若干名，财务负责人，销售总监，人力总监等。

（二）优秀高级管理人员画像

公司高级管理人员的来源一般为两种，一为公司内部培养并提升至高级管理人员；二为公司从外部市场招聘的高级管理人员。但无论是何种情况，优秀的高级管理人员应具备专业、忠诚和匹配三个特性。专业是指高级管理人员应具备履职所需专业知识、行业经验和个人综合能力。在行业高度竞争的今天，高度的专业是高级管理人员的基本特征；忠诚是指高级管理人员应从法律义务和道德层面忠实于公司；匹配则是指高级管理人员的个人特质契合公司经营管理要求，符合公司战略人才需求，同时高级管理人员的个人动力、三观等软性因素也应匹配于公司文化和价值取向。

综上，优秀的高级管理人员一般具有如下共性：已经通过市场机制选拔和配置，在市场竞争中优胜劣汰，具有市场公认的竞争力；遵守职业道德，具有良好的合规经营和风险防控意识；具备足够的专业知识、业务素质和管理能力；注重行业内的职业声誉，遵守商业原则等；同时，优秀的高级管理人员必然是认同公司文化并能与公司共发展的。

（三）高级管理人员任职资格

1. 《公司法》规定的任职条件

《公司法》通过规定不得担任高级管理人员的情形，是高级管理人员任职的负面清单。有下列情形之一的，不得担任公司的高级管理人员：无民事行为能力或者限制民事行为能力；因贪污、贿赂、侵占财产、挪用财产或者破坏社会主义市场经济秩序，被判处刑罚，执行期满未逾五年，或者因犯罪被剥夺政治权利，执行期满未逾五年；担任破产清算的公司、企业的董事或者厂长、经理，对该公司、企业的破产负有个人责任的，自该公司、企业破产清算完结之日起未逾三年；担任因违法被吊销营业执照、责令关闭的公司、企业的法定代表人，并负有个人责任的，自该公司、企业被吊销营业执照之日起未逾三年；个人所负数额较大的债务到期未清偿。

2. 特定行业的任职条件

特定行业的高级管理人员还应符合特定的任职资格并获得监管机构的审批或报备，没有获得审批或报备，不得作为高级管理人员来履行职责。

以保险公司为例，高级管理人员是指对保险公司经营管理活动和风险控制具有决策权或者重大影响的下列人员：总公司总经理、副总经理和总经理助理；总公司董事会秘书、总精算师、合规负责人、财务负责人和审计责任人；省级分公司总经理、副总经理和总经理助理；其他分公司、中心支公司总经理；与上述高级管理人员具有相同职权的管理人员。保险公司高级管理人员应当在任职前取得银保监会或其派出机构核准的任职资格。保险公司高级管理人员应当符合以下基本条件：具有完全民事行为能力；具有诚实信用的品行、良好的守法合规记录；具有履行职务必需的知识、经验与能力，并具备在中国境内正常履行职务必需的时间和条件；具有担任高级管理人员职务所需的独立性；应当具有大学本科以上学历或者学士以上学位。

除了上述基本条件以外，针对各个职位还有细化规定，例如：

保险公司总经理应当具有金融工作经历八年以上或者经济工作经历十年以上（其中金融工作经历不得少于五年），并且具有下列任职经历之一：担任保险公司省级分公司总经理以上职务高级管理人员五年以上；担任保险公司部门主要负责人五年以上；担任金融监管机构相当管理职务五年以上。具有十年以上金融工作经历且其中保险业工作经历不少于两年，并担任国家机关、大中型企业相当管理职务五年以上的，可以不受任职经历的限制。

保险公司副总经理、总经理助理应当从事金融工作八年以上或者经济工作十年以上。

保险公司董事会秘书应当从事金融工作五年以上或者经济工作八年以上。

保险公司总精算师应当具备下列条件：取得中国精算师、北美精算师、英国精算师、法国精算师或者银保监会认可的其他国家（地区）精算领域专业资格三年以上，熟悉中国保险精算监管制度，具有从事保险精算工作必需的专业技能；从事保险精算、保险财务或者保险投资工作八年以上，其中包括五年以上在保险行业内担任保险精算、保险财务或者保险投资管理职务的任职经历；银保监会规定的其他条件。

保险公司合规负责人应当具备下列条件：具有在企事业单位或者国家机关担任领导或者管理职务的任职经历；熟悉合规工作，具有一定年限的合规从业经历，从事法律、合规、稽核、财会或者审计等相关工作五年以上，或者在金融机构的业务部门、内控部门或者风险管理部门等相关部门工作五年以上；熟悉保险法律、行政法规和基本民事法律，熟悉保险监管规定和行业自律规范；银保监会规定的其他条件。

保险公司财务负责人应当从事金融工作五年以上或者经济工作八年以上，并且具备下列条件：具有在企事业单位或者国家机关担任领导或者管理职务的任职经历；具有国内外会计、财务、投资或者精算等相关领域的合法专业资格，或者具有国内会计或者审计系列高级职称；熟悉履行职责所需的法律法规和监管规定，在会计、精算、投资或者风险管理等方面具有良好的专业基础；对保险业的经营规律有比较深入的认识，有较强的专业判断能力、组织管理能力和沟通能力；银保监会规定的其他条件。

保险公司审计责任人应当具备下列条件：具有在企事业单位或者国家机

关担任领导或者管理职务的任职经历；从事审计、会计或财务工作五年以上，或者从事金融工作八年以上，熟悉金融保险业务；银保监会规定的其他条件。

3. 高级管理人员任职的负面清单

公司违反上述规定聘任高级管理人员的，该聘任无效。高级管理人员在任职期间出现上述所列情形的，公司应当解除其职务。

除了《公司法》规定的负面清单以外，相关行业还有进一步的负面清单，以保险公司为例，高级管理人员的负面清单还包括被金融监管部门取消、撤销任职资格，自被取消或者撤销任职资格年限期满之日起未逾五年；被金融监管部门禁止进入市场，期满未逾五年；被国家机关开除公职，自作出处分决定之日起未逾五年，或受国家机关警告、记过、记大过、降级、撤职等其他处分，在受处分期间内的；因违法行为或者违纪行为被吊销执业资格的律师、注册会计师或者资产评估机构、验证机构等机构的专业人员，自被吊销执业资格之日起未逾五年；申请前一年内受到银保监会或其派出机构警告或者罚款的行政处罚；因涉嫌严重违法违规行为，正接受有关部门立案调查，尚未作出处理结论；受到境内其他行政机关重大行政处罚，执行期满未逾两年；因严重失信行为被国家有关单位确定为失信联合惩戒对象且应当在保险领域受到相应惩戒，或者最近五年内具有其他严重失信不良记录的；银保监会规定的其他情形。

需要关注的是，上述负面清单是持续性要求，即在高级管理人员任职的整个期间都不得出现负面清单中的情形。

二、高级管理人员职责

根据《公司法》的规定，高级管理人员在法律法规及公司章程下进行经营管理活动，是直接负责公司经营、生产管理的人员，与公司盈利能力息息相关。公司对于高级管理人员的权责界定应根据公司所处行业、经营需要和公司规模等具体情况作具体规定，即应有专门的职责制度，更应在经营管理流程体系中作明确的权限管理。

（一）高级管理人员的职权

高级管理人员的职权实质上涵盖了与具体经营生产有关的"人、财、物"

等事项，《公司法》仅列举了最原则的职权，公司应进行细化规定。

1. 《公司法》规定的高级管理人员的职权

以总经理职权为例，我国《公司法》规定其具有以下职权：主持公司的生产经营管理工作，组织实施董事会决议；组织实施公司年度经营计划和投资方案；拟订公司内部管理机构设置方案；拟定公司的基本管理制度；制定公司的具体规章；提请聘任或解聘公司副经理、财务负责人；决定聘任或解聘公司管理人员（应由董事会决定聘任或解聘的除外）；董事会授予的其他职权。

2. 以财务总监为例的高级管理人员职权

以普通公司财务总监（财务负责人）为例，主要职权如下：在董事会和总经理领导下，总管公司会计、报表、预算工作；负责制订公司利润计划、资本投资、财务规划、销售前景、开支预算或成本标准；制订和管理税收政策方案及程序；建立健全公司内部核算的组织、指导和数据管理体系，以及核算和财务管理的规章制度；组织公司有关部门开展经济活动分析，组织编制公司财务计划、成本计划、努力降低成本、增收节支、提高效益；监督公司遵守国家财经法令、纪律，以及董事会决议。

3. 以某制造业公司为例的高级管理人员的职权

以某制造业公司总经理为例，其职权包括："总经理对董事会负责，行使下列职权：（一）主持公司的生产经营管理工作，组织实施董事会决议，并向董事会报告工作；（二）组织实施公司年度经营计划和投资方案；（三）拟订公司内部管理机构设置方案；（四）拟定公司的基本管理制度；（五）制定公司的具体规章；（六）提请董事会聘任或者解聘公司、高级副总经理、副总经理、财务总监；（七）决定聘任或者解聘除应由董事会决定聘任或者解聘以外的负责管理人员；（八）本章程或董事会授予的其他职权。"

（二）高级管理人员的义务

高级管理人员对公司具有忠实、勤勉义务，各公司可以在章程和公司制度中约定关于高级管理人员义务的具体内容。

1. 《公司法》规定的高级管理人员的义务

与高级管理人员权利相对应的是其按照《公司法》和公司章程规定所应

承担的义务：高级管理人员应当遵守法律、行政法规和公司章程，对公司负有忠实义务和勤勉义务。《公司法》第一百四十八条规定，"董事、高级管理人员不得有下列行为：（一）挪用公司资金；（二）将公司资金以其个人名义或者以其他个人名义开立账户存储；（三）违反公司章程的规定，未经股东会、股东大会或者董事会同意，将公司资金借贷给他人或者以公司财产为他人提供担保；（四）违反公司章程的规定或者未经股东会、股东大会同意，与本公司订立合同或者进行交易；（五）未经股东会或者股东大会同意，利用职务便利为自己或者他人谋取属于公司的商业机会，自营或者为他人经营与所任职公司同类的业务；（六）接受他人与公司交易的佣金归己有；（七）擅自披露公司秘密；（八）违反对公司忠实义务的其他行为。董事、高级管理人员违反前款规定所得的收入应当归公司所有"。

高级管理人员执行公司职务时违反法律、行政法规或者公司章程的规定，给公司造成损失的，应当承担赔偿责任。股东会或者股东大会要求高级管理人员列席会议的，高级管理人员应当列席并接受股东的质询。高级管理人员应当如实向监事会或者不设监事会的有限责任公司的监事提供有关情况和资料，不得妨碍监事会或者监事行使职权。

2. 银行保险业高级管理人员的义务

银行保险机构高级管理人员应当遵守法律法规、监管规定和公司章程具备良好的职业操守，遵守高标准的职业道德准则，对公司负有忠实、勤勉义务，善意、尽职、审慎履行职责，并保证有足够的时间和精力履职，不得怠于履行职责或越权履职。

3. 上市公司高级管理人员的义务

《证券法》从资本市场角度规定了上市公司高级管理人员需要遵守的义务，具体包括如下。

（1）信息披露义务

上市公司高级管理人员应当对公司定期报告签署书面确认意见。上市公司高级管理人员应当保证上市公司所披露的信息真实、准确、完整。

（2）持股限制义务

上市公司高级管理人员应当向公司申报所持有的本公司的股份及其变动情况，在任职期间每年转让的股份不得超过其所持有本公司股份总数的25%；

所持有的本公司股份自公司股票上市交易之日起一年内不得转让。高级管理人员离职后半年内，不得转让其所持有的本公司股份。另外，在公司章程内可以进一步对高级管理人员转让其所持有的本公司股份作出其他限制性规定。上市公司高级管理人员应遵守股票债券等证券的转让限制。

（3）禁止内幕交易

公司高级管理人员应遵守证券交易内幕信息的相关规定，如果高级管理人员为证券交易内幕信息的知情人和非法获取内幕信息的人，那么在内幕信息公开前，不得买卖该公司的证券，或者泄露该信息，或者建议他人买卖该证券。

（4）禁止操纵证券市场

禁止任何人以下列手段操纵证券市场：单独或者通过合谋，集中资金优势、持股优势或者利用信息优势联合或者连续买卖，操纵证券交易价格或者证券交易量；与他人串通，以事先约定的时间、价格和方式相互进行证券交易，影响证券交易价格或者证券交易量；在自己实际控制的账户之间进行证券交易，影响证券交易价格或者证券交易量；以其他手段操纵证券市场。

（三）总经理的权责

总经理作为公司经营管理的一把手，职责重大，其上对董事会负责，下管理各中层部门，总经理的能力与公司业绩呈正相关关系。鉴于总经理的重要性，公司可以专项规定其职责内容。《公司法》对总经理职责的规定如下：主持公司的生产经营管理工作，组织实施董事会决议；组织实施公司年度经营计划和投资方案；拟订公司内部管理机构设置方案；拟定公司的基本管理制度；制定公司的具体规章；提请聘任或者解聘公司副经理、财务负责人；决定聘任或者解聘除应由董事会决定聘任或者解聘以外的负责管理人员；列席董事会会议；董事会授予的其他职权；公司章程规定的其他职权。

公司法规定了总经理的共性的权责，但不同行业的总经理还有一些个性的权责，以某研发型企业为例，总经理应履行如下职责："一、贯彻执行国家的方针政策、法律法规和公司章程，遵照《董事会议事规则》和《企业高管工作细则》履行勤勉义务、忠诚义务，尽责尽力。二、执行董事会决议，向董事会报告工作，并接受监事会的监督。三、编制公司的年度研发计划、财务预算和投资方案，组织实施董事会授权或批准的年度研发计划、财务预算和投资方案，保证经营目标和安全生产目标的实现。四、全面主持公司日常生产经营和管理活动，在董事会授权范围内，代表公司签署对外合同、合约，审批、处理公司各项事务。五、协调行业、监管部门关系，保持企业良好的运营环境。六、做好绿色可持续企业发展规划，依法维护企业、股东和职工的利益，正确处理企业与股东、职工、债权人和客户等之间的相互关系。七、建立公司匹配、高效的组织架构和工作体系，制订公司的基本规章制度和具体管理制度，采取先进的管理模式，推动公司的技术进步。八、提请聘任或者提议解聘公司副总经理等高级管理人员；聘任或者解聘除应当由董事会聘任或者解聘以外的管理人员。九、加强企业文化建设，提高员工综合素质。十、树立创建公司商标，维护公司字号声誉，树立公司良好的社会形象。"

三、高级管理人员的激励与约束

高级管理人员是影响公司业绩的重要因素，现实中高级管理人员作为内部人员控制公司从而导致公司股东等利益相关方受损的情况并不少见。同样，由于激励不够导致高级管理人员积极性不高、公司业绩不理想的情况也较为普遍。所以，高级管理人员的约束与激励是公司治理实务中十分重要的内容，也直接关系到公司的健康与发展。所以，高级管理人员的激励与约束也是公司董事会需要认真考虑的事项。

（一）对高级管理人员的激励

高级管理人员激励机制分为物质激励和非物质激励。物质激励是金钱的激励，如薪酬激励和股权激励；非物质激励如声誉激励和晋升激励等。对于高级管理人员激励制度，应当根据公司的规模、市场、发展目标以及人员情况，设计出不同形式的组合，既保证高级管理人员获得基本收入，同时又将其风险性收入与公司长期整体发展相联系。

1. 物质激励

（1）年薪制度

年薪制是被普遍采用的一种高级管理人员薪酬安排，即以年度为单位，根据高级管理人员的经营成果和责任承担确定其工资收入的薪酬制度。年薪一般由基本年薪和绩效年薪组成。基本年薪是固定金额按月发放，绩效年薪是可浮动的变动薪酬，在年终或季度考核后发放。绩效年薪与公司业绩、部门绩效以及个人绩效挂钩，因岗位职责不同，变动薪酬的比例在各部门或部门不同岗位间体现差异。同时基本年薪与绩效年薪之间可以通过比例进行调节，中后台应提高固定薪酬即基本年薪占比，前台偏向市场的应提高浮动薪酬即绩效年薪占比。

（2）股权激励

股权激励有多种方式，包括限制性股票、股票期权、虚拟股票权等，下面逐一说明优缺点，供读者根据各自公司的实际情况进行选择。

①限制性股票

限制性股票，是指公司预先设定一定的条件（如工作年限或工作业绩），员工若符合相应激励条件则可被授予相应的股票份额，高级管理人员只有于在职期间工作业绩达到预期目标方可出售限制性股票并从中获益的激励方式。在实际操作中，最常见的模式是上市公司以非公开发行的方式向激励对象授予一定数量的公司股票，并设定禁售期和解锁期。这种方式的优点是可以激励公司高级管理人员投身于长期战略目标，缺点是公司业绩目标确定的科学性很难保证，公司高级管理人员可能会为获得业绩股票而弄虚作假，激励成本也较高。表面上完成了业绩目标，实际上是虚假的财务数据。

②股票期权

在一些互联网公司，股票期权的方式比较常见，是指公司授予其员工在一定的期限内，按照固定的期权价格购买一定份额的公司股票的权利，享有期权的高级管理人员有权在一定时期后出售这些股票，获得股票市价和行权价之间的差价，但在合同期内，期权既不可转让，也不能得到股息。这种激励方式的优点是将激励对象的收益与未来股价波动紧密联系，从而降低公司当期的激励成本；缺点是需要承受价格波动和不确定的风险，高级管理人员可能为自身利益而用非法手段抬高股价，从而导致公司陷入财务作假的可能。

③虚拟股票权

虚拟股票权在一些公司内也有实施，如华为公司，即股份的所有权和收益权相分离，高级管理人员不享有所有权和表决权，不能出售和转让，离开公司的时候自动失效。这种激励方式的优点是不影响公司总资本和股权结构，不需要到工商部门或证券交易部门登记，不用变更公司章程，操作方便，更重要的是不会影响原有的表决权格局；缺点是激励对象可能过分重视分红，会减少公司资本公积金的积累，公司现金支付压力较大，该方法不涉及公司股票（权）的所有权的授予，实质上属于奖金的延期支付。

④股票增值权

股票增值权是指公司授予高级管理人员在一定时期和条件下获得规定数量的股票价格上升所带来的收益的权利，激励对象不实际拥有股票所有权、表决权、分红权并且股票不能用于转让和担保、偿还债务等。这种方式中的股票其实是计算收益的一个基数而已。

综上所述，各种激励方式都有对应的实践案例和优缺点，关键是要和公司的发展阶段和性质相匹配，有利于公司未来发展。既要避免激励失效，也要避免丧失控制权，笔者根据实务经验草拟了表 20，供读者参考。

表20　股权激励数量

企业发展阶段	股权激励数量	理由	实际控制人掌握股权数量
创业期	小于33%	创业初期公司发展不稳定，风险大，公司文化和价值观根基不深，需要实际控制人能够掌握绝对控制权，保障公司经营不会出现大的波动，重要决议能够顺利过会	67%以上
发展期	40%左右	大部分高级管理人员在重大决策方面应该会与创始人一致。可以通过签署《一致行动协议》等方式集中表决权	51%以上
成熟期	65%左右	公司的文化和价值观、公司使命和愿景都深入人心，该阶段公司的股权通常很分散，股东包括风险投资机构、股权激励的员工、个人投资者等	33%以上

2. 非物质激励

对于高级管理人员的非物质激励主要包括声誉激励和晋升激励等。晋升激励除了本职晋升以外，还有外部兼职等形式。

（1）声誉激励

声誉激励是对职业经理人给予名誉上的安排，如最佳管理者、集团百年

建设者、技术专家等，能满足其成就感。另外，对其专业能力的认可也是行业声誉的体现。

（2）晋升激励

给予经营业绩良好的高级管理人员职业上升空间与职务晋升机会，实现其职业规划，晋升激励一般同时会伴有与职务相对应的物质激励。

（3）其他激励

包括提供高级管理技能培训，如 EMBA 学习等机会，或者代表公司参加行业交流，享受高标准的休养安排等。

（二）对高级管理人员的约束

公司对高级管理人员的约束制度是公司健康经营的重要保证。公司应对高级管理人员的决策、行为或经营成果进行一系列客观且及时的检查、评价、监察、控制、督导和惩罚。公司可以通过组织制度、内部审计和授权来对高级管理人员进行约束。同时高级管理人员还面临市场评价、外部监管监督、行业声誉评价和自律机制等外部约束。《公司法》规定，高级管理人员必须在法律法规及公司章程下进行经营管理活动，对公司负有忠实、勤勉义务，并规定了股东派生诉讼制度。股东派生诉讼又称股东代表诉讼，是指当公司的合法权益受到侵害，特别是受到控股股东、董事和高级管理人员等侵害而公司怠于起诉时，符合法定条件的股东为了公司利益以自己的名义对侵害人提起诉讼，追究其法律责任的诉讼制度。股东派生诉讼就是典型的赋予公司与小股东的对高级管理人员的约束机制。

1. 内部约束

内部约束机制是指公司股东大会、董事会、监事会等对高级管理人员的表现是否称职、业绩是否良好所进行的监督控制，主要包括组织制度约束、内部审计约束和授权约束等。

（1）组织制度约束

组织制度约束是公司内部约束机制的核心。在规范的公司治理结构中，股东大会、董事会和监事会制度本身就是一种约束机制。股东大会通过董事会对高级管理人员进行间接约束；董事会通过对公司重大决策权的控制和对高级管理人员的任免、奖惩进行直接约束；监事会对董事、高级管理人员履职时违反法律法规或公司章程以及损害公司利益的行为进行监督。组织制度约束有效的关键是董事会真正代表股东利益，独立于高级管理层。股东大会、董事会、监事会与高级管理层组成权责分明、协调配合、互相制衡的公司治理机制，从而起到组织制度约束的效果。

（2）内部审计约束

内部审计是在公司内部开展的独立评价活动，通过对公司经营管理情况进行审查和评价，发挥监督、制约、促进、建设和参谋作用。内部审计可以促进管理透明。有效的内部审计活动可以对高级管理层的实际履职进行实质性的监督。例如，保险公司要对高级管理人员在任职期间所进行的经营管理活动进行审计检查，客观评价其依据职责所应承担责任的审计活动，包括任中审计、离任审计和专项审计。保险公司高级管理人员审计内容主要包括审计对象在特定期间及职权范围内对以下事项所承担的责任：经营成果真实性；经营行为合规性；内部控制有效性。鼓励保险公司在完成以上审计内容的同时，对高级管理人员进行经营决策科学性和经营绩效评价。

（3）授权约束

股东大会是公司的权力机构，通过自上而下层层授权，董事会制定授权体系，使高级管理人员权力有出处，并在一定的权力范围内行使，在规定的时间内行使。高级管理人员应按照自己所获取的授权执行，不允许超授权进行业务交易或签订合同等。

2. 外部约束

（1）外部监管监督

对于高度监管的行业来说，外部监管的监督约束是非常强大的。以银行保险行业为例，高级管理人员任职前需要进行准入审核，在经营管理过程当中，还要定期向监管机构进行汇报，经营出现问题有可能被行政处罚，包括警告、通报及行业禁入等。同时，监管机构还通过发布《商业银行稳健薪酬监管指引》等一系列指引文件，对银行薪酬机制进行监管：一是定期对商业银行薪酬管理机制的健全性和有效性做出评估，着重评估商业银行是否认真按照要求落实薪酬机制的一系列政策措施。二是动态监测商业银行薪酬管理制度的实施情况，并根据实施情况组织对商业银行风险控制指标执行情况的现场检查。三是及时发现和纠正商业银行在薪酬管理过程中存在的问题。

（2）声誉约束

一般而言，一个行业的高级管理人员圈子比较透明，公司经营业绩的好坏很快就会在圈子内传开，所以高级管理人员的行为受到市场声誉约束，只有业绩良好的高级管理人员才能在市场上显示其能力，获取高额报酬。因此高级管理人员有市场动力通过降低成本、提高效率、增强竞争力等方式取得良好的经营业绩。

（3）法律法规约束

从根源上来说，法律法规是最有力的约束，也是其他约束机制生效的最终保证。高级管理人员如果违反法律法规，滥用权力侵害公司利益，将会被依法追究责任。

公司通过上述内部约束和外部约束对高级管理人员形成直接与间接的合力，有效约束高级管理人员，形成高级管理人员的"优胜劣汰"机制，促进公司稳健经营和可持续发展。

四、授权管理

高级管理人员在工作中会将相关权力进行分配，毕竟一个人无法完成所有工作，将权力授予他人形成各自工作职责的过程就是授权，即公司在法定经营范围内，对机构或业务岗位授予相应的业务经营管理权限的制度，常见的授权为年度授权、特别授权和转授权。

（一）授权体系

股东会/股东大会对董事会、董事会对总经理的授权，总经理对各部门的授权形成了公司内部的授权体系。

总经理对各部门的授权主要为在董事会授权范围内就重要经营及管理事项对分支机构或内部各部门的授权。总经理的内部授权应符合三个原则：一是有限授权原则，即授权不得超过总经理的自有权限；应当由总经理本人自身行使的权限，不得进行授权或转授权。二是区别授权原则，即总经理应根据受权人的具体情况和授权事项，进行区别授权并对执行情况进行监督、检查和调整。三是禁止越权原则，受权人应遵循包括授权管理规定在内的各项规章制度，在被授予的权限范围内尽职尽责地开展经营管理活动；严禁发生各种越权违规行为。

（二）授权制度

授权体系在公司内部会形成相关制度，并以公司内部制度文件形式体现，此处介绍三种常见的授权制度及其内容。

1. 年度授权

年度授权包括年度横向授权与年度纵向授权。年度横向授权遵循分工负责、各司其职的原则，根据经营管理需要确定具体权限范围和额度。年度纵向授权通过综合考虑分支机构经营绩效考评情况、市场环境、客户资源、风险状况及内部控制等因素，根据经营管理需要确定具体权限范围和额度。年度授权自授权书接收之日起生效，至下一次年度授权生效时失效。授权书中载明生效起始日期的，自该载明的日期生效。例如，在银行业内年度授权一般包括分行信贷审批额度，具体额度大小每家分行根据经营管理需要而不同。

2. 特别授权

特别授权一事一授，在年度授权没有覆盖的场景下进行补充。办理特别授权手续需要注意几个关键点：特别授权事项需要符合法律法规、监管规定和公司的规章制度规定；特别授权事项的时效性一般要求较高，年度授权难以满足需要；特别授权的有效期限根据授权事项的具体情况确定，一般不得超过一年。生效日期以授权人指定的生效日期为准，未指定生效日期的，以批准日期为生效日期。特别授权至授权事项完成之日失效，但特别授权载明失效期限的，以其载明期限为准。例如，委托授权是特别授权的一种，指委托人（总经理）授予受托人（员工或其他人员）一定的代理权，受托人以委托人（总经理）名义从事民事法律行为，产生的权利义务由委托人享有或承担。一般用于委托签约、委托诉讼等事项。

3. 转授权

转授权是指受权人对权利进行再次转移，一般在一些特殊场景下需要，如授权人需要休假，为了经营管理的连续性需要进行转授权。转授权书原则上不迟于生效前五日送达转受权人。转授权应在授权确定的范围、额度和期限内进行，转授权范围、额度和期限不得大于或优于授权；转授权的生效和失效日期，不得超出授权的有效期间；另有限制或禁止要求的，从其要求，如禁止受权人转授权等。

（三）授权书示范模板

模板一：某银行＿＿＿＿＿年度授权书

编号：（＿＿＿＿年＿＿＿号）

授权人：董事长

受权人：总经理

为适应现代金融企业制度的要求，健全某银行股份有限公司（以下简称本行）公司治理架构，促进本行经营管理的科学化、制度化、规范化，确保本行重大经营决策的正确性、合理性，提高民主决策、科学决策的效率和水平，根据《中华人民共和国公司法》、《商业银行公司治理指引》（银监发〔2013〕34号）和《公司章程》、《授权管理办法》等有关规定，特制定本授权书。

一、基本原则

（一）总经理在董事会领导下主持本行日常经营管理工作，并对董事会负责；

（二）总经理在行使职权时，不得变更股东大会和董事会决议或超越授权范围。

二、授权范围

（一）主持本行的经营管理工作，并向董事会报告工作；

（二）组织实施董事会决议、本行年度计划和投资方案；

（三）拟定本行的基本规章和制定本行的具体规章；

（四）提请董事会聘任或者解聘非由董事长提名聘任或解聘的其他高级管理人员；

（五）聘任或者解聘除应由董事会聘任或者解聘以外的、本行内部各职能部室及分支机构负责人，按照董事会批准的方案决定其工资、福利、奖惩事项；

（六）决定本行员工的聘用和解聘；

（七）提议召开董事会临时会议；

（八）授权高级管理层成员、内部各职能部室及分支机构负责人从事经营活动；

（九）在本行发生挤兑等重大突发事件时，采取紧急措施，并立即向国务院银行业监督管理机构和董事会、监事会报告；

（十）拟订本行内部管理机构和分支机构的设置与撤并方案；

（十一）决定本行员工的工资、福利、奖惩事项；

（十二）在董事会授权范围内，总经理审议批准本行日常经营活动相关的关联交易、股权投资、固定资产购置和处置、担保等事项。

总经理行使职权时，应遵守总经理工作规则，总经理工作规则需报董事会批准后实施；总经理在行使上述第四项、第五项、第十项职权时，应事先向董事长报告并取得一致意见。

三、授权期限

本授权书经本行董事长签发后，自＿＿＿＿年＿＿＿月＿＿＿日至＿＿＿＿年＿＿＿月＿＿＿日有效。

四、其他事项

本授权书中未涉及的受权人的其他权限，受权人可在本行章程、总经理工作规则，董事会会议决议规定的授权范围内行使。

本授权书一式六份，授权人、受权人、董事会办公室、人力资源部、总行办公室和法律合规部各存一份。

特此授权。

授权人（签字）：

受权人（签字）：

　　　　　　　　　　　　　　　　　　　＿＿＿＿年＿＿＿月＿＿＿日

模板二：某股份有限公司临时授权书

编号：（＿＿＿＿年临＿＿＿号）

授权人：

受权人：

根据《某公司总经理工作规则》《某公司高级管理层工作规则》等有关规定，在本人休假（自＿＿＿＿年＿＿＿月＿＿＿日至＿＿＿＿年＿＿＿月＿＿＿日），授权_____副总经理代本公司总经理职权处理相关事宜，其他工作事宜按照上述工作规则有关规定办理。

特此授权。

授权人（签字）：

受权人（签字）：

_____年____月____日

注：本授权书一式五份，授权人、受权人各执一份；
董事会办公室、办公室、法律合规部各备存一份。

模板三：特别授权书

授权人：

法定代表人：

受权人：

主要负责人：

根据《商业银行授权、授信管理暂行办法》（银发〔1996〕403 号）、《商业银行内部控制指引》（银监发〔2014〕40 号）、《银行授权管理办法》等相关规定，现由授权人签发本授权书，对受权人进行授权，特制定本授权书。

一、授权范围

（一）_____权限

1.

2.

（二）_____权限

1.

2.

二、授权期限

本授权书有效期限为下列第____项：

（一）自____年____月____日至____年____月____日；

（二）自____年____月____日至授权事项完成之日。

三、其他事项

若本特别授权书所载内容与年度授权书内容不一致的，以本特别授权书为准，年度授权书的其他内容仍然有效。

特此授权。

授权人：（公章）

签发人：（签章）

　　　　　　　　　　　　　　　　　_____年____月____日

模板四：年度授权调整书

授权人：

法定代表人：

受权人：

主要负责人：

根据本公司章程，《总经理工作规则》和《授权管理办法》等相关规定，现由授权人签发本授权调整书，对年度授权书（编号：）进行调整。

一、授权范围

……

二、授权期限

本授权调整书有效期限自 _____ 年 ____ 月 ____ 日至 _____ 年 ____ 月 ____ 日。

三、其他事项

若本授权调整书所载内容与年度授权书内容不一致的，以本授权调整书为准，年度授权书的其他内容仍然有效。

特此授权。

授权人：（公章）

签发人：（签字）

　　　　　　　　　　　　　　　　　_____年____月____日

模板五：委托授权书

授权人：

法定代表人：

受权人：

兹授权＿＿＿＿＿＿＿＿作为本公司的授权代表，与＿＿＿＿＿＿＿＿签署
《＿＿＿＿＿＿＿＿》。

本授权书有效期限为下列第＿＿项：

（一）自＿＿＿年＿＿月＿＿日至＿＿＿年＿＿月＿＿日；

（二）自＿＿＿年＿＿月＿＿日至授权事项完成之日。

特此授权。

授权人：（公章）

法定代表人：（签章）

＿＿＿＿年＿＿月＿＿日

五、公司管理性制度文件目录

公司管理性制度文件可以分为两大类，第一大类为约束高级管理人员履职的制度文件，如表21中的第1—10号文件；第二大类为高级管理人员为公司运营所设置的制度文件，即为高级管理层制定的适用于公司日常管理经营的文件，如表21中的第11—19号文件。表21中并未涵盖所有管理性制度文件，各公司可以根据需求制定有关高级管理层履职的规章制度并进行目录化展示，表21供读者参考。

表21　高级管理人员制度目录

序号	汇编定位	标题	规章层级
1	公司治理——高级管理层	高级管理人员任职管理办法	基本规章
2	公司治理——董事会	高级管理人员薪酬管理办法	基本规章
3	公司治理——董事会	高级管理人员绩效考核管理办法	基本规章
4	公司治理——高级管理层	总经理工作规则	基本规章

续表

序号	汇编定位	标题	规章层级
5	公司治理——高级管理层	高级管理层工作规则	具体规章
6	公司治理——高级管理层	信息科技管理委员会工作规程	具体规章
7	公司治理——监事会	监事会对高级管理人员履职评价办法	基本规章
8	公司治理——监事会	监事会对高级管理人员履职评价实施细则	具体规章
9	公司治理——高级管理层	重大信息内部报告规定	具体规章
10	公司治理——高级管理层	战略业务委员会工作规程	具体规章
11	办公事务——印章管理	印章管理办法	具体规章
12	办公事务——公文管理	公文管理办法	具体规章
13	办公事务——档案管理	档案管理办法	具体规章
14	办公事务——行政事务	证照管理办法	具体规章
15	办公事务——保密工作	保密工作管理办法	具体规章
16	纪检监察——内部问责	责任承担管理办法	具体规章
17	计划财务——预算管理	财务预算管理办法	具体规章
18	计划财务——财务管理	固定资产管理办法	具体规章
19	法律合规——合规管理	合规管理基本规定	具体规章

· 第八章 ·
考核

公司治理的落脚点在于建立有效的激励约束机制，在管理上体现为建立健全的绩效考核体系。激励与约束是整个考核体系的核心问题，没有激励就没有人的积极性，企业就没有发展；同时，每个人的行动都要受到约束，没有约束就没有办法制止道德逆选择，企业发展很难走得长远。从实践来看，绩效考核是激励约束机制的最重要内容，公司建立完善有效的绩效考核体系才能把激励约束落到实处。

一、考核体系

（一）三个层次的考核体系

从公司考核的主体分类，公司考核体系包括三个层次：对董监事的考核、对高级管理人员的考核和对部门与个人的考核。董事会、监事会、专门委员会（如薪酬与考核委员会）是确定公司董监事及高级管理人员薪酬方案，负责薪酬管理、考核和监督的专门机构。董事会专门委员会制订包括相应董事和高级管理层在内的薪酬及考核方案提交董事会审议，由股东大会批准后实施。部门与个人的绩效考核体系由高级管理层来制定与实施。三个层次的考核体系总体遵循责权利对等的基本原则，董监事、高级管理人员等考核与公司整体目标完成情况挂钩，通常通过履职评价方式进行考核，高级管理人员还通过 KPI（关键绩效指标）指标打分制来进行考核。普通员工考核主要与分解后的具体工作指标挂钩，为了激励员工团队合作也会在一定比例上与公司整体目标相关。

（二）考核工作职能分工

考核工作体系包括绩效目标设定、绩效考核与结果界定、绩效结果反馈与应用三大关键环节。

一般由董事会与监事会对每一位董事与监事的履职进行评价，通常不采取 KPI 的考核方式，而采取述职的考核方式。对董事与监事履职评价工作一般由董事会或监事会薪酬与考核委员会具体完成。

对高级管理层的考核一般由董事会完成，并采取 KPI 考核与述职考核相结合的方式。

对部门与个人的考核工作分工较为复杂，主要由高级管理层完成考核工作。高级管理层根据公司年度计划，确定全公司绩效管理目标，审定绩效考核制度和方案等。人力资源部作为绩效管理的牵头管理部门，在相关部室配合下，实施开展绩效管理工作，设计优化绩效管理制度和流程工具等，并且负责处理员工提出的绩效申诉；计划财务部作为绩效管理的重要参与部门，与人力资源部紧密合作进行指标、工具的设计，重点负责业务经营单位的经营业绩指标设定和评估，并为涉及经营业绩管理的部门目标达成提供专业支持；公司各业务部门负责牵头分解关键业务任务及指标，制订相关业务指标的考核方案和实施细则，并就业务绩效实施进度开展阶段性评价反馈等工作；各级直线主管是执行绩效管理的直接责任人，根据授权对管理的团队和员工的目标达成负责（见图5）。

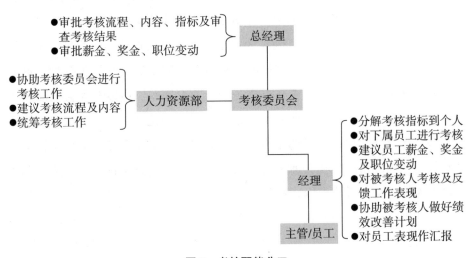

图5 考核职能分工

（三）考核指标的设置

公司在设定考核指标的时候应兼顾业务指标和管理指标两个部分。考核指标制定应具备具体化、可量化、可达成、相关性、时效性。

考核指标并非越多越好，也并非越细越好，关键经营业绩指标和重要管理任务指标的权重和分值根据不同部门的功能要求合理设置。图6是考核指标。

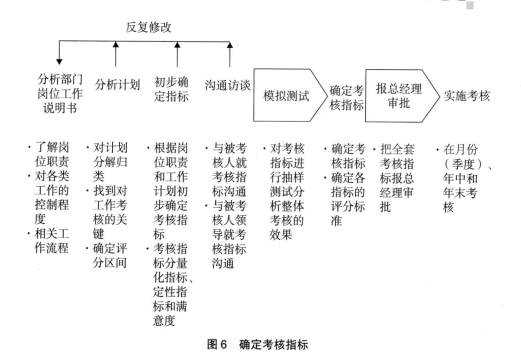

图6 确定考核指标

以某公司纪检监察职能的考核为例，先设置了包括党风廉政建设、奖惩体系建设、落实清廉规定情况、效能监察和作风建设五大考核项目，每个项目又进行细分的指标设置，详见表22。

表22 纪检监察室考核

序号	考核项目	考核内容	评分细则	考核情况简述	考核部门	实得分
1	党风廉政建设（30分）	（1）认真贯彻落实上级有关党风廉政建设和反腐败工作部署，切实加强党风廉政教育，落实公司清廉建设（10分）	①领导班子不重视党风廉政建设和反腐败工作，上级工作部署和要求得不到及时贯彻落实的扣5分；②本部门党风廉政建设和党内建设工作不力，效果不明显的扣5分。			

序号	考核项目	考核内容	评分细则	考核情况简述	考核部门	实得分
1	党风廉政建设（30分）	（2）建立健全党风廉政建设责任制，落实"四清单一项目"制度（10分）	①领导班子成员对党风廉政建设责任内容不清楚的扣3分； ②相关制度不健全的扣2分； ③领导班子成员在执行廉洁公司和廉洁自律有关规定方面存在问题的扣3分； ④领导人员谈话制度、述职述廉制度、重大事项报告制度不落实的扣2分。			
		（3）制订反腐倡廉宣传教育计划，适时开展多种形式的警示教育活动（10分）	①反腐倡廉宣传教育计划不落实的扣3分； ②没有把反腐倡廉规定要求作为党委理论中心组学习的重要内容，定期安排学习的扣4分； ③学习效果不明显的扣3分； ④适时开展多种形式的教育活动，酌情加2—5分。			
2	惩防体系建设（20分）	建立健全惩治和预防腐败体系，强化责任追究（20分）	①对落实惩防体系建设工作不重视，构建惩防体系措施不具体、工作不落实的扣5分； ②存在违反规定程序，不经集体讨论决定重大事项、人事任免、项目安排和资金使用的扣5分； ③规范"事权、财权、人事权、物权"方面的制度不严密或执行不到位，出现问题的扣5分； ④对违反规定应进行责任追究而未进行的扣5分。			

序号	考核项目	考核内容	评分细则	考核情况简述	考核部门	实得分
3	落实清廉规定情况（20分）	（1）认真落实好党委民主生活会制度、组织生活会、民主评议党员等党的组织生活制度（10分）	①生活会敷衍、没有切实解决问题的扣4分；②无相关党的组织活动的扣6分。			
		（2）认真落实巡查检查制度，狠抓巡视问题的改正情况（10分）	①主要领导对巡查检查制度不重视、不落实的扣5分；②对巡视发现的问题不及时处理或隐瞒上报的扣5分。			
4	效能监察（10分）	认真按照上级要求开展效能监察，健全组织机构，能够在自查中发现问题并及时进行整改（10分）	①对效能监察工作不重视，机构不健全或工作措施不具体、成效不明显的扣5分；②在自查中未发现问题，经上级例行检查发现问题的扣5分。			
5	作风建设（20分）	（1）落实中央八项规定精神和省委"36条办法"的规定（10分）	享乐主义和奢靡之风不及时查纠（不改正、不纠正）的扣10分。			
		（2）盯紧重大节日，落实内部接待、商务宴请、公务用车等总行的规定（10分）	①节假日违规收受礼品的扣5分；②违规进行公务接待、商务宴请、公务用车的，违反一项扣5分，可累计扣分。			
	合计					

（四）考核指标执行评估

在年初或上一年末完成考核指标设置后，在年末要开展实质的考核工作，董监事通过董事会、监事会对其进行履职执行考核评价；高级管理人员由董事会、监事会进行 KPI 和述职考核；部门由高级管理层按照设定的考核指标和实际工作完成情况进行考核；员工个人绩效考核基于组织架构和汇报关系，由其主管担任主考核人，在必要的情况下可以设置第二考核人，并合理设定多个考核人之间打分的权重。

公司应制定清晰的考核流程，图 7 以部门负责人为例，草拟考核流程供读者参考。

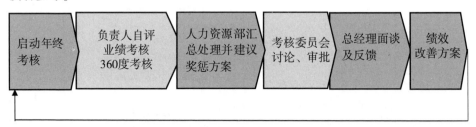

图 7　部门负责人评估流程

二、对董事、监事的履职评价

公司对董事、监事履职评价的重点应该是对董事日常履职与决策能力的考核，对监事日常履职与监督能力的考核。公司建立健全董事、监事履职评价制度，根据自身具体情况对董事、监事的评价内容、评价原则、实施主体、资源保障、评价方式、评价流程、评价等级、结果应用、工作责任等重要内容作出明确规定。履职评价制度应当考虑到不同类型董事、监事的特点，作出差异化的规定。

（一）董事、监事履职评价体系

董事履职评价可以包括董事自评、董事互评、董事会评价、外部评价、监事会最终评价等环节。监事履职评价可以包括监事自评、监事互评、外部评价、监事会最终评价等环节。评价方法可以包括资料分析、行为观察、问卷调查、履职测评、座谈访谈等。

（二）履职评价依据和标准

公司应当依据履职评价情况将董事、监事年度履职表现划分为称职、基本称职和不称职三个级别。董事、监事履职评价应当至少包括忠实义务、勤勉义务、履职专业性、履职独立性与道德水准、履职合规性五个维度。

第一，履行忠实义务主要为考核董事、监事是否以公司利益为工作标准，是否严格保守公司秘密，是否存在损害公司利益的行为。

第二，履行勤勉义务主要为考核董事、监事有无投入足够的时间和精力参与公司事务，有无及时了解经营管理和风险状况，有无按要求出席董事会及其专门委员会会议、监事会及其专门委员会会议，是否对提交董事会、监事会审议的事项认真研究并作出审慎判断等。

第三，履职专业性主要为考核董事、监事能否持续提升自身专业水平，有无立足董事会、监事会职责定位，结合自身的专业知识、从业经历和工作经验，有无研究提出科学合理的意见建议，推动董事会科学决策、监事会有效监督等。

第四，履职独立性与道德水准主要为考核董事、监事能否坚持高标准的职业道德准则，不受主要股东和内部人控制或干预，独立自主地履行职责，能否推动机构公平对待全体股东、维护利益相关者的合法权益、积极履行社会责任等。

第五，履职合规性主要为考核董事、监事能否遵守法律法规、监管规定及公司章程，持续规范自身履职行为，有无依法合规履行相应的职责，推动和监督机构守法合规经营等。

对董事考核应关注以下重点：制订并推动实施战略规划、年度经营计划；审查重大投融资和资产处置项目；推动股东（大）会决议和董事会决议的落实；推动机构完善股权结构和内部治理架构，加强股权管理，提升公司治理的有效性；提升董事提名和选举流程的规范性和透明度；选聘、授权、监督和更换高级管理人员，加强与高级管理层的沟通；评估和完善董事会对高级管理层的授权原则、授权范围和管理机制；推动董事、高级管理人员薪酬与机构和股东长期利益保持一致；推动协调各治理主体运作，加强与股东及其他利益相关者的沟通，平衡各方利益；促进关联交易的合法合规性和关联交易管理的规范性；提升财务会计信息的真实性、准确性和完整性；提升信息披露的真实性、准确性、完整性和及时性；履行法律法规、监管规定及公司章程规定董事应当承担的其他重要职责。

对监事考核应关注以下重点：对董事、高级管理层的监督；对审计、合规案防控制工作的监督；对发展战略和经营理念的科学性、有效性、合理性以及实施情况的监督与评估；对财务状况的监督；对激励约束机制科学性、稳健性以及具体实施效果的监督；对落实股东（大）会决议、董事会决议、监事会决议情况的监督；对违法、违规行为的提示及纠正；履行法律法规、监管规定及公司章程规定监事应当承担的其他重要职责。

董事、监事的考核评价结果可以设置为称职、基本称职和不称职。

（三）履职评价结果运用

履职评价是公司加强董事会、监事会建设的重要手段，通过对评价结果的有效运用，可以改进董事、监事履职行为，推动董事会、监事会规范自身运作。公司根据评价结果提出工作建议或处理意见，将董事、监事评价结果和相关意见建议报告股东（大）会，将董事评价结果和相关意见建议反馈董事会，书面通知董事、监事本人。对履职评价结果为"基本称职"的董事、监事，董事会和监事会应当组织会谈，提出限期改进要求。对考核为"不称职"的董事、监事，董事会、监事会应罢免其职务，向其问责，追回薪酬或津贴。

董事、监事考核结果为"不称职"的情形为：董事、监事泄露秘密，损害机构合法权益的；在履职过程中接受不正当利益，或者利用董事、监事地位谋取私利的；参与或协助股东对机构进行不当干预，导致出现重大风险和损失的；隐瞒重要事实、提供虚假材料或参与机构编造虚假材料的；对机构及相关人员重大违法、违规、违纪问题隐匿不报的；董事会、监事会决议违反法律法规、监管规定及公司章程，导致机构重大风险和严重损失，董事、监事没有提出异议的；对履职评价发现的严重问题拒不改正的。

在董事、监事履职评价中不能以参加全部会议就代表其全部履职为判断标准，参加会议仍是基础的履职行为，更应考察董事、监事有无上述重点履职事项方面进行实质性的履职。

三、对高级管理人员的考核

高级管理人员的考核侧重于关键绩效指标完成情况。关键绩效指标既包括财务指标，又包括非财务的管理指标。财务指标如股东投资回报率、收益增长率、每股收益、息税折旧摊销前利润（EBITDA）、资本回报率、经济增加值（EVA）以及自由现金流量。非财务的管理指标如客户满意度、员工满意度、研发（R&D）生产力等。某些 KPI 具有普遍有效性，能够广泛应用于许多公司，有些指标仅被少数企业采用，因其具有行业或公司特殊性。不论公司选择使用哪些指标，重要的是要将这些指标跟公司的商业模式和战略规划紧密联系起来。

（一）考核流程

本年度年初或上一年度年末董事会应制定本年度的高级管理层考核指标，及时按以下流程开展考核。首先，公司结合内部审计、外部审计或财务报告来计算出定量部分的得分；其次，对于定性指标，由高级管理人员提交述职报告，汇报指标的完成情况。最后，董事会结合财务指标与定性指标的完成情况，为每位高级管理人员进行考核打分。

（二）考核结果运用

2019 年 11 月 7 日，金能科技（603113）公告称，公司董事会、监事会会议审议并通过了《关于解聘公司高级管理人员职务的议案》，公司根据制定的岗位业绩考核指标，结合个人工作表现，同意解聘公司董事、总经理助理伊某某的总经理助理职务，不再担任公司高级管理人员。

实务中，对于高级管理人员考核结果的具体运用是十分复杂和谨慎的，需要综合考虑多个因素，具体参见图 8。通过考核，对于绩效卓越的高级管理人员应及时进行晋升与奖励，如晋升为更上一级高级管理人员职位，应给予丰厚的薪酬和福利待遇；如果高级管理人员因为某些原因没有达到预期目标，公司应对其绩效薪酬进行扣减；如果无法胜任工作职责或实施了不符合公司利益的行为，公司可以采取免职或公开罢免措施来及时纠正。除考核不过关外，丧失高管任职资格也是罢免原因。例如，2022 年 12 月 7 日，越博动力（300742）公告称，鉴于公司第三届非独立董事、董事长李某某现时到期未清偿的债务金额较大，且已被列为失信被执行人。公司董事会认为李某某不符合董事任职资格，同意罢免李某某的公司董事及董事长职务。

综合素质

	未完成定量指标15% 暂停加薪及晋升机会 轮换岗位	完成100%定量指标，90% 定性指标 加薪 有条件晋升	定量及定性指标均或有 一个超100%完成 给予晋级和奖励
高			
中	未完成定量指标30% 减薪、罢免职务、取消 股票激励等措施	完成90%定量指标，80% 定性指标 对加薪和晋级均需慎重考虑， 提出绩效要求 不要让他们阻碍公司中有才 华的员工发展	定量及定性指标均完成 100% 奖金、股票或晋升
低	未完成定量指标50% 罢免职务，解除劳动关 系、消除所有级别	未完成定性指标50% 重新评估能力 考虑减薪、罢免职务	未完成定性指标20% 暂停加薪及晋升 要求其参加培训和学 习，设置考核期

低　　　　　　　　　中　　　　　　　　高　　　工作绩效

图8　考核结果运用

四、对部门和个人的考核

部门绩效考核的对象是考核实施机构对部门及分支机构的考核；员工绩效考核的对象是员工个人，属于对人的考核。规模较大的公司由于部门与员工数量较多，所以此项考核工作量很大。

（一）指标设置

部门的考核指标设置，要以部门职能为基础，将全公司 KPI 指标分解至部门，成为有针对性的部门考核指标。本小节以 IT 部门的指标为例来进行阐述。IT 部门的主要工作职责是通过信息化手段支持业务发展，在信息化过程当中防范各种信息科技风险，所以 IT 部门通常会设置重要信息系统可用率、重大生产事件零发生、需求吞吐完成率、需求上线周期、缺陷逃逸率等指标，不同指标的考核权重要根据考核目的来设置，如重要信息系统可用率特别重要，可以此单项即占全部分值的 50%。

（二）部门考核

部门考核主要有两种方式，第一种以部门为考核对象；第二种以部门负责人为考核对象。本小节讨论部门负责人为考核对象的考核方式。部门负责人是公司内承上启下的管理环节，图 9 展示了部门负责人的三项考核内容，即业绩、综合素质、满意度。其中综合素质主要考核领导干部的个人品德、领导素质以及管理能力；满意度主要考核职能部门间在相互配合、相互协调、处理内部事务方面的工作质量，而业绩则是针对该负责人的职能分工所作的最重要的考核内容，这三项考核内容的权重可以根据实际情况来进行调整。

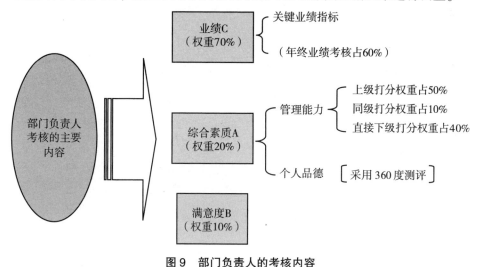

图9　部门负责人的考核内容

（三）个人考核

员工个人绩效考核的目的是通过考核激励员工提高工作效率，完成公司全体目标。员工个人绩效考核的关键在于考核结果应向员工反馈并帮助员工提升绩效与能力，进而提升企业绩效和实现目标，形成良性循环。公司应更加重视绩效考核过程中的绩效辅导、绩效反馈和对员工能力的培养，而不是简单的薪酬和职级调整。彼得·德鲁克说："所谓企业管理最终是人力资源管理，而人力资源管理的重中之重就是绩效管理。可以这样讲，企业管理就等于绩效管理。"要通过绩效管理推动企业整体战略目标的实现、改善管理者与员工的关系、提升员工绩效和激发员工潜能，更重要的是通过公平的个人考核促进企业文化的建立和优化。

公司通过将整体 KPI 分解的方式，将经营目标、部门职责转化为员工个人 KPI 目标，使员工清晰地了解自己的工作目标和业绩要求。同时公司建立员工考核制度，明确员工的工作内容、工作要求和衡量标准。员工可以通过绩效考核和结果反馈与运用，认清自己的优势、不足和改进办法，有利于自身职业生涯的长远发展。图 10 直观地显示了员工个人考核的组成，员工上级的考核主要反映了员工个人业绩的完成度和质量，与团队其他员工相关联是为了考察员工团队协助程度。

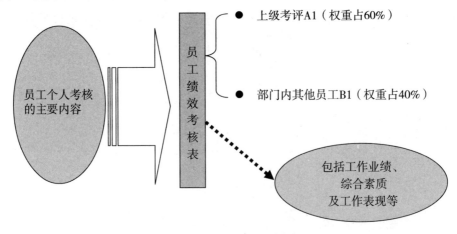

图 10 员工个人考核的内容

（四）考核结果运用

以员工个人考核为例，其结果的运用可以采取排名与比例的方式来实现，可以在全体员工范围划定 A、B、C、D、E 级，以确定绩效工资权数。同时员工薪酬由固定工资加考核绩效两部分组成，固定工资每月发放与考核无关；而考核绩效按月、按季度、按年度发放，仅事先明确一个基数，实际发放金额要依考核结果而定。以某制造业公司为例，可规定 A 级点总人数的 10%，B 级点总人数的 20%，C 级点总人数的 40%，D 级点总人数的 20%，E 级点总人数的 10%；A 级的绩效工资权数为 1.4，B 级的绩效工资权数为 1.2，C 级的绩效工资权数为 1.0，D 级的绩效工资权数为 0.8，E 级的绩效工资权数为 0.6；根据权数及个人绩效考核结果来计算个人绩效工资，上述不同绩效工资权数的基数即为上述员工薪酬中的考核绩效基数。例如，某员工年薪 100 万元，固定工资占比 70%，绩效工资占比 30%。假如在年底考核为 A 级，那么绩效工资是 100×30%×1.4＝42 万元，假如在年底考核为 D 级，那么绩效工资是 100×30%×0.8＝24 万元。通过这种绩效工资权数实现员工收入的能高能低，奖励高绩效员工。

五、考核文件示范模板

（一）董事履职情况自我评价表

表 23 董事××年度履职情况自我评价表

评价事项		评价
一、所有董事填写	1. 具备履职必需的知识、经验和素质，具有良好的职业道德	□是　□否
	2. 遵守相关法律法规和本公司章程，履职过程中无违法违规行为	□是　□否
	3. 维护公司利益，无利用职务便利为本人或他人谋取不正当利益的行为	□是　□否
	4. 保守公司秘密，不曾泄露公司商业秘密	□是　□否
	5. 遵守信息披露规定，如实告知本职、兼职情况以及与本公司的关联关系及其变动情况	□是　□否
	6. 董事个人直接或间接与本公司业务有关联关系时，应当及时告知关联关系的性质和程度，并按相关规定履行回避义务	□是　□否
	7. 投入足够的时间和精力，持续关注公司经营管理状况与同业发展动态，对发展战略和经营理念的科学性、有效性、合理性以及实施情况的监督与评估	能够做到□　基本做到□　有待改进□　未做到　□
	8. 按规定出席董事会及相关专门委员会会议，正确行使表决权	能够做到□　基本做到□　有待改进□　未做到　□
	9. 认真审阅董事会及相关专门委员会会议材料和公司相关报告，并能针对公司的实际情况提出科学合理的意见和建议	能够做到□　基本做到□　有待改进□　未做到　□

评价事项		评价
一、所有董事填写	10. 积极参加监管部门和董事会组织的相关培训活动，以及董事会或专门委员会的专项工作及重大课题研究、调研活动	能够做到□ 基本做到□ 有待改进□ 未做到　□
	11. 年度内能亲自出席三分之二以上的董事会或专门委员会会议	能够做到□ 基本做到□ 有待改进□ 未做到　□
	12. 持续了解本公司的公司治理、战略管理、经营投资、风险管理、内控合规、财务会计等情况，依法合规参与会议、提出意见建议和行使表决权，对职责范围内的事项作出独立、专业、客观的判断，提升董事会决策和监事会监督质效，推动和监督股东大会、董事会、监事会决议落实到位 主动关注监管部门、市场中介机构、媒体和社会公众对本公司的评价，持续跟进监管部门发现问题的整改问责情况	能够做到□ 基本做到□ 有待改进□ 未做到　□
二、仅由执行董事填写	充分发挥自身特点和优势，维护董事会在战略决策中的核心地位，支持配合监事会的监督工作，确保董事会职责范围内的事项及时提交董事会审议，落实高级管理层向董事会报告制度，支持董事会其他成员充分了解本公司经营管理和风险信息，推动董事会决议的有效执行和及时反馈	能够做到□ 基本做到□ 有待改进□ 未做到　□
三、仅由独立董事填写	1. 对股东大会、董事会讨论事项，尤其是重大关联交易、利润分配、董事的提名任免、高级管理人员的聘任和解聘以及薪酬等可能存在利益冲突的事项，发表客观、公正的独立意见	能够做到□ 基本做到□ 有待改进□ 未做到　□
	2. 每年在本公司工作的时间不得少于 15 个工作日 董事会风险管理委员会、审计委员会、关联交易控制委员会主任委员每年在本公司工作的时间不得少于 25 个工作日	能够做到□ 基本做到□ 有待改进□ 未做到　□

需要说明的情况或意见建议：

董事签名：

年　　月　　日

（二）监事会对董事履职情况评价表

表24 监事会对董事××年度履职情况评价表

被评价人：

定性评价事项		评价	
1. 在年度内能亲自出席三分之二以上的董事会和专委会会议		□是 □否	
2. 董事会审议通过违反法律法规或严重违反监管规定、公司章程的事项时，该董事投反对票		□是 □否	
3. 董事会违反章程、议事规则和决策程序表决重大事项，该董事能提出反对意见		□是 □否	
4. 董事会运作低效，出现长期未换届、长期无法正常召开会议等公司治理问题时，该董事能及时反映情况并推动纠正		□是 □否	
5. 股权和关联交易管理严重违规，经营战略出现重大偏差，风险管理政策出现重大失误，内部控制体系存在明显漏洞时，该董事能及时提出意见或修正要求		□是 □否	
6. 知悉或应当知悉符合履职回避情形时，能按规定执行		□是 □否	
7. 对监管发现并指出的重大违法违规问题，该董事能依责推动有效整改		□是 □否	
8. 董事个人未被监管部门行政处罚或受到纪律处分		□是 □否	
9. 保守本公司商业秘密，不损害本公司合法利益		□是 □否	
10. 在履职过程中未曾获取不正当利益或者利用董事地位谋取私利		□是 □否	
11. 未曾参与或协助股东对本公司进行不当干预，导致公司出现重大风险和损失		□是 □否	
12. 未曾隐瞒重要事实、提供虚假材料或参与公司编造虚假材料		□是 □否	
13. 不存在对公司及相关人员重大违法、违规、违纪问题隐匿不报		□是 □否	
14. 董事会决议违反法律和法规、监管规定或者公司章程规定，致使公司遭受重大风险和严重损失时，能提出异议		□是 □否	
15. 对履职评价发现的严重问题及时整改		□是 □否	
定量评价事项	**标准分**	**评分标准**	**得分**
16. 履行忠实义务，包括但不限于董事能够以本公司的最佳利益行事，严格保守本公司秘密，高度关注可能损害本公司利益的事项，及时向董事会报告并推动问题纠正等	20	能够做到（16—20分） 基本做到（14—15分） 有待改进（12—13分） 未做到 （<12分）	

17. 履行勤勉义务，包括但不限于董事能够投入足够的时间和精力参与本公司事务，及时了解经营管理和风险状况，按要求出席董事会及其专门委员会，对提交董事会审议的事项认真研究并作出审慎判断等	20	能够做到（16—20 分） 基本做到（14—15 分） 有待改进（12—13 分） 未做到　　（<12 分）	
18. 履职专业性，包括但不限于董事能够持续提升自身专业水平，立足董事会职责定位，结合自身的专业知识、从业经历和工作经验，研究提出科学合理的意见建议，推动董事会科学决策等	20	能够做到（16—20 分） 基本做到（14—15 分） 有待改进（12—13 分） 未做到（<12 分）	
19. 履职独立性与道德水准，包括但不限于董事能够坚持高标准的职业道德准则，不受主要股东和内部人的控制或干预，独立自主地履行职责，推动本公司公平对待全体股东、维护利益相关者的合法权益、积极履行社会责任等	20	能够做到（16—20 分） 基本做到（14—15 分） 有待改进（12—13 分） 未做到　　（<12 分）	
20. 履职合规性，包括但不限于董事能够遵守法律法规、监管规定及公司章程规定，持续规范自身履职行为，依法合规履行相应的职责，推动和监督本公司守法合规经营等	20	能够做到（16—20 分） 基本做到（14—15 分） 有待改进（12—13 分） 未做到　　（<12 分）	

总分：

董事自评：　　□称职　　　　□基本称职　　　　□不称职

董事会评价：　□称职　　　　□基本称职　　　　□不称职

监事会总体评价：□称职（70—100 分）□基本称职（60—69 分）□不称职（0—59 分）

注：履职自评价中，如定性评价事项第 1—9 项存在"否"的情形，则自评价得分不得超过 69 分（不得评为称职）；如第 10—17 项存在"否"的情形，则自评价得分不得超过 59 分（评为不称职）。

需要说明的情况或意见建议：

_____

_____

_____

监事会主席签名：

_____年_____月_____日

监事会编制

（三）监事履职情况自我评价表

表25 监事××年度履职情况自我评价表

评价事项	评价
1. 具备履职必需的知识、经验和素质，具有良好的职业道德	□是 □否
2. 遵守相关法律法规和本公司章程，履职过程中无违法违规行为	□是 □否
3. 维护公司利益，无利用职务便利为本人或他人牟取不正当利益的行为	□是 □否
4. 保守公司秘密，不曾泄露公司商业秘密	□是 □否
5. 遵守信息披露规定，如实告知本职、兼职情况以及与本公司的关联关系及其变动情况	□是 □否
6. 投入足够的时间和精力，持续关注公司治理与经营管理状况以及同业发展动态，对发展战略和经营理念的科学性、有效性、合理性以及实施情况的监督与评估	能够做到□ 基本做到□ 有待改进□ 未做到 □
7. 按规定出席监事会及相关专门委员会会议，正确行使表决权	能够做到□ 基本做到□ 有待改进□ 未做到 □
8. 积极参加监管部门和监事会组织的相关培训活动，以及监事会或专门委员会的专项工作及重大课题研究、调研活动	能够做到□ 基本做到□ 有待改进□ 未做到 □
9. 年度内能亲自出席三分之二以上的监事会或专门委员会会议	能够做到□ 基本做到□ 有待改进□ 未做到 □
监事自评： □称职 □基本称职 □不称职	

需要说明的情况或意见建议：

_____

_____

监事签名：

_____年___月___日

监事会编制

（四）监事会对监事履职情况评价表

表26　监事会对监事××年度履职情况评价表

被评价人：

评价事项	评价
1. 能够参与对董事会及其成员的履职监督，包括但不限于董事会及其成员遵守法律法规、监管规定及本行内部制度，完善本公司股权结构、组织架构，制定并推动实施发展战略，完善风险管理、消费者权益保护、内控合规、薪酬考核、内外部审计、信息披露等相关机制的情况，董事会各专门委员会有效运作情况，董事参加会议、发表意见、提出建议情况等	能够做到□ 基本做到□ 有待改进□ 未做到　□
2. 能够参与对高级管理层及其成员的履职监督，包括但不限于高级管理层及其成员遵守法律法规、监管规定及本公司内部制度，执行股东大会、董事会和监事会决议，落实发展战略和经营计划，加强风险管理、内控合规管理、消费者权益保护、案件防控、绩效考评管理等情况	能够做到□ 基本做到□ 有待改进□ 未做到　□
3. 能够参与对发展战略和经营理念的科学性、有效性、合理性以及实施情况的监督与评估	能够做到□ 基本做到□ 有待改进□ 未做到　□
4. 能够参与对财务状况的监督，包括但不限于重要财务决策和执行情况以及利润分配的合规性、合理性，本公司定期报告的真实性、准确性和完整性；外部审计工作管理情况	能够做到□ 基本做到□ 有待改进□ 未做到　□
5. 能够参与监督内控合规工作，尤其是新业务、新产品的管理制度、操作流程、关键风险环节和相关信息系统等情况	能够做到□ 基本做到□ 有待改进□ 未做到　□
6. 能够参与监督本公司全面风险管理治理架构的建立和完善情况，以及相关各方职责划分及履职情况	能够做到□ 基本做到□ 有待改进□ 未做到　□

续表

评价事项	评价
7. 能够参与对激励约束机制科学性、稳健性以及具体实施效果的监督	能够做到□ 基本做到□ 有待改进□ 未做到　□
8. 能够参与对监管报送数据及时性、真实性和完整性的监督	能够做到□ 基本做到□ 有待改进□ 未做到　□
9. 能够做到对落实监管意见以及问题整改问责情况的监督	能够做到□ 基本做到□ 有待改进□ 未做到　□
10. 能够做到对落实股东大会决议、董事会决议、监事会决议情况的监督	能够做到□ 基本做到□ 有待改进□ 未做到　□
11. 能够关注和监督其他影响本公司合法稳健经营和可持续发展的重点事项	能够做到□ 基本做到□ 有待改进□ 未做到　□
12. 能够完成规定要求的为本公司服务的时间	能够做到□ 基本做到□ 有待改进□ 未做到　□
13. 能够履行法律法规、监管规定及公司章程规定监事应当承担的其他重要职责	能够做到□ 基本做到□ 有待改进□ 未做到　□
14. 连续两次未能亲自出席也不能委托其他监事代为出席监事会会议，或每年未能亲自出席至少三分之二的监事会会议	□是　　□否

续表

评价事项	评价
15. 泄露本公司秘密，损害本公司合法利益	□是　□否
16. 在履职过程中获取不正当利益或者利用监事地位谋取私利	□是　□否
17. 在监督检查中应当发现问题而未能发现或发现问题隐瞒不报，提供虚假材料或参与编造本公司虚假材料导致本公司重大损失	□是　□否
18. 对本公司及相关人员重大违法违规违纪问题隐匿不报的	□是　□否
19. 董事会、监事会决议违反法律法规、监管规定及公司章程规定，导致本公司重大风险和严重损失，监事没有提出异议的	□是　□否
20. 对履职评价发现的严重问题拒不改正的	□是　□否
21. 存在监督管理机构认定的严重失职行为	□是　□否
监事自评：　　□称职　　　　□基本称职　　　　□不称职	
监事会评价：　　□称职　　　　□基本称职　　　　□不称职	
监事会总体评价：　　□称职　　　　□基本称职　　　　□不称职	

需要说明的情况或意见建议：

_____

_____

_____

监事长签名：
年　　　月　　　日

六、考核案例

本章著者草拟了董事会、监事会、高管层、部门、个人的 KPI 表格，作为案例供读者参考。

（一）对董事会的考核案例

对董事会的 KPI 考核维度主要集中在战略、经营目标、合规等方面。

表 27 董事会 KPI 考核表

序号	KPI	考核周期	指标定义/公式	资料来源
1	年度利润总额	年度	经核定后的企业合并报表利润总额	财务部
2	主营业务收入	年度	经核定后的企业合并报表中的主营业务收入额	财务部
3	主营业务收入增长率	年度	$\dfrac{考核期末当年主营业务收入}{考核期末前一年主营业务收入}\times100\%$	财务部
4	净资产收益率	年度	$\dfrac{净利润}{净资产}\times100\%$	财务部
5	企业战略目标实现率	年度	$\dfrac{考核期内已实现的战略目标数量}{考核期内应实现的战略目标数量}\times100\%$	财务部
6	董事工作报告通过率	年度	$\dfrac{股东大会审议通过的事项报告数量}{董事会提交股东大会审议的报告数量}\times100\%$	财务部

（二）对监事会的考核案例

对监事会的 KPI 考核维度主要集中在监事会对财务、经营管理的监督职能履行层面。

表 28 监事会 KPI 考核表

序号	KPI	考核周期	指标定义/公式	资料来源
1	财务审查计划按时完成率	年度	规定时间内完成财务审查的工作量/财务审查计划完成的工作量	监事会
2	财务状况调查计划完成率	年度	规定时间内完成财务调查的工作量/财务状况调查计划完成的工作量	财务部
3	经营管理监督会议召开次数	年度	考核期内召开经营管理监督会议的次数	财务部
4	各项监督检查报告提交及时率	年度	规定时间内提交监督检查报告数量/规定时间内应提交的监督检查报告的总数	财务部
5	列席董事会会议的次数	年度	考核期内列席董事会会议的次数	财务部
6	监事工作报告通过率	年度	股东大会审议通过的监事报告数量/监事会提交股东大会审议报告数量	财务部

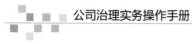

（三）对高管层的考核案例

对高管层的 KPI 考核维度主要根据其所在公司的经营目标、财务指标、公司管理、合规、风险控制等方面。

表 29　高管层 KPI 考核表

被考核人姓名			职位	总经理	部门	
考核人姓名			职位	董事长	部门	

指标维度	KPI	权重	绩效目标值	考核得分
财务类	净资产回报率	15%	考核期内净资产回报率在____%以上	
	主营业务收入	15%	考核期内主营业务收入达到____万元	
	利润额	10%	考核期内利润额达到____万元	
	总资产周转率	5%	考核期内总资产周转率达到____%以上	
	成本费用利润率	5%	考核期内成本费用利润率达到____%以上	
内部运营类	年度企业发展战略目标完成率	10%	考核期内年度企业发展战略目标完成率达到____%	
	新业务拓展计划完成率	5%	考核期内新业务拓展计划完成率在____%以上	
	投融资计划完成率	10%	考核期内投融资计划完成率在____%以上	
客户类	市场占有率	5%	考核期内市场占有率达到____%以上	
	品牌市场价值增长率	5%	考核期内品牌市场价值增长率在____%以上	
	客户投诉次数	5%	考核期内控制在____次以内	
学习发展类	核心员工保有率	5%	考核期内达到____%	
	员工流失率	5%	考核期内控制在____%以内	
本次考核总得分				

考核指标说明	1. 成本费用利润率 $$成本费用利润率 = \frac{利润总额}{成本费用总额} \times 100\%$$ 2. 品牌市场价值 品牌市场价值数据经第三方权威机构测评获得

被考核人	考核人	复核人
签字： 日期	签字： 日期	签字： 日期

（四）对部门 KPI 的考核案例

对部门的 KPI 考核主要以部门的职能定位、年度工作分工及相应经营指标来进行考核。

表 30 部门 KPI 考核表

被考核人姓名		职位	营销总监	部门	
考核人姓名		职位	总经理	部门	

指标维度	KPI	权重	绩效目标值	考核得分
财务类	净资产回报率	10%	考核期内净资产回报率在____%以上	
	主营业务收入	10%	考核期内主营业务收入达到____万元	
	销售收入	10%	考核期内销售收入达到____万元	
	销售费用	5%	考核期内销售费用控制在预算之内	
	货款回收率	5%	考核期内货款回收率达到____%	
内部运营类	年度企业发展战略目标完成率	10%	考核期内年度企业发展战略目标完成率达到____%	
	销售计划完成率	10%	考核期内销售计划完成率达到____%	
	合同履约率	5%	考核期内合同履约率达到____%	
	销售增长率	5%	考核期内销售增长率达到____%	
	市场推广计划完成率	5%	考核期内市场推广计划完成率达到____%	
客户类	市场占有率	5%	考核期内市场占有率达到____%	
	客户保有率	5%	考核期内客户保有率达到____%	
	客户满意率	5%	考核期内客户满意率在____%以上	
学习发展类	培训计划完成率	5%	考核期内培训计划完成率达到100%	
	核心员工保有率	5%	考核期内核心员工保有率达到____%	
本次考核总得分				
考核指标说明	$销售增长率 = (\dfrac{当期销期销售额或销售}{上期(或去年同期)销期销售额或销售} - 1) \times 100\%$			
被考核人		考核人		复核人	
签字：日期		签字：日期		签字：日期	

（五）对员工个人 KPI 的考核案例

对员工个人 KPI 考核主要从个人岗位职责要求出发，对其所应负责的工作完成度及质量进行考核。

表 31　员工 KPI 考核表

被考核人姓名			职位	行政总监	部门	
考核人姓名			职位	总经理	部门	
指标维度	KPI	权重	绩效目标值			考核得分
财务类	净资产回报率	10%	考核期内净资产回报率在____%以上			
	主营业务收入	5%	考核期内主营业务收入达到____万元			
	办公用品费用控制	5%	考核期内办公用品费用控制在预算范围之内			
	行政成本控制	10%	考核期内企业行政成本控制在预算之内			
内部运营类	年度企业发展战略目标完成率	10%	考核期内年度企业发展战略目标完成率达到____%			
	行政工作计划完成率	10%	考核期内行政工作计划完成率达到100%			
	行政工作流程改善目标完成率	10%	考核期内行政工作流程改善目标完成率达到____%			
	后勤工作计划完成率	10%	考核期内后勤工作计划完成率达到100%			
	行政办公设备完好率	5%	考核期内行政办公设备完好率达到____%			
客户类	内部员工满意率	5%	考核期内内部员工满意率达到____%			
	后勤投诉次数	10%	考核期内后勤投诉次数不得高于____次			
学习发展类	培训计划完成率	5%	考核期内培训计划完成率达到100%			
	核心员工保有率	5%	考核期内核心员工保有率达到____%			
本次考核总得分						
考核指标说明	$行政办公设备完好率 = \frac{完好设备台数}{设备总台数} \times 100\%$					
	被考核人		考核人		复核人	
	签字：日期		签字：日期		签字：日期	

（六）关键岗位考核实施方案案例

如前文所述，公司除几个维度的考核安排外，还可以就关键岗位的部门和个人进行单独考核。一般可以在年初以个人或部门目标责任书的形式设置考核目标。表32和表33以销售总监和财务总监为例来草拟其考核实施方案。

表32 销售总监绩效考核表

方案名称	销售总监绩效考核目标责任书	受控状态	
		编号	

一、目的

为明确工作目标、工作责任，公司与事业部总监签订此目标责任书，以确保工作目标的按期完成。

二、责任期限

××××年××月××日—××××年××月××日。

三、职权

1. 对公司销售人员的任免建议权及考核权。

2. 对市场营运有决策建议权。

3. 有权组织制定市场管理方面的规章制度和市场营销机制的建立与修改。

4. 市场营运费用规划及建议权。

四、工作目标与考核

（一）业绩指标及考核标准

指标	考核标准
销售额	绩效目标值为＿＿%，每低于1%，减＿＿分，完成率<＿＿%，此项得分为0
销售增长率	绩效目标值为＿＿%，每低于1%，减＿＿分，完成率<＿＿%，此项得分为0
销售计划完成率	绩效目标值为＿＿%，每低于1%，减＿＿分，完成率<＿＿%，此项得分为0
销售回款率	绩效目标值为＿＿%，每低于1%，减＿＿分，完成率<＿＿%，此项得分为0
销售费用率	绩效目标值≤＿＿%，每高于1%，减＿＿分，费用率>＿＿%，此项得分为0
市场占有率	绩效目标值为＿＿%，每低于1%，减＿＿分，完成率<＿＿%，此项得分为0

（二）管理绩效指标

1. 企业形象建设与维护，通过领导满意度评价分数进行评定，领导满意度评价达____分，每低_____分，减_____分。

2. 客户有效投诉次数每有 1 例，减____分。

3. 核心员工保有率达到____%，每低 1%，减____分。

4. 下属行为管理。下属是否有重大违反公司规章制度的行为，每有 1 例，减____分。

5. 部门培训计划完成率达 100%，每低 1%，减____分。

6. 销售报表提交的及时性。没按时提交的情况每出现一次，减____分。

五、附则

1. 本公司在生产经营环境发生重大变化或发生其他情况时，有权修改本责任书。

2. 本责任书的签订之日为生效的日期，责任书一式两份，公司与被考核者双方各执一份。

编制人员		审核人员		批准人员	
编制日期		审核日期		批准日期	

表 33　财务总监绩效考核表

方案名称	财务总监绩效考核目标责任书	受控状态	
		编号	

一、岗位类别和聘期

二、主要职责

1. 组织编制财务、资金、审计等规章制度及业务操作流程。

2. 对公司资金的时间安排进行组织、计划、控制与管理。

3. 财务监控。

4. 财务分析与预测。

5. 疏通融资渠道。

6. 审计管理。

7. 分管部门管理。

三、工作目标

1. 财务预算与控制，对预算执行过程中出现的问题没有及时解决，每出现 1 次，减____分。

2. 财务分析。每月（季度）至少提供一次财务分析报告并提出相关决策建议，未能提供有效的相关信息，减____—____分。

3. 疏通融资渠道，确保融资渠道畅通，领导交办的融资任务 100%完成，每差 1%，减____分。

4. 投资回报率达到____%，每低 1%，减____分。

5. 资金利用率达到____%，每低 1%，减____分。

6. 成本控制。对各部门的成本进行控制，未能按照财务会计制度控制各项费用的情况每出现 1 次，减____分。

7. 分管部门人员管理，部门培训计划完成率达到 100%，未完成该项工作，减____分；及时公正地对下属员工进行考核，下属员工对绩效考核工作满意度评分在____分以上，加____分。

8. 年度重点工作完成情况。

年度重点任务完成情况考核表

重点任务工作事项	计划目标	实际完成情况	考核标准	评估

说明：① 年度重点工作中，如出现子项目或者分阶段目标的情况，应对子项目和分阶段目标都赋予相应的标准分值。

② 在年中，因生产经营活动的需要而对年度重点工作进行调整，应对年度重点工作的标准分值进行相应的调整。

四、附则

责任人在工作期内若出现重大责任事故，则公司有权对责任人提出终止聘用合同。

本公司在生产经营环境发生重大变化或发生其他情况时，有权修改本责任书。

本目标责任书未尽事宜在征求总裁意见后，由公司另行研究确定解决办法。

本责任书解释权归公司人力资源部所有。

编制人员		审核人员		批准人员	
编制日期		审核日期		批准日期	

（七）工资总额管理案例

工资总额管理是指公司高级管理层根据公司总体费用支出安排，根据各部门定位将各部门的人力费用包干给各部门的管理方式。在此种方式下，各部门在总额范围内自行安排人力费用的使用，而高级管理层仅管理各部门的人力费用总额。

某集团公司工资总额管理办法

一、总则

第一条 为进一步完善公司的工资总额调控机制，规范工资分配行为，提高子公司的工资管理水平，根据公司章程，结合公司实际，制定本办法。

第二条 本办法适用于集团本部及下属全资子公司。

第三条 工资总额指在一定时期内直接支付给全部职工的劳动报酬总额。工资总额的组成包括：工资、绩效奖金、职务津贴、认证通过奖励、年终奖等员工一切收入。

第四条 工资总额管理的基本原则：

（一）坚持工资总额分级管理的原则。集团对所属全资子公司的工资总额实行总额分配，各子公司对本公司各部门工资进行总额管理。

（二）坚持工资总额与业绩关联的原则。综合考虑业绩指标和工作量确定工资水平。

（三）坚持工资总额管理与经营业绩目标相统一的原则。工资总额的调控应服务于经营管理目标，充分考虑成本承受能力和劳动力市场价格等因素，实现工资投入产出的最佳效果。

（四）坚持按劳分配原则。职工的工资收入要与其岗位劳动、技术要素和业绩成果相关。

二、工资总额的核定

第五条 年度工资总额由当年提取的工资总额和福利费用两部分组成。

第六条 集团当年的工资总额按以下办法编制。

（一）集团当年提取工资总额由当年工资计划基数和福利费用数构成。

（二）工资计划基数第一年以上年度工资统计年报数为基础，剔除不合理因素，增加合理因素核定。第二年以后以上年度工资总额为参考，结合上年度业绩指标完成数，最终由薪酬考核委员会确定该年度工资总额。

（三）因业绩发展或员工人数增加，可增加工资总额预算。追加预算应报《工资总额追加预算申请表》，经人力资源部同意后，报薪酬考核委员会审批。

（四）申请追加预算时应按照工资总额增长低于业绩指标增长原则。

第七条 集团对绩效工资的年度清算工作，一般于次年1月财务决算前进行。业绩指标完成数以财务快报数为准，其他指标由有关部门考核认定。

三、工资总额的使用

第八条 对工资总额实行年度预算与考核发放的管理方式。工资总额每年审批一次，于1月确定，原则上按照不低于上年度应发工资总额拟定；并于9月预考核后下达年度追加预算数。

第九条 工资预算数与发放数之间的关系是：当年工资总额预算数小于发放数时，不足的部分可申请工资储备金弥补。如工资储备金仍无法弥补发放数时，超出部分在下一年度提取工资总额中扣除。

第十条 各子公司工资总额内的一切开支，均由集团人力资源部归口管理，坚持做到统一、规范、透明。

第十一条 各子公司不得违反本办法的总额管理规定超额发放工资和奖金。

第十二条 工资储备金除用于发放职工工资以及集团规定的其他的奖励性支出项目外，不得挪作它用。

第十三条 在支付工资总额时，要符合国家有关工资支付法规，保障职工的合法权益。

第十四条 工资分配中的重大问题，应充分听取职工与工会意见。

四、工资总额的检查监督

第十五条 集团人力资源部、财务部负责对各子公司工资总额的提取和发放情况进行监督。

第十六条 子公司在工资总额应提取数或工资总额包干数以外另提工资，以及发放数超过集团下达预算数的，上述部门有权责令其更正，并在下年度应提数或预算数中扣回。

五、具体管控措施

第十七条 各子公司应于每年1月就工资总额制定预算并将年度工资计

划基数计算至每个月，确定每个月的最高值。当月工资额超出最高值的2%时，人力资源部应出具书面告知。

9月追加预算数确定后，各子公司要根据实际情况作相应工资发放调整。

第十八条 子公司工资突发情况处理。

如果因为经营需要必须增加工资总额的，应提前1个月提出预算，并出具详细的增加工资总额报告，经薪酬委员会审批通过后方可执行。

六、附则

第十九条 集团对其各子公司的工资总额实行指导。各子公司在工资总额增长幅度低于本公司业绩增长幅度的前提下，可自行申报年度工资总额。集团薪酬委员会将其作为制定工资总额的依据。

第二十条 本办法由人力资源部负责解释，自印发之日起施行。

·第九章·
公司治理的两个痛点

在公司治理失效的时候，公司会陷于各方利益相关者纠葛，出现某一方控制公司、财务信息失真，甚至出现公司人员违法犯罪，损害股东和社会利益的情况。

2020年11月23日，银保监会网站发布《关于包商银行股份有限公司破产的批复》称，原则同意包商银行进入破产程序。包商银行因公司治理失灵，导致严重信用风险，出现金融腐败和违法犯罪，于2019年5月被人民银行、银保监会联合接管。可以说包商银行风险暴露的根源在于其公司治理的失效，其大股东非法占款现象非常严重：包商银行的大股东明天集团长期占款高达1500亿元，无法还本付息，同时包商银行内部管理成为董事长的"一言堂"，党组织缺失、党委和纪委职能弱化。从表面上看，包商银行具备了较为完善的公司治理结构，股东大会、董事会、监事会、经营层的"三会一层"组织架构健全、职责明确，各项规章制度一应俱全。实质上，包商银行的公司治理徒有其表，大股东控制和内部人控制这两大公司治理痛点同时存在才是其公司治理的真实情况。包商银行的大股东操纵股东大会，干预银行独立经营，并以非法关联交易、对外担保和资金占用等途径对大股东进行利益输送。包商银行董事长形成了对银行的内部人控制，主要表现为董事会的核心作用被董事长个人所取代，董事会和董事会专门委员会并没有真正发挥作用，而是成了摆设；人事聘任解聘、经营层机构设置、财务报表编制和风险管理事项等所有重大事项均由董事长一人决定；董事会的风险管理委员会没有实质性地行使风险管理职能，导致整个包商银行缺乏实质性的风险管理体系，不合规的企业文化盛行。

综上案例，读者可以发现，内部人控制和大股东控制是公司治理的两大痛点、两个极端，研究公司治理失效的反面案例，可以从这两个维度来进行；本章节从内部人控制和大股东控制两个维度通过案例和分析来展示公司治理失效的原因和表现。

一、股东永远的痛——内部人控制

内部人控制一般是指在企业所有权与经营权分离的情况下，所有权者即股东与经营权者即董事会和高级管理层由于利益不一致甚至相互冲突而形成的经营权者实际控制公司，排除了股东影响力的状态。

（一）内部人控制产生的原因

内部人控制是股东与公司管理人之间的博弈，此处的内部人为董事会成员，一般是专职董事长或总经理，在股东兼任董事长或总经理的场景下，构成内部人控制的概率非常低。

1. 不同的角色定位带来了利益冲突

（1）权责利不对应带来的逆选择

内部人作为公司的实际管理者，既要完成公司的经营和盈利，还要完成股东对管理者的业绩考核目标，以获得薪酬激励等。从消极的角度来分析，如果内部人不是股东，那么最终的经营责任并不会由其来承担，实际上内部人作为职业经理人也没有能力承担。在此种情况下，内部人会更倾向于通过业务的扩张来完成股东定下的业绩目标；如果完成业绩目标，内部人可以获得可观的薪酬激励，而一旦失败，最后的亏损责任也不会真正由其承担。

（2）信息不透明既是原因也是结果

内部人要想控制公司，最好是希望股东做"甩手掌柜"，不要深究公司情况，也不要给内部人提出种种要求。很自然地，内部人就会对股东进行信息屏蔽，提供给股东不全面、不真实的数据，甚至做过修饰的财务报告。只有如此，才可以使股东不关注公司，不来质询，不提意见，内部人可以按照自己的意念来管理公司，不必理会股东诉求。尤其是在内部人较长时间管理公司后，如果公司真实经营情况很糟糕，那么内部人更不愿意股东或公司外部人员发现真相，此时信息不透明基本是确定事实，千方百计隐瞒事实也是内部人要做的事情，以杜绝股东发现真相更换内部人的情况发生。

2. 有效监督的缺乏

在发生内部人控制的场景下，公司内部的监督体系一定是缺乏或失效的。无论是内部的审计部门、监察部门，还是监事会、监事，都会成为内部控制人的附庸甚至工具。股东在接收不到真实信息后，无法对内部人形成有效监督，而公司内部监督机构形同虚设，甚至会成为内部人控制公司的帮手。如果是公众公司，那么监管机构和市场还可以形成一定的监督压力，但如果不是公众公司的话，恐怕就不具备揭开真相的监督能力了。

3. 实质性的惩罚措施的缺乏

在形成内部人控制，甚至造成公司重大损失后，内部人往往并没有受到相应的实质性的惩罚。产生这种情况的原因主要是股东存在"抓老鼠碎了玉瓶"的担忧，担心对内部人采取刑事举报等措施后，会给公司带来更大的经济和声誉损害。实务中，有些公司的重大风险发生于内部人解聘、退休或调任之后，股东基于种种考虑，并没有勇气去追究内部人任职期间的相关责任，导致内部人逃脱了应负的责任，客观上导致内部人无须为违法违规行为承担相应的责任。

（二）内部人控制的解决方案

1. 提高外部监督能力

内部人控制的典型特征是内部监督的失灵，除了控制公司的内部人之外，其他高级管理人员和董事成为内部控制人的附庸和协同。在此种情况下，要发现问题已经无法依靠内部监督制度，可能要等到各项风险积累到公司内部无法消化的程度，才能被外部所知晓。

建立公司外部有效的监督体制是避免上述风险的主要解决办法，建立外部监督体制主要可以通过加强外部审计机构管理和建立独立于公司的内部审计机构来完成。加强对外部审计机构的管理，股东可以要求外部审计机构就重大风险向股东汇报和提示，和外部审计机构进行会谈会商，就公司风险和潜在风险事项做分析论证等。建立独立于公司的内部审计机构是指股东可以在集团层面成立内部审计机构，这些审计机构对股东负责，不从公司内部领取薪酬，但是实施对公司的定期审计，主要目的是发现违法违规和主要风险事项。例如，全国性银行会设置审计中心，审计中心对总行负责，直接归属于总行领导，对不同的分行和支行实施定期和临时的审计项目。又如，集团公司成立审计部，直接对集团董事会负责，不从所有子公司领取薪酬，对于所有控股和实际控制的子公司实施定期和临时的审计项目。

2. 公司治理结构的再完善

（1）董事会成员结构的优化

董事会是对高级管理人员有效监督的重要机构，从避免被内部人控制角度来考虑，应该降低执行董事的比例。执行董事既是董事会成员又是公司的高级管理人员，在董事会审议高级管理人员提交的提案时，如果执行董事占据了大多数的董事会席位，那么对于高级管理人员提案的审议过程就会出现运动员和裁判员都是同一批人的局面，不利于对高级管理人员的监督。

独立董事的选聘应谨慎考虑高级管理人员推荐的人选，尽量避免与高级管理人员有"人情"的情况，应该从股东角度来寻求独立董事的人选，以最大限度地保证独立董事的独立性和客观性。

（2）慎重对董事长和总经理授权

董事会对于董事长的授权，董事长对于总经理的授权，均应保持谨慎。在公司中对于一个人的授权过于集中会导致决策、实施和预算等权利都过于集中，导致相关事项无法获得充分论证，重大决策过于随意的结果。"一言堂"的起因往往是授权过于集中，结果则是加强了个人授权的集中。

董事长和总经理是两个人的时候，要谨慎对待董事长将自身职权授权给总经理；当董事长和总经理是同一人时，要谨慎对待董事会将自身职权授权给董事长；尤其是决策事项，应该集体决策的，不应该授权给董事长或者总经理一人决策，对于执行事项可以进行授权，但是对于工作结果的评价和考核不应该授权给董事长或者总经理一人。

（3）加强业绩考核和履职评价

在设定董事长和高级管理人员的考核指标时，应该综合考虑指标的设定，不但有业绩指标，还应该有战略实现指标、风险管理指标和品牌创立指标等。对于考核工作的实施，应该采用外部考核人员和内部自评相结合的方式，以保证考核结果的客观性和独立性。

综上所述，内部人控制的问题在发生重大风险的公司中会十分明显。一旦发生内部人控制，那么股东对于所有的违规违法事项的经济、行政和刑事后果同样需要承担责任，股东不但无法实现投资初衷，还会为内部人控制行为的不利后果埋单，甚至可能会影响投资人其他公司的运营，影响投资人集团的信用等级等。所以说内部人控制的不利影响较为广泛，是投资人心中永远的痛。而内部人控制问题的解决，除了上文所述方法，公司董事长和高级管理人员也应树立尽职履职、勤勉忠诚的工作理念，做好自我约束和管理，避免"一言堂"的情况发生。

二、高管的职业风险——大股东操纵

大股东控制和大股东操纵是两个不同的概念。大股东控制其实是基于其持股比例占比较大而作出的自然的积极行使控制权来管理企业的行为。大股东行使控制权，并不是对中小股东绝对有害的行为，如果大股东合法合规地行使控制权来管理公司，中小股东可以作为财务投资人，不必参与公司的管理和经营，从而以较低的管理成本获取投资收益。但是大股东操纵则是不同的情形，大股东操纵往往指大股东利用其股权比例的控制地位和对董事会的控制，安排违法违规的关联交易、对外担保和资金往来等，其结果是对大股东有利但损害中小股东、公司本身、公司员工或外部利益相关者的权益。

（一）大股东操纵公司的途径

实务中比较多见的大股东操纵公司的行为，其目的都是非法将公司利益占为己有，操纵行为从明目张胆逐渐演变为顶着各种名目的操纵途径。

1. 明显操纵途径

明显操纵途径是指大股东用比较直接的方式来非法获取公司利益的行为，主要有直接占用资金、违规担保和违规关联交易等方式。

（1）直接占用资金

直接占用资金是主要通过借款、虚构采购款和服务费等业务往来占用公司资金，如签订合同后公司向大股东支付金额较大或比例较高的预付款等行为。另外，利用违规的资金池来形成大股东对公司资金的违规归集，即将公司资金放置于大股东的集团账户之下，达到实际控制资金的目的，使大股东可以有效利用和占用公司资金。

（2）违规担保

违规担保是最常见的一种大股东控制的情况，主要指大股东违反公司决策程序，让公司为自己或者自己的关联方提供担保的情况，违规担保的结果很大概率是公司会为没有偿债能力的被担保人即债务人代偿相关债务。违规担保经常伴随着信息披露的违规，即不披露相关担保情况。更为严重的是，甚至不经过担保事项的公司内部决策流程，即不按照公司章程经过董事会和股东会/股东大会的决策程序，擅自在担保文件上盖公章。传统的违规担保主要是以签订担保合同或出具担保函提供连带责任保证的方式，或者提供质押财产和抵押财产的方式；目前实务中还产生了新的违规担保形式，即利用一些金融工具和非实物资产来完成违规担保行为，如公司以其大额存单、持有的金融产品作为实质上的抵押质押财产，或是出具一些回购承诺、权益保证书等形式上不是担保合同但实质上确定担保责任的文件作为履行担保的工具。

（3）违规关联交易

违规关联交易通常表现为大股东出售商品或者服务给公司，公司支付超过市场合理价格的交易价格给大股东。在违规关联交易中服务协议被经常使用，服务事项提供后即无法以实体的状态存在，交易的虚假性不容易被证实，有利于大股东通过关联交易来占用公司资金。违规关联交易的另一种形式是通过虚假的无关联的第三方中转资金的方式，表面上与公司交易的是无关联的第三方，实际上此第三方只是一家被大股东操纵的空壳公司，最终资金还是转至了大股东处。

2. 隐藏操纵途径

隐藏操纵途径指大股东采用比较隐晦的方式来非法获取公司利益的行为，主要有利用投资并购转移公司资金、利用不当利润分配占有公司资金和利用金融产品占用公司资金。

（1）利用投资并购转移公司资金

利用投资并购转移公司资金，主要是指由公司实施某些项目的投资和并购，名义上是公司自主的对外投资和项目并购行为，但是实际上投资标的和并购项目经不起推敲，是大股东为了达到占用、侵占和转移公司资金目的而采取的一种较为隐蔽的手段。在这种情况下，投资标的和并购项目基本为与大股东有重大关联的项目。在违规程度较低的情况下，实质上是公司为大股东的投资项目出资，或者是公司购买了大股东的某些资产、股权和项目等；而在违规程度较高的情况下，往往公司投资并购的是空壳项目甚至是虚构项目，投资款一旦到账，大股东即会通过种种手段抽离，最后达到通过此种方式获取公司资金的目的。

（2）利用不当利润分配占有公司资金

利润分配是所有股东的固有权利，但是不当的利润分配可能会成为占用公司资金的手段。所谓的不当利润分配是指在公司不具备利润分配条件时强行进行利润分配；或者利润分配金额过大直接导致公司经营运转的不利影响，甚至因利润分配而导致公司亏损的情况。利润分配的金额必须合理，必须为未分配利润的适当比例，既要实现股东的投资回报，同时也要考虑公司未来

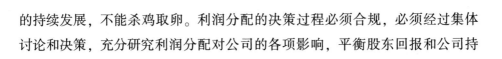

的持续发展，不能杀鸡取卵。利润分配的决策过程必须合规，必须经过集体讨论和决策，充分研究利润分配对公司的各项影响，平衡股东回报和公司持续发展的矛盾。

（3）利用金融产品占用公司资金

利用金融产品占用公司资金，是指由名义上公司购买一定的金融产品，实质上将资金转移至大股东的行为。比如，公司通过信托公司购买信托产品，而后由信托公司将信托产品的购买款以低息借款等方式提供给大股东；或者公司通过融资租赁公司向大股东提供的融资租赁产品提供资金；再或者公司通过支付保证金、开具商业承兑汇票等方式向大股东或者大股东的关联方提供资金。在此种方式中，资金提供方都是公司，资金接收方都是大股东或者大股东的关联方，资金提供的路径都是信托产品、融资租赁产品等金融工具，一旦资金接收方违约则在表面上体现为公司的金融产品亏损或理财投资亏损，具有很强的隐蔽性。

（二）大股东操纵行为的解决方案

1. "三会"切实运行

大股东操纵公司的典型背景往往是"三会"仅进行了形式上的运行，而"三会"机制没有得以切实落地；只有"三会"机制切实运行才可以平衡各方利益，保证信息透明和制度得以执行。

股东会/股东大会应充分保证每个股东的知情权，保证股东无论是在会议期间还是闭会期间都可以行使质询等权利，保证小股东可以取得财务报表等相关资料。股东会/股东大会的召开应充分考虑股东的提案权，应该落实股东对提案的质询权，保障股东在充分知情、充分讨论后进行有效的投票。细化股东会/股东大会的议事规则，对于关联交易、对外担保、资产处置和投资并购等事项应从制度角度排除大股东对决议客观性和独立性的影响。

董事会成员应更加多样化，即使不是上市公司也可以引入独立董事制度，重大事项由独立董事先发表客观独立的意见后再提交董事会决议。董事会议事规则应细化董事履职要求，通过制度安排来要求董事勤勉忠诚地履职，在进行董事会决议的时候发表独立客观的意见。同样地，董事会的议事规则也应对关联交易、对外担保、资产处置和投资并购等事项从制度角度排除大股东对决议客观性和独立性的影响，对于与大股东进行直接或间接交易的提案，股东董事应该回避表决。

监事会应制定监事会对于董事会和高级管理人员的监督制度，通过制度安排来确立监事会在公司里的检查和监督职能。监事会还应确立相关检查机制，如年度财务检查、关联交易专项检查、信息披露专项检查等，通过检查的方式来落实监事会的监督职能。对于小股东提出的公司信息披露不真实、不透明或者大股东损害小股东利益等事项，监事会应进行调查并向股东和股东大会汇报相关调查结果。监事会还应将在检查中或日常监督工作中发现的有关大股东违规行为通报至董事会和股东会/股东大会，如有需要还应向相关监管部门汇报。

2. 规范大股东行为

对大股东行为通过相关法律法规进行规范的典型法规为 2021 年 6 月中国银保监会发布的《关于印发银行保险机构大股东行为监管办法（试行）》，笔者拟以此法规为例来分析对大股东行为进行规范的主要思路。

对大股东行为进行规范，主要是为了防止其利用大股东地位掏空公司，损害公司和其他股东的利益，主要通过对大股东的持股行为、治理行为、交易行为和责任义务几个方面进行制约。对大股东持股行为的规范主要在于要求大股东入股资金来源合法，持股情况清晰，规范股权代持，限制交叉持股等，对股权质押作出程序要求和安排、限制股权质押股东部分股东权利，对股东股权减持作出限制性要求等。对大股东的治理行为的规范主要在于要求大股东谨慎行使董事提名权等，要求大股东不干涉公司经营、最大限度地保证公司独立运营，要求大股东按照公司章程和"三会"的议事规则合规行使股东权力。对大股东交易行为的规范主要在于其与公司进行关联交易的规范，包括关联方的确定、关联交易的审批程序、关联交易的披露等，担保事项、投资并购等，也是交易行为规范关注的重点。

3. 保护小股东利益

由于小股东出资金额占比低，无法获得较多董事会席位，甚至不具备推荐董事的权力，此时，小股东对于公司情况的了解很大程度上有赖于股东大会的召开，也就是说参加股东大会行使表决权是小股东主要的行权方式。基于此种现状，如果公司可以推行累计投票权则会有助于放大小股东的投票表决效力，在选举董事和监事的事项上，改变大股东"一锤定音"的情况，平衡小股东与大股东的利益。公司章程也可以在制定之初就加入对小股东有利的制度安排，如分配利润对小股东的倾斜、小股东知情权保障的具体途径和方式等。对于小股东某些终极权利如对股东会/股东大会决议的撤销权也应在公司章程或股东协议中有所规定。尤其是对于小股东的退出权，应给予彻底的保护，即应在公司章程或股东协议中载明何种情况下小股东可以退出、小股东退出应履行何种手续、公司不配合小股东退出时小股东的救济途径等。保护小股东利益不但需要大股东合规适度地行使权力，也需要公司董事会、监事会和高级管理层有保护小股东利益的理念，并持续地将此种理念贯彻到公司治理中去。

第十章

公司治理其他相关问题

公司治理的精神存在于"三会一层"所有人的认知和日常运作中，而公司治理的工作除上述板块工作外，还有很多具体工作和细节事务，公司治理的完整性和效率很多时候都建立在这些具体工作和细节事务可以高质量地完成上。本章节主要讨论几种常见的公司治理的专项工作，如公司年报编制和披露工作，电子公章和电子签名实施工作等，同时将详细解释工作方法论并展示完整模板，以便读者可以顺利掌握上述工作完成精髓。

一、公司年报

公司年报并不是上市公司所特有的材料，非上市公司也有制作公司年报的需求，只是不同类型的公司对于公司年报的要求不同而已。公司年报作为公司对既往一年的回顾和总结，其内外部功能有很多：如果向公众披露，那公司年报是信息披露的重要内容之一，是公司对外展示的窗口和平台，也是社会、投资人、行业研究院和媒体等关注的重点，是舆情的主要战场；如果不向公众披露，仅披露给部分相关者如股东、债权人、供应商、同行业其他公司、贷款银行、监管部门以及工会和员工等，那么公司年报也是重要公司战略、经营方针和未来规划的商业计划书，是公司年报阅读者评价公司的主要依据。

（一）公司年报种类

对公司年报进行分类并不是为了解决理论问题，而是根据不同的公司规模和属性，对不同公司年报的特征做描述，帮助读者理解公司年报的"千人千面"。

1. 非上市非金融类的公司

这一类公司就规模论也有中小公司和大公司的区别。小微公司或者中小公司一般可以采取很简单的公司年报制定方式，也可以采取最小的年报披露口径，如可以根据企业信息公示相关规定，在每年 6 月 30 日前向市场监督部门报送上一年度的年度报告。在此种情况下，整个报告仅需要填报比较简单的基本信息，如企业基本情况、股东出资信息和资产状况等，但财务报表是不可或缺的。

一些非上市非金融类的公司，规模很大，公司利益相关者众多，其年报的内容就会比较丰富。同时，由于这些公司不需要满足资本市场和监管规则关于公司年报披露格式和内容的要求，其公司年报格式会比较多样灵活，笔者个人觉得可读性很强，披露内容口径从自身需要出发，有侧重点，主要是对于过去经营成就进行总结，对未来经营预期做出规划，但不一定会包罗万象，比较多见的是披露了相关重要内容，不会披露审计报告及其附注。

2. 上市公司

上市公司的年报一定要按照资本市场的披露准则来制定，内容会非常翔实，结构会比较完整，规则要求披露的内容都会涵盖。同时，上市公司的年报有刚性的披露时间要求，即在每年的 4 月 30 日前要完成对公众的披露，同时要完成相关审计工作。上市公司一年的主要经营信息和变动情况同样是披露的重点，但是不同行业上市公司的年报行文风格、篇幅长短也各有不同。上市公司年报是很好的学习和研判资料，读者可以结合自己的阅读目的来对公司年报进行研究。比如，各位读者可以重点阅读财务数据、业务讨论、行业盈利模式、该公司商业模式、风险提示、管理层讨论和重要的变动等，这些内容会为读者提供对该公司进行研究和数据比对的基本素材，而对于需要完成年报编制的读者而言，通篇阅读各种公司年报可以对其格式和内容进行借鉴。

3. 金融机构类公司

之所以要把金融机构类公司单列出来，是因为金融监管法律法规和规则都对此类公司有年报编制和披露的具体要求，该要求和资本市场规则略有差异。一般而言，金融机构类公司必须在每年的 4 月 30 日前按照一定披露口径和披露方式来公开自己的公司年报；公司年报需要符合银保监监管机构对年报和信息披露的要求；如果该金融机构类公司是上市公司，那么需要同时符合资本市场的年报要求和披露规则。未上市的金融机构类公司在年报披露的渠道上有自主的权利：不想做大规模披露的该类公司一般会仅在本公司的网站登载公司年报；反之，则会采取更多的披露渠道，除公司自己的网站、公众号和视频号外，还会在国内外主流媒体、相关行业网站、热门公众号或自媒体等渠道登载。

（二）年报结构

公司年报的结构决定了其内容，所谓结构就是构成完整年报的主要章节；梳理公司年报结构的目的是确定公司年报编制的提纲，作为公司年报的编制

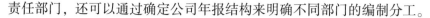

责任部门，还可以通过确定公司年报结构来明确不同部门的编制分工。

1. 常见的公司年报编制工作安排

公司年报结构的确定是其编制工作安排的前提，公司年报结构的确定一般需要经历由经办部门起草到管理层确定的过程。一旦公司年报结构确定后，就可以进一步安排公司年报的编制工作了：董事会办公室牵头并作为责任部门—成立公司年报编制小组，确定主笔人—各部门分别编制部门章节分工部分，如财务情况由财务部来撰写—主笔人汇总整合部门章节，合成初稿—初稿回到各部门讨论—再次修改，形成第二稿—第二稿征求管理层意见—再次修改，形成第三稿—第三稿征求董事会专委会意见—再次修改，定稿—定稿通过董事会决议—定稿通过股东大会决议—披露。

上述是公司年报编制的主体流程介绍，旨在有利于读者快速领会该工作主干。实际上相关工作流程远比上述主干部分复杂，而且不同公司在实务中有不同的流程安排。比如，上市公司会安排在公司年报编制前进行业绩预告或修正和业绩快报或修正；也会在征求各方意见的时候召开说明会和读报会；会安排与内部审计和外部审计的碰头会；在董事会前会根据公司年报结构对应征求不同董事会专委会意见；在公司年报披露后还会进行舆情管理和危机公关的工作。

2. 公司年报结构案例

本章节拟展示上市公司和金融机构的公司年报结构表（见表34、表35），读者可以将两张表对比阅读，非上市的非金融类公司可以自由选择结构来进行编制。

上市公司的公司年报结构表格来源于恒某电子股份有限公司2021年公司年报，在这种公司年报中占篇幅最大的前两块内容是管理层讨论与分析和公司治理：管理层讨论与分析将经营整体情况、投资情况、核心业务经营、在行业所处排位、行业分析、财务数据分析和核心竞争力等做了对比论证。读者可以通过对这一部分内容的阅读把握公司经营情况，判断未来经营能力，为投资决策提供依据。而公司治理部分对"三会一层"的运作、董事监事的履职、关联交易情况和内部控制水平做了详细分析，读者可以通过对公司治理水平的判断来对投资的安全性、公司发展的稳健性等定性做研判。这两部分内容对执笔者是一种综合能力的考验，对公司内部和外部都要具备完整和准确的认知和判断，同时要逻辑清晰、表达准确地进行撰写，既要凸显公司本身的长处也要均衡提示投资者相关的风险。

金融机构的公司年报结构表来源于招商银行 2021 年公司年报，在这张公司年报中占篇幅最大的是管理层讨论与分析：在这一部分，该银行把社会和国家情况对行业的影响、市场机遇、各种风险、风险管理情况、银行自身的利弊、对财务报表的解读、对收入盈利能力的分析、资产质量、不良资产统计、战略方向、核心业务、经营重点问题、数据科技能力、商业模式、产品特征、子公司运营和未来预期前景展望等关键内容一一做了详尽的陈述和分析。读者可以通过阅读上述内容，完整勾勒出该银行的战略安排、业务布局、核心能力、竞争力态势、风险程度和管理层能力等方方面面的全貌。可以说管理层讨论与分析这一部分决定了整个年报的质量和水准，当然这一部分也是编制难度最高的部分，非常考验执笔者对行业、公司自身、经营实际、风险状况、法律法规和监管要求等诸多方面的认知和思考。

表 34　非金融机构上市公司年报结构表

上市公司	
第一层章节	子章节
重要提示	无
释义	
公司简介和主要财务指标	公司信息
	联系人和联系方式
	基本情况简介
	信息披露和备至地点
	公司股票简况
	其他相关资料
	近三年主要会计数据和财务指标
	境内外会计准则下会计数据差异
	20××年分季度主要财务数据
	非经常性损益项目和金额
	采用公允价值计量的项目
	其他

续表

	上市公司		
管理层讨论与分析	经营情况讨论与分析		
	报告期内公司所处行业情况		
	报告期内公司从事的业务情况		
	报告期内核心竞争力分析		
	报告期内主要经营情况		
	公司关于公司未来发展的讨论与分析		
	公司因不适用准则规定或国家秘密、商业秘密等特殊原因，未按准则披露的情况和原因说明		
公司治理	公司治理相关情况说明		
	公司控股股东、实际控制人在保证公司资产、人员、财务、机构、业务等方面独立性的具体措施，以及影响公司独立性而采取的解决方案、工作进度及后续工作计划		
	股东大会情况简介		
	董事、监事和高级管理人员的情况		
	报告期内召开的董事会有关情况		
	董事履行职责情况		
	董事会下设专门委员会情况		
	监事会发现公司存在风险的说明		
	报告期末母公司和主要子公司的员工情况		
	利润分配或资本公积金转增预案		
	公司股权激励计划、员工持股计划或其他员工激励措施的情况及其影响		
	报告期内的内部控制制度建设及实施情况		
	报告期内对子公司的管理控制情况		
	内部控制审计报告的相关情况说明		
	其他		
环境与社会责任	环境信息情况		
	社会责任工作情况		
	巩固拓展脱贫攻坚、乡村振兴等工作具体情况		

续表

上市公司		
重要事项	承诺事项履行情况	
	报告期内控股股东及其他关联方非经营性占用资金情况	
	违规担保情况	
	公司董事会对会计师事务所"非标准意见审计报告"的说明	
	公司对会计政策、会计估计变更或重大会计差错更正原因和影响的分析说明	
	聘任、解聘会计师事务所情况	
	面临退市风险的情况	
	破产重整相关事项	
	重大诉讼、仲裁事项	
	上市公司及其董事、监事、高级管理人员、控股股东、实际控制人涉嫌违法违规、受到处罚及整改情况	
	报告期内公司及其控股股东、实际控制人诚信状况的说明	
	重大关联交易	
	重大合同及其履行情况	
股权变动及股权情况	股本变动情况	
	证券发行和上市情况	
	股东和实际控制人情况	
	控股股东和实际控制人情况	
	公司控股股东或第一大股东及其一致行动人累计质押股份数量占其所持公司股份数量比例	
	其他持股在10%以上的法人股东	
	股份限制减持情况说明	
	股份回购在报告期内的具体实施情况	
优先股相关情况	无	
债券相关情况	企业债券、公司债券和非金融企业债务融资工具	
	可转换公司债券情况	

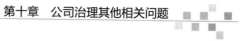

续表

上市公司		
财务报告	审计报告	
	财务报表	
	税项	
	合并财务报表项目注释	
	在其他主体中的权益	
	与金融工具相关的风险	
	公允价值的披露	
	关联方及关联交易	
	股份支付	
	承诺及或有事项	
	资产负债表日后事项	
	其他重要事项	
	母公司财务报表主要项目注释	
	补充资料	

表35　金融机构公司年报结构表

金融机构	
第一层章节	子章节
释义	
重大风险提示	
备查文件目录	无
重要提示	
董事长致辞	
行长致辞	
公司简介	公司基本情况
	公司业务概要
	发展战略
	荣誉与奖项

金融机构		
会计数据和 财务指标摘要	主要会计数据和财务指标	
	补充财务比率	
	补充财务指标	
	境内外会计准则差异	
管理层讨论与分析	总体经营情况分析	
	利润表分析	
	资产负债表分析	
	贷款质量分析	
	资本充足情况分析	
	分部经营业绩	
	根据监管要求披露的其他财务信息	
	业务发展战略实施情况	
	经营中关注的重点问题	
	业务运作	
	风险管理	
	前景展望与应对措施	
环境、社会与治理（ESG）	无	
公司治理		
重要事项		
股份变动及股东情况		
财务报告		

（三）年报示范模板

年报最简单的版本为工商局提供的表格版本（见表36），以填写经营数据为主，最复杂的版本为上市公司向社会披露的年报版本，需要全方面的披露上市公司经营、发展、战略、合规和风险的情况，需要进行各种数据的翔实披露。

1. 工商局报备的公司年报

表36　企业工商年报

本表适用于有限责任公司、股份有限责任公司

（非私营企业）

企业名称								
注册号/ 统一社会 信用代码								
企业联系电话				企业电子邮箱				
企业通信地址				邮政编码				
企业经营状态	□开业　　□歇业　　□清算			主营业务活动				
企业控股情况								
股东 （发起人） 出资情况表 （万元， 币种应与 注册资本 币种相同）	股东（发起人）姓名或名称	认缴出资额	认缴出资时间	认缴出资方式	实缴出资额	实缴出资时间	实缴出资方式
				□货币 □实物 □知识产权 □债权 □土地使用权 □股权 □其他			□货币 □实物 □知识产权 □债权 □土地使用权 □股权 □其他
				□货币 □实物 □知识产权 □债权 □土地使用权 □股权 □其他			□货币 □实物 □知识产权 □债权 □土地使用权 □股权 □其他
是否有网站或网店	□是 □否	类型	名称	网址				

有限责任公司本年度是否发生股东股权转让	□是 □否	股东	变更前股权比例	变更后股权比例	变更时间

企业是否有投资信息或购买其他公司股权	□是 □否	投资设立企业或购买股权企业名称	注册号/统一社会信用代码		

企业资产状况信息（币种：人民币）	资产总额		万元	□选择公示 □选择不公示
	所有者权益合计		万元	□选择公示 □选择不公示
	负债总额		万元	□选择公示 □选择不公示
	营业总收入		万元	□选择公示 □选择不公示
		其中：主营业务收入	万元	
	利润总额		万元	□选择公示 □选择不公示
	净利润		万元	□选择公示 □选择不公示
	纳税总额		万元	□选择公示 □选择不公示

	债权人	债务人	主债权种类	主债权数额	履行债务的期限	保证的期间	保证的方式	
对外提供保证担保情况			□合同 □其他			□期限 □未约定	□一般保证 □连带保证 □未约定	□选择公示 □选择不公示
			□合同 □其他			□期限 □未约定	□一般保证 □连带保证 □未约定	□选择公示 □选择不公示

从业人数						人	□选择公示 □选择不公示
女性从业人员						人	□选择公示 □选择不公示

参保各险种人数	城镇职工基本养老保险		人
	失业保险		人
	职工基本医疗保险		人
	工伤保险		人
	生育保险		人

单位缴费基数	单位参加城镇职工基本养老保险缴费基数	万元	□选择公示 □选择不公示
	单位参加失业保险缴费基数	万元	
	单位参加职工基本医疗保险缴费基数	万元	
	单位参加生育保险缴费基数	万元	

续表

本期实际缴费金额	参加城镇职工基本养老保险本期实际缴费金额	万元	□选择公示 □选择不公示
	参加失业保险本期实际缴费金额	万元	
	参加职工基本医疗保险本期实际缴费金额	万元	
	参加工伤保险本期实际缴费金额	万元	
	参加生育保险本期实际缴费金额	万元	
单位累计欠缴金额	单位参加城镇职工基本养老保险累计欠缴金额	万元	□选择公示 □选择不公示
	单位参加失业保险累计欠缴金额	万元	
	单位参加职工基本医疗保险累计欠缴金额	万元	
	单位参加工伤保险累计欠缴金额	万元	
	单位参加生育保险累计欠缴金额	万元	

填报须知：

1. 本报告书仅限企业每年向工商行政管理部门报送年度报告，并向社会公示时使用。每年1月1日至6月30日，企业应当通过全国企业信用信息公示系统报送上一年度报告。

2. 年度报告内容应真实反映企业存续经营实际情况，企业对其公示信息的真实性、及时性负责。

3. 企业发现其年度报告内容不准确的，应于报告当年的6月30日前进行更正。更正前后的信息同时公示。6月30日后，年度报告的更正功能关闭。

4. 本报告书所有信息项均为必填项，如果该项内容确无信息，请填写"无"。

5. 企业填报的通信地址、邮政编码、联系电话、电子邮箱、存续状态、网址、网站信息均为报送时的信息，其余信息为所报告年度12月31日的信息。

6. 本报告书填报中涉及金额信息项的以万元为单位，可保留小数点后六位。

7. 股东（发起人）的姓名或者名称应当与报告年度在工商部门登记的姓名或者名称一致。

8. 每一个股东（发起人）的出资信息只需填报一条，股东（发起人）认缴和实缴出资额为截至报告年度12月31日的累计数额，其中外商投资企业认缴和实缴出资额的币种与注册资本一致；认缴和实缴出资时间为截至报告年度 12 月 31 日最后一次认缴和实缴时间，出资方式可以多选。

9. 企业资产状况信息，应当是企业年度资产负债表和损益表（利润表）中的期末数；纳税总额为企业全年实缴各类税金的总和。

10. 企业主营业务活动指企业实际从事的主要业务活动。企业控股情况指根据企业实收资本中某种经济成分的出资人的实际投资情况，或出资人对企业资产的实际控制、支配程度进行分类。

11. 参保各险种人数指报告期末参加社会保险的职工人数（不含离退休人数）。单位缴费基数指报告期内单位缴纳社会保险费的工资总额，按缴费人员的应缴口径计算。本期实际缴费金额指报告期内单位实际缴纳的社会保险费，不包括补缴欠费和跨年度（或跨季度）的预缴金额。单位累计欠缴金额指截至报告期末单位累计欠缴各项社会保险费金额（本金）。

12. 企业生产经营情况、对外担保、从业人数、社保缴费信息为非强制性公示的事项，可选择是否向社会公示。其中，对外担保信息可以选择某条具体信息是否向社会公示。

2. 上市公司年报模板

一个规范的上市公司年度报告通常包括十个部分，结构列示如下：

一、公司基本情况简介

公司名称、法定代表人、董事会秘书、公司地址、联系方式、注册地、办公地、公司信息披露报纸及网站、股票上市交易所、其他有关资料。

二、会计数据和业务数据摘要

（一）公司本年度实现的利润情况

（二）公司近三年主要业务数据和财务指标

三、股本变动及股东情况

（一）公司股份变动情况表

（二）股票发行与上市情况

（三）股东情况介绍

1. 公司前十名股东持股情况

2. 控股股东情况

四、董事、监事、高级管理人员及员工情况

（一）基本情况

（二）年度报酬情况

五、公司治理结构

（一）公司治理结构情况

（二）独立董事履行职责情况

（三）上市公司与控股股东在业务、人员、资产、机构、财务上的"五分开"情况说明

（四）对高级管理人员的考评及激励机制的建立及实施情况

六、股东大会情况简介

（一）股东大会简介

（二）董事、监事变更情况

七、董事会报告

（一）管理层讨论与分析

（二）公司经营情况

（三）主要控股公司和参与公司经营情况及业绩

（四）主要供应商、客户情况

（五）在经营中出现的问题与困难及解决方案

（六）本年度经营计划完成情况

（七）公司投资情况

（八）公司财务状况、经营成果

（九）董事会日常工作情况

（十）本年度利润分配及资本公积转增股本预案

（十一）其他报告事项

八、监事会报告

（一）报告期内召开监事会情况

（二）监事会独立意见

九、重要事项

（一）报告期内公司重大诉讼、仲裁事项

（二）报告期内公司收购及出售资产、吸收合并事项的简要事项

（三）报告期内公司重大关联交易事项

（四）公司应披露重大合同及其履行情况

（五）报告期或持有到报告期内，公司或持股5%以上股东未在指定报刊

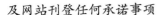

及网站刊登任何承诺事项

（六）聘任、改聘、解聘会计师事务所的情况

（七）报告期内公司、公司董事及高管人员均未受到监管部门的处罚

（八）其他重要事项

十、财务报告

（一）审计报告

（二）会计报表

（三）会计报表附注

1. 公司简介

2. 公司主要会计政策、会计估计和合并会计报表的编制方法

3. 税项

4. 控股子公司及合营企业

5. 会计报表主要项目注释

6. 关联方关系披露

7. 关联方交易事项披露

8. 或有事项

9. 资产负债表日后事项

10. 其他重要事项

二、数据治理

《中共中央关于制定国民经济和社会发展第十四个五年规划和二〇三五年远景目标的建议》中明确提出，加快发展现代产业体系，推动经济体系优化升级。迎接数字时代，激活数据要素潜能，推进网络强国建设，加快建设数字经济、数字社会、数字政府，以数字化转型整体驱动生产方式、生活方式和治理方式变革。

数字化转型的核心生产资料是数据，包括数据的获取、沉淀、运用和洞察。有效的数据治理体系是数字化转型保障，健全统一的数据标准是数据经营基础，数据经营过程中要注重数据质量，优化数据应用。而数据质量与数据应用的核心是数据治理，因此数据治理是"数字化"战略的一项基础举措。实务中数据治理是公司经营中的难点，需要有持续治理的过程，以公司信息化为例，大致经历了初期的烟囱式系统建设、中期的集成式系统建设和后期的数据管理式系统建设三个阶段。可以说数据治理可能是一个先建设后治理，或者边建设边治理的过程。有效的数据治理可以改进决策、缩减成本、降低风险和提高合规，提升业务价值，增加公司经营收入，增强公司质量。本章节重点讨论数据治理评估和数据治理痛点的识别，使读者对公司数据治理有实务认识。

（一）数据治理评估

数据治理评估是指按照相关标准和原则，对机构的治理能力以及数据质量管理进行一个全面诊断、查找问题、提出整改方案，从而提升数据治理能力和数据质量。目前，国内比较成熟和通用的数据治理及数据质量评估模型，主要有中国国家标准化管理委员会发布国家标准《数据管理能力成熟度评估模型（DCMM）》和全国信息技术标准化技术委员会提出的数据质量评价指标。公司可以参照上述标准与原则，来对标自己公司的数据治理标准，建立数据治理体系。

1. 数据管理能力成熟度评估模型

2018年，国家质量监督检验检疫总局、中国国家标准化管理委员会发布国家标准 GB/T 36073—2018《数据管理能力成熟度评估模型（DCMM）》。DCMM 包含数据战略、数据治理、数据架构、数据应用、数据安全、数据质量、数据标准和数据生存周期八个方面的能力评估，公司可以借此更好地理解数据管理的现状，制定更加切合实际的发展路线。

DCMM 将数据管理能力成熟度划分为五个等级，包括初始级、受管理级、稳健级、量化管理级、优化级，公司可以对照自己处于何种阶段。如处于初始级则应对数据管理加强统一管理流程；如处于受管理级则应优化数据资产管理流程；如处于稳健级则应持续发挥数据资产价值；如处于量化管理级则应发挥数据的竞争优势，提升数据管理的效率；如处于优化级则应以数据成为生存和发展的基础，从而实现公司的全面数字化。

2. 数据质量评价指标

公司对照全国信息技术标准化技术委员会提出的数据质量评价指标

（GB/T 36344—2018 ICS 35.24.01），可以来判断公司所拥有数据的质量情况：

（1）规范性：数据符合数据标准、数据模型、业务规则、元数据或权威参考数据的程度。例如，GB/T 2261.1—2003 中定义的性别代码标准是 0 表示未知性别，1 表示男，2 表示女，9 表示未说明。GB 11643—1999 中定义的居民身份证编码规则是 6 位数字地址码，8 位数字出生日期码，3 位数字顺序码，1 位数字校验码。

（2）完整性：按照数据规则要求，数据元素被赋予数值的程度。例如，互联网+监管主题库中，监管对象为特种设备时，监管对象标识必须包含企业统一社会信用代码+产品品牌+设备编码；监管对象为药品时，监管对象标识必须包含药品名称+批准文号+生产批号。

（3）准确性：数据准确表示其所描述的真实实体（实际对象）真实值的程度。例如，互联网+监管行政检查行为中的行政相对人为公民时，证件类型和证件号码只能是身份证号码。

（4）一致性：数据与其他特定上下文中使用的数据无矛盾的程度。例如，许可证信息与法人基础信息是否一致，检查计划与检查记录是否匹配。

（5）时效性：数据在时间变化中的正确程度。例如，企业住址搬迁后，企业法人库中的住址是否及时更新。营业执照已经办理，许可照办理时是否可以及时获取到营业执照信息。

（6）可访问性：数据能被访问的程度。

（7）唯一性：描述数据是否存在重复记录。

（8）稳定性：描述数据的波动是否是稳定的，是否在其有效范围内。

（9）可信性：描述数据来源的权威性、数据的真实性、数据产生的时间近、鲜活度高。

全面对比数据质量指标是提升公司数据质量最便捷的方式，有质量的数据才是公司有质量的资产。

（二）数据治理的"痛点"

公司数据治理是一项全范围、全流程的工作，要高质量地完成，必须先识别数据治理"痛点"并解决。

1. 组织架构与职责不清晰

数据的负责部门难以确定，平台类系统数据和共用的数据存在有人使用、

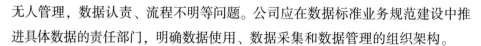

无人管理，数据认责、流程不明等问题。公司应在数据标准业务规范建设中推进具体数据的责任部门，明确数据使用、数据采集和数据管理的组织架构。

2. 数据管理制度缺失或流程混乱

公司没有根据数据需求分析与统筹管理的要求，也没有根据业务的实际诉求及工作重点建立流程，导致制度缺失与流程混乱，使数据治理缺少制度和流程基础。

3. 数据标准不统一

公司没有统一、完整的数据标准。例如，对客户、渠道、产品等关键信息标识缺乏标准化定义和管理，字段命名不规范；统计指标及口径依靠业务人员经验而定，缺少统一口径；外部数据引入后，缺少相关数据标准执行。解决此项痛点，公司应建立数据标准业务规范和技术标准，数据主管部门应有权确定数据定义、口径、业务规则，制定与执行数据标准；同时，结合系统数据质量情况确认数据的权威来源系统。

4. 数据质量低下

公司的数据出现缺失或错误数据导致质量低下。例如，对客户信息录入把控不严，造成客户信息缺失或错误；业务系统无法识别错误数据，数据补录和系统改造工作量过大使数据质量无法提升。

（三）数据治理的解决方案

高质量完成公司数据治理基础工作。公司应首先建立数据治理目标、制度和管理流程，重点解决数据质量低下，系统互不兼容等痛点。在持续的数据治理工作中始终防范数据安全隐患，如数据使用的认证、授权，信息资产隐私及保密的合规性。在上述基础工作完成后需着力数据运营，使之成为有效促进经营的公司资产。

全流程完成数据治理问题的整改。及时整改数据治理问题也很重要，否则会出现检查易、整改难，治标易、治本难，标准易、落地难的情况。数据治理整改可以推进数据治理工作的效率和有效性，建议进行全流程的整改安排。

1. 事前预防

（1）确定质量管理机制

应根据公司特点，确定符合自身环境的工作制度，制定每个环节的工作

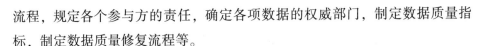

流程，规定各个参与方的责任，确定各项数据的权威部门，制定数据质量指标，制定数据质量修复流程等。

（2）制定数据质量标准

公司应在融合国家标准、行业标准和地方标准的基础上，融合公司自身的业务特色需求，建立本公司的数据质量标准。

（3）制定质量监测模型和监测规则

数据质量应从业务需求出发，并通过质量检测规则对数据的规范性、完整性、准确性、一致性、时效性、可访问性等作监测。

2. 事中监控

（1）提高数据采集质量

数据采集中应将数据分为"好数据""坏数据"，"好数据"入库，"坏数据"反馈给源头修复，由数据来源部门提高数据采集质量。

（2）监控数据中心质量

原始数据经过各种采集、清洗、加工被存入数据仓库中以备用。公司可使用空值检查、规范性检查、值域检查、逻辑检查、一致性检查、多源比较、数据佐证、数据探索、波动检查、离群检查等方法保证这些成果数据的质量与修改。

（3）数据质量问题反馈

数据质量监控过程中，应及时反馈质量问题如源头数据质量问题和数据中心数据质量问题等。

（4）数据质量考核

数据质量考核是为了促使数据治理参与部门及时统计分析各种数据质量问题，并制定出相应的应对措施以保证数据质量。

3. 事后改善

（1）修复数据质量问题

对数据质量问题通过手工、工单、自动化等手段将问题修复，从而为业务创新提供可靠的数据支撑。

（2）收集数据质量需求

通过数据中心的建设，质量问题的修复，促进数据的应用，同时公司建立数据质量反馈通道，建立数据质量的再次完善，以形成建设、应用和反馈的良性循环。

（3）完善质量管理制度、标准

公司在数据建设和质量完善的过程中，结合自身组织结构和业务特色，不断完善工作制度和数据标准。

（4）完善质量监测模型和监测规则

应随着业务需求、业务形态和数据标准的变化，以及新需求的出现，完善质量监测模型和监测规则。

三、电子印章和电子签名

随着互联网和数字技术的不断发展，电子印章在公司经营中得到了越来越广泛的使用，而个人的电子签名因可以解决地域分割，极大提高了个人签字效率，被各种公司和机构所采用。除使用的便捷性外，电子印章和电子签名可以在很大程度上提高风险控制水平，电子印章和电子签名的使用、记录和汇总等都可以由系统完成，最大限度地排除了用印过程中的人为因素，可以有效避免在空白纸张上盖章，实际用印数量和申请数量不符，用印文本和审批文本不符等风险事项。本章节通过对电子印章和电子签名的实现路径、使用管理等内容的介绍，帮助读者了解电子印章和电子签名在公司的使用和注意点。

（一）电子印章和电子签名的概念

1. 法律定义

《上海市电子印章管理暂行办法》中对电子印章作了概念规定：电子印章，是可靠电子签名的可视化表现形式，以密码技术为核心，将数字证书、签名密钥与实物印章图像有效绑定，用于实现各类电子文档完整性、真实性和不可抵赖性的图形化电子签名制作数据。电子印章绑定的数字证书，应由依法设立的电子认证服务机构提供。比如，公司公章、业务专用章、合同专用章等均可以采取电子印章的形式。

《电子签名法》中对电子签名下了定义：电子签名，是指数据电文中以电子形式所含、所附用于识别签名人身份并表明签名人认可其中内容的数据。

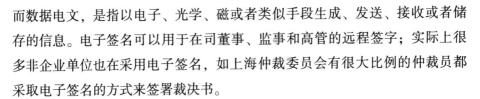

而数据电文，是指以电子、光学、磁或者类似手段生成、发送、接收或者储存的信息。电子签名可以用于在司董事、监事和高管的远程签字；实际上很多非企业单位也在采用电子签名，如上海仲裁委员会有很大比例的仲裁员都采取电子签名的方式来签署裁决书。

2. 技术和法律特征

电子印章和电子签名实质是电子数据密钥，而不是以图片展示的信息。具体而言，电子印章不是公司印章的电子图片，而是集合了数字证书、时间戳、电子存证等一系列依据法律法规设定的电子签名技术的外在表现。公司印章图片仅仅是为了满足使用，而呈现的附着于文件上的一种 UI 界面。换句话说，如果公司制作了公司事务印章的电子图片，并且用于外部合同的签订盖章，那合同对方完全可以不认可。

我们可以通过对电子签名的法律效力的分析来把握其法律有效性。《电子签名法》对电子签名的有效性前提条件作了规定，必须同时符合下列条件：电子签名制作数据用于电子签名时，属于电子签名人专有；签署时电子签名制作数据仅由电子签名人控制；签署后对电子签名的任何改动能够被发现；签署后对数据电文内容和形式的任何改动能够被发现。

（二）实现方案

1. 实现路径

使用电子印章和电子签名，大致有三种路径：第一种是由公司内部自行开发电子印章和电子签名的软件和程序并将之链接到公司原有的管理系统。在这种情况下，因为电子印章和电子签名未得到认证部门认证，需要用印和签字文件的对方事先认可。第二种是采用外部第三方公有云的电子印章和电子签名系统和软件，如上上签、安心签等。在这种情况下，只要外部第三方经过了相关认证机构认证，电子印章和电子签名的法律效力和对外认可度的问题不大，但是外部第三方的系统和软件需要通过适当方式接入公司内部的管理系统，而由于外部第三方公有云的开放属性，公司需要考虑其数据留存在公有云的合规性和数据安全。第三种是使用政府部门提供的服务平台，在此平台上申请电子公章和电子签名。在此种情况下电子印章和电子签名的法律效力和对外认可度比前两种方式都强，但是同样需要安排服务平台的使用流程和公司内部的管理系统合理对接。

2. 实现路径对比

表 37 对上述三种实现路径作了利弊分析，以上海电子印章公共服务平台为考察对象，供读者参考。

表 37　电子印章实现路径对比

	上海市电子印章公共服务平台	外部第三方公有云	自行开发
优点	法律效力强、社会认可度高	便捷高效，操作灵活方便	可个性化定制，安全性高
缺点	有每日次数（20 次）和文件大小（30M）的限制	安全性低	开发时间不可控
工作	申请法人一证通后直接在平台按流程申请和备案	商务对接	拟定建设目标和需求，完成软件、系统开发和对接
费用	免费	按使用量收费（2—6 元/次）	10 万元—20 万元

3. 案例展示

为了帮助读者更有效地理解电子印章和电子签名的实现路径，笔者以上海市电子印章公共服务平台为例，展示在该平台上申请电子印章的主要情况。

上海市电子印章公共服务平台已经建立了统一的电子印章系统，可为市场主体提供电子印章申请、制作、备案、查询、变更、注销、签章、验章和使用管理等多种功能，基本能够满足公司关于电子印章的需求。同时，上海市电子印章公共服务平台已经与国家政务服务平台统一电子印章系统、市特种行业（公章刻制业）治安管理信息系统对接，实现数据互通共享。

在上述平台上既可以申领电子印章也可以生成个人电子签名，具体申请和管理流程如下：登录 dzyz. sh. gov. cn 或"一网通办"—进入总门户的电子印章栏目—进入"印章管理"模块—进行电子印章的申请、制作、备案、查询、变更、注销、冻结等全生命周期管理。

4. 认证

以 CFCA（中金金融认证中心有限公司）认证程序为例来展示数字证书技术，即上文所称的"电子印章认证"中的"认证"相关情况。CFCA 是一家第三方服务公司，该公司于 1998 年由中国人民银行牵头组建、经国家信息安全管理机构批准成立，其提供的主要服务为国家级的权威安全认证。该公司为国家重要的金融信息安全基础设施之一。自《电子签名法》正式生效后，CFCA 成为首批获得电子认证服务许可的电子认证服务机构，使用 CFCA 的电子认证服务和数字证书的国内金融机构有很多。

CFCA 所提供的数字证书是一段包含用户公开密钥、用户信息、颁发机构信息、证书的序列号、有效时间、发证机关的名称及数字签名的数据。

（三）公司电子印章和电子签名管理案例

公司在实现电子印章和电子签名的过程中要把握两个管理环节：一是电子印章和电子签名制作过程应合法；二是电子印章和电子签名的使用过程应合规。

公司在制作电子印章和电子签名的过程中要妥善保管合法的制作数据，自行开发制作的电子公章应至经具有电子认证服务的机构进行合法认证，有电子印章备案要求的地区应将电子公章向公安机关备案，如北京市公安局在 2019 年 4 月发布了《关于电子印章管理工作意见》（京政办发〔2019〕8号），该文明确：已合法刻制实物印章的单位均可制作电子印章，并在公安机关备案。

公司在使用电子印章的时候务必先就公司印章情况做排摸：一共有多少个章；不同章的使用场景是什么；用印文件的对方是谁，是监管部门还是供应商、合作方，或者是股东、投资人和员工等；特定时间周期内如一个月，用印数量多少。上述情况排摸清楚后，应先建立电子印章的相关管理制度，把使用规则和使用流程做制度化的安排：比如用印申请，要明确申请人，使用单位和使用文件；批准流程中要和公司内部授权相结合，有准确的审批人，对申请人的用印申请进行批准；用印申请必须有有效期，申请获批后一定时间内不用印的，要重新申请；系统必须对用印文件进行核对，对于存在空白项目的要提示风险；设置好电子印章的系统用印台账，详细记录整个用印流程，做到可溯源。

（四）电子印章管理制度示范模板

某有限责任公司电子印章管理暂行办法

第一章　总则

第一条　为推进本公司数字化转型建设，加强本公司协同办公信息化管理，规范电子印章在电子公文及其他材料中的使用和管理，确保电子印章合法、安全、可靠地使用，根据《中华人民共和国电子签名法》、《国务院关于国家行政机关和企业事业单位社会团体印章管理的规定》（国发〔1999〕25号）、《上海市印章刻制业治安管理办法》（2018修正）、《上海市公共数据和一网通办管理办法》、《上海市电子印章管理暂行办法》等，制定本办法。

第二条　本办法所指的电子印章，是可靠电子签名的可视化表现形式，以密码技术为核心，将数字证书、签名密钥与实物印章图像有效绑定，用于实现各类电子文档完整性、真实性和不可抵赖性的图形化电子签名制作数据。电子印章绑定的数字证书，应由依法设立的电子认证服务机构提供。

第二章　电子印章种类和适用范围

第三条　根据电子印章使用主体，本公司电子印章与实物印章对应，分为以下七类。

（一）公司公章（即"公司章"）。

（二）本公司董事会、监事会和党委印章。

（三）总公司及子公司合同专用章（以下简称"合同章"）。

（四）内设部室"部室章"。

（五）会计核算专用印章，即本公司办理经营许可范围内各项业务所使用的业务章、核算事项证明章、特殊会计核算专用印章。

（六）有关人员个人名章（主要包括机构负责人名章等）。

（七）其他印章，即上述印章以外经总公司批准确需申领并备案使用的电子印章。

上述电子印章中的"公司章"、"董事会章"、"监事会章"、"党委章"、"合同章"、"部室章"、公司领导名章、财务专用章，以下统称为关键电子印章。

第四条　各类电子印章适用范围

（一）"公司章"主要用于公文制发，重要合同、协议签订，以及确需以本公司名义出具的证明和函件等。

（二）"董事会章""监事会章"和"党委章"仅用于董事会、监事会和党委的有关文件（包括但不限于通知、决议、说明、声明等）的使用。

（三）"合同章"主要用于经常性业务事项有关合同的签订，或涉及经常性行政事务有关合同或协议的签订。

（四）"部室章"主要用于本公司内部事务办理，包括本公司系统内纵向或横向间的工作联系。

（五）会计核算专用印章主要用于营业机构在业务办理中为确认业务事项加盖在电子回单、票据、凭证及函件上的印章。

（六）个人名章主要与上述相关印章配合使用。

（七）除上述印章外经批准申领并备案使用的其他电子印章，必须按照申报或批准事项，专章专用。

（八）电子印章适用范围原则上与实物印章的适用范围一致，具备同等法律效力。

第三章　电子印章的管理职责

第五条　董事会办公室是电子印章的综合管理部室，须设置专职印章管理岗位，负责统筹本公司及分支机构电子印章管理办法及实施细则的制定或修订，负责电子印章使用的指导，负责电子印章申领的材料审核、电子印模信息核查、电子印章换领和注销的审核及备案。

第六条　公司业务（或管理）部室负责本业务（或管理）条线专用电子印章的种类、适用范围、应用场景和流程控制的设计，负责制定本业务（或管理）条线专用电子印章管理和操作细则。并定期对本部室电子印章的使用情况进行自查。电子印章如有到期换领、注销等情形需及时向董事会办公室申请及备案。

第七条　公司信息科技部负责电子印章相关系统的开发建设和日常维护、保障电子印章所涉及系统有效运行，相关信息保密、数据和系统安全可靠，确保系统建设符合国家相关电子印章技术应用规范。

第八条　审计部定期或不定期对电子印章日常使用和管理进行检查。

第四章　电子印章审批及启用

第九条　电子印章的审批

各类电子印章申领必须按照规定的权限，由需求部室发起申请。各级机构申请电子印章时，须充分调研其必要性，制定具体电子印章实施及操作管理细则，由董事会办公室进行审核，法律合规部会签意见，报分管领导、负责风险管理的领导、总经理或董（监）事长批准后实施。如需报请监管机关等上级主管机构审核的电子印章，依据有关规定办理。

第十条　电子印章的制作

各类电子印章由需求部门根据具体电子印章使用场景，可选择在政府官方平台、具备相应资质的外采服务商平台或公司自主研发的平台进行申领。如可在政府官方平台直接申领，由董事会办公室协助需求部室进行注册、生成；如通过外包服务商平台进行申领的，由需求部门牵头实施招投标及需求方案编写，并由信息科技部配合完成系统的开发或衔接，将相应电子签章技术组件嵌入公司系统；如通过公司自主研发平台申领的，由后续专项牵头部门实施招投标及需求方案，信息科技部通过嵌入具备相应资质的外采服务商技术并完成相应平台的开发和搭建后，需求部门通过该平台进行电子签章的申领和使用。如需到期换领或注销电子印章时，须及时向董事会办公室进行申请及备案。

第十一条　电子印章的申领及启用

（一）各需求部室在嵌有电子印章的业务系统启用时，须及时在本部室指派专人负责电子印章的管理，自该电子印章启用始至印章注销止，如有人员变更需及时办理交接手续，完整记录电子印章的启用及交接情况。

（二）关键电子印章启用，应由董事会办公室以公文形式印发《关于启用××电子印章的通知》，明确电子印章启用时间、使用前提、使用范围、管理要求等，并附启用的电子印章印模。如属"废旧启新"或"以旧换新"等情况，须声明原有印章同时作废，并附新、旧电子印章印模。

第十二条　本公司电子印章保管原则上与实物印章（如有）保管一致，在政府官方平台申请的"公司章"、公司领导名章由董事会办公室保管；在政府官方平台申请的"财务专用章""发票专用章"等由计划财务部保管；其他嵌入业务系统的专用电子印章由使用部室指定专人保管及管理。

第十三条　电子印章应与数字证书及其密钥妥善存储在符合国家密码管理要求的专用设备内，包括但不限于智能密码钥匙、智能移动终端安全密码模块、印章服务器、服务器密码机、签名验签服务器等。相关部室必须在信息科技部要求下安装必要的杀毒软件及防火墙等网络防护软件，以保障电子印章及相关系统不被篡改和遭受网络攻击。

第十四条 所有电子印章管理人员必须严格按照相关法律法规及本办法妥善保管电子印章。为预防印章责任事故行为的发生，各单位或部室可与印章保管人签订印章管理责任书，明确责任条款，防范伪造、变造、冒用、盗用电子印章等行为，保证电子印章的合法性、权威性、严肃性和安全性。

第五章 电子印章的使用

第十五条 电子印章的使用遵循"谨慎使用，严格审批"的原则。电子印章的使用审批流程应与实物印章的使用审批流程一致，经有权审批人批准同意后方可进行签章。严禁不按照审批权限使用电子印章。

第十六条 电子印章必须在安全的环境下使用，若为需人工操作的电子印章，必须由印章管理人员在有安全保障的设备上使用，存放电子印章的设备需设置密码并定期更换，杜绝其他人员盗用，严禁电子印章随意复制到其他电脑或U盘、移动硬盘、存储卡等存储设备中使用。印章管理人员用印时需严格核对实际用印文件和审批文件的一致性，并做好用印记录和归档。

第十七条 电子印章若为系统自动加盖，无须人工干预的情况，应在技术上保障电子印章的安全性和不可抵赖性；负责使用该系统的部门需安排员工定期对用印文件进行抽查和复核，确保审核要素齐全，全流程有效可控，用印系统安全稳定。

第十八条 加盖电子印章的公文、证照、协议、报告、函件等各类电子文档，与加盖实物印章的纸质书面材料原件具有同等法律效力；经过打印或其他电子格式转换的视同复印件，不具备原件同等法律效力。

第十九条 加盖电子印章的公文、证照、协议、报告、函件等各类电子文档，应按照电子档案的相关规定进行归档。

第六章 电子印章换领和注销

第二十条 电子印章换领

单位或者机构变更、名称变更、法定代表人或经营者变更、个人姓名变更、印章损坏或者实物印章发生变更等情形的，应按照申请要求，重新申请换领新电子印章，原有电子印章将予以注销。

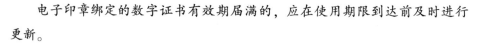

电子印章绑定的数字证书有效期届满的，应在使用期限到达前及时进行更新。

第二十一条 电子印章注销

单位撤并或注销、实物印章不再使用、电子印章不再使用、电子印章相关密钥泄露、电子印章及其存储设备损坏、被盗或遗失的，应及时在电子印章系统中完成电子印章注销的操作，电子印章的注销需同时向本公司董事会办公室进行申请及报备，并采取措施对内及对外进行公告注销。

第七章　电子印章监督管理

第二十二条 电子印章定期检查制度

（一）董事会办公室每季度开展一次自管电子印章保管和使用情况的自查。

（二）总行各有关部室每季度至少开展一次对本部室专用电子印章的管理和使用情况的自查。

（三）审计部每半年组织一次全行电子印章保管和使用情况的全面检查。针对检查发现的问题，要及时组织督导整改。

（四）法律合规部将电子印章纳入案件防控检查范畴内，防范发生电子印章违规使用的案件。

第二十三条 建立严格的惩戒机制。对检查中发现的违规行为，应及时报告本公司办公室予以处理：发现私自用印等严重违规行为的，应予以警告处分；因违规用印造成本公司经济损失的，须追责并作出赔偿；对涉及犯罪案件的，将移送司法机关。

第八章　附则

第二十四条 有关本公司电子业务章及其他专用章的管理细则由各相关部室另行制定。

第二十五条 本办法由公司董事会办公室负责解释。

根据本办法制定的各电子业务章及其他专用章管理的细则由公司相关部室负责解释和修订。

第二十六条 本办法自印发之日起施行。

图书在版编目（CIP）数据

公司治理实务操作手册：公司战略、章程、"三会一层"、绩效考核及年报全解析／杭东霞，陈颖芳著.—北京：中国法制出版社，2023.5

ISBN 978-7-5216-3398-6

Ⅰ.①公⋯ Ⅱ.①杭⋯ ②陈⋯ Ⅲ.①公司-企业管理-手册 Ⅳ.①F276.6-62

中国国家版本馆 CIP 数据核字（2023）第 059821 号

策划编辑：赵宏

责任编辑：王悦（wangyuefzs@163.com）　　　　　　　　　　封面设计：杨泽江

公司治理实务操作手册：公司战略、章程、"三会一层"、绩效考核及年报全解析

GONGSI ZHILI SHIWU CAOZUO SHOUCE：GONGSI ZHANLÜE、ZHANGCHENG、"SAN HUI YI CENG"、JIXIAO KAOHE JI NIANBAO QUANJIEXI

著者/杭东霞　陈颖芳

经销/新华书店

印刷/三河市国英印务有限公司

开本/710 毫米×1000 毫米　16 开　　　　　　　　印张/ 29　字数/ 351 千

版次/2023 年 5 月第 1 版　　　　　　　　　　　　2023 年 5 月第 1 次印刷

中国法制出版社出版

书号 ISBN 978-7-5216-3398-6　　　　　　　　　　　　　定价：98.00 元

北京市西城区西便门西里甲 16 号西便门办公区

邮政编码：100053　　　　　　　　　　　　　　　　传真：010-63141600

网址：http://www.zgfzs.com　　　　　　　　　　　编辑部电话：010-63141831

市场营销部电话：010-63141612　　　　　　　　　印务部电话：010-63141606

（如有印装质量问题，请与本社印务部联系。）